W0258059

Künstliche Intelligenz
und Heuristisches Programmieren

Erweiterte Bearbeitung der englischen Ausgabe

Herausgegeben von Nicholas V. Findler
Übersetzt von Oskar Itzinger

Springer-Verlag Wien New York

Titel der englischen Ausgabe:
Artificial Intelligence and Heuristic Programming
Editors: N. V. Findler, Bernard Meltzer
© 1971 by Edinburgh University Press, Edinburgh, Scotland
ISBN-13:978-3-7091-8390-8

Prof. Dr. N. V. Findler
Department of Computer Science
State University of New York
at Buffalo, Amherst, N. Y., U.S.A.

Dr. O. Itzinger
Institut für Höhere Studien
und Wissenschaftliche Forschung
Wien, Austria

Mit 72 Abbildungen

Library of congress cataloging in publication data. Main entry under title: Künstliche Intelligenz und Heuristisches Programmieren. Translation of Artificial intelligence and heuristic programming. Articles based on the lectures given at the first Nato Advanced Study Institute on Artificial Intelligence and Heuristic Programming held in Menaggio, Italy, Aug. 3—15, 1970. Includes bibliographical references and index. 1. Artificial intelligence. 2. Heuristic programming. I. Findler, N. V. II. Nato Advanced Study Institute on Artificial Intelligence and Heuristic Programming, 1st, Menaggio, Italy, 1970. Q335.A78715. 001.53'5. 75-17585.

ISBN-13:978-3-7091-8390-8   e-ISBN-13:978-3-7091-8389-2
DOI: 10.1007/978-3-7091-8389-2

Vorwort zur deutschen Ausgabe

Es ist mir eine große Freude, feststellen zu können, daß die Aufzeichnungen, die aus dem First NATO Advanced Study Institute on Artificial Intelligence and Heuristic Programming, Menaggio, Italien, hervorgegangen sind, nun in einer verbesserten und erweiterten deutschen Bearbeitung vorliegen. Dies ist umso wichtiger, als Informatik, rechner-orientierte Psychologie, Logik, Linguistik usw. nicht mehr nur von einer relativ kleinen Wissenschaftergemeinde (die die englische Literatur natürlich fließend lesen kann) in den deutschsprachigen Ländern vorangetrieben werden, sondern nun auch als organischer Teil in den Universitätsbetrieb Deutschlands, Österreichs und der Schweiz integriert sind. Ich hoffe, daß Studenten solcher Gebiete das Buch interessant finden, und mehr noch, daß es genügend Anreize für eigene Forschungen im Bereich der „künstlichen Intelligenz" bietet.

Die große Anziehungskraft des Bereiches der „künstlichen Intelligenz" besteht in der charakteristischen Eigenschaft, daß er einerseits vollständig offen ist, und andrerseits dennoch zu vielen anderen Disziplinen in engster Verbindung steht. Mathematik, Psychologie, Linguistik, Ingenieurwissenschaften, Gebiete der Human-, Sozial- und Lebenswissenschaften liefern uns sowohl Forschungswerkzeuge als auch zu behandelnde Probleme. Der Anreiz und die Aufforderung zu neuen Anstrengungen scheint mit der Vollendung von zunehmend schwerer werdenden Aufgaben anzusteigen.

Ich möchte nun nicht zuletzt noch Herrn Dr. Oskar Itzinger, Institut für Höhere Studien, Wien, meine Anerkennung für die Übersetzung dieses Buches, das viele unübliche Idiome, Ausdrücke und Konzepte enthält, aussprechen.

Mein Dank als Herausgeber der Übersetzung gilt ferner dem Springer-Verlag in Wien für seine Bemühungen und seine Unterstützung.

Ein Teil meines eigenen Beitrages zu der Übersetzung wurde in Wien, einer echten Perle aller Städte, ausgeführt, während ich als Gastprofessor/Senior Fulbright Scholar an der Technischen Hochschule weilte. Ich möchte besonders Herrn Professor Dr. Hans J. Stetter für die ausgezeichneten Arbeitsbedingungen an dessen Institut danken.

Buffalo, N. Y., im Juli 1975

Nicholas V. Findler

Vorbemerkungen zur deutschen Bearbeitung

Das vorliegende Werk versucht, durch Beiträge namhafter Fachgelehrter den Leser in die Hauptströmungen der Forschung im Bereich der künstlichen Intelligenz einzuführen. Es wird hier auf eine genauere Definition der „künstlichen Intelligenz" verzichtet, da im Laufe des Buches mehrere derartige Definitionen gegeben werden. Diese Sachlage ist ganz analog der Situation in der Humanpsychologie, wo ja bekanntlich ebenfalls keine allgemein anerkannte Definition der „Intelligenz" verfügbar ist.

Die Artikel variieren in ihrer Länge ziemlich stark und machen ebenfalls in unterschiedlichem Ausmaß von mathematischen Konzepten Gebrauch. Es muß aber betont werden, daß sich alle Autoren ernsthaft bemühten, die Grundideen des jeweiligen Spezialgebietes in durchsichtiger Weise darzustellen. Natürlich hat sich auch im Bereich der künstlichen Intelligenz eine gewisse Fachterminologie herausgebildet, die stark von speziellen Konzepten, die im Zusammenhang mit sehr vorgeschrittenen Ideen der Programmierung von Rechenanlagen (wie der Listenverarbeitung) zu sehen sind, geprägt wird. Eine Übersetzung dieser Fachtermini ist häufig sehr schwierig. Da viele von ihnen nicht im IFIP-Wörterbuch der Informationsverarbeitung, Deutsche Ausgabe, aufscheinen, war es nötig, gewisse Neuschöpfungen vorzunehmen, oder, an manchen Stellen, den Originalausdruck zu übernehmen. Es wird wahrscheinlich noch einige Zeit dauern, bis sich auch im deutschen Fachschrifttum entsprechende Termini eingebürgert haben; die hier vorgeschlagenen Ausdrücke können daher nur als erster Versuch in eine derartige Richtung gewertet werden. Zur weiteren Erklärung gewisser Termini findet sich am Ende des Buches ein Glossarium.

Wien, im Juli 1975

Oskar Itzinger

Inhaltsverzeichnis

Zur automatischen Beweisführung von Theoremen

Über den Bau von Deduktionsmaschinen

Von **J. A. Robinson**

In einem *Deduktionsproblem* gilt es zu bestimmen, ob eine vorgegebene *Annahme A* im logischen Sinn eine gegebene *Schlußfolgerung C* impliziert. Eine positive Lösung für das Problem zeigt, daß C aus A folgt, eine negative Lösung, daß C *nicht* aus A folgt.

Abkürzend schreiben wir $A \to C$ [1] für den Fall, daß C aus A folgt, und (A, C) für das Bestimmungsproblem, ob $A \to C$ gilt.

Eine *Deduktionsmaschine* ist eine Maschine, die Deduktionsprobleme löst. Um eine Deduktionsmaschine zu bauen, müssen wir folgendes spezifizieren:

(1) die *Eingabesprache*, in der die Annahmen und Schlußfolgerungen auszudrücken sind;

(2) die *Ausgabesprache*, in der die Lösungen formuliert werden; und

(3) den *Deduktionsalgorithmus*, der für jedes Problem aus der Eingabe die Ausgabe berechnet.

Die Deduktionsmaschine ist dann im wesentlichen eine beliebige geeignete Rechenvorrichtung, die so programmiert ist, daß sie den Deduktionsalgorithmus ausführt.

Definition von „folgt aus"

Unabhängig von der im einzelnen benützten Sprache ist die Idee der logischen Konsequenz im wesentlichen in allen derartigen Sprachen gleich: es gibt eine Menge von möglichen *Interpretationen* für die Sprache, und jeder Ausdruck der Sprache *bezeichnet* relativ zu jeder Interpretation ein bestimmtes Objekt. Variiert die Interpretation, so variiert im allgemeinen auch das durch einen gegebenen Ausdruck bezeichnete Objekt. Speziell bezeichnen die *Sätze* der Sprache Wahrheitswerte (*wahr* oder *falsch*), und ein gegebener Satz wird im allgemeinen unter gewissen Interpretationen den Wahrheitswert *wahr* (d. h., daß der Satz wahr ist) sowie unter anderen Interpretationen den Wahrheitswert *falsch* bezeichnen. Selbstverständlich hängen aber Einzelheiten von der verwendeten Sprache ab; es folgt jedoch die allgemeine Betrachtungsweise immer diesen Gedanken.

---

[1] Anmerkung des Bearbeiters: das Symbol „$\to$" ist nicht mit dem im deutschen Schrifttum gebräuchlichen Implikationssymbol zu verwechseln (vgl. Glossarium).

Innerhalb dieses Rahmens bedeutet es nun für einen Satz C, der „logisch aus" einem anderen Satz A „folgt", einfach, *daß es keine Interpretation gibt, unter der A wahr und C falsch ist* (natürlich nur innerhalb der in Betracht gezogenen Klasse von Interpretationen).

Mit dieser Definition von „folgt aus" ist das Problem des *Nachweises*, ob $A \to C$ gilt, einfach eine Angelegenheit des Nachweises, ob es eine Interpretation innerhalb der Klasse aller Interpretationen gibt, unter der A wahr und C falsch ist.

Unter diesem allgemeinen Gesichtswinkel ist ein Deduktionsproblem daher ein *Such*problem, bei dem der Suchraum durch die Menge aller Interpretationen gebildet wird.

Eine sehr einfache Illustration dieses allgemeinen Sachverhaltes stellt etwa die Sprache der *Booleschen Formen* dar. Eine Boolesche Form (oder Formel des Aussagenkalküls) ist entweder eine *Boolesche Variable* $p, q, r, \ldots$, oder sie ist durch eine von verschiedenen Aufbaumethoden aus anderen Booleschen Formen zusammengesetzt: beispielsweise durch die *Negation* einer Form A, durch die *Konjunktion* einer Formenmenge $A_1, A_2, \ldots, A_n$, durch die *Implikation* $A \supset B$ von zwei Formen A, B, und so weiter. Die Klasse aller Interpretationen besteht dann bei dieser Sprache einfach aus der Klasse aller *Belegungen* der Variablen mit Wahrheitswerten. In der oben geschilderten Weise wird dann jede Form relativ zu jeder Belegung durch einen Wahrheitswert bewertet. Wir können dann sagen, daß eine Form C aus einer anderen Form A gerade in dem Fall folgt, in dem es keine Belegung derart gibt, daß A durch den Wahrheitswert wahr und C durch den Wahrheitswert falsch bewertet wird.

In dem eben gegebenen Sprachbeispiel sind alle Deduktionsprobleme durch Berechnung lösbar, beispielsweise durch die Methode der Wahrheitstafeln. Aber auch hier ist der Suchraum bereits unendlich (vorausgesetzt, man nimmt wie üblich an, daß die Sprache unendlich viele Variablen enthält); der Deduktionsalgorithmus hängt daher davon ab, ob der Suchraum in einer geeigneten endlichen Weise strukturiert werden kann, sodaß jedes Problem nur endlich viele Arbeitsschritte benötigt.

Im allgemeinen Fall läßt sich dagegen ein derartig leichter Deduktionsalgorithmus nicht erwarten. Tatsächlich lehrt das Theorem von Church (1936), daß es für alle genügend reichhaltigen Sprachen überhaupt keinen Deduktionsalgorithmus gibt — wenn wir darunter einen Algorithmus verstehen, der *alle* Deduktionsprobleme der verwendeten Sprache löst. Allerdings gibt es aber eine nützliche Kategorie von Sprachen (die die sogenannte Prädikatenlogik der ersten Stufe einschließt), für die Algorithmen existieren derart, daß diese alle *positiv* lösbaren Deduktionsprobleme lösen. Mit anderen Worten weisen diese Algorithmen das *Vorhandensein* der Relation „folgt aus" zwischen zwei Sätzen der Sprache nach, aber im allgemeinen nicht das *Fehlen* der Relation.

Diese „Halbentscheidungsverfahren" haben den abstrakten Charakter einer „Generiere-und-teste"-Berechnung: es gibt eine, im allgemeinen unendliche, Folge

$D_1, D_2, \ldots$ von *Kandidatenlösungen*, die effektiv erzeugt werden können. Meist handelt es sich dabei um Teile des Textes der Ausgabesprache, die — wenn man sie als für die Ableitung bedeutungsvolle Anmerkungen interpretiert — als Leitlinien der deduktiven Beweisführung gedeutet werden können. Weiters gibt es ein effektives *Kriterium der Korrektheit*, das der Reihe nach auf jede Kandidatenlösung zum Zeitpunkt deren Erzeugung angewendet werden kann, und durch das sich entscheiden läßt, ob diese Kandidatenlösung tatsächlich eine Lösung ist. Der Entscheidungsalgorithmus ist daher einfach ein Programm, das abwechselnd den Generator- bzw. Testteil aufruft, und zwar solange, bis der Testteil eine Lösung nachgewiesen hat (sofern natürlich überhaupt eine Lösung in der verfügbaren Rechenzeit erzeugt wird).

Diese allgemeine Idee ist *mutatis mutandis* auf alle „leicht" behandelbaren Sprachen anwendbar. Sprachen, für die es jedoch nicht einmal ein Halbentscheidungsverfahren gibt, können aber kaum als „mechanisierbar" gelten. Natürlich läßt sich dennoch auch deren semantischer Raum in gewissem Sinn mechanisch absuchen; es gibt jedoch für eine solche Suche längst keine befriedigende Theorie mehr, und man muß wahrscheinlich auf „heuristische" Erklärungsweisen zurückgreifen, um die Anlage einer solchen Berechnung bzw. die Erwartung von deren Leistung zu rechtfertigen.

Es ist bemerkenswert, daß in allen Halbentscheidungsverfahren der „Generiere-und-teste"-Art wesentlich von einem gewissen „Kompaktheitsphänomen" Gebrauch gemacht wird, das zum Wachstum von endlichen Baumstrukturen in Beziehung steht; dieses Phänomen ist mit dem Namen von König verknüpft (König 1926). Ein *endlicher* Baum ist ein Baum, in dem *kein Knoten mehr als endlich viele unmittelbare Nachfolger* hat (über den ganzen Baum betrachtet kann es sein, daß es keine obere Grenze der unmittelbaren Nachfolger gibt, die ein Knoten haben kann, d. h., es ist möglich, im Baum einen Knoten zu finden, der mehr als N unmittelbare Nachfolger hat, wobei N eine beliebige, im voraus gewählte, Zahl ist; trotzdem ist der Baum endlich, vorausgesetzt, kein Knoten hat tatsächlich unendlich viele unmittelbare Nachfolger). Das Königsche Phänomen läßt sich u. a. auch so ausdrücken: *wenn jeder Ast eines endlichen Baumes T schließlich endet, dann enthält T nur endlich viele Knoten.*

Die Bedeutung des Königschen Phänomens für die Deduktionsalgorithmen ist derart, daß diese oft in der Konstruktion eines endlichen Baumes bestehen, durch den gezeigt werden kann, daß — *wenn* die Eingabe in den Algorithmus ein positiv lösbares Problem ist — *dann* jeder Ast des Baumes schließlich enden muß. Wegen des Königschen Phänomens heißt dies, daß — wenn der Algorithmus auf ein positiv lösbares Problem angewendet wird — dieser schließlich stoppen wird. Da auch gezeigt werden kann, daß für negativ lösbare Probleme ein gewisser Ast wachsen muß, ohne jemals zu enden, führt dies zu der vollständigen Rechtfertigung der Behauptung, daß der Prozeß ein Halbentscheidungsverfahren ist.

Der durch den Algorithmus konstruierte endliche Baum kann intuitiv auch als der Suchpfad im gesamten semantischen Raum (gebildet aus der Menge aller

Interpretationen der betrachteten Sprache) aufgefaßt werden, wobei eine Reihe von sukzessiv feiner werdenden Partitionen des Raumes in mehr und mehr (aber immer endlich viele) Teilräume entsteht. Die Suche schreitet von einer Stufe zur nächsten durch die Aufspaltung eines gegenwärtigen Teilraumes in endlich viele Teile fort; global wird der Prozeß durch einen Plan gesteuert, der garantiert, daß es für einen beliebigen Punkt p in dem Raum mindestens eine Folge von Teilen $P_1, P_2, \ldots$ gibt (gewonnen aus sukzessiven Suchstufen), die in dem Sinn „gegen p konvergiert", daß (1) $P_1 \supseteq P_2 \supseteq \cdots \supseteq P_j \supseteq \cdots$, und (2) für eine *beliebige* Menge Q derart, daß p in Q liegt, gibt es eine Zahl k, sodaß $Q \supseteq P_k$ ist, gilt. Auf jeder Suchstufe werden jeweils die endlich vielen Teilräume der laufenden Partition daraufhin überprüft, *ob ein mögliches Gegenbeispiel in diesem Teilraum liegen könnte* (ein Gegenbeispiel für ein Problem (A, C) ist eine Interpretation, in der A wahr und C falsch ist). Ergibt sich, daß *kein* Gegenbeispiel in einem speziellen Teilraum liegen kann, dann ist dieser Teilraum „tot" und *wird von der weiteren Suche ausgeschlossen.* Nur „lebende" Teilräume werden in die nächste Suchstufe miteinbezogen, wo einer von ihnen wie beschrieben aufgespalten wird. Diese intuitive Darstellung ist aber sehr allgemein und erhält ihre volle Bedeutung nur, wenn sie auf eine Reihe von typischen Deduktionsalgorithmen angewendet wird, deren spezielle Details andererseits verwirrend und scheinbar willkürlich sein könnten. Es gilt nun zunächst, in einiger Genauigkeit einen aktuellen Deduktionsalgorithmus darzustellen, der glücklicherweise die meisten modernen Ideen und Techniken, die derzeit im fraglichen Forschungsbereich verwendet werden, umfaßt.

Einfache Sprachen erster Stufe

Eine einfache Sprache erster Stufe ist durch ihr *Vokabular* bestimmt. Ein Vokabular ist eine Menge von Symbolen, wobei jedes Symbol entweder als *Variable*, als *Funktions-* oder als *Relationszeichen* klassifiziert werden kann. Jedem Funktions- bzw. Relationszeichen ist ferner eine nicht-negative Zahl als ihr Stellenwert zugewiesen. Für jedes Vokabular V werden die Mengen *V-Terme*, *V-Atome* und *V-Clauses* auf folgende Weise definiert:

(1) Jede Variable in V ist Element von *V-Terme*;

(2) ist f ein n-stelliges Funktionszeichen in V, und sind $t_1, \ldots, t_n$ jeweils Elemente von *V-Terme*, dann ist auch $f(t_1, \ldots, t_n)$ Element von *V-Terme*;

(3) ist R ein n-stelliges Relationszeichen in V, und sind $t_1, \ldots, t_n$ jeweils Elemente von *V-Terme*, dann ist $R(t_1, \ldots, t_n)$ Element von *V-Atome*; und

(4) ist C eine endliche Menge von Elementen der Form $[A, W]$, wobei A Element von *V-Atome* und W ein Wahrheitswert (d. h., entweder *wahr* oder *falsch*) ist, dann ist C Element von *V-Clauses*[2].

(Wir schreiben häufig ein Clause

$$\{[A_1, W_1], \ldots, [A_n, W_n]\}$$

---

[2] Anmerkung des Bearbeiters: Näheres zu dem Begriff „Clause" findet sich im Glossarium.

in der Gestalt

$$\begin{Bmatrix} u_1 & \cdots & u_n \\ A_1 & & A_n \end{Bmatrix},$$

wobei u_j für $W_j = $ *wahr* ein Blank und für $W_j = $ *falsch* ein horizontaler Strich ist. Häufig lassen wir auch die äußeren Klammern fort).

Substitutionen; Instanzen; Varianten

Eine *Substitution* ist eine Operation

$$\theta = \{t_1/x_1, \ldots, t_n/x_n\},$$

die an einem Ausdruck durchführbar ist, um einen anderen Ausdruck zu bekommen. Technisch gesprochen wird jedes Vorkommen von x_j durch ein t_j ersetzt. Die x_j sind dabei sämtlich Variablen, und die t_j sämtlich Terme. Für das Resultat der Anwendung von θ auf einen Ausdruck E schreiben wir

$$E\theta;$$

E kann dabei ein Term, ein Atom oder ein Clause sein. Wir sagen, daß $E\theta$ eine *Instanz* von E ist.

Sind zwei Clauses P und Q jeweils Instanzen des anderen Clause, dann sagen wir, daß P eine *Variante* von Q bzw. Q eine *Variante* von P ist. Beispielsweise sind folgende Clauses gegenseitige Varianten:

$$P = \{R(x, y), \bar{K}(y, z), \bar{M}(z)\}$$

$$Q = \{R(u, x), \bar{K}(x, y), \bar{M}(y)\},$$

und zwar wegen

$$P = Q\{x/u, y/x, z/y\}$$

bzw.

$$Q = P\{u/x, x/y, y/z\}.$$

Semantik der einfachen Sprachen der ersten Stufe

Ist V ein Vokabular, dann ist eine *Interpretation von* V eine Abbildung von der Menge V-*Atome* auf die Menge $\{$*wahr, falsch*$\}$. Die intuitive Idee hinter dieser Definition ist, daß

(1) jeder Term als Individuenobjekt aufgefaßt wird;

(2) jedes Funktionszeichen f als Bezeichnung derjenigen Funktion aufgefaßt wird, die, angewendet auf die Terme $t_1, \ldots, t_n$, den Term $f(t_1, \ldots, t_n)$ liefert; und

(3) jedes Relationszeichen R als Bezeichnung derjenigen Relation aufgefaßt wird, die, angewendet auf die Terme $t_1, \ldots, t_n$, als Wert jenen Wahrheitswert liefert, auf den das Atom $R(t_1, \ldots, t_n)$ durch die Interpretation abgebildet wird.

Ist H eine Interpretation von V und C ein Element von *V-Clauses*, dann sagen wir, daß

(1) C *unter H wahr* ist, genau dann, wenn $HA = W$ für mindestens ein $[A, W]$ in C gilt; und

(2) C *unter H immer wahr* ist, genau dann, wenn jede Instanz von C über *V-Terme* wahr unter H ist.

Die Idee ist hier, daß jedes Clause als all-quantifizierte Disjunktion seiner Komponenten interpretiert wird, wobei jede Komponente $[A, W]$ in Abhängigkeit von $W = wahr$ oder $W = falsch$ als die *Behauptung* oder die *Verneinung* des atomaren Satzes A interpretiert wird. Es läßt sich aus diesen Definitionen auch ersehen, daß das leere Clause (geschrieben als $\Box$) unter jeder Interpretation immer falsch ist.

Einfache Deduktionsprobleme

Ein einfaches Deduktionsproblem ist gegeben durch eine endliche Menge K von Clauses über einem gewissen Vokabular V. Das Problem besteht dann darin, festzustellen, ob eine Interpretation von V derart existiert, daß unter dieser jedes Clause in K immer wahr ist — oder was äquivalent ist, ob es eine Interpretation von V derart gibt, daß unter dieser jedes Clause in K^* wahr ist. Unter K^* verstehen wir hier die Menge aller *Instanzen* der Clauses von K.

Es ist jetzt ziemlich naheliegend (vgl. Davis und Putnam 1960), ein Deduktionsproblem (A, C), das in der üblichen Prädikatenlogik der ersten Stufe formuliert ist, in ein äquivalentes einfaches Deduktionsproblem K zu transformieren. Die Beziehung zwischen (A, C) und K ist derart, daß

$$A \to C \text{ gilt genau dann, wenn } K \text{ unerfüllbar ist;}$$

dabei *bedeutet K ist unerfüllbar*, daß es keine Interpretation gibt, unter der jedes Clause in K^* wahr ist.

Widersprüche

Wir sagen, daß eine (endliche oder unendliche) Menge K von Clauses ein *Widerspruch* oder *widerspruchsvoll* ist, genau dann, wenn es keine Interpretation derart gibt, daß jedes Clause von K wahr ist. Es ist hier aber auf den Unterschied zwischen der Sprechweise „K ist ein Widerspruch" und „K ist unerfüllbar" zu achten; wir haben aber offensichtlich:

$$K \text{ ist ein Widerspruch } impliziert \text{ } K \text{ ist unerfüllbar,}$$
aber im allgemeinen nicht die Umkehrung.

Ist nun K endlich, dann ist es durch ein Rechenverfahren *entscheidbar*, ob K ein Widerspruch ist oder nicht. Ist K allerdings unendlich, dann können wir höchstens sagen, daß es *halb-entscheidbar* ist, ob K ein Widerspruch ist oder nicht; dies bedeutet, daß wir einen Algorithmus angeben können, der zwar das *Vorhandensein* der Widersprüchlichkeit von K nachweist, aber nicht notwendigerweise dessen *Fehlen*.

Genau an dieser Stelle kommt nun das Königsche Phänomen in der Theorie der einfachen Deduktionsprobleme zum Tragen. Es ist nämlich ziemlich leicht — unter Berufung auf dieses — für alle unendlichen Mengen K von Clauses zu zeigen, daß folgendes gilt:

> *ist K widerspruchsvoll, dann ist bereits eine gewisse endliche Teilmenge von K widerspruchsvoll.*

Auf dieser letzten Behauptung beruht nun die ganze Theorie der einfachen Deduktionsprobleme: um zu zeigen, daß $A \rightarrow C$ gilt, konstruiert man zuerst das Äquivalent K, und prüft dann systematisch die endlichen Teilmengen von K^* auf Widersprüche; weiter unten ist beschrieben, wie auch andere äquivalente Prozesse ausgeführt werden können.

Vereinheitlichung

Die effiziente Ausnützung des Kompaktheitsphänomens für einfache Sprachen erster Stufe hängt nun weitgehend von einer Berechnungstechnik ab, die als *Vereinheitlichungstechnik* bekannt wurde. Die Eingabe in diese Berechnung ist

(1) eine endliche Menge P von Ausdrücken, die alle entweder Atome oder Terme sind, und

(2) eine Partition Q von P.

Das Ziel der Berechnung besteht darin, festzustellen, ob es eine Substitution θ gibt (und in diesem Fall auch in deren Bestimmung) oder nicht, die Q in folgendem Sinn *vereinheitlicht*[3]

$$\text{wenn } X \underset{Q}{\equiv} Y \text{ dann } X\theta = Y\theta.$$

Der Algorithmus wurde detailliert in einer Reihe von leicht greifbaren Aufsätzen diskutiert (Robinson 1965; Robinson 1971). Aus diesem Grund brauchen hier keine weiteren Einzelheiten angegeben werden. Unsere weitere Diskussion werden wir mit der Annahme fortsetzen, daß „vereinheitlichende" Substitutionen immer leicht berechnet werden können, wenn die zu vereinheitlichende Partition angegeben ist — vorausgesetzt, die Partition *ist* vereinheitlichbar; ist das Gegenteil der Fall, dann kann das Versagen der Vereinheitlichungstechnik schnell nachgewiesen werden. Diese Annahme ist durch die angeführte Referenzliste ausreichend gerechtfertigt.

Latente Widersprüche

Wir haben festgestellt, daß es zwar entscheidbar ist, ob eine endliche Menge K von Clauses ein Widerspruch ist, jedoch nur halb-entscheidbar, ob diese Menge

---

[3] Anmerkung des Bearbeiters: Vgl. dazu auch das Glossarium.

auch unerfüllbar ist. Es gibt nun eine wichtige, zwischen Widersprüchlichkeit und Unerfüllbarkeit liegende Eigenschaft, die sich zwar „enger" an die Unerfüllbarkeit anlehnt, aber dennoch entscheidbar ist. Dies ist die Eigenschaft des *latenten Widerspruchs*. Wir sagen, daß eine Menge K von Clauses ein latenter Widerspruch ist, genau dann, wenn es eine Substitution θ gibt derart, daß $K\theta$ ein Widerspruch ist.

Ist K endlich, dann ist es entscheidbar, ob K ein latenter Widerspruch ist, und zwar deswegen, weil man nur diejenigen Partitionen Q der Menge P aller Atome, die in Clauses von K vorkommen, betrachten muß, modulo derer K ein Widerspruch ist. Unter K *ist ein Widerspruch modulo* Q verstehen wir, daß für jede Interpretation H, die für alle Atome X, Y in P die Forderung

$$\textbf{wenn } X \underset{Q}{=} Y \textbf{ dann } HX = HY$$

erfüllt, mindestens ein Clause in K unter H falsch ist. Solche Partitionen heißen auch *unverträgliche* Partitionen für K.

Läßt sich eine beliebige unverträgliche Partition für K vereinheitlichen (mit θ als entsprechender Substitution), dann sieht man leicht, daß $K\theta$ ein Widerspruch ist. Ist hingegen $K\theta$, für ein gewisses θ, ein Widerspruch, dann ist die für alle X, Y in P definierte Partition Q

$$X \underset{Q}{=} Y \text{ genau dann, wenn } X = Y$$

offenbar vereinheitlichbar und unverträglich.

Aus diesem Grund ist es ein endlicher Rechenvorgang, um zu entscheiden, ob K ein latenter Widerspruch ist, und wenn „ja", ein θ zu bestimmen derart, daß $K\theta$ ein Widerspruch ist.

Es ist allerdings eine offene Frage, wie *effizient* der Programmnachweisteil für den latenten Widerspruch konstruiert werden kann; hier eröffnet sich ein weites Forschungsfeld im Bereich der automatischen Beweisführung von Theoremen.

Elaborationen

Mit der besprochenen Möglichkeit, latente Widersprüche zu entdecken, befassen wir uns nun fürs nächste mit dem Problem, durch Berechnung die Unerfüllbarkeit einer endlichen Menge K von Clauses festzustellen.

Eine Menge M von Clauses soll eine *Elaboration* von K heißen, wenn sie aus endlich vielen Clauses besteht, die jeweils Varianten von gewissen Clauses in K sind, und wenn je zwei von ihnen keine gemeinsamen Variablen besitzen.

Auf Grund unserer früheren Definitionen und Ergebnisse läßt sich jetzt leicht folgern:

> *K ist genau dann unerfüllbar, wenn eine gewisse Elaboration von K ein latenter Widerspruch ist.*

Wir können nun die Elaborationen von K nach der Anzahl der Varianten, die sie von jedem Clause in K enthalten, klassifizieren. Sei $K = \{K_1, \ldots, K_n\}$; der Vektor

$\alpha = (\alpha_1, \ldots, \alpha_n)$ — dessen $j$te Komponente die Anzahl α_j der Varianten des Clause K_j, die in der Elaboration M auftreten, ist — heiße der *Betrag* von M. Ist α der Betrag von M und β derjenige von N, dann schreiben wir $\alpha \leqslant \beta$ für $\alpha_j \leqslant \beta_j$ (für $j = 1, \ldots, n$). Für unsere Zwecke sind zwei Elaborationen mit demselben Betrag äquivalent, da entweder *beide* oder *keine* von ihnen latente Widersprüche sind.

Die verschiedenen Beträge korrespondieren mit allen Gitterpunkten des Hauptorthanten in einem n-dimensionalen euklidischen Raum — eine Entsprechung, die die Vorstellung bei der Untersuchung der Frage nach der Suche in einem „Elaborationsraum" einer Menge von Clauses unterstützt.

Durch die Definition eines Widerspruchs ist es klar, daß — wenn die Elaboration M ein latenter Widerspruch ist — dann auch jede Elaboration N, für die

$$\text{Betrag von } M \leqslant \text{Betrag von } N$$

gilt, ein latenter Widerspruch ist.

Die vollständige Berechnung hat daher die Form einer Suche in einem Raum von Betragsvektoren, und zwar vermöge eines Entscheidungsalgorithmus, der für den Betragsvektor α als Eingabe feststellt, ob eine Elaboration des Betrags α (einer in Betracht stehenden Menge von Clauses) ein latenter Widerspruch ist. Es ist ein wichtiges und interessantes, aber offenes Problem, wie diese Suche am besten zu organisieren ist. Eine spezielle Ideenrichtung darüber führt zu der *Resolution*.

Resolution

Die Resolutionsmethode (Robinson 1965) versucht zu zeigen, daß eine endliche Menge K von Clauses unerfüllbar ist, und zwar dadurch, daß solange vermöge eines sofort zu beschreibenden Prinzips weitere Clauses zu K hinzugefügt werden, bis es schließlich (wieder in Übereinstimmung mit diesem Prinzip) möglich ist, das *leere* Clause hinzuzufügen.

Das erwähnte Prinzip lautet: *zu einer Menge S von Clauses darf ein Clause C hinzugefügt werden, vorausgesetzt, C ist ein Resolvent von zwei Clauses in S.*

C heißt *Resolvent* der Clauses A und B, wenn folgendes gilt:

(1) A enthält eine nicht-leere Teilmenge P, und B eine nicht-leere Teilmenge N folgender Gestalt:

$$P = \{[A_1, wahr], \ldots, [A_p, wahr]\}$$

$$N = \{[B_1, falsch], \ldots, [B_q, falsch]\};$$

(2) die Menge $\{A_1, \ldots, A_p, B_1, \ldots, B_q\}$ ist vereinheitlichbar (d. h., die Partition Q, deren einziger Bestandteil sie ist, ist vereinheitlichbar);

(3) C ist durch $(A - P)\theta \cup (B - N)\theta$ gegeben, wobei θ die für die Eingabe Q durch den Vereinheitlichungsalgorithmus berechnete Substitution ist; und

(4) A und B besitzen keine gemeinsamen Variablen.

(Die Definition läßt sich erweitern: C heißt Resolvent von A' und B', wenn A' und B' respektive Varianten von A bzw. B sind, und C ist Resolvent von A und B).

Es läßt sich hier auch sagen, daß durch die Resolutionsmethode Clauses *deduziert* werden, da C tatsächlich eine logische Konsequenz von A und B ist, vorausgesetzt, C ist Resolvent von A und B.

Die Schlüsseleigenschaften des Prinzips sind also:

(1) eine endliche Menge von Clauses besitzt bis auf interne Varianten nur endlich viele verschiedene Resolventen; und

(2) eine Menge K von Clauses ist genau dann unerfüllbar, wenn das leere Clause durch Resolution von K deduzierbar ist.

Es ist nun möglich, dem Prinzip der Hinzufügung von Resolventen zu einer Menge von Clauses verschiedene Beschränkungen aufzuerlegen, wodurch zwar weniger Resolventen für das Hinzufügen geeignet sind, jedoch weder die erste noch die zweite Schlüsseleigenschaft aufgegeben werden müssen. Beispielsweise kann man von dem Clause A verlangen, daß es etwa *kein* Paar der Form $[L, W]$, in dem W *falsch* ist, enthält.

Ein das Resolutionsprinzip enthaltender Deduktionsalgorithmus besteht dann im wesentlichen aus einer Methode, die für eine gegebene Menge S von Clauses entscheidet, welcher aus einer als Hinzufügung zu S *geeigneten* Menge von Resolventen tatsächlich zur Hinzufügung *ausgewählt* werden sollte, und aus einer Hauptroutine, die diese Entscheidung so lange wiederholt, bis das leere Clause als Hinzufügung geeignet ist.

Besonders in den letzten Jahren hat man große Aufmerksamkeit dem Design von guten Deduktionsalgorithmen, die das Resolutionsprinzip verwenden, gewidmet (vgl. Kowalski 1969). Es würde sich wahrscheinlich auch lohnen, einen vergleichbaren Aufwand für die Entwicklung von effizienten Techniken für den Nachweis von latenten Widersprüchen, die auf anderen Ideen basieren, zu treiben. Während nämlich das Resolutionsprinzip in gewissem Sinn der effizienteste Rahmen für den Nachweis von latenten Widersprüchen ist, ist es gleichwohl derzeit nicht möglich, einen Beweis für diesen Sachverhalt zu geben, oder auch nur befriedigend zu erklären, was darunter verstanden wird. Die Frage nach der *Effizienz* in Deduktionsmaschinen verbleibt eine höchst schwer faßbare: zwei offene Probleme beziehen sich darauf, wie diese zu definieren ist bzw. wie sie erhalten werden kann. Vielleicht gibt es derzeit noch unbekannte Phänomene, die wesentliche theoretische Hindernisse auf dem Weg zu wirklich effizienten Deduktionsmaschinen darstellen. Die Theorie der Komplexität von Berechnungen wird vielleicht einmal dazu etwas beitragen, jedoch bietet sie heute noch keinerlei Erhellung für die Fragestellung.

Ziemlich wenig ist über die zu Beginn dieses Aufsatzes dargestellten allgemeinen Bemerkungen hinaus über den Bau von Deduktionsmaschinen für andere Sprachen wie Sprachen der ersten Stufe bekannt. Man bemüht sich aber (Robinson 1969), die Sprache der *einfachen Typentheorie* (oder den „Prädikatenkalkül der Stufe ω")

und auch die als *λ-Kalkül* bekannte typfreie Sprache, die auf den Ideen der „Anwendung" und der „Abstraktion" basiert, näher zu untersuchen. Die entstehenden Probleme sind teilweise jene Probleme, die schon über mehrere Generationen hinweg im Bereich der mathematischen Logik studiert wurden; jedoch gibt es hier auch eigenständige reine Berechnungsprobleme. Beispielsweise genügt es für die Bedürfnisse eines Logikers in den meisten Fällen zu zeigen, daß ein Verfahren „schließlich" nach „nur" endlich vielen Rechenschritten zum Ziel führt, d. h., es genügt zu zeigen, daß für das gerade untersuchte Problem eine obere Aufwandsgrenze *existiert*. Für den epistemologisch orientierten Konstrukteur ist dies aber nicht gut genug. Er bedarf der Information über die Größe der oberen Grenze, und er muß in der Lage sein, für die Durchführung der Aufgabe Wege zu finden, die viel weniger Hilfsmittel in Anspruch nehmen als jene, die von den oft ganz drastisch ineffizienten Verfahren herangezogen werden, die aber ihrerseits für Existenzbeweise ausreichend sind. Darüber hinaus ist der epistemologisch orientierte Konstrukteur auch brennend an unteren Grenzen für den Arbeitsaufwand, den das gerade in Betracht stehende Problem erfordert, interessiert, da er ja mit diesen den tatsächlichen Maschinenaufwand vergleichen muß, um dessen Effizienz zu messen.

Literatur

Church, A.: A note on the *Entscheidungsproblem*. J. Symbolic Logic 1, 40−41, 101−102 (1936).

Davis, M., Putnam, H.: A computing procedure for quantification theory. J. Ass. Comput. Mach. **7**, 201−215 (1960).

Guard, J., et al.: Semi-automated mathematics. J. Ass. Comput. Mach. **16**, 49−62 (1969).

Henkin, L.: Completeness in the theory of types. J. Symbolic Logic **15**, 81−91 (1950).

Herbrand, J.: Researches into the theory of demonstration (aus dem Französischen ins Englische übersetztes Kapitel 5 der Dissertation von Herbrand 1930). In: From Frege to Gödel: a source book in mathematical logic (van Heijenoort, J., Hrsg.). Cambridge, Mass.: Harvard University Press 1967.

König, D.: Sur les correspondences multivoques des ensembles. Fundamenta Mathematicae 8, 114−134 (1926).

Kowalski, R.: Search strategies for theorem proving. In: Machine Intelligence **5**, 181−201 (Meltzer, B., Michie, D., Hrsg.). Edinburgh: Edinburgh University Press 1969.

Prawitz, D.: An improved proof procedure. Theoria **26**, 102−139 (1960).

Robinson, J. A.: Theorem proving on the computer. J. Ass. Comput. Mach. **10**, 163−174 (1963).

Robinson, J. A.: A machine-oriented logic based on the resolution principle. J. Ass. Comput. Mach. **12**, 23−41 (1965).

Robinson, J. A.: Mechanizing higher order logic. In: Machine Intelligence 4, 151−170 (Meltzer, B., Michie, D., Hrsg.). Edinburgh: Edinburgh University Press 1969.

Robinson, J. A.: Computational logic: the unification computation. In: Machine Intelligence **6**, 63−72 (Meltzer, B., Michie, D., Hrsg.). Edinburgh: Edinburgh University Press 1971.

Smullyan, R. M.: First order logic. Berlin-Heidelberg-New York: Springer 1968.

Vorbemerkungen zu einer Theorie der Effizienz von Beweisverfahren

Von **B. Meltzer**

Einführung

Die Schlüsselfrage in der Entwicklung von automatischen Beweisverfahren ist zwar die Frage nach deren Effizienz, jedoch ist es eher überraschend, wie wenig ernsthafte Diskussion und Analyse dieses Gesichtspunktes in der nun schon ziemlich umfangreichen Literatur des gegenständlichen Forschungsbereiches anzutreffen sind. Es ist zwar richtig, daß für die Bedeutung der Effizienz ein Lippenbekenntnis abgelegt wird, wenn manchmal ein neues Inferenzsystem oder eine neue „Strategie" vorgeschlagen und wegen der größeren „Effizienz" bzw. „Mächtigkeit" empfohlen wird. Die Rechtfertigung für eine solche Behauptung hält aber nur selten einer sogar oberflächlichen, auf ein oder zwei Beispielen basierenden, Überprüfung stand, und die Einfachheit eines Beweises wird dann häufig mit der Leichtigkeit, mit der er gefunden wird, verwechselt. In diesem Forschungsbereich wurde weiters der relative Wert von „vollständigen", „unvollständigen" bzw. „heuristischen" Verfahren eingehend diskutiert, häufig allerdings ohne zu klare Vorstellungen von diesen zu haben, und bestimmt recht selten mit irgendwelchen ernsthaften Überlegungen bezüglich der Einflüsse der unterschiedlichen Charakteristika auf die Effektivität der Beweisfindung. Dieser Stand der Dinge ist verständlich, da die damit verbundenen Fragen keineswegs in einer fruchtbringenden Weise leicht zu behandeln sind; sie müssen vielmehr von verschiedenen Gesichtswinkeln aus angegangen werden, bevor der beste Weg gefunden ist. Ich werde hier einen Ansatz von R. Kowalski darstellen; die Darstellung basiert auf dessen Dissertation (1970a), wobei die Fruchtbarkeit seines Ansatzes durch weiterführende Arbeiten von ihm selber bzw. von D. Kuehner zum Entwurf von Beweisverfahren verstärkt wird. Eine genauere Darstellung des ganzen Problemkreises wird an anderer Stelle veröffentlicht (Kuehner 1971; Kowalski und Kuehner 1971; Kowalski 1973).

Illustrative Beispiele

Betrachtet sei das folgende Miniaturproblem. Aus den drei Axiomen

(1) $P(a, b)$,

(2) $(x)(Ez)(y)[P(x, y) \supset P(z, y)]$,

$$(3) \quad (x)(y)[P(x, y) \supset Q(y)]$$

ist abzuleiten $Q(b)$.

Ein *nicht-formaler*[1] Beweis ist klar: aus (3) ergibt sich die spezielle Instanz $P(a, b) \supset Q(b)$, und $Q(b)$ folgt dann aus (1). Die Irrelevanz von (2) ist unmittelbar einsichtig, und es läßt sich schwer ein effizienterer Beweis denken. Die für die automatische Beweisführung von Theoremen benützten oder vorgeschlagenen *formalen* Methoden transformieren im allgemeinen das Problem in eine andere Darstellungsform, in der nicht die gewünschte Konklusion abgeleitet, sondern vielmehr deren Negation widerlegt wird (*reduction ad absurdum*); alle logischen Sätze haben dabei die Standardform von Clauses. Für das obige Problem gilt es etwa zu zeigen, daß die folgende Menge von Clauses unerfüllbar ist:

$$(1) \quad P(a, b),$$
$$(2) \quad \bar{P}(x, y)P(f(x), y),$$
$$(3) \quad \bar{P}(x, y)Q(y),$$
$$(4) \quad \bar{Q}(b).$$

Die Methode der *vereinheitlichbaren Partitionen* (vgl. Robinson 1971) würde nun die möglichen vereinheitlichbaren Partitionen aller Atome in diesen Clauses (im allgemeinen Fall zusätzlich auch deren umbenannte Replikanden) untersuchen, und im speziellen feststellen, daß die folgende Partition mit den angegebenen Substitutionen

$\{P(a, b)$ von (1), $P(x, y)$ von (3)$\}$	Substitution: $\{a/x, b/y\}$
$\{Q(y)$ von (3), $Q(b)$ von (4)$\}$	Substitution: $\{b/y\}$
$\{P(x, y)$ von (2)$\}$	Substitution: Leer-Substitution
$\{P(f(x), y)$ von (2)$\}$	Substitution: Leer-Substitution

die folgende Boolesche Menge liefert, die durch einen geeigneten Algorithmus (z. B. durch Wahrheitstafeln) als widerspruchsvoll nachgewiesen werden kann:

$$P(a, b)$$
$$\bar{P}(x, y)P(f(x), y)$$
$$\bar{P}(a, b)Q(b)$$
$$\bar{Q}(b).$$

In dieser Form ist die Methode klarerweise im höchsten Grad ineffizient; dies würde noch stärker hervortreten, wenn der Beweis mehr Replikanden der Eingabeclauses benötigt hätte.

Die derzeit verwendeten formalen Methoden für die automatische Beweisführung von Theoremen führen — obwohl sie auf der Verwendung von verein-

---

[1] Anmerkung des Bearbeiters: Der Ausdruck „nicht-formal" wird in diesem Aufsatz im Sinne von „nicht-mechanisiert" verwendet.

heitlichenden Substitutionen beruhen — nicht die Partitionen aus, sondern implementieren demgegenüber *Inferenzsysteme.*

Die auf unser Beispiel angewendete Methode der *unbeschränkten Resolution* ergibt folgenden Beweis:

$$
\left.\begin{array}{ll}
(5) & P(f(a),\, b) \\
(6) & \bar{P}(x,\, y)P(f(f(x)),\, y) \\
(7) & Q(b) \\
(8) & \bar{P}(x,\, y)Q(y) \\
(9) & \bar{P}(x,\, b)
\end{array}\right\}\ \text{Stufe 1}
$$

$$
\left.\begin{array}{ll}
& \cdots \\
(17) & \square
\end{array}\right\}\ \text{Stufe 2.}
$$

Fassen wir die Menge der Eingabeclauses als Stufe 0 auf, so ergeben deren mögliche Resolventen die Menge der Stufe 1; alle Resolventen, die mit mindestens einem Clause der Stufe 1 gebildet werden können, ergeben die Menge der Stufe 2, usw. Diese stufenweise Erzeugung von Clauses wird als „Stufensättigung" bezeichnet. Im Beispiel (wo nicht alle Clauses der Stufe 2 angeführt sind) wurde eine große Anzahl von irrelevanten und redundanten Clauses vor dem ersten leeren Clause erzeugt. Man beachte, daß die Strategie nicht imstande war, festzustellen, daß bereits nach der Erzeugung von Clause (7) durch Resolution mit (4) ein Widerspruch verfügbar gewesen wäre.

In der Hoffnung, weniger irrelevante Clauses erzeugen zu müssen, wurden etliche *Verfeinerungen* der Resolution vorgeschlagen und programmiert, von denen die meisten die offensichtliche attraktive Charakteristik der logischen Vollständigkeit des oben beschriebenen Ansatzes beibehalten. Dazu folgen zwei Beispiele.

Die Verfeinerung mit der „Stützmengenmethode" wird durch die Vorstellung nahegelegt, daß wir nicht so sehr an der Gewinnung von logischen Inferenzen in großer Anzahl aus der Eingabemenge interessiert sind, sondern lediglich am Beweis eines bestimmten Theorems — in unserem Beispiel an $Q(b)$. Im besonderen könnten Resolventen, die nur aus den Theorieaxiomen abgeleitet sind, möglicherweise irrelevant sein. Getreu diesem erwähnten Verfahren werden nur solche Resolventen erzeugt, deren Vorgänger die Negation des zu beweisenden Theorems enthalten. In unserem Miniaturproblem ist dies das Clause (4), $\bar{Q}(b)$, und der Beweis lautet unter Benützung der Stufensättigung:

$$
\begin{array}{lll}
(5) & \bar{P}(x,\, b) & \text{Stufe 1} \\
(6) & \square & \text{Stufe 2.}
\end{array}
$$

Er ist demnach höchst effizient.

Eine andere Verfeinerung der Resolution ist die P_1-*Deduktion*, bei der eine Resolution nur dann ausgeführt wird, wenn ein Elternclause vollständig aus unnegierten Atomen besteht. Mit der Stufensättigung ergibt sich hier folgender Beweis:

$$
\begin{array}{ll}
(5)\ \ P(f(a),\, b) & \Big\}\ \text{Stufe 1} \\
(6)\ \ Q(b) & \\
(7)\ \ P(f(f(a)),\, b) & \\
(8)\ \ Q(b) & \Big\}\ \text{Stufe 2.} \\
(9)\ \ \square &
\end{array}
$$

Dieser Beweis offenbart zwei Arten der Ineffizienz: die Irrelevanz der Clauses (5) und (7), sowie die Redundanz von Clause (8).

Es ist klar, daß sich die Leistung dieser Inferenzsysteme bei dem angegebenen Beispiel ändern könnte, wenn die Erzeugung der Sätze einem anderen Schema wie dem der „Stufensättigung" folgte. Dieses Schema ist ein solches, das üblicherweise als eine „breadth-first"-Suchstrategie bezeichnet wird; auf der anderen Seite könnte man „depth-first"-Methoden versuchen[2].

Die obige Methode, die in einer Reihe von Programmen zur automatischen Beweisführung von Theoremen implementiert wurde, ist das „Zwei-Zeiger-Schema", das in einigen später erwähnten Beispielen verwendet wird, und auf folgende Weise arbeitet:

Sei $C_1 C_2 \ldots C_i \ldots C_j \ldots$ die „Spur" der Suche, d. h. die Folge der Clauses in ihrer erzeugten Reihenfolge; eine Anfangsteilfolge ist die Eingabemenge. Zwei Zeiger, A und B, bezeichnen die nächsten beiden Clauses, deren Resolution versucht werden soll; jeder sich ergebende Resolvent wird am Ende der Folge angefügt. Beide Zeiger beginnen bei C_1; anschließend bewegt sich A jeweils einen Schritt nach rechts, während B sich schrittweise solange nach rechts bewegt, bis es A erreicht und anschließend nach C_1 zurückkehrt.

Der Begriff des Beweisverfahrens

Die in diesem Aufsatz entwickelten Überlegungen beziehen sich auf Beweisverfahren vom Inferenztypus, und werden daher nicht unmittelbar auf Beweisverfahren vom „semantischen" Typus, wie etwa die Methode der Wahrheitstafeln oder die in einem illustrativen Beispiel des vorhergehenden Abschnittes herangezogene Methode der vereinheitlichbaren Partitionen, anwendbar sein. Die Ideen hinter der Behandlung der Effizienz, wie sie hier vorgetragen werden, sind aber wahrscheinlich hinreichend allgemein, um auch für eine Anwendung auf die letzteren Verfahren zugänglich zu sein.

Ein *Beweisverfahren* P besteht aus zwei Teilen: einem Inferenzsystem und einer Suchstrategie. Wir schreiben dafür

$$P = (I,\, \Sigma),$$

wobei I ein *Inferenzsystem* und Σ eine *Suchstrategie* bezeichnen.

Das Inferenzsystem I kann beispielsweise eine Menge von Axiomen und eine Menge von Inferenzregeln sein. Es braucht andererseits keine Axiome haben,

---

[2] Anmerkung des Bearbeiters: Vgl. dazu das Glossarium.

sondern kann vielmehr eine Funktion der Menge der Eingabesätze sein. Die meisten unserer Betrachtungen lassen sich auf allgemeine Inferenzsysteme anwenden; um aber festere Vorstellungen zu haben, beziehen wir uns häufig auf Systeme der zweiten Art. Die Menge der Eingabesätze sei mit S_0 bezeichnet — in modernen Beweisverfahren für Theoreme sind diese gewöhnlich Clauses. Daher können wir schreiben

$$I = I(S_0).$$

Für ein gegebenes Inferenzsystem bestimmt die Menge der Inferenzregeln einen *Suchraum* S^*, nämlich alle Sätze in der Sprache, die — egal, ob von Axiomen ausgehend oder von S_0 — mit den Regeln ableitbar sind. Mit den Regeln konstruierbare Ableitungen heißen *zulässig* für I.

Die Suchstrategie Σ ist ein Algorithmus, der für I zulässige Ableitungen erzeugt, um schließlich auch einen Beweis für ein Theorem zu erzeugen. Σ induziert eine Ordnung über das Auftreten der Sätze von S^*.

Es ist hier sorgfältig zwischen der zulässigen Ableitung eines Satzes C, und der durch Σ erzeugten Folge von Sätzen, bevor ein erster Beweis von C erhalten wird, zu unterscheiden: eine zulässige Ableitung enthält nur Sätze, die für den Beweis von C notwendig sind. [Beispiele für gegenwärtig gebrauchte Suchstrategien sind Stufensättigung, „Unit-preference" nach Wos und Robinson (1964), sowie die „Diagonalsuche" nach Kowalski (1970c)[3].]

Beweisverfahren $P = (I, \Sigma)$ lassen sich häufig in mehr als einer Art in ein Inferenzsystem und eine Suchstrategie zerlegen; so kann etwa die von Wos und Robinson (1965) eingeführte Methode der Stützmenge entweder als eine beschränkte Inferenzregel, die einen beschränkten Suchraum bestimmt, oder als uneingeschränkte Resolution mit einer beschränkten Suchstrategie aufgefaßt werden. In diesem Fall dürfte die erstere Auffassung natürlicher sein.

Die verschiedenen Vollständigkeitsbegriffe

Die obige Analyse lehrt, daß es drei ganz verschiedene Begriffe der Vollständigkeit gibt, die aber häufig von Forschern im Bereich der maschinellen Intelligenz verwechselt werden, nämlich die Begriffe der Vollständigkeit von Inferenzsystemen, von Suchstrategien bzw. von Beweisverfahren.

Die Vollständigkeit eines *Inferenzsystems* ist ein rein logischer Begriff. Ein Inferenzsystem I ist deduktions-vollständig *bezüglich einer Menge S von Sätzen*, sofern es immer dann, wenn S_0 logisch $C \in S$ impliziert, eine für I zulässige Ableitung von C aus S_0 gibt. S ist üblicherweise die Menge aller Sätze, die in der Sprache von I konstruierbar sind. Die in den meisten heutigen Programmen zur automatischen Beweisführung von Theoremen benützten Inferenzsysteme sind allerdings nicht deduktions-vollständig, haben aber häufig die Eigenschaft der Widerlegungs-Vollständigkeit. Ein Inferenzsystem I ist widerlegungs-vollständig,

---

[3] Anmerkung des Bearbeiters: Vgl. dazu das Glossarium.

sofern es immer dann, wenn S_0 logisch einen Widerspruch impliziert, eine zulässige Ableitung für einen effektiv feststellbaren Widerspruch gibt.

Eine *Suchstrategie* Σ ist vollständig bezüglich eines Inferenzsystems I, wenn Σ schließlich alle für I zulässigen Ableitungen erzeugt. Dies ist ein rein kombinatorischer Begriff. Es ist dabei klar, daß Σ — unabhängig davon, ob I vollständig ist — selbst vollständig oder unvollständig sein kann.

Ein *Beweisverfahren* $P = (I(S_0), \Sigma)$ ist deduktions-vollständig *bezüglich einer Menge S von Sätzen*, sofern immer dann, wenn S_0 einen Satz $C \in S$ impliziert, Σ schließlich eine zulässige Ableitung von C erzeugt. Eine sinngemäße Definition gilt für die Widerlegungsvollständigkeit.

Zwei Aspekte sind hier bemerkenswert:

(1) Ein Beweisverfahren P kann auch dann vollständig sein, wenn Σ bezüglich des Inferenzsystems unvollständig ist; dies wurde durch das früher angeführte Beispiel der unbeschränkten Resolution, wo Σ Stützmengen-Beschränkungen beinhaltet, illustriert. Auf der anderen Seite muß I, wenn P vollständig ist, ebenfalls vollständig sein.

(2) Ein bezüglich S unvollständiges Beweisverfahren kann bezüglich einer gewissen entscheidbaren geeigneten Teilmenge von S vollständig sein. Tatsächlich ist nämlich ein beliebiges effektives Beweisverfahren immer vollständig bezüglich einer gewissen Menge von Sätzen.

Die in der Literatur veröffentlichten ursprünglichen Vollständigkeitsbeweise für die unbeschränkte, die Hyper-, die Clash-, die AM-Clash-Resolution wurden für Beweisverfahren angegeben, wo Σ als vollständige Stufensättigungssuche gedeutet werden kann; die ursprünglichen Beweise für die Methode der Stützmenge, die Methode des „Merging" und die lineare Resolution wurden dagegen für Inferenzsysteme I geführt[4].

In seiner Dissertation bezieht Kowalski den Standpunkt, daß in der bevorzugten Analyse eines Beweisverfahrens — $P = (I, \Sigma)$ — I die „logischen" und Σ die „heuristischen" Restriktionen beinhalten sollte, obwohl die Definition einer derartigen Unterscheidung nicht klar ist. Beispielsweise könnte man in dem bereits erwähnten Fall der Stützmengenresolution die Stützmengenbeschränkungen unter I eingliedern und so erreichen, daß Σ vollständig ist — was nicht möglich wäre, wenn I die unbeschränkte Resolution ist.

Komplexität und Schwierigkeit von Beweisen

In den Bemühungen, mathematische Theoreme zu beweisen, gibt es an sich keine genau bestimmte Beziehung zwischen der Einfachheit oder Komplexität des gefundenen Beweises einerseits, und der Leichtigkeit oder Schwierigkeit, mit der er gefunden wurde, andererseits. Es kann durchaus einen ziemlichen Aufwand in fruchtlosen Richtungen erfordern, um einen durchschaubaren einfachen Beweis zu finden, und zum anderen kann eine lange, aber geradlinige kombinatorische

---

[4] Anmerkung des Bearbeiters: Vgl. dazu das Glossarium.

Demonstration wegen des Fehlens von irreführenden Nebengeleisen relativ wenig Mühe kosten.

Es sind nun mehrere Wege denkbar, um die *Komplexität* eines nicht-formalen Beweises zu messen, beispielsweise durch die Anzahl der verwendeten Sätze, durch die Anzahl der unterschiedlichen Vorkommen von benützten Symbolen, oder auch durch eine gewichtete Kombination aus beiden. Ähnliche Maße könnten auch für maschinelle Beweise herangezogen werden, doch hat es sich bei Resolutionsverfahren eingebürgert, das „Niveau" oder, mit anderen Worten, die Länge des längsten Astes des Beweisbaumes zu verwenden; dieses Maß kann aber höchst unrealistisch werden, da damit bei besonders verzweigten Bäumen ein hoher Tribut zu leisten ist. Allerdings sollte in jedem Komplexitätsmaß an der Bedingung festgehalten werden, daß jede Teilableitung einer Ableitung einen Komplexitätsgrad aufweist, der geringer oder gleich demjenigen der Ableitung selbst ist.

Die *Schwierigkeit* eines Beweises sollte in geeigneter Weise durch den für das Finden eines ersten Beweises nötigen Gesamtaufwand gemessen werden, und auch die Arbeit an erfolglosen Versuchen miteinbeziehen. Für nicht-formale Beweise lassen sich Maße folgender Art denken: gesamte Aufwandszeit, totale Anzahl der Sätze, totale Anzahl der vor dem Erhalt eines ersten Beweises konstruierten Symbole, usw.; etwas Ähnliches gilt für maschinelle Beweise, obgleich die Anzahl der Sätze ein besseres Maß als die Gesamtaufwandszeit ist, da diese Vergleiche zwischen nicht-formalen und formalen Beweisen unabhängig von der Implementation im Rechner erlaubt.

Effizienz von Beweisverfahren

Verwendet man die Anzahl der Sätze als Maße für die Komplexität bzw. die Schwierigkeit, so ist man versucht, Effizienz durch das Verhältnis

$$\frac{\text{Anzahl der Sätze im ersten Beweis}}{\text{Anzahl der erzeugten Sätze, um den Beweis zu finden}}$$

zu definieren. Dies trifft allerdings nicht ganz den Kern des Begriffes der Effizienz eines *Beweisverfahrens*, das sich von der Suchstrategie abhebt. Wenn dieses Verhältnis für ein gewisses Theorem gleich Eins ist, kann der Beweis selbst so komplex sein, daß die Schwierigkeit (die Anzahl der erzeugten Sätze) weitaus höher als mit nicht-formalen Methoden erreichbar ist.

Sind zwei Beweisverfahren, P_1 und P_2, gegeben, so muß P_1 gegenüber P_2 dann als effizienter eingestuft werden, wenn die Anzahl der vor dem ersten Beweis erzeugten Sätze geringer ist. Es scheint vernünftig, eine gewisse nicht-formale Beweismethode P^* zu postulieren, die bei Effizienzvergleichen als „ideal" betrachtet wird; es kann ferner angenommen werden, daß P^* niemals weniger effizient als eine beliebige formale Methode P ist, da im besonderen angenommen werden kann, daß P^* „intelligent" genug ist, die Methoden von P anzuwenden.

Wenn wir nun von einem Beweisverfahren P verlangen, daß dessen formale Schwierigkeiten mit den nicht-formalen Schwierigkeiten in Bezug auf eine Menge S von Sätzen zusammenfallen, läßt sich dies auf eine der folgenden Arten interpretieren:

Für jedes Theorem in S

(a) sind die Schwierigkeiten von P und P^* gleich,

(b) differieren die Schwierigkeiten um höchstens ein gewisses vorgegebenes ε, oder

(c) ist die durchschnittliche Differenz der Schwierigkeiten $\leqslant \varepsilon$.

Es ist richtig, daß derartige Prüfmethoden im allgemeinen nicht effektiv sind, und daß auch P^* keinen absoluten Effizienzstandard darstellt, sondern wegen des variablen menschlichen Leistungsstandards nur relativ ist. Der Wert dieser Begriffe hängt jedoch von deren Nützlichkeit für die Grundlagen einer Theorie der Effizienz ab.

Ist nun ein Beweisverfahren $P = (I, \Sigma)$ gegeben, so lassen sich unmittelbar einige die Effizienz beeinflussende Faktoren aufzeigen. Wenn das Inferenzsystem I beispielsweise für ein gegebenes Theorem keine Beweise, die weniger als n Sätze enthalten, zuläßt, dann ist n eine untere Schranke der Schwierigkeit, das Theorem mit Mitteln von P zu beweisen; daher könnte ein früherer Beweis möglich sein, wenn I weniger restriktiv wäre. Auf der anderen Seite kann aber ein weniger restriktives I die Anzahl bzw. die Arten von redundanten und irrelevanten Ableitungen erhöhen und damit auch die Schwierigkeiten. Einige dieser Faktoren werden weiter unten behandelt.

Der Begriff der Effizienz läßt sich nicht nur auf Beweisverfahren P, sondern auch auf Suchstrategien Σ anwenden (nicht allerdings auf Inferenzsysteme I). Eine Suchstrategie Σ_1 ist effizienter als eine Suchstrategie Σ_2, wenn Σ_1 weniger Ableitungen vor dem vollständigen Vorliegen des ersten Beweises erzeugt als Σ_2.

$P = (I, \Sigma)$ kann allerdings auch dann hoffnungslos ineffizient sein, wenn Σ für I höchst effizient ist (vergleiche das Beispiel eines übermäßigen komplexen Beweises am Beginn dieses Abschnittes). Während effiziente Suchstrategien keineswegs effiziente Beweisverfahren garantieren können, kann sich andererseits ein Beweisverfahren als unzumutbar ineffizient erweisen, wenn es ein ineffizientes Σ anwendet; beispielsweise könnte Σ unvollständig sein, und möglicherweise eine unendliche Menge von irrelevanten Ableitungen erzeugen, oder Σ könnte zwar vollständig sein, aber die Erzeugung des ersten Beweises unterhalb einer gewissen Toleranzgrenze verhindern.

Gibt es nun überhaupt eine allgemeine Forderung bezüglich Suchstrategien? Kowalski stellte dazu in seiner Dissertation folgende Forderung auf (die er übrigens auch anwendete):

> „Suchstrategien sollten versuchen, einfachere Beweise
> vor komplexeren Beweisen zu erzeugen".

Die wichtigste Rechtfertigung für dieses Prinzip ist, daß es einen gewissen Fortschritt in der Theorie der Effizienz und deren Anwendung ermöglichte. Ein weiteres Argument dafür ist, daß — innerhalb der durch logische Erwägungen auferlegten Beschränkungen — Mathematiker (sonst weit von einer einheitlichen Meinung) nach einfacheren Beweisen vor komplizierteren Beweisen suchen. Eine dritte, vielleicht nicht ganz so zwingende Überlegung ist folgende: da im allgemeinen das bei automatischen Beweisen benützte Inferenzsystem I nicht deduktions-vollständig sein wird, ist es unvermeidlich, daß einfache Beweise oft unzulässig sein werden; dieses Handikap wird durch die Verwendung von Suchstrategien mit der obigen Eigenschaft bis zu einem gewissen Grad gemildert.

Die hier entwickelte Unterscheidung zwischen Beweisverfahren und Suchstrategien sollte es ermöglichen, einige der schon lange Zeit bestehenden Kontroversen darüber, ob „vollständige" oder „heuristische" Methoden angewendet werden sollen, zu lösen: die Unterscheidung verursacht nämlich eine Arbeitsteilung zwischen (a) den logischen Studien von Inferenzsystemen, und (b) den Studien über die Arbeitsweise und den Wert der Suchstrategien für den Bereich der maschinellen Intelligenz. Die zweite Gruppe umfaßt etwa die Verwendung von Lern-, Analogie-, Induktions- und anderen heuristischen Techniken.

Streichregeln in Resolutionsverfahren

In der folgenden Diskussion werden nun einige der oben entwickelten Begriffe auf bestimmte inferenzbezogene Regeln, wie etwa die Streichung von Varianten — oder allgemeiner — von subsummierten Clauses[5], in Resolutionsverfahren angewendet.

Die eben zitierten Regeln können nur im Zusammenhang mit Suchstrategien definiert werden. Es läßt sich nämlich die Forderung, daß subsummierte Clauses nicht innerhalb einer Widerlegung D einer Anfangsmenge S_0 vorkommen, operational nicht spezifizieren, ohne auf die subsummierenden Clauses — die selbst weder in D noch in S_0 vorkommen müssen — Bezug genommen zu haben.

Sowohl die Vollständigkeit als auch die Effizienz der Streichung von subsummierten Clauses hängen von der Reihenfolge ab, in der die Suchstrategie Resolventen erzeugt. Für ein Beweisverfahren P ist eine Streichregel R vollständig *relativ zu P*, wenn P unter Anwendung von R jedesmal dann einen Beweis für ein Theorem erzeugt, wenn P auch ohne R einen Beweis für dieses Theorem erzeugt. Es folgen zwei Beispiele, die zeigen, wie innerhalb des Zusammenhangs einer bestimmten Suchstrategie einmal die Vollständigkeit, und das andere Mal die Effizienz ungünstig durch die Form der Streichregel beeinflußt werden kann.

Im Rahmen der „Zwei-Zeiger"-Suchstrategie — wie sie am Ende des zweiten Abschnittes beschrieben wurde — sei folgende Streichregel angenommen: C_r möge in der Spur vor dem gerade erzeugten C_s vorkommen ($r < s$), und es bestehe eine Subsummierungsrelation zwischen diesen. Subsummiert C_r in passender Weise C_s, so streiche man C_s; subsummiert C_s in geeigneter Weise C_r, so ist C_r zu streichen;

---

[5] Anmerkung des Bearbeiters: Vgl. dazu das Glossarium.

subsummieren sich aber beide gegenseitig (der „unechte" Fall), streiche man C_r. Es ist nun leicht zu sehen, daß die folgende unerfüllbare Menge der vier Clauses des Miniaturproblems aus dem zweiten Abschnitt — nämlich

(1) $P(a, b)$
(2) $\bar{P}(x, y)P(f(x), y)$
(3) $\bar{P}(x, y)Q(y)$
(4) $\bar{Q}(b)$

— nicht durch P_1-Resolution (die vollständig ist) widerlegt werden kann (unter Verwendung dieser Suchstrategie und Streichregel), da die nächsten Clauses der Spur

(5) $P(f(a), b)$
(6) $Q(b)$ gestrichen
(7) $P(f(f(a)), b)$
(8) $Q(b)$ gestrichen
(9) $P(f(f(f(a))), b)$
(10) $Q(b)$

lauten (und so weiter). Jedes andere Clause von (6) an ist $\{Q(b)\}$, wird aber gestrichen, bevor es mit (4) zur Erzeugung einer Widerlegung eine Resolution bilden kann.

Wird die Streichregel allerdings derart modifiziert, daß im unechten Fall (wenn sich also C_r und C_s gegenseitig subsummieren) C_s an Stelle von C_r gestrichen wird, so erreicht der Widerlegungsprozeß sein Ziel. *Diese* Streichregel bezeichnet Kowalski als *einfache Streichung* und zeigt, daß diese für die meisten Resolutionssysteme I und Strategien vollständig ist.

Obwohl einfache Streichung vollständig sein kann, könnte sie dennoch einen Beweis sehr hinausschieben, und einiges zur Ineffizienz beitragen. Man betrachte dazu die folgende unerfüllbare Menge von fünf Clauses:

(1) $G(y)P(y)$
(2) $\bar{G}(f(x))$
(3) $P(f(a))$
(4) $\bar{P}(f(b))P(a)$
(5) $\bar{P}(f(a))$.

Wird die gewöhnliche binäre Resolution mit der Zwei-Zeiger-Suchstrategie und *ohne* Streichregel angewendet, werden nur die folgenden Clauses erzeugt:

(6) $P(f(x))$
(7) $G(f(b))P(a)$
(8) $G(f(a))$
(9) $\square$
(10) $P(a)$

(11) $\square$

(12) $P(a)$

(13) $\square$.

Wird nun die einfache Streichung benützt, so wird (3) gestrichen, (9) gar nicht erzeugt und die erste Erzeugung des leeren Clause kommt erst bei (11) vor — mit anderen Worten wird eine Widerlegung verzögert.

Kowalski gibt dazu noch weitere instruktive Beispiele und einige allgemeine Theoreme bezüglich der relativen Vollständigkeit bzw. der Effizienz der Streichung von Tautologien, Varianten und subsummierten Clauses.

Redundante und irrelevante Inferenzen

Reine Redundanz tritt dann auf, wenn ein Beweisverfahren unterschiedliche Ableitungen desselben Satzes C vor dem ersten Beweis erzeugt. Andere Arten der Redundanz sind ebenfalls möglich, beispielsweise wenn in gewissen Resolutionsverfahren Ableitungen von C^1 und C auftreten, wobei C von C^1 subsummiert wird.

Irrelevant ist eine Ableitung, wenn sie aus anderen Gründen als Redundanz für die Beweiskonstruktion unnötig ist. Natürlich besteht zwischen beiden Phänomenen ein enger Zusammenhang. Wird ein redundanter Satz eliminiert, so bedeutet dies im allgemeinen, daß auch viele irrelevante Ableitungen, in denen dieses Clause aufgetreten wäre, eliminiert werden.

Ein großer Teil der frühen Fortschritte in der automatischen Beweisführung von Theoremen läßt sich als Elimination verschiedener Redundanzarten interpretieren. Die Darstellung logischer Formeln als *Mengen* von skolemisierten Clauses, die ihrerseits *Mengen* von Literals sind, beseitigt mit einem Streich mögliche Redundanzen, die in anderen Systemen — durch explizite Regeln (oder Axiome) gesteuert — auftreten, beispielsweise

doppelte Negation
Kommutativität der Disjunktion und Konjunktion
Assoziativität der Disjunktion und Konjunktion
Idempotenz der Disjunktion
Umbenennung gebundener Variablen
unnötige Quantoren
Austausch benachbarter Quantoren derselben Art
Verwendung von Existenzquantoren.

Der nächste herausragende Fortschritt war das Verfahren von Prawitz (1960; 1969) zur Beschränkung der Instantiation von Matrix-Clauses über dem Herbrand-Universum[6]. Dies verstärkte die Effizienz durch Eliminierung von Redundanzen, ohne jedoch Beweise zu verkomplizieren. Im Resolutions-Verfahren von Robinson

---

[6] Anmerkung des Bearbeiters: Vgl. dazu das Glossarium.

(1965) eliminiert der Vereinheitlichungsalgorithmus Redundanz dadurch, daß er unendlich viele Grundableitungen, die durch einzelne allgemeine Ableitungen anfallen, vermeidet.

Kowalski konnte in seiner Dissertation einige wichtige Resultate bezüglich Redundanz und irrelevanter Ableitungen, die häufig mit Resultaten über die Komplexität von Beweisen in Beziehung stehen, für verschiedene Verfahren, wie etwa „Unit-preference", markierte Faktorierung, zerlegte Hyper-Resolution, M-Clashes usw, herleiten[7]. Im allgemeinen lassen sich redundante und irrelevante Ableitungen entweder wie in einigen dieser Verfahren durch Prohibition oder durch spezielle Streichregeln der oben beschriebenen Art eliminieren. Es kann jedoch sein, daß ein viele redundante und irrelevante Ableitungen ausschließendes Inferenzsystem dadurch nicht effizient gemacht werden kann, *wenn* nämlich der Effekt in der Erzeugung von Beweisen mit großer formaler Komplexität besteht. Für die Diskussion dieser Frage ist die Einführung des Begriffes der *Verfeinerung* zweckmäßig.

Ein Inferenzsystem I^1 ist eine *Verfeinerung* eines Inferenzsystems I, wenn

$$S^{1*} \subset S^*$$

gilt, d. h., der Suchraum von I^1 ist in passender Weise im Suchraum von I enthalten; beispielsweise ist die Stützmengenresolution eine Verfeinerung der unbeschränkten binären Resolution.

Ist I^1 eine Verfeinerung von I, dann läßt sich erkennen, daß (I^1, Σ) weniger effizient als (I, Σ) sein kann, nämlich dann, wenn I^1 den ersten für I zulässigen und durch Σ erhaltenen Beweis nicht zuläßt. Unter der Annahme, daß Σ einfachere Beweise vor komplexeren Beweisen erzeugt, ist $P^1 = (I^1, \Sigma)$ dann effizienter als $P = (I, \Sigma)$, wenn I^1 den einfachsten für I zulässigen Beweis ebenfalls zuläßt; in diesem Fall sind nämlich jene Ableitungen, die P „außerhalb" von P^1 erzeugt, irrelevant und Redundanzen, die I^1 nicht zuläßt.

(I^1, Σ) kann aber *selbst dann* effizienter als (I, Σ) sein, wenn I^1 einfachste Beweise eliminiert. Sei beispielsweise Σ eine Stufensättigungsstrategie; vereinfachend nehmen wir an, daß das Beweisverfahren nach der Vollendung einer Stufe anhält. Sei $d(N)$ die Anzahl der durch (I, Σ) erzeugten Sätze bis einschließlich Stufe N und sei d^1 die entsprechende Funktion für (I^1, Σ). Tritt im ersteren Verfahren der erste Beweis auf der Stufe N, und beim zweiten erst auf der Stufe $N^1 > N$ auf, dann ist das zweite Verfahren nur dann effizienter, wenn $d^1(N^1) < d(N)$ gilt. Es ist übrigens interessant, daß Schätzungen des Verhältnisses

$$r(N) = \frac{d^1(N)}{d(N)}$$

manchmal durch Vergleiche der für I bzw. I^1 zulässigen Ableitungen gewonnen werden können. Schranken der Differenz zwischen N und N^1 (als eine Funktion

---

[7] Anmerkung des Bearbeiters: Vgl. dazu das Glossarium.

von S_0) können häufig aus Vollständigkeitsbeweisen für I^1 — relativ zu I — ermittelt werden.

Die die Verfeinerungstechniken betreffende Sachlage läßt sich nun in folgender Weise zusammenfassen:

Ist I^1 eine Verfeinerung von I und erzeugt Σ einfachere Beweise vor komplexeren Beweisen, dann ist (I^1, Σ) umso effizienter als (I, Σ), je größer die Anzahl der eliminierten Ableitungen und je einfacher die durch I^1 zulässigen Beweise sind. Verfeinerungen verkomplizieren jedoch häufig Beweise, während deren Umkehrung — Erweiterungen — häufig zu viele irrelevante und redundante Ableitungen einführen. Dieses letzte Problem tritt ganz besonders bei Inferenzsystemen auf, die eine Logik höherer Ordnung oder die Logik erster Ordnung mit Axiomenschemata verwenden. Die negativen Resultate von Gould (1966) zeigen beispielsweise, daß es keinen Algorithmus gibt, der bei einer Logik höherer Ordnung jene Arten von irrelevanten Ableitungen eliminiert, die der Vereinheitlichungsalgorithmus bei der Logik erster Ordnung eliminiert. Die „f-Matching"-Methode von Darlington (1968) ist ein erster Versuch, etwas Ähnliches für Axiomenschemata in der Logik der ersten Ordnung zu zeigen[8].

Der Begriff der Mächtigkeit eines Inferenzsystems

Der Begriff der Mächtigkeit, der häufig bei der Diskussion von Beweisverfahren herangezogen wird, läßt sich etwa so quantifizieren: I ist mächtiger als I^1, wenn der einfachste für I zulässige Beweis einfacher als der einfachste für I^1 zulässige Beweis ist (für dasselbe Theorem). Daß dieser Begriff allerdings keine große Bedeutung besitzt, geht aus dem Umstand hervor, daß unter den Resolutionssystemen die unbeschränkte Resolution (mit anderen) zu den mächtigsten gehört. Tatsächlich ist allgemein ein Inferenzsystem I niemals weniger mächtig als ein anderes I^1, sofern I eine Erweiterung von I^1 ist. Die Resultate von Gödel bezüglich der Reduzierung von Beweislängen durch die Erweiterung der verwendeten Logik um eine Ordnung könnten interessante Anwendungen in der Zukunft andeuten.

Verbesserungen der Effizienz

Akzeptiert man das früher eingeführte Prinzip, daß die Schwierigkeiten von formal erzeugten ersten Beweisen gegen die Schwierigkeiten von nicht-formal erhaltenen ersten Beweisen streben sollten, so lassen sich folgende Richtlinien für den Entwurf von effizienten Beweisverfahren $P = (I, \Sigma)$ angeben:

(1) Die Komplexitätsgrade von ersten Beweisen sollten diejenigen von nicht-formalen Beweisen approximieren;

(2) I sollte so weit wie möglich die Zulässigkeit sowohl von redundanten als auch irrelevanten Ableitungen für einen Beweis einschränken;

(3) Σ sollte einfachere Beweise vor komplexeren Beweisen erzeugen, und

---

[8] Anmerkung des Bearbeiters: Vgl. dazu das Glossarium.

(4) Σ sollte Ableitungen in selektiver Ordnung, die durch eine vernünftige Schätzung der Relevanz für einen einfachsten Beweis bestimmt ist, erzeugen.

Es ist hier zu bemerken, daß keine Forderungen bezüglich der Vollständigkeit — egal, ob für das Inferenzsystem oder für die Suchstrategie — gestellt wurden. Die Bedeutung solcher Forderungen für den Erhalt von Effizienz wird im nächsten Abschnitt diskutiert.

Daß die formalen Komplexitäten von Beweisen — sie sind nicht sehr wahrscheinlich geringer — die Komplexitäten von nicht-formal erhaltenen Beweisen in Hinblick auf dasselbe Theorem approximieren sollten, ist nur wünschenswert, da sonst auch die Schwierigkeiten weit größer werden könnten.

Die Forderung (2) regt Untersuchungen bezüglich der Konstruktion von Verfeinerungen der Inferenzsysteme, die für die Elimination von möglichst vielen Redundanzen erstellt wurden, andererseits aber möglichst einfache Beweise liefern, an. Man könnte etwa auf Methoden abzielen, die Redundanzen eher vor der Erzeugung feststellen als nachher.

Die Forderung (4) deutet auf die Notwendigkeit hin, vernünftige nicht-formale Methoden zur Auffindung von Beweisen zu simulieren. In diesem Zusammenhang hat Kowalski (1970c) das Problem, Theoreme zu beweisen, durch eine Verallgemeinerung des Problems, Wege in Graphen zu finden, formalisiert und auf diese Weise die Anwendung von Methoden, die heuristische Schätzungen für die Kosten, ein Ziel zu erreichen (so wie sie von Hart, Nilsson und Raphael (1968) bzw. von Pohl (1970) studiert wurden), benützen, ermöglicht.

Da nicht-formal erhaltene erste Beweise sehr häufig (dies dürfte sogar die Regel sein) komplexer sind als spätere Beweise, ist der erste von einem idealen effizienten $P^* = (I, \Sigma)$ erzeugte Beweis wahrscheinlich komplexer als der einfachste Beweis, der theoretisch für ein gegebenes Theorem möglich ist. Dies legt die Möglichkeit der Verbesserung der Effizienz durch die geeignete Wahl von Verfeinerungen nahe. Ferner wird dadurch die Suche nach Schemata angeregt, die einfachste Beweise von Theoremen liefern, nachdem die für Verfeinerungen zulässigen komplexeren und *effizienter erhaltenen* ersten Beweise erzeugt wurden. Eine derartige Methode für Verfahren vom Resolutionstyp ist folgende: angenommen, I^1 ist eine Verfeinerung von I, und (I^1, Σ) ist effizienter als $(I, \Sigma) \cdot D^1$ und D seien die entsprechenden einfachsten Widerlegungen derart, daß D^1 komplexer als D ist. Obwohl nun D^1 keine Grundwiderlegung „erhebt"[9], ist es leicht, sowohl eine Grundwiderlegung D_0 wie auch eine Modifikation D_1 von D^1 (die Kowalski als „Zusammenziehung" bezeichnet) zu konstruieren, die eine Widerlegung von S_0 ist und D_0 erhebt. Ist S_0^1 die Menge der Anfangs-(Grund-) Clauses von D_0, so erzeugt Σ nach Anwendung auf $I(S_0^1)$ eine einfachste Widerlegung D_2 von S_0^1. Wird nun D_2 auf das allgemeine Niveau erhoben, so wird eine Widerlegung D_3 produziert, die einfacher als D^1 und entweder identisch mit D oder von einem Komplexitätsgrad äquivalent demjenigen von D ist.

---

[9] Anmerkung des Bearbeiters: Engl. „lift"; vergleiche dazu das „Lifting-Lemma" im Glossarium.

Vollständigkeit, Unvollständigkeit und Effizienz

Vollständigkeit und Effizienz werden immer relativ zu jener Menge S von Sätzen bestimmt, innerhalb der von einem Beweisverfahren P angenommen wird, daß es Theoreme beweist. Bezeichnen wir mit S^* die Menge aller Sätze, so nehmen wir an, daß S und $S^* - S$ effektiv voneinander unterscheidbar sind. Es sei hier wieder darauf verwiesen, daß es immer eine Teilmenge von S^* gibt, für die P vollständig ist, jedoch braucht diese Teilmenge nicht rekursiv zu sein.

Jedes P (egal, ob vollständig oder unvollständig) ist in der Praxis durch den Aufwand beschränkt, der für die Erzeugung eines Beweises für ein vorgegebenes Theorem möglich ist. Findet nun P keinen Beweis, so gibt es drei Erklärungsmöglichkeiten:

(1) das Theorem ist nicht gültig;

(2) das Theorem ist zwar gültig, kann aber nicht durch den verfügbaren Aufwand bewiesen werden, und

(3) das Theorem ist zwar gültig, kann aber durch P selbst bei *unbeschränktem* Aufwand nicht bewiesen werden.

Vollständige und unvollständige Verfahren differieren daher nur bezüglich Punkt (3).

Unter neuerlichem Bezug auf das Prinzip, daß bei effizienten Beweisverfahren P die formalen Schwierigkeiten gegen die nicht-formalen Schwierigkeiten streben sollten, läßt sich hier bemerken, daß *dies immer unabhängig von der Vollständigkeit oder Unvollständigkeit von P bestimmbar ist*. Wenn daher ein bestes (d. h. effizientestes) Beweisverfahren innerhalb gegebener Grenzen des verfügbaren Aufwandes keinen Beweis für ein vorgegebenes Theorem findet, kann daraus geschlossen werden, daß dieses Theorem für irgendein „gutes" Beweisverfahren innerhalb derselben Grenzen zu schwer ist, um bewiesen zu werden. Daher kann ein unvollständiges P^1 einem vollständigen P überlegen sein. P könnte auch bei erheblichem, wenn auch nicht unbeschränktem, Aufwand im Beweis von Theoremen versagen, die auf nicht-formalem Weg mit weniger Schwierigkeit beweisbar sind. P^1 kann andererseits wegen seiner Unvollständigkeit für den rein nicht-formalen Beweis von schwierigen Theoremen, die auf jeden Fall für den Beweis durch ein beliebiges effizientes Beweisverfahren innerhalb der Grenzen des verfügbaren Aufwandes zu schwer sind, ungeeignet sein.

Was nun für die Effizienz zählt, ist nicht die Anzahl, wie oft ein unvollständiges Verfahren P^1 beim Beweis von Theoremen, die für P^1 theoretisch unbeweisbar sind, versagt, *sondern* die Anzahl, wie oft P^1 beim Beweis von Theoremen, die nicht-formal mit weniger Aufwand — als ihn P^1 erfolglos verwendet hat — zu beweisen sind, versagt. Ein vollständiges oder unvollständiges P ist nur dann nicht befriedigend, wenn es innerhalb eines gegebenen, beschränkten Arbeitsaufwandes beim Beweis eines Theorems, das nicht-formal mit einem vergleichbaren Aufwand beweisbar ist, versagt.

In der Literatur wurden Inferenzsysteme und Beweisverfahren vorgeschlagen, die mutmaßlich vollständig sind: beispielsweise die Paramodulation ohne funktionale Reflexivität nach Wos und Robinson (1967) sowie die „f-matching"-Methode von Darlington (1968). Je mehr man von diesen Verfahren mutmaßt, daß sie vollständig sind — dies aber nicht beweist —, umso geringer wird die Bedeutung einer möglichen Unvollständigkeit für die Effizienz. Die besondere Eignung der Methoden ist nicht nur auf eine gesteigerte Wahrscheinlichkeit ihrer Vollständigkeit zurückzuführen, sondern *hauptsächlich* auf die Wahrscheinlichkeit, daß mit diesen nur nicht-formal schwierige Theoreme unbeweisbar sind — dies einfach deswegen, weil die einfacheren möglichen Gegenbeispiele, die von Forschern in diesem Bereich herangezogen wurden, nicht zielführend waren. Diese Verfahren sind dann gute Beispiele für Programme zur automatischen Beweisführung von Theoremen.

Eine absolute Präferenz für unvollständige Verfahren könnte vernünftigerweise nur auf deren Möglichkeiten, eine größere Anzahl von irrelevanten Ableitungen zu eliminieren, basieren. Dies läßt sich tatsächlich in gewissen erfolgreichen Verfahren manchmal erreichen, wie dies durch die Tatsache, daß Entscheidungs- und Halbentscheidungsverfahren für Mengen $S \subset S^*$ von Sätzen manchmal effizienter als bezüglich S^* vollständige Verfahren sind, illustriert wird. Dies ist übrigens auch ein Aspekt der Effektivität der Resolution, die ja nicht deduktions-vollständig ist.

Der Nachteil von unvollständigen Beweisverfahren besteht darin, daß gewöhnlich nur wenig oder gar keine Information verfügbar ist, die den Umfang oder die Art der Unvollständigkeit betrifft; beispielsweise ist keine derartige Information für die Programme von Guard (1969) verfügbar. Von solchen Programmen würde man sicher verlangen, daß mit ihnen nur sehr wenige (wenn überhaupt welche) leichte Theoreme unbeweisbar sein sollten. Das Programm von Norton (1966) für Probleme der Gruppentheorie erfüllt diese Forderung nicht.

Ein Vorteil von vollständigen Beweisverfahren besteht darin, daß man häufig wegen ihrer besser verstandenen Struktur durch Analysen Eigenschaften des globalen Verhaltens bestimmen kann. Beispielsweise geben die Vollständigkeitsbeweise der Verfeinerungen I^1 von Inferenzsystemen I auch Informationen über die verhältnismäßigen Effizienzen der Beweisverfahren (I, Σ) bzw. (I^1, Σ). Wird daher der Vollständigkeitsbeweis von I^1 relativ zu I durch die Transformation von für I zulässigen Beweisen D in für I^1 zulässige Beweise D^1 weitergeführt, so lassen sich die Komplexitätsgrade von D und D^1 vergleichen; es können weiterführend die Effizienzen durch die in einem früheren Abschnitt angedeutete Methode verglichen werden. Eine beschränkte Information kann manchmal auch aus Vollständigkeitsbeweisen unter Benützung semantischer Argumente (beispielsweise durch semantische Bäume) gewonnen werden. Man findet so etwa eine Beziehung zwischen der Komplexität eines Resolutionsbeweises und der Komplexität einer bestimmten semantischen Argumentart, wenn man sich auf dasselbe zu beweisende Theorem bezieht.

Wir wenden uns noch kurz der Frage zu, ob bei *Suchstrategien* Vollständigkeit oder Unvollständigkeit erwünscht ist; wir nehmen dazu wie früher an, daß „logische" Beschränkungen innerhalb eines Beweisverfahrens $P = (I, \Sigma)$ in I, und nicht in Σ, eingegliedert sind.

Das übliche Argument für die Verwendung eines unvollständigen Σ leitet sich von menschlichen Verhaltensweisen ab. Man weist hier auf den hohen Selektionsgrad, den Mathematiker bei der Untersuchung von Möglichkeiten für den Beweis von Theoremen an den Tag legen, hin. Dies könnte die Vermutung nahe legen, daß nicht-formale Suchstrategien fast sicher unvollständig sein müssen. Es ist aber unwahrscheinlich, daß ein intelligenter Mensch, der Theoreme beweist, aus *rein heuristischen Gründen* einen logisch möglichen Teilbeweis eines gegebenen Theorems eliminieren würde. Der scheinbare Widerspruch läßt sich so aufklären: die Selektivität sollte *positiv* bewertet werden, als eine Anwendung von sehr trennscharfen, aber nicht unvollständigen Heuristiken auf die *Ordnung* von logisch möglichen Teilbeweisen in Bezug auf ihre erwartete Relevanz für einen Beweis — und nicht negativ, als Eliminierung von möglichen, aber unwahrscheinlichen Beweisen für das vermeintliche Theorem, ohne diese wiederholt überdacht zu haben. So ist beispielsweise in Resolutionsverfahren die Streichung von Clauses, in denen mehr als bis zu einer gewissen Grenze Funktionssymbole verschachtelt sind, ein negativer Ansatz; andererseits ist die Bevorzugung desjenigen Clause, in dem weniger Funktionssymbole ineinandergeschachtelt sind, ein besseres Unterfangen (wenn zwei Clauses mit sonst gleichen Vorzügen vorliegen); ein derartiger Ansatz führte etwa zu einer Verbesserung der Diagonalsuche von Kowalski. Als ein anderes negatives Beispiel sei die „Unit-preference"-Heuristik erwähnt, wogegen die Diagonalsuche, die als eine heuristische Funktion die Länge von Clauses verwendet, ein positives Beispiel ist.

Insgesamt gesehen sind daher vollständige Suchstrategien, die positive Unterscheidungskriterien anlegen, wegen ihrer gegenüber den unvollständigen Suchstrategien zuverlässigeren Simulation von intelligenten menschlichen Suchmethoden wahrscheinlich eher für die Förderung der Ziele von Programmen zur automatischen Beweisführung von Theoremen geeignet.

Anhang: Die Unmöglichkeit eines „perfekten" Beweisverfahrens

Es läßt sich zeigen, daß kein „perfektes" Beweisverfahren möglich ist — „perfekt" in dem Sinn, daß es keine irrelevanten Ableitungen ausführt. Der Beweis dieser Tatsache wird üblicherweise Rabin und Ehrenfeucht (unveröfflichtes Ergebnis) zugeschrieben; den folgenden Gedankengang für Resolutionsverfahren verdankt der Autor David Park.

Der Beweis beruht auf zwei Resultaten aus der Theorie der rekursiven Funktionen:

(1) Für jede rekursiv aufzählbare (r.a.) Menge A von natürlichen Zahlen gibt es einen Ausdruck $F_A(x)$ in der Prädikatenlogik der ersten Stufe, der genau dann gültig ist, wenn $x \in A$.

(2) Es gibt rekursiv untrennbare r.a. Mengen von natürlichen Zahlen; d. h., daß man zwei disjunkte r.a. Mengen A_1 und A_2 derart finden kann, daß es keine rekursive Menge A mit den Eigenschaften $A_1 \subseteq A$ und $A_2 \subseteq \bar{A}$ gibt.

Wir definieren ein perfektes Beweisverfahren als ein solches, das mindestens einen Resolvent erzeugt und für eine unerfüllbare Menge nur Clauses erzeugt, die in dem Ableitungsbaum des leeren Clause vorkommen.

Angenommen, P sei ein perfektes Verfahren. A_1 und A_2 seien disjunkte, rekursiv untrennbare r.a. Mengen von natürlichen Zahlen. $F_1(x)$ sei ein Ausdruck der Prädikatenlogik der ersten Stufe, der genau dann gültig ist, wenn $x \in A_1$; ähnlich ist $F_2(x)$ genau dann gültig, wenn $x \in A_2$. F_1 und F_2 sollen keine gemeinsamen Prädikatenbuchstaben haben. Für jede natürliche Zahl n werde $F_1(n) \vee F_2(n)$ in negierter und skolemisierter Form als die Menge $S(n) = S_1(n) \cup S_2(n)$ von Clauses ausgedrückt, wobei $S_1(n)$ bzw. $S_2(n)$ von $F_1(n)$ bzw. $F_2(n)$ stammen und daher keine Prädikatenbuchstaben gemeinsam haben. Für jedes n werde P auf $S(n)$ angewendet; $C(n)$ bezeichne den ersten erzeugten Resolvent. Die rekursive Menge A werde jetzt wie folgt gebildet:

$$n \in A, \text{ wenn } C(n) \text{ Resolvent von Clauses aus } S_1(n) \text{ ist;}$$

$$n \in \bar{A}, \text{ sonst.}$$

Nun gilt aber:

(1) Angenommen, $n \in A_1$. Dann ist zunächst $F_1(n)$ gültig. Dann sind $S_1(n)$ und a fortiori auch $S(n)$ unerfüllbar. Andererseits ist aber $S_2(n)$ erfüllbar, da $n \notin A_2$. Daraus folgt, daß der Ableitungsbaum des leeren Clause nur Endknoten in $S_1(n)$ hat, jedoch keine in $S_2(n)$, da ja $S_2(n)$ und $S_1(n)$ keine Prädikatenbuchstaben gemeinsam haben. Im speziellen folgt weiters, daß $C(n)$ ein Resolvent von Clauses aus $S_1(n)$ ist, sodaß $n \in A$ und $A_1 \subseteq A$ gilt.

(2) Angenommen, $n \in A_2$. Dann läßt sich wie oben zeigen, daß $S_2(n)$ unerfüllbar, $C(n)$ ein Resolvent von Clauses aus $S_2(n)$ und $C(n)$ kein Resolvent von Clauses aus $S_1(n)$ ist. Demnach gilt $n \in \bar{A}$ und $A_2 \subseteq \bar{A}$.

Daraus ergibt sich daher, daß A die Mengen A_1 und A_2 rekursiv trennt, was aber unmöglich ist.

Literatur

Allen, J., Luckham, D.: An interactive theorem-proving program. In: Machine Intelligence 5, 321−336 (Meltzer, B., Michie, D., Hrsg.). Edinburgh: Edinburgh University Press 1970.

Andrews, P. B.: Resolution with merging. J. Ass. Comput. Mach. 15, 367−381 (1968).

Brown, T. C.: Resolution with covering strategies and equality theory. California: California Institute of Technology 1968.

Chang, C. L.: Renamable paramodulation for automatic theorem-proving with equality. Bethesda, Maryland: National Institute of Health 1969.

Darlington, J. L.: Automatic theorem-proving with equality substitutions and mathematical induction. In: Machine Intelligence 3, 113−127 (Michie, D., Hrsg.). Edinburgh: Edinburgh University Press 1968.

Darlington, J. L.: Theorem-proving and information retrieval. In: Machine Intelligence 4, 173—181 (Meltzer, B., Michie, D., Hrsg.). Edinburgh: Edinburgh University Press 1969.

Davis, M.: Eliminating the irrelevant from mechanical proofs. Proc. Symposia in Applied Mathematics 15, 15—30 (1963).

Doran, J., Michie, D.: Experiments with the graph traverser program. Proc. Roy. Soc. A294, 235—259 (1966).

Gelernter, H.: Realization of a geometry theorem-proving machine. Proc. IFIP Congress 1959, 273—282 (1959).

Gilmore, P. C.: A proof method for quantification theory. IBM J. Res. and Dev. 4, 28—35 (1960).

Gödel, K.: Über die Länge von Beweisen. Ergebnisse eines math. Koll. 7, 23—24 (1936).

Gould, W. E.: A matching procedure for ω-order logic. Scientific Report No. 4, AFCRL 66-781. Princeton, N.J.: Applied Logic Corporation 1966.

Green, C. C.: The application of theorem-proving to question-answering systems. Dissertation, Stanford University, Stanford, California. Auch: Stanford Artificial Intelligence Project Memo AI-76 (1969).

Guard, J. R., Oglesby, F. C., Bennet, J. H., Settle, L. G.: Semi-automated mathematics. J. Ass. Comput. Mach. 16, 49—62 (1969).

Hart, T. P.: A useful algebraic property of Robinson's unification algorithm. Artificial Intelligence Project Memo 91, Project MAC, MIT, Cambridge, Massachusetts (1965).

Hart, P. E., Nilsson, N., Raphael, B.: A formal basis for the heuristic determination of minimum cost paths. I.E.E.E. Trans. Sys. Sci. and Cyber. SSC-4, 100—107 (1968).

Kleene, S. C.: Mathematical Logic. New York: J. Wiley 1967.

Kowalski, R. A.: Panel discussion: Formal systems and non-numerical problem solving by computers. Fourth Systems Symposium. Case Western Reserve University, Cleveland, Ohio (1968).

Kowalski, R. A., Hayes, P. J.: Semantic trees in automatic theorem-proving. In: Machine Intelligence 4, 87—101 (Meltzer, B., Michie, D., Hrsg.). Edinburgh: Edinburgh University Press 1969.

Kowalski, R. A.: Studies in the completeness and efficiency of theorem-proving by resolution. Dissertation, University of Edinburgh 1970(a).

Kowalski, R. A.: The case for using equality axioms in automatic demonstration. Symposium on Automatic Demonstration, Lecture Notes in Mathematics 125, 112—127. Berlin-Heidelberg-New York: Springer 1970(b).

Kowalski, R. A.: Search strategies for theorem-proving. In: Machine Intelligence 5, 181—201 (Meltzer, B., Michie, D., Hrsg.). Edinburgh: Edinburgh University Press 1970(c).

Kowalski, R. A.: An improved theorem-proving system for first-order logic. Memo 65, Department of Computational Logic, University of Edinburgh (1973).

Kowalski, R. A., Kuehner, D.: Linear resolution with selection function. Artificial Intelligence 2, 227—260 (1971).

Kuehner, D.: Strategies for improving the efficiency of automatic theorem-proving. Dissertation, University of Edinburgh 1971.

Loveland, D. W.: Mechanical theorem-proving by model elimination. J. Ass. Comput. Mach. 15, 236—251 (1968).

Loveland, D. W.: A linear format for resolution. Symposium on Automatic Demonstration. Lecture Notes in Mathematics 125, 147—163. Berlin-Heidelberg-New York: Springer 1970.

Luckham, D.: Refinement theorems in resolution theory. Symposium on Automatic Demonstration. Lecture Notes in Mathematics **125**, 163—191. Berlin-Heidelberg-New York: Springer 1970.

Meltzer, B.: Theorem-proving for computers: some results on resolution and renaming. Comput. J. **8**, 341—343 (1966).

Meltzer, B.: Some notes on resolution strategies. In: Machine Intelligence **3**, 71—75 (Michie, D., Hrsg.). Edinburgh: Edinburgh University Press 1968.

Meltzer, B.: Power amplification for theorem-provers. In: Machine Intelligence **5**, 165—179 (Meltzer, B., Michie, D., Hrsg.). Edinburgh: Edinburgh University Press 1970.

Morris, J. B.: E-resolution: extension of resolution to include the equality relation. Proceedings of the International Joint Conference on Artificial Intelligence, Washington, D.C., 287—294 (1969).

Nerode, A., Smullyan, R. M.: Besprechung von: Beth, E. W.: The foundations of mathematics, a study in the philosophy of science. J. Symb. Logic **27**, 73—75 (1962).

Nilsson, N. J.: Searching problem-solving and game-playing trees for minimal cost solutions. IFIP Congress Reprints, H, **125**—130 (1968).

Norton, M. N.: ADEPT — a heuristic program for proving theorems of group theory. Dissertation, MIT, Cambridge, Massachusetts 1966.

Pohl, I.: Bi-directional and heuristic search in path problems. Dissertation, Stanford University, Stanford, California. Auch: SLAC Report No. 104 (1969).

Pohl, I.: First results on the effect of error in heuristic search. In: Machine Intelligence **5**, 219—236 (Meltzer, B., Michie, D., Hrsg.). Edinburgh: Edinburgh University Press 1970.

Prawitz, D.: An improved proof procedure. Theoria **26**, 102—139 (1960).

Prawitz, D.: Advances and problems in mechanical proof procedures. In: Machine Intelligence **4**, 59—71 (Meltzer, B., Michie, D., Hrsg.). Edinburgh: Edinburgh University Press 1969.

Raphael, B.: Some results about proof by resolution. SIGART Newsletter No. **14**, 22—25 (1969).

Robinson, G. A., Wos, L.: Completeness of paramodulation (Abstraktum). J. Symb. Logic **34**, 160 (1969).

Robinson, G. A., Wos, L.: Paramodulation and theorem-proving in first-order theories with equality. In: Machine Intelligence **4**, 135—150 (Meltzer, B., Michie, D., Hrsg.). Edinburgh: Edinburgh University Press 1969.

Robinson, J. A.: A machine-oriented logic based on the resolution principle. J. Ass. Comput. Mach. **12**, 23—41 (1965).

Robinson, J. A.: Automatic deduction with hyper-resolution. Int. J. Comput. Math. **1**, 227—234 (1965).

Robinson, J. A.: Heuristic and complete processes in the mechanization of theorem-proving. Sys. and Comput. Sci. **116**—124. Toronto: University of Toronto Press 1967.

Robinson, J. A.: A review of automatic theorem-proving. Proc. Symp. App. Math. **19**, 1—18 (1967).

Robinson, J. A.: The generalized resolution principle. In: Machine Intelligence **3**, 77—94 (Michie, D., Hrsg.). Edinburgh: Edinburgh University Press 1968.

Robinson, J. A.: New directions in mechanical theorem-proving. Proceedings of the IFIP Congress **1968**, 206—210 (1968).

Robinson, J. A.: Mechanizing higher-order logic. In: Machine Intelligence **4**,151—170 (Meltzer, B., Michie, D., Hrsg.). Edinburgh: Edinburgh University Press 1969.

Robinson, J. A.: An overview of mechanical theorem-proving. Theoretical approaches to non-numerical problem solving, Lecture Notes in Operations Research and Mathematical Systems **28**, 2—20. Berlin-Heidelberg-New York: Springer 1970.

Robinson, J. A.: Building deduction machines (1971). In diesem Band: Über den Bau von Deduktionsmaschinen.

Sandewall, E.: Concepts and methods for heuristic search. Proceedings of the International Joint Conference on Artificial Intelligence, 199—218. Washington, D.C., 1969.

Sibert, E. E.: A machine-oriented logic incorporating the equality relation. In: Machine Intelligence 4, 103—133 (Meltzer, B., Michie, D., Hrsg.). Edinburgh: Edinburgh University Press 1969.

Slagle, J. R.: A heuristic program that solves symbolic integration problems in freshman calculus. In: Computers and Thought (Feigenbaum, E., Feldman, J., Hrsg.). New York: McGraw-Hill 1963.

Slagle, J. R.: A proposed preference strategy using sufficiency-resolution for answering questions. Lawrence Radiation Laboratories Memo. UCRL-14361 (1965).

Slagle, J. R.: Automatic theorem-proving with renamable and semantic resolution. J. Ass. Comput. Mach. 14, 687—697 (1967).

Slagle, J. R., Chang, C. L., Lee, R. C. T.: Completeness theorems for semantic resolution in consequence finding. Proceedings of the International Joint Conference on Artificial Intelligence, 281—285. Washington, D.C. 1969.

Wos, L., Carson, D. F., Robinson, G. A.: The unit preference strategy in theorem-proving. Proc. AFIPS 1964 Fall. J. Comput. Conf. 26, 616—621 (1964).

Wos, L., Robinson, G. A., Carson, D. F.: Efficiency and completeness of the set of support strategy in theorem-proving. J. Ass. Comput. Mach. 12, 536—541 (1965).

Wos, L., Robinson, G. A., Carson, D. F., Shalla, L.: The concept of demodulation in theorem-proving. J. Ass. Comput. Mach. 14, 698—709 (1967).

Wos, L., Robinson, G. A.: Maximal model theorem (Abstraktum). J. Symb. Logic 34, 159—160 (1969).

Problemlösungskompilierer

Von **E. W. Elcock**

Einführung

Dieser Aufsatz befaßt sich mit Programmiersprachen, die ihrem Gehalt nach hauptsächlich in dem Sinn „erklärend" sind, daß viel weniger Information als üblich über die Reihenfolge, in der einzelne Operationen auszuführen sind, angegeben wird.

Der Titel des Aufsatzes spiegelt die Tatsache wider, daß Kompilierer für derartige Sprachen die erklärenden Anweisungen über Daten in Algorithmen für die Konstruktion von Daten, die alle über die Daten gemachten erklärenden Anweisungen erfüllen, transformieren müssen. Es werden hier zwei Sprachen, ABSYS und ABSET, vorgestellt, die beide von der Computer Research Group in Aberdeen entwickelt wurden, sowie einige andere Arbeiten aus diesem Bereich kurz besprochen.

Verschiedene Motive sprechen für eine Bevorzugung eines Programms in der Form von ungeordneten erklärenden Anweisungen gegenüber der Form von geordneten imperativischen Anweisungen. Erstens ist es in vielen Problemen, die sich auf komplexe — aber gut strukturierte — Daten beziehen, vorteilhaft und sicherlich näher der intuitiven mathematischen Praxis, einfach etwas über die Struktur der Daten behaupten zu können, anstatt an Folgen von imperativischen Anweisungen zur Konstruktion von bestimmten Daten gebunden zu sein. Zweitens sind Transformationen von einem solchen Programm leichter auszuführen: dies ist wichtig für die Kompilierung selber, wo wir uns im Prozeß der Übersetzung in den Maschinencode mit Transformationen in äquivalente Algorithmen befassen, und wo ein letztes Operationsziel eine geeignete Darstellungswahl sein könnte.

ABSYS: Ein Abriß

ABSYS (für ABerdeen SYStem) ist ein arbeitender on-line inkrementaler Kompilierer. Er wurde 1968 fertiggestellt und teilweise in Foster und Elcock (1969) beschrieben. Einiges des folgenden Materials ist direkt diesem Bericht entnommen.

Behauptungen: die AND-Verknüpfung. Die Basisanweisungen sind keine Instruktionen, um etwas bewerkstelligen zu können — wie in ALGOL —, sondern

Behauptungen über die Daten. Eine einzelne Behauptung behauptet eine Beziehung zwischen Datenobjekten. Daher behauptet

$$x = y,$$

daß x und y einer Gleichheitsrelation mit der Bedeutung von „ist substituierbar" und den erwarteten Eigenschaften der Reflexivität, der Transitivität usw. genügen. Genauso behalten die arithmetischen Operationen ihre üblichen Eigenschaften bei, sodaß beispielsweise die Behauptungen $a = b + 1, a = 1 + b, 1 + b = a$ usw. äquivalent sind.

Ein niedergeschriebenes Programm besteht aus Behauptungen. Die einzelnen Behauptungen eines Programms haben eine implizite (nicht niedergeschriebene) ‚and‘-Verknüpfung, die Eigenschaften ähnlich ihres logischen Gegenstücks aufweist. Das System agiert nun so, daß die Konjunktion der Behauptungen erfüllende Daten konstruiert werden: beispielsweise würde das triviale Programm

$$x = y \; y = 2$$

sowohl x als auch y die Größe 2 zuweisen. Wird in einem Programm gefunden, daß die Konjunktion der Behauptungen unerfüllbar ist, dann stoppt das Programm ohne Erfolg. Das Programm $x = y \; x = 2 \; 3 = y$ würde daher mit einem Hinweis darauf, daß die Behauptungen unerfüllbar sind, stoppen, da keine Daten x, y derart konstruiert werden können, daß sie die Behauptungen über x, y, 2 und 3 erfüllen.

Datengesteuerte Kontrolle. Ein niedergeschriebenes Programm von Behauptungen stellt keine expliziten Forderungen bezüglich der Reihenfolge, in der bestimmte Operationen ausgeführt werden. Allerdings ist das On-line-System — da Behauptungen durch das System akzeptiert werden — inkremental in dem Sinn, daß alles, was auf der Basis von bereits vorhandenen Daten verarbeitet werden kann, auch verarbeitet wird.

Dieses Fehlen von Kontrollmechanismen ist neu genug bei Programmiersystemen, um an Hand eines einfachen Beispiels aus der Listenverarbeitung näher ausgeführt zu werden. Man beachte dazu die folgenden Konstruktionen in einer konventionellen Listensprache mit Zuweisungen:

(1) der Konstruktor: $z \leftarrow cons(x, y)$, den der Programmierer vorzusehen hat, wird nur verarbeitet, wenn x und y die gewünschten Werte haben, und der gegenwärtige Wert von z nicht länger benötigt wird;

(2) die Selektoroperationen hd und tl: ähnlich wie bei (1);

(3) ein Test, wie etwa $equal(x, hd(z))$: ähnlich wie bei (2).

In ABSYS *behauptet*

$$z = [x \; \& \; y]$$

einfach, daß z eine Liste ist, deren Kopf x und deren Ende y ist. Ob nun die Behauptung bewirkt, daß z konstruiert wird, daß x und y selektiert werden, oder ob getestet wird, ob y, x und z die behaupteten Beziehungen erfüllen, hängt nur von den Daten ab, die zum Zeitpunkt der Verarbeitung der Behauptung vorhanden sind. Ein weiteres, etwas weniger triviales Beispiel: die Zuordnungsanweisung

$$z2 \leftarrow cons(cons(hd(z1), cons(hd(tl(z1)), nil)), cons(cons(hd(z1),$$
$$cons(hd(tl(z1))), nil), nil))$$

drückt nur eine Facette der ABSYS-Behauptungen

$$z1 = [a, [b, c]]$$

$$z2 = [[a, b], [a, c]]$$

aus, die eine einfache Relation zwischen den Listen $z1$ und $z2$ behaupten.

Funktionen. Eine Lambda-Konstruktion gestattet die Behauptung von anderen Funktionen des Systems wie einfachen Funktionen. Lambda-Ausdrücke sind hinreichend gut für die ABSYS-Implementation bekannt, sodaß sie hier nur kurz und durch ein Beispiel diskutiert werden müssen.

Die Behauptung

$$f' = \textbf{lambda}\ x, y => z \ll x = [z \& q']y = [z \& r'] \gg$$

führt eine neue Funktion derart ein, daß

$$f(m, n) = b$$

zu

$$\ll m = [b \& q']n = [b \& r'] \gg$$

äquivalent ist, d. h., eine Behauptung, daß m und n Listen mit demselben ersten Item b sind. Die einfachen Funktionen dienen zur Einführung von neuen Namen, deren Textbereich durch die Klammern $\ll$ und $\gg$ beschränkt ist.

Bemerkung. Bezüglich der Parameterarten einer Funktion gibt es keine Beschränkungen; beispielsweise kann eine Funktion als Argumente Funktionen haben, und als Resultat wieder eine Funktion liefern:

$$comb' = \textbf{lambda}\ f, g => r \ll r = \textbf{lambda}\ x \ll f(g(x)) \gg \gg.$$

Partielle Anwendungen von Funktionen. Funktionen können durch partielle Anwendungen von anderen Funktionen eingeführt werden. So behauptet

$$g' = f'(1)$$

$$f = \textbf{lambda}\ x, y => z \ll z = x + y \gg,$$

daß g die Funktion $\textbf{lambda}\ y => z \ll z = 1 + y \gg$ ist. Obwohl dies ein einfaches Beispiel ist, werden wir später sehen, daß die partielle Anwendung ein sehr wichtiger Mechanismus ist.

Die OR-Verknüpfung: *Behauptungen von Alternativen*. Alternativen können durch die Konstruktion

$$\{a1 \text{ or } a2\}$$

behauptet werden, wobei $a1$ und $a2$ Konjunktionen von Behauptungen sind. Das behauptete (implizite) **and** und das **or** distribuieren derart, daß

$$a1\{a2 \text{ or } a3\}a4$$

äquivalent mit

$$\{a1\ a2\ a4 \text{ or } a1\ a3\ a4\}$$

ist.

Das System versucht, unterschiedliche Daten zu konstruieren, die jede Konjunktion von Behauptungen erfüllen — jede Konjunktion stellt im Endeffekt einen separaten (parallelen) Berechnungszweig des ganzen Programms dar.

Durch Distribution kann ein ganzes Programm in die Normalform einer Disjunktion von Konjunktionen von elementaren Behauptungen transformiert werden. In dieser Normalform stellen die Konjunktionen parallele nicht-interagierende Programme dar. ABSYS distribuiert die **and**- und **or**-Verknüpfungen derart, daß Doppelverarbeitungen minimiert werden. Der mit einer bestimmten Konjunktion assoziierte Berechnungszweig stoppt, wenn dessen Unerfüllbarkeit festgestellt wird. Dazu ein Beispiel. Es bestehe die Ausgangsbehauptung

$$in' = \textbf{lambda}\ m,\, s\ \textbf{key}\ s \ll s = p'\ \&\ q'\{m = p \text{ or } in(m,\ q)\} \gg.$$

Die **key**-Anweisung weist auf jene Daten, die vor der Berechnung der ganzen Funktion festgestellt werden müssen. Da es nun keine explizite Verarbeitungsordnung gibt, kann es sein, daß ohne der **key**-Anweisung ein Aufruf von in einen weiteren rekursiven Aufruf von in in der **or**-Behauptung vor der Verarbeitung von $s = p'\ \&\ q'$ bewirkt und so zu einer Verarbeitung führt, die nicht stoppt. Die **key**-Anweisung verhindert dies, indem s als kritische Größe gilt: der rekursive Aufruf $in(m,\ q)$ wird nun erst nach der Behauptung $s = p'\ \&\ q'$, die entweder ein q bestimmt oder unerfüllbar ist (und so ein Stoppen bewirkt), bearbeitet. Die Funktion in ist von der Art, daß beispielsweise die Behauptung

$$in(x',\ [1,\ 2,\ 3])$$

äquivalent zu der Behauptung

$$\{x' = 1 \text{ or } x' = 2 \text{ or } x' = 3\}$$

ist.

Behaupten wir zusätzlich die Äquivalenz von

$$in(x,\ [2,\ 3,\ 4])$$

mit

$$\{x = 2 \text{ or } x = 3 \text{ or } x = 4\},$$

so führt die Distribution zu neun Berechnungszweigen, deren Untersuchung zeigt, daß alle außer zwei ein Stoppen bewirken — da sie unerfüllbar sind —, und daher zwei „lebende" Zweige übrigbleiben, wo in einem x die Größe 2 und im anderen x die Größe 3 ist.

Der Mengenkonstruktor. Es gibt in ABSYS eine einfache Relation **set**: sie hat als Parameter ein Prototypmengenelement bzw. eine Behauptung, und produziert als Resultat die Menge der Prototypelemente, die die Behauptung erfüllen (vgl. $s = (x/p)$). Typischerweise ist die Behauptung explizit oder implizit (durch Distribution) eine Disjunktion von Konjunktionen elementarer Behauptungen. Der Mengenkonstruktor veranlaßt die mit der Disjunktion assoziierten parallelen Berechnungszweige. Von diesen werden einige wegen Unerfüllbarkeit stoppen. Die Resultatmenge erhält man aus jedem überbleibenden Berechnungszweig durch die Ermittlung der Größe, die mit dem Prototypmengenelement korrespondiert.

Eine Menge wird durch eine Liste dargestellt, wobei die Anordnung der Listenelemente allerdings nicht durch den Konstruktor definiert ist. Beispielsweise behauptet

$$t' = \mathbf{set}(x, \ll x = [x1', x2', x3'] \, in(1, x) \, in(2, x) \, in(3, x) \gg),$$

daß t die Menge der Listen-Tripel von Permutationen der Ziffern 1, 2, 3 ist, d. h., die Menge der Elemente [1, 2, 3], [2, 3, 1], [3, 1, 2], [1, 3, 2], [2, 1, 3], [3, 2, 1].

Negation. Ist a eine Behauptung, dann ist

$$\mathbf{not} \ll a \gg$$

erfüllbar, wenn a unerfüllbar ist, und vice versa. Die Distribution bezüglich **or** und dem impliziten **and** erfolgt in der erwarteten Weise: **not** wirkt wie ein „entartetes" **or** insofern, daß es einen unabhängigen Berechnungszweig veranlaßt, in dem die Stoppkriterien umgekehrt sind.

Beispiele:

$$\begin{aligned}
setdiff' &= \mathbf{lambda} \; s1, s2 = > \mathbf{key} \; s1, s2 \\
&\quad \ll s = \mathbf{set}(x', \ll in(x, s1) \\
&\quad \mathbf{not} \ll in(x, s2) \gg \gg) \gg \\
distinct' &= \mathbf{lambda} \; l \; \mathbf{key} \; l \\
&\quad \ll \{null(l) \; \mathbf{or} \\
&\quad l = p' \; \& \; q' \; \mathbf{not} \; (\ll in(p, q) \gg) \\
&\quad distinct(q)\} \gg
\end{aligned}$$

$distinct$ (l) behauptet, daß keine zwei Elemente der Liste l gleich sind.

Ein letztes Beispiel: die Menge der 3×3-Magischen Quadrate.

$$magic\text{-}squares' = \mathbf{set}(ms',$$
$$\ll i9' = [1,2,3,4,5,6,7,8,9]$$
$$ms = [x11', x12', \ldots, x33']$$
$$in(x11, i9)$$
$$\vdots$$
$$in(x33, i9)$$
$$distinct(ms)$$
$$x11 + x12 + x13 = 15$$
$$\vdots$$
$$x31 + x22 + x13 = 15\gg).$$

Eine effizientere (aber immer noch recht einfache) Version, die die Anzahl der zu prüfenden Interpretationen verringert, erhält man durch die Erkenntnis, daß die *in*-Behauptungen zusammen mit der Behauptung *distinct(ms)* einfach für *ms* die Permutation der Ziffern 1 bis 9 behaupten. Unter Verwendung einer ähnlichen Konstruktion wie für die Menge *t* weiter oben, läßt sich daher schreiben:

$$magic\text{-}squares' = \mathbf{set}\ (ms',$$
$$\ll ms = [x11', x12', \ldots, x33']$$
$$in(1, ms)\ in(2, ms)\ \ldots\ in(9, ms)$$
$$x11 + x12 + x13 = 15$$
$$\vdots$$
$$x31 + x22 + x13 = 15\gg).$$

Es ist natürlich auch möglich, weniger einfache Versionen zu schreiben, die durch logische Überlegungen erhaltene Informationen über das Problem enthalten: beispielsweise, daß im mittleren Quadrat 5 stehen muß, daß in den Eckquadraten gerade Ziffern und in den anderen Quadraten ungerade Ziffern stehen müssen.

Zur Illustration der Verwendung von ABSYS im Rahmen eines nicht-trivialen Problems

Das folgende Denksportproblem stammt aus einer renommierten britischen Sonntagszeitung.

Sechs Mitglieder eines Komitees stimmen ab, um einen Vorsitzenden zu wählen (aus ihren Reihen):

(1) Jedes Mitglied gibt eine Stimme ab und erhält eine Stimme.

(2) Niemand stimmt für sich selber.

(3) Niemand stimmt für diejenige Person, von der sie die Stimme erhalten hat.

(4) Niemand stimmt für die Person, die für diejenige Person gestimmt hat, die die erstere Person gewählt hat.

Die Wahlen sind geheim; drei Personen machen anschließend Aussagen:

(5) Dale: Entweder stimmte Baker für Elton, oder ich stimmte für Adams, oder Forrest stimmte für mich.

(6) Forrest: Entweder stimmte Elton für mich, oder Baker stimmte für Dale, oder Adams stimmte für Clark.

(7) Clark: Entweder stimmte ich für Elton, oder Dale stimmte für Baker, oder Forrest stimmte für mich.

Jeder der drei gibt an, daß genau einer der von ihm angedeuteten Fälle richtig ist.

Protokoll des Problems: Wahl der Darstellung, Funktionen, usw. Es werden hier die Namen a bis f für die Namen der Komiteemitglieder verwendet. Die relevanten Behauptungen sind in ABSYS

$$a' = \text{'}adams\text{'} \quad b' = \text{'}baker\text{'} \quad \text{usw.,}$$

wobei *'adams'* ein gebundener Name ist.

Die Relation vf („stimmt für") ist c in c, wobei c die Komiteemenge ist, und das Problem kann natürlich durch eine geeignete Darstellung des kartesischen Produkts $c \times c$ formuliert werden.

Allerdings zeigt eine kleine Überlegung, daß die ersten vier Beschränkungen des Problems für den Fall von sechs Mitgliedern (wie hier) die Darstellung jeder möglichen Wahlrelation, die diesen Bedingungen genügt, in Form einer einfachen Kreisliste, in der jedes Komiteemitglied genau einmal vertreten ist, implizieren, d. h., die Liste hat die Form

$$l' = [a,\, d,\, c,\, b,\, f,\, e \,\&\, l],$$

und die Interpretation, daß — wenn x in der Liste unmittelbar y vorausgeht —, dies mit $vf(x, y)$ äquivalent ist. Diese Darstellung und die mit dieser verknüpften Interpretation genügen den ersten vier Bedingungen.

Anstelle der Verwendung einer Kreisliste ist es bequemer (etwa für die interpretatorische Definition von vf) einfach das erste Glied der Liste wie in

$$ll' = [a,\, d,\, c,\, b,\, f,\, e,\, a]$$

zu wiederholen. Der Ausdruck „x stimmt für y" werde durch ein Listenpaar $[x, y]$ dargestellt.

Unter Verwendung dieser Darstellung und der damit verbundenen Interpretation läßt sich eine Funktion einführen, die einen Ausdruck „x stimmt für y" im Rahmen einer Wahlrelation behauptet:

$$v' = \textbf{lambda}\ vr',\, e'\ \textbf{key}\ vr \ll e = [x',\, y']\ vr = p' \,\&\, q'$$
$$\{p = x\ q = y \,\&\, r'\ \textbf{or}\ v(q,\, e)\} \gg.$$

Daher behauptet $v(l, p)$, daß p ein Listenpaar — etwa $[a, b]$ — ist, und daß a in der Liste l unmittelbar b vorausgeht, d. h., in unserer Interpretation behauptet $v(l, p)$, daß „a stimmt für b" mit der Stimmrelation l verträglich ist. Man beachte nun die von Dale, Forrest und Clark gemachten Aussagen. Jede von ihnen besteht aus drei einfacheren Aussagen, von denen jeweils genau eine wahr ist. Jede ganze

Aussage läßt sich jeweils als ein Listen-Tripel darstellen, wobei jedes Glied — getreu der vorherigen Darstellung von „stimmt für" — ein Listenpaar ist, also

$$dstat' = [[b, e], [d, a], [f, d]]$$

$$fstat' = [[e, f], [b, d], [a, c]]$$

$$cstat' = [[c, e], [d, b], [f, c]].$$

Mit dieser Darstellung und der damit verbundenen Interpretation können wir nun eine Funktion einführen, die eine Aussage (der allgemeinen Form) in Begriffen einer Stimmrelation behauptet:

$$g' = \textbf{lambda } stat', vr' \textbf{ key } stat, vr$$
$$\ll stat = [s1', s2', s3'] \quad vl' = v(vr)$$
$$\{vl(s1) \quad \textbf{not} \ll vl(s2) \gg \quad \textbf{not} \ll vl(s3) \gg$$
$$\textbf{or} \quad vl(s2) \quad \textbf{not} \ll vl(s1) \gg \quad \textbf{not} \ll vl(s3) \gg$$
$$\textbf{or} \quad vl(s3) \quad \textbf{not} \ll vl(s1) \gg \quad \textbf{not} \ll vl(s2) \gg\} \gg,$$

wobei die Funktion vl die vorher eingeführte und jetzt partiell auf ihr erstes Argument ($vl(s) = v(vr, s)$) angewendete Funktion v ist.

Es ist zu bemerken, daß die Reihenfolge der formalen Parameter von g so gewählt wurde, daß g partiell auf eine Aussage angewendet werden kann, und so eine einstellige Funktion liefert, deren Definitionsbereich eine Stimmrelation ist: beispielsweise ist $g(dstat)$ eine Funktion, die — angewendet auf eine Stimmrelation — die ganze Aussage von Dale in Begriffen der Stimmrelation behauptet. Dies wird später nützlich sein.

Wir führen nun die *Menge* der möglichen Stimmrelationen, die die ersten vier Bedingungen erfüllen, ein: in unserer gewählten Darstellung ist dies die Menge der Permutationen von Listen der Form $l1$ mit festem ersten Glied (etwa a); diese Menge heiße Kandidatenmenge (cs).

Dies läßt sich durch die ABSYS-set-Anweisung erreichen:

$$cs' = \textbf{set } (x', \ll x = [a, x1', x2', x3', x4', x5', a]$$
$$in(b, x) \; in(c, x) \; in(d, x) \; in(e, x) \; in(f, x) \gg)$$

— ähnlich zu dem Beispiel, das die Permutationsmenge t im Abschnitt „Mengenkonstruktor" behauptet.

Als nächsten Schritt wollen wir die Menge cs durch die Behauptungen, die mit den Aussagen von Dale, Forrest und Clark korrespondieren, beschränken. Die Beschränkung einer Menge durch eine Funktion, die eine Behauptung über die Mengenglieder macht, ist die Bibliotheksfunktion

$$restrict' = \textbf{lambda } f', s' = \; > rs' \textbf{ key } f, s$$
$$\ll rs = \textbf{set } (m', \ll in(m, s) \; f(m) \gg) \gg.$$

Die Antwortmenge (d. h., die Menge der Stimmrelationen, die *alle* Bedingungen erfüllen), kann nun behauptet werden als

$$ans' = restrict(g(dstat), restrict(g(fstat), restrict(g(cstat), cs))).$$

Das vollständige Programm, das behauptet, daß *ans* die Menge der Stimmrelationen ist, die allen Bedingungen genügen, lautet nun:

$$a' = 'adams' \; b' = 'baker' \; c' = 'clark'$$
$$d' = 'dale' \; e' = 'elton' \; f' = 'forrest'$$
$$cs' = \textbf{set} \; (vr', \; \ll vr = [a, x1', x2', x3', x4', x5', a]$$
$$in(b, vr) \; in(c, vr) \; in(d, vr)$$
$$in(e, vr) \; in(f, vr) \gg)$$
$$dstat' = [[b, e], [d, a], [f, d]]$$
$$fstat' = [[e, f], [b, d], [a, c]]$$
$$cstat' = [[c, e], [d, b], [f, c]]$$
$$v' = \textbf{lambda} \; vr', e' \; \textbf{key} \; vr$$
$$\ll e = [x', y'] \; vr = p' \; \& \; q'$$
$$\{p = x \; q = y \; \& \; r' \; \textbf{or} \; v(q, e)\} \gg$$
$$g' = \textbf{lambda} \; stat', vr' \; \textbf{key} \; stat, vr$$
$$\ll stat = [s1', s2', s3'] \; v1' = v(vr)$$
$$\{v1(s1) \quad \textbf{not} \; \ll v1(s2) \gg \quad \textbf{not} \; \ll v1(s3) \gg$$
$$\textbf{or} \; v1(s2) \quad \textbf{not} \; \ll v1(s1) \gg \quad \textbf{not} \; \ll v1(s3) \gg$$
$$\textbf{or} \; v1(s3) \quad \textbf{not} \; \ll v1(s1) \gg \quad \textbf{not} \; \ll v1(s2) \gg \} \gg$$
$$ans' = restrict(g(dstat), restrict(g(fstat), restrict(g(cstat), cs)))$$
$$ans \ldots$$
$$[['adams', 'elton', 'forrest', 'dale', 'baker', 'clark', 'adams']].$$

Die letzte Zeile

$$ans \ldots$$

verlangt den Ausdruck der Menge, die in unserem Fall nur ein Element hat.

Kommentar zu ABSYS und verwandten Sprachen

Es ist hier interessant, kurz Arbeiten von Nevins (1970) und Fikes (1970) zu kommentieren. Beide präsentieren Sprachen, die die Probleme der Konstruktion von Daten, die gegebene Beschränkungen erfüllen, zu untersuchen gestatten. Beide Sprachen sind allerdings nicht-interaktiv.

Es sei bemerkt, daß sich das Folgende nur auf die charakteristische Mächtigkeit der Sprachkonzepte bezieht, und nicht auf die Mechanismen des Problemlösens im Kompilierer, die der Verwendung zugrunde liegen. Beide Aufsätze sind auch von diesem Standpunkt interessant; der Leser sei wegen Details auf diese verwiesen.

Nevins erweiterte — ausgehend von einer etwas anderen Motivation wie hier — die Sprache IPL-V, um eine Sprache zur Verfügung zu haben, die viele Ähnlichkeiten mit ABSYS aufweist. Obwohl diese Sprache weniger allgemein als ABSYS ist (beispielsweise hat sie keine funktionellen Möglichkeiten), stellt die Erweiterung wie ABSYS ein deklaratives System mit einer einzelnen Gleichheitsrelation (im Grunde genommen wieder durch die Behandlung von Listenstrukturen), und einer ähnlichen Behandlung von Satzverknüpfungen vor. An Stelle der Mengenkonstruktion gibt es dort eine Konstruktion **find** x, $p(x)$ mit der Bedeutung „finde ein x, das die Formel $p(x)$ erfüllt". Diese Konstruktion arbeitet wie die ABSYS-Mengenkonstruktion, stoppt aber mit der ersten gefundenen gültigen Interpretation.

Nevins sieht durch die Verwendung von — wie er sie nennt — „kritischen" Formeln Möglichkeiten der Programmsteuerung für die Erzeugung von Interpretationen vor. Diese Formeln können durch den Programmierer festgelegt werden und bewirken den Abbruch jedes speziellen Erzeugungsprozesses zum Vorteil eines anderen.

Das System von Fikes ist demgegenüber etwas anders. Die Sprache, REF, hat eine sehr einfache imperativische Komponente mit Zuweisung, bedingte Sprünge für Schleifen und ein berechnetes „go to", jedoch keine Blockstruktur, Funktionsmöglichkeit oder allgemeine Mengenkonstruktionen. Die Beschränkungen erfüllenden Besonderheiten sind durch „select"-, „condition"- und „exclusion"-Anweisungen gegeben, die in einer REF-Prozedur verwendet werden können. Die Anweisung **select** (n, m) wird gebraucht, um eine beliebige Zahl im Intervall $[n, m]$ zu bezeichnen; die „condition"-Anweisung behauptet, daß ein Boolescher Ausdruck wahr sein muß, und die „exclusion"-Anweisung, daß ihre Argumente verschiedene Werte haben. Unter Benützung dieser Anweisungen ist es möglich, eine Prozedur zu schreiben, die ihre Ergebnisse in Begriffen eines Kandidatenergebnisraumes und eines Auswahlkriteriums spezifiziert.

Die Prozedur kann etwa ganz aus „select"- und „condition"-Anweisungen bestehen. So lautet etwa die Prozedur für die 3×3-Magischen Quadrate so (nach Fikes 1970):

```
begin;
set vector m to select (1, 9), select (1, 9), select (1, 9), select (1, 9),
    select (1, 9), select (1, 9), select (1, 9), select (1, 9), select (1, 9);
condition m[1] + m[2] + m[3] = 15;
  ⋮
condition m[3] + m[5] + m[7] = 15;
condition excl (m[1], m[2],..., m[9]);
end;
```

Dies ist oberflächlich recht ähnlich dem einfacheren der beiden Programme von ABSYS, wobei **select** wie *in* arbeitet. Die Ähnlichkeit ist allerdings etwas irreführend, nämlich einfach deswegen, weil sich herausstellt, daß die Menge der Werte der Komponenten von M die Menge der Ziffern 1 bis 9 ist — dies ist die einzige Möglichkeit, mit der gegenwärtigen „select"-Anweisung Mengen zu behandeln. Es scheint beispielsweise in REF nicht möglich zu sein, ein der zweiten ABSYS-Konstruktion für magische Quadrate paralleles Programm zu schreiben.

Wichtig ist noch anzumerken, daß die REF-Prozedur ein einzelnes magisches Quadrat ausgibt und nicht wie bei ABSYS die Menge aller magischen Quadrate (das Wort *set* in der REF-Prozedur ist als Zeitwort zu interpretieren)[1].

Der imperativische Teil von REF ermöglicht dem Programmierer einige Kontrolle über die Reihenfolge, in der beschränkte Anweisungen durch den REF-Interpretierer verarbeitet werden, und daher auch einige Kontrolle über den durch den REF-Interpretierer ausgeführten Suchprozeß der ersten Stufe. Allerdings kann seine Hauptfunktion als eine Kompensation der Schwächen des deklarativen Sprachteils aufgefaßt werden — diese letzte Meinung spiegelt einen persönlichen Standpunkt bezüglich der Ziele eines Programmierstils wider.

Es ist interessant, aus dieser Sicht eine „gemischte" REF-Prozedur mit einer ABSYS-Konstruktion für die Lösung einer Kryptogrammaufgabe, die Fikes (1970) untersucht, zu vergleichen. Das Problem besteht darin, eine Transformation (oder Transformationen) von Buchstaben in Ziffern zu finden derart, daß die Addition

$$\begin{array}{r} \text{SEND} \\ + \text{MORE} \\ \hline \text{MONEY} \end{array}$$

richtig ist. Keine Ziffer darf mehr als einem Buchstaben zugewiesen werden, und führende Nullen sind nicht gestattet.

Obwohl Fikes darauf hinweist, daß „es möglich ist, die verifizierenden Bedingungen für dieses Problem in der einzigen Gleichung

$$1000s + 100e + \cdots = \cdots 10e + y$$

anzuschreiben", verwendet die dafür geschriebene Prozedur die spaltenweise Addition, die auch von den meisten Menschen für die Lösung derartiger Probleme ausgenützt wird.

Die REF-Prozedur lautet nach Fikes:

```
begin;
    set vector a1 to x, s, e, n, d;
    set vector a2 to x, m, o, r, e;
    set vector sum to m, o, n, e, y;
    set vector l to d, n, e, s, r, o, m, y;
    for i → 8 do to l1;
l1: set <l[<i>]> to select (0, 9);
    condition excl (<l[1]>, <l[2]>, <l[3]>, ..., <l[8]>);
    condition ~ (<m> = 0) ∧ ~ (<s> = 0);
    set <carry> to 0;
    for j → 4 do to l2;
    set <i> to 6 + − <j>;
    if <a1[<i>]> + <a2[<i>]> + <carry> < 10 then l3;
```

---

[1] Anmerkung des Bearbeiters: Also ähnlich einer Wertzuweisung in ALGOL.

```
    condition <al[<i>]> + <a2[<i>]> + <carry>
       = 10 + <sum[<i>]>;
    set <carry> to 1;
    goto l2;
l3: condition <al[<i>]> + <a2[<i>]> + <carry>
       = <sum[<i>]>;
    set <carry> to 0;
l2: ;
    condition <m> = <carry>;
    end;
```

Eine vergleichbare ABSYS-Konstruktion ist folgende:

$$encodings' = set\ (l',$$
$$\ll l = [d', n', e', s', r', o', m', y']$$
$$d + e = x1'\ \{x1 = y\ carry\ 1' = 0\ or\ x1 = y + 10\ carry\ 1 = 1\}$$
$$n + r + carry\ 1 = x2'\ \{x2 = e\ carry\ 2' = 0\ or\ x2 = e + 10\ carry\ 2 = 1\}$$
$$e + o + carry\ 2 = x3'\ \{x3 = n\ carry\ 3' = 0\ or\ x3 = n + 10\ carry\ 3 = 1\}$$
$$s + m + carry\ 3 = x4'\ \{x4 = o\ m = 0 \qquad or\ x4 = o + 10\ m = 1\}$$
$$l = subset(8, [0, 1, 2, 3, 4, 5, 6, 7, 8, 9])$$
$$not\ \ll s = 0 \gg\ not\ \ll m = 0 \gg$$
$$\gg)$$

wobei *subset* eine Bibliotheksfunktion derart ist, daß

$$l = subset(8, [0, 1, 2, 3, 4, 5, 6, 7, 8, 9])$$

die Disjunktion der Menge von Behauptungen — jede behauptet, daß *l* eine
andere Teilmenge mit acht Elementen aus der Menge der Ziffern 0 bis 9 ist —
behauptet. Diese Behauptung kann natürlich auch durch eine längere zusammengesetzte Behauptung, die *in* verwendet, ersetzt werden.

Tatsächlich wird allerdings wahrscheinlich niemand die obige Konstruktion
schreiben, da es klar ist, daß die Einbeziehung der Möglichkeit $m = 0$ in der
vierten Spalte wegen des Übertrags unsinnig ist. Da auch führende Nullen nicht
gestattet sind, muß *m* gleich 1 sein, wenn sich herausstellt, daß *s* entweder 8 oder
9 und *o* gleich 0 sein muß. Eine Konstruktion unter Verwendung dieser Information sieht so aus:

$$encodings' = set\ (l',$$
$$\ll l = [d', n', e', s', r', o', m', y']$$
$$d + e = x1' \qquad\qquad \{x1 = y\ carry\ 1' = 0\ or\ x1 = y + 10\ carry\ 1 = 1\}$$
$$n + r + carry\ 1 = x2'\ \{x2 = e\ carry\ 2' = 0\ or\ x2 = e + 10\ carry\ 2 = 1\}$$
$$e + carry\ 2 = x3' \qquad \{x3 = n\ carry\ 3' = 0\ or\ x3 = n + 10\ carry\ 3 = 1\}$$
$$m = 1\ o = 0$$
$$\{s = 9\ carry\ 3 = 0 \qquad [d, n, e, r, y] = subset(5, [2, 3, 4, 5, 6, 7, 8])$$
$$or\ s = 8\ carry\ 3 = 1\ [d, n, e, r, y] = subset(5, [2, 3, 4, 5, 6, 7, 9])\}$$
$$\gg)$$

Entwicklungen nach ABSYS

Auf der Entwicklungsstufe, die ABSYS in dem oben beschriebenen Überblick erreicht hatte, war es klar, daß eine weitere Entwicklung in der Erweiterung der Sprache derart bestehen würde, daß eine Beeinflussung des Problemlösungsverhaltens (d. h., der Details des Erzeugungsprozesses der parallelen Berechnungszweige oder der Interpretationen) möglich sein könnte: beispielsweise durch die von zusätzlichen Problembereichen abhängige Information, die der Befehlszähler benützen kann. Eine derartige Weiterentwicklung würde neue Grundfunktionen, neue syntaktische Konstruktionen und wahrscheinlich ausgefeiltere Befehlszähler erfordern. Die geeignete Durchführung (d. h., ohne auf ein niedrigeres Codeniveau zurückzugreifen) bedeutet eine bessere Behandlung von Zuweisungen, von Bezugnahmen und der Speicherplatzzuweisung durch die Sprache.

Uns sind ebenso einige Mängel in dem ABSYS-Teil klar, der schon inplementiert wurde. Darunter fallen die bestimmte Wahl der Implementation der **and-** und **or-**Verknüpfungen bzw. des **not**, die — neben anderen — die Distribution nicht sehr flexibel gestalten und eine gute Durchführung von Mengenoperationen verhindern. Ein damit zusammenhängender Nachteil ist, daß ABSYS eine einzelne Gleichheitsrelation benützt (letztlich ein verallgemeinerter Prozeß zur Behandlung von Listen). Dies führt beispielsweise zu Schwierigkeiten bei der Einführung von neuen Sorten. Es ist daher nicht möglich, einen Bruch als Listenpaar darzustellen und die üblichen Gleichheitsrelationen zwischen Brüchen anzuwenden, da in dieser Darstellung zwar beispielsweise [2, 4] und [6, 12] als Brüche gleich sind, nicht aber als Listen. Obwohl diese Art der Schwierigkeit durch eine Erweiterung auf Kosten der Eleganz von Darstellungen und der Programmierung umgangen werden kann, entschieden wir, daß eine einzelne Gleichheitsrelation nicht akzeptiert werden kann.

Auf derselben Tagung, wo die Grundideen von ABSYS präsentiert wurden — Machine Intelligence 4 — steuerte Robinson (1969) einen Beitrag über die Mechanisierung von Logiken höherer Ordnung bei. Wir müssen hier auf den Einfluß dieses Vortrags auf unsere weiteren Arbeiten hinweisen. Während wir durch gewisse Ähnlichkeiten zwischen der Idee der semantischen Partitionen und der Behandlung von parallelen Berechnungszweigen in ABSYS ermuntert wurden, verstärkte der Beitrag auf der anderen Seite unsere Unzufriedenheit mit den Konsequenzen unserer speziellen Implementation von aussagenlogischen Verknüpfungen bzw. der Gleichheit in ABSYS, und war daher ein Anreiz, die Grundideen von ABSYS neu zu überdenken.

Wir entschlossen uns daher, nicht so sehr ABSYS in der erwähnten Weise zu erweitern, sondern einen grundsätzlichen Neuentwurf vorzunehmen. Das Ergebnis dieser Neufassung war eine Sprache, die wir ABSET nannten (der Name spiegelt die Tatsache wider, daß wichtige Grundkonzepte der Sprache auf der elementaren Mengentheorie basieren). ABSET enthält die Möglichkeit von ABSYS-ähnlichen Konstruktionen, jedoch muß man sich nicht darauf festlegen. Beim

Entwurf von ABSET konzentrierten wir uns eher auf gewisse Probleme, die bei der Arbeit mit ABSYS aufgetreten waren: die elementaren Ideen von Werten, Gleichheit, Darstellung und Sorten, die Unterscheidung zwischen der Ordnung der Entscheidungen und der Ordnung, in der die Werte bestimmt werden, sowie — nicht zuletzt — die Handhabung von teilweisen ausgerechneten Programmen.

Über den Stand von der Arbeit an ABSET wurde in Elcock et al. (1971) berichtet.

Literatur

Elcock, E. W., Foster, J. M., Gray, P. M. D., McGregor, J. J., Murray, A. M.: ABSET, a programming language based on sets; motivation and examples. In: Machine Intelligence 6, 467—492 (Meltzer, B., Michie, D., Hrsg.). Edinburgh: Edinburgh University Press 1971.

Fikes, R. E.: REF-ARF: a system for solving problems stated as procedures. Artificial Intelligence 1, 27—120 (1970).

Foster, J. M., Elcock, E. W.: ABSYS 1: an incremental compiler for assertions; an introduction. In: Machine Intelligence 4, 423—429 (Meltzer, B., Michie, D., Hrsg.). Edinburgh: Edinburgh University Press 1969.

Nevins, A. J.: A programming language with automatic goal generation and selection. J. Ass. Comput. Mach. 17, 216—230 (1970).

Robinson, J. A.: Mechanizing higher-order logic. In: Machine Intelligence 4, 151—170 (Meltzer, B., Michie, D., Hrsg.). Edinburgh: Edinburgh University Press 1969.

AMPPL-II: Praktische Anwendungsbereiche

Von N. V. Findler

Einführung

Im allgemeinen beruht die Auswahl einer Programmiersprache für die Lösung eines bestimmten Problems auf pragmatischen Überlegungen: man könnte etwa eine Sprache anwenden, deren Informationsstrukturen und Prozesse „in vernünftiger Weise ähnlich" (homomorph?) denjenigen der untersuchten physischen Gegebenheit ist. Die sogenannten symbolverarbeitenden Sprachen haben sich beispielsweise wegen ihrer Flexibilität und der Einfachheit, mit der sich etwa kognitive Strukturen, Strukturen natürlicher Sprachen, algebraische und musikalische Strukturen usw. behandeln lassen, als wertvolle Hilfsmittel erwiesen.

Ein anderes Auswahlkriterium besagt etwa, daß die Anwendbarkeit der Sprache nicht nur auf eine kleine Problempalette beschränkt sein sollte. Vereinfacht kann man sagen, daß niemand für jede Aufgabe eine neue Sprache lernen wird. Es würde auch willkommen sein, wenn die verwendete Sprache in ihrer Basissyntax bzw. -semantik geläufig wäre.

Aus diesen Überlegungen heraus haben wir eine Sprache entworfen und implementiert, die die obigen Kriterien erfüllen dürfte, nämlich AMPPL-II — Associative Memory Parallel Processing Language. Sie ist eine Erweiterung des Symmetric List Processor, SLIP (Weizenbaum 1963). Über AMPPL-II haben wir in Findler und McKinzie (1969a) sowie in Findler (1970) berichtet; in Findler, Pfaltz und Bernstein (1972) beschreiben wir daneben noch drei verwandte andere Programmiersprachen. Alle diese Sprachen sind in FORTRAN IV eingebettet; dies bedeutet, daß — abgesehen von einer kleinen Anzahl in Assembler kodierten Routinen — alle Operationen durch FORTRAN-Unterprogramme dargestellt sind. Diese Tatsache wirkt sich offensichtlich aus auf (1) das Erlernen und den Gebrauch der Sprache, und (2) das Übertragen von einer Maschine zur anderen. Es muß auch festgestellt werden, daß die wirksamen Ein/Ausgabe-, Fehlererkennungs- und arithmetischen Möglichkeiten von FORTRAN einen wesentlichen Vorteil darstellen, der nur von Benützern anderer Sprachen, wie etwa IPL-V oder LISP, richtig eingeschätzt wird.

Tatsächlich ist nun AMPPL-II ein Nebenprodukt von langfristigen Untersuchungen bezüglich der Simulation von menschlichen kognitiven Prozessen. Es stellte sich allerdings heraus, daß deren Anwendungsgebiet viel weiter ist und sowohl numerische als auch nicht-numerische Bereiche umfaßt. Wir erläutern im folgenden diese Ansicht durch die Beschreibung von sieben Projekten, die im FORTRAN-SLIP-AMPPL-Paket programmiert wurden. Obwohl diese Projekte noch nicht abgeschlossen sind, dürften sie einigen Einblick in die Forschungsziele und -techniken im Bereich der maschinellen Intelligenz geben.

Ein Frage-Antwortsystem über Verwandtschaftsbeziehungen

Wir haben schon über ein IPL-V-Programm berichtet, das Verwandtschaftsstrukturen erzeugen bzw. abfragen kann (Findler und McKinzie 1969b). Die Grundidee bestand im Aufbau von komplexen, untereinander in Beziehung stehenden, Datenstrukturen aus den einfachsten möglichen Informationsquellen — hier gegeben durch Geburts- bzw. Heiratstabellen. Verschiedene Fragetypen konnten dann durch eine Rückgewinnung von Informationen aus der Datenstruktur beantwortet werden. Beispielsweise lassen sich (1) innerhalb gegebener Grenzen Familienbäume ausdrucken, (2) eine von einem bestimmten Individuum ausgehende komplexe Kette von Beziehungen spezifizieren und diejenigen Personennamen finden, die die Beziehungskriterien in der Kette erfüllen, (3) die Personennamen am Ende dieser Operation finden, (4) feststellen, ob eine gegebene Beziehungskette tatsächlich zwei vorgegebene Individuen verbindet, und (5) alle möglichen Beziehungsketten zwischen zwei gegebenen Personen auflisten.

Das Programm gestattete es, Quellendaten- und Fragekarten frei zu mischen. Es war möglich, eine partielle Verwandtschaftsstruktur zu erzeugen, über diese Fragen zu stellen und dann die Strukturerzeugung im selben Durchlauf fortzusetzen. Im Falle von fehlenden Gliedern wurden Pseudomitglieder automatisch eingeführt.

Das Programm wurde mit der Datenquelle der ersten 15 Kapitel von *Die griechischen Mythen, Band I* von Robert Graves getestet. Die inzestiösen und polygamen Verbindungen der Götter erwiesen sich als ein herausforderndes, aber erfolgreiches Testfeld.

Einige neuere Entwicklungen in AMPPL-II gestatteten uns die Konstruktion eines noch mächtigeren Systems. Für dessen Beschreibung müssen wir kurz das Problem der Definitionen darstellen. Wiley McKinzie und ich arbeiten an diesem Projekt; Rowan Snyder unterstützte uns dabei vorübergehend.

Wir betrachten zuerst die zu algebraischen Funktionen analoge Formel, die eine Beziehung (REL) zwischen einem Objekt (OBJ) und einem Wert (VAL) definiert:

$$REL(OBJ) = VAL.$$

Der erste Teil, REL, ist immer symbolisch; die anderen beiden — OBJ und VAL — können simultan oder getrennt entweder symbolisch oder numerisch sein. Beispiele sind: COLOR(APPLE) = RED, NUMBER(BOYS) = 14. Unabhängig von diesem Typ ist eine weitere Klassifikation möglich, nämlich danach, ob ein Teil aus einem einzelnen Item oder aus einer der möglichen Listenarten besteht. Die erste Listenart enthält einfach verschiedene äquivalente Namen desselben Items (man denke an Synonyme innerhalb des gegebenen Kontexts). Diese Liste heißt Äquivalenzliste. Die zweite Listenart trägt den Namen einer Anzahl von Untereinheiten, deren Verarbeitung immer gleichlautend ist. Ein Beispiel dafür sind die Schüler einer Klasse, die immer denselben Lehrer haben, immer im selben Klassenzimmer sind, usw. Differenzierungsprozesse, etwa ein Abschneiden in individuellen Prüfungen, werden bei den Elementen von so gekennzeichneten Listen nicht durchgeführt. Die dritte Art von Listen endlich hat verschiedene und in gewisser Hinsicht unabhängige Elemente. Ein Beispiel dafür sind die Möbel in einem Raum, wenn man sie etwa verschiedenfärbig streichen möchte.

Wir führten vorhin an, daß Items in der Äquivalenzliste als kontext-abhängige Synonyme betrachtet werden können. Eine logische Erweiterung dieser Idee führt dazu, auch die Namen von verschiedenen Unterlistenarten in die Äquivalenzliste aufzunehmen. Von diesen betrachten wir hier nur zwei.

(1) Wir definieren die reverse Relation, REVREL:

$$\text{If REL 1(OBJ)} = \text{VAL and}$$
$$\text{REVREL(REL 1)} = \text{REL 2 then}$$
$$\text{REL 2(VAL)} = \text{OBJ.}$$

Man beachte

$$\text{REVREL(REVREL(REL 1))} = \text{REL 1.}$$

Beispiele gibt die Tab. 1.

Tabelle 1. *Relationen und reverse Relationen*

REL	REVREL
Mann von	Frau von
Elternteil von	Kind von
Gatte von	Gattin von
größer als	kleiner als
oberhalb	unterhalb
innen	außen
links von	rechts von
Obermenge von	Teilmenge von
ähnlich zu	ähnlich zu

(2) Der zweite Unterlistentyp besteht aus einem etwas allgemeineren Konzept, der „definierten Entität". Diese ist aus einfachen Entitäten, eventuell aus anderen definierten Entitäten, und aus Verknüpfungsoperatoren aufgebaut. Die Operatoren gibt Tab. 2 an.

Tabelle 2. *Verschiedene Operatoren für definierte Entitäten*

Symbolische Notation	Typ	stellt dar	Programmierungsnotation
$\neg$		Boolesches NOT	.NOT.
$\leftarrow$		revers	.REV.
$<$		kleiner als	.LT.
$\leqslant$		kleiner oder gleich	.LE.
$>$	einstellig	größer als	.GT.
$\geqslant$		größer oder gleich	.GE.
Max		Maximum	.MAX.
Min		Minimum	.MIN.
$=$		äquivalent oder synonym	.EQ.
$\wedge$		Boolesches AND	.AND.
$\vee$	zweistellig	Boolesches OR	.OR.
$\downarrow$		verknüpft	.CON.

Bevor nun Beispiele angeführt werden, ist noch der letzte Operator kurz zu erläutern. Der linke Operand von $\downarrow$ wird als besitzanzeigender Genitiv aufgefaßt (mit einem Apostroph und dem Buchstaben „*s*'). Der Besitz ist durch die rechte Seite des Operators gegeben. Für den Ausschluß von unerwünschten Eigenreferenzen definieren wir ein spezielles SELF. Das Symbol $\Rightarrow$ (Programmierungsnotation: .DEF.) bedeutet „definiert als". Es folgen Beispiele.

(1) PARENT $\Rightarrow$ FATHER $\vee$ MOTHER

d. h., ein Elternteil ist als Vater oder Mutter definiert,

(2) CHILD $\Rightarrow$ $\leftarrow$ PARENT

d. h., das Kind ist als reverse Relation zu dem Elternteil definiert,

(3) GRANDFATHER $\Rightarrow$ (FATHER $\vee$ MOTHER) $\downarrow$ FATHER

d. h., der Großvater ist definiert als Vater des Vaters oder der Mutter,

(4) HUSBAND $\Rightarrow$ SPOUSE $\vee$ $\neg$WIFE

d. h., der Mann ist als ein Gattenteil, aber (und) nicht als Frau, definiert,

(5) BROTHER $\Rightarrow$ ((MOTHER $\wedge$ FATHER) $\downarrow$ SON) $\wedge$ $\neg$SELF

d. h., der Bruder ist definiert als Sohn der Mutter und des Vaters, aber (und) nicht ich selbst; wollen wir auch Halbbrüder zulassen, können wir

$$\text{BROTHER} \Rightarrow ((\text{MOTHER} \vee \text{FATHER}) \downarrow \text{SON}) \wedge \neg\text{SELF}$$

d. h., der Sohn der Mutter *oder* des Vaters, aber (und) nicht ich selbst, schreiben.

(6) Wenn V ein qualitätsbeschreibender Skalar ist, können wir etwa schreiben:

$$\text{GOOD} \Rightarrow\; > V1$$
$$\text{BAD} \Rightarrow\; < V2$$
$$\text{BEST} \Rightarrow \text{Max } V$$
$$\text{WORST} \Rightarrow \text{Min } V.$$

(7) Sei L ein die Körperhöhe beschreibender Skalar; wir können definieren

$$\text{TALL} \Rightarrow\, > L1$$
$$\text{SHORT} \Rightarrow\, < L2$$
$$\text{MEDIUM BUILT} \Rightarrow\, \leqslant L1 \wedge\, \geqslant L2.$$

(8) GRANDFATHER $\Rightarrow\, =$ GRANDPA $\wedge\, =$ GRANDDAD

d. h., die Ausdrücke sind synonym.

Zusammen gibt es nun sieben Basisfragen, die ein Abfragesystem für Relationen beantworten kann. Diese sind:

(a) Ist eine bestimmte Relation zwischen einem gegebenen Objekt und dem Wert wahr?

(b) Welche(s) sind(ist) die(der) Wert(e), die(der) einem gegebenen Relations-Objekt-Paar zukommen(zukommt), wenn es solche überhaupt gibt?

$$\text{REL(OBJ)} = \,?$$

(c) Welche(s) sind(ist) die(das) Objekt(e), die(das) einem gegebenen Relations-Wert-Paar zukommen(zukommt), wenn es überhaupt solche gibt?

$$\text{REL}(?) = \text{VAL}$$

(d) Welche(s) sind(ist) die Beziehung(en), die ein gegebenes Objekt-Wert-Paar verknüpfen(verknüpft), wenn es überhaupt solche gibt?

$$?(\text{OBJ}) = \text{VAL}$$

(e) Welche(s) Relations-Objekt-Paar(e) gehören zu einem gegebenen Wert, wenn es solche überhaupt gibt?

$$?(?) = \text{VAL}$$

(f) Welche(s) Relations-Wert-Paar(e) gehören zu einem gegebenen Objekt, wenn es solche überhaupt gibt?

$$?(\text{OBJ}) = \,?$$

(g) Welche(s) Objekt-Wert-Paar(e) gehören zu einer gegebenen Relation, wenn es solche überhaupt gibt?

$$\text{REL}(?) = \,?$$

In jedem Fall können die Antworten durch die Verwendung eines einfachen Befehls erhalten werden.

Ein anderer hoch-stufiger Abfrageprozeß läßt sich mit der Funktion

$$\textbf{FIND}(A, B, C)$$

erreichen. Nach der Durchführung ist der Wert von **FIND** gleich dem Namen der Liste, die alle X enthält, für die Folgendes richtig ist:

$$A : B = C : X.$$

Das Zeichen ‚:‘ läßt sich verbal als „steht in Relation zu" interpretieren. Es wird angenommen, daß mindestens zwei Relationsdeskriptoren von einer der folgenden sechs Formen vorhanden sind:

$$\begin{bmatrix} Q(A) = B \\ Q(C) = X \end{bmatrix}, \quad \text{oder} \quad \begin{bmatrix} A(Q) = B \\ C(Q) = X \end{bmatrix}, \quad \text{oder} \quad \begin{bmatrix} A(B) = Q \\ C(X) = Q \end{bmatrix}, \quad \text{oder}$$

$$\begin{bmatrix} Q(B) = A \\ Q(X) = C \end{bmatrix}, \quad \text{oder} \quad \begin{bmatrix} B(Q) = A \\ X(Q) = C \end{bmatrix}, \quad \text{oder} \quad \begin{bmatrix} B(A) = Q \\ X(C) = Q \end{bmatrix}.$$

Dabei ist Q eine den beiden (oder mehreren) Relationsdeskriptoren sowohl im Inhalt als auch in der Position gemeinsame Entität (selber Entitätstyp). Weiters sind die Typen von A und C bzw. B und X identisch (dies bezieht sich auf REL, OBJ, VAL und ob symbolisch oder numerisch). Die folgenden beiden Beispiele sollten die ganze Idee klären.

(1) Im Simulated Associative Memory (SAM) mögen Relationsdeskriptorwörter für

$$\text{PATERNAL UNCLE(JIM)} \quad = \text{WILLIAM}$$

$$\text{PATERNAL UNCLE(TONY)} = \text{MARTIN, DONALD}$$

stehen.

Wenn nun

$$A = \text{JIM}$$
$$B = \text{WILLIAM}$$
$$C = \text{TONY}$$

gilt, ist das resultierende X die Liste, die MARTIN und DONALD enthält, da die Relation zwischen JIM und WILLIAM dieselbe ist wie zwischen TONY und MARTIN bzw. DONALD — sie sind alle Onkeln väterlicher Seite der in Frage stehenden Person (Q = PATERNAL UNCLE).

(2) In SAM stehe

$$\text{UNCLES OF (JACK)} = \{\text{JOE, BILL, PETER}\}$$

$$\text{AUNTS OF (JACK)} = \{\text{MARY, CARON}\}.$$

Wenn nun

$$A = \text{UNCLES OF}$$
$$B = \{\text{JOE, BILL, PETER}\}$$
$$C = \text{AUNTS OF}$$

gilt, so ist das resultierende X die Liste mit {MARY, CARON}, da {JOE, BILL, PETER} Onkeln derjenigen Person (Q = JACK) sind, deren Tanten {MARY, CARON} sind.

Es ist leicht zu sehen, wie unter Verwendung der oben beschriebenen Möglichkeiten zusammengesetzte Verwandtschaftsbeziehungen definiert und die relevanten Mitglieder rückgewonnen werden können. Das entstehende Programm ist allerdings eher umfangreich.

Eine interessante Erweiterung bzw. Anwendung wird in Zusammenarbeit mit dem Sozialanthropologen Woodraw W. Denham durchgeführt, der zur Zeit Daten über die Verwandtschaftsbeziehungen unter den Mitgliedern des australischen Eingeborenenstammes der *Alyawara* sammelt.

Über die Problemkreise „Zeit", „Rückgewinnung zeitlicher Relationen", „Kausalität" und „Koexistenz"

Bei der Interpretation von wissenschaftlichen Daten werden Arbeitshypothesen gebildet, die auf *prima facie*-Relationen zwischen Ereignisgefügen beruhen. Die Entdeckung einer Kausalität verlangt nach einem Überprüfen dieser Arbeitshypothesen unter variierenden Bedingungen. Die Logik des Konzepts der Kausalität fordert vom Forschenden, zuerst Vorgänger-Nachfolger-Relationen auszusondern. Es scheint nahezuliegen, Rechenanlagen als wissenschaftliches Hilfsmittel für das nicht-triviale Ziel der Analyse von großen zeitabhängigen Datenbeständen heranzuziehen. Trotzdem wurde der Ablauf der Zeit, eines der hervorspringendsten Erlebnisse des Menschen, relativ wenig in Frage-Antwort-Systemen untersucht. Da die Zeitvariable praktisch zentral für alle physikalischen, biologischen und psychologischen Ereignisse ist, ist sie demnach die fundamentale Koordinate jedes prozeßbeschreibenden Modells. David Chen und ich befassen uns nun mit einem Projekt, das dieses Problem beinhaltet.

Unser Interesse gilt in dieser Arbeit nicht den stochastischen Phänomenen. Der verschleiernde Effekt von Wahrscheinlichkeitsverteilungen wird durch folgendes Paradigma ersetzt:

$$\text{Ereignis } E_i \text{ hat } \begin{bmatrix} \text{relevante} \\ \text{irrelevante} \end{bmatrix} \begin{bmatrix} \text{Beginnzeit} \\ \text{Verweildauer} \\ \text{Endzeit} \end{bmatrix}.$$

Für alle sechs Fälle lassen sich sinnvolle Beispiele finden. Im „irrelevanten" Fall können durch

$$\text{Ereignis } E_i \text{ läuft } \begin{bmatrix} \text{ganz} \\ \text{teilweise} \end{bmatrix} \begin{bmatrix} \text{vor} \\ \text{während} \\ \text{nach} \end{bmatrix} \text{ dem Ereignis } E_j \text{ ab}$$

partielle chronologische Daten angegeben werden. Die Kombination „teilweise während" ist hier nicht sinnvoll. Eine Unterscheidung zwischen Relevanz und

Irrelevanz ist tatsächlich nützlich, da ja im Alltagsleben chronologische Daten häufig wegen Informationsmängel, Meßfehlern, widersprechenden Datenquellen usw. nicht vollständig spezifiziert sind.

Im Zusammenhang mit einem Frage-Antwort-System, dessen Datenbasis aus zeitabhängigen Ereignissen besteht, müssen wichtige Entscheidungen gefällt werden, und zwar:

(1) *Eingabemodus.* Es sollte die einfachste und am wenigsten fehleranfällige Methode verwendet werden. Die Übersetzung in eine Datenstruktur sollte relativ leicht sein.

(2) *Interne Darstellung.* Das Auf-dem-laufenden-Halten der Daten sowie Suchprozesse sollten unkompliziert sein. Inkonsistenzen bzw. Informationsmängel in den Eingabedaten müssen leicht und vollständig für eine Rückmeldung an den Benützer zu finden sein. Es dürfen gewisse absichtliche Redundanzen auftreten, aber nur in einem Ausmaß, das das Gesamtsystem — inklusive der Informationsstrukturen *und* der Verarbeitungen — quasi-optimal macht.

(3) *Datenmanipulation.* Wie oben schon angedeutet, muß dies im Zusammenhang mit der internen Darstellung beachtet werden.

(4) *Direkte und abgeleitete Rückgewinnungstechniken.* Das Ziel muß einerseits darin bestehen, nur gültige Antworten zu bekommen, andererseits aber auch alle gültigen Antworten. Dies sollte daher „Rohdaten" aus der Quellinformation und durch logische Inferenz erzeugte implizite Daten umfassen. Wir wollen also die Möglichkeit von komplexen Kausalrelationen ableiten, Hypothesen über zusammengesetzte Koexistenzrelationen beweisen oder verwerfen, usw.

Eine eingehende Diskussion des Obigen liegt außerhalb des vorliegenden Aufsatzes. Wir werden lediglich einige allgemein interessante Gesichtspunkte näher umreißen.

Wir definierten *Punktereignisse,* die momentan stattfinden, und *Dauerereignisse* mit unterschiedlichen Beginn- und Endzeiten. Beispielsweise ist „Aufwachen" ein Punktereignis (obwohl viele Leute anderer Meinung sein können), und dessen Effekt „wach sein" ist andauernd. Punktereignisse werden gewöhnlich, aber nicht notwendigerweise anschließend, von Dauerereignissen als ihre Effekte begleitet.

Für die „Simultanität" haben wir eine gequantelte Zeitskala mit in beiden Richtungen unbeschränkter Koordinate angenommen. Zeitpunkte können absolut oder relativ spezifiziert werden. Im letzten Fall können partielle Einschränkungen in der Eingabephase angegeben werden. Ein Zeitpunkt kann vor, gleichzeitig oder ungefähr gleichzeitig mit einem anderen Zeitpunkt sein. Für die Beschreibung von Ableitungsregeln läßt sich ein axiomatischer logischer Kalkül einführen.

Wir geben abschließend noch einige wenige einfache Fragen an, die das System beantworten sollte:

(1) Kann der Beginn des Ereignisses E_i das Ereignis E_j hervorrufen?

(2) Existiert das Ereignis E_i gemeinsam mit dem Ereignis E_j? (Koexistenz meint partielle oder vollständige Überlappung.)

(3) Kann der Abschluß des Ereignisses E_i das Ereignis E_j hervorrufen?

(4) Dauert E_i länger als E_j?

(5) Wie viele and welche Ereignisse sind derart, daß:

(a) ihr Beginn E_i bewirkt?

(b) sie gemeinsam mit E_i auftreten?

(c) ihr Ende E_i hervorruft?

(d) sie länger als E_i dauern?

(6) Gibt es Ereignisfolgen (aufeinanderfolgende, anschließende oder auch überlappende Ereignisse), die zum Ereignis E_i führen, und wenn ja, wie viele und welche (NB: Kette von kausal verknüpften Ereignissen).

(7) Das Konzept der Koexistenz kann verallgemeinert werden. Die Formel

$$\{E_x\} := \{E_i\} \oplus \{E_j\} \oplus \neg\{E_k\}$$

definiert eine Menge von Ereignissen $\{E_x\}$ als Teilmenge von Ereignissen $\{E_i\}$, die (partiell oder vollständig überlappend) gleichzeitig mit Ereignissen der Menge $\{E_j\}$ bestehen, jedoch nicht mit Ereignissen der Menge $\{E_k\}$.

Sind nun die Mengen $\{E_i\}$, $\{E_j\}$, $\{E_k\}$ gegeben, wieviele und welche Ereignisse bilden die Menge $\{E_x\}$?

(8) Welches Ereignis aus der Menge $\{E_i\}$ ist das kürzeste bzw. längste?

(9) Welches Ereignis aus der Menge $\{E_i\}$ beginnt am frühesten bzw. endet am spätesten?

(10) Welches Ereignis aus der Menge $\{E_i\}$ dauert in einem gegebenen Zeitintervall am längsten an?

(11) Die kausale Beziehung zwischen zwei Ereignissen E_i und E_j kann durch die Forderung, daß E_j mindestens t_{ij} Zeiteinheiten nach dem Beginn des Ereignisses E_i beginnt oder endet, eingeschränkt werden. Unter der Annahme des Vorliegens einer Matrix von derartigen Beschränkungen für eine Menge von Ereignissen können wir ähnlich zu (6) fragen:

Gibt es Ereignisfolgen, die eine Kette von potentiellen kausalen Gliedern bilden, derart, daß sie zu einem gegebenen Ereignis führen, und wenn ja, wieviele und welche?

Es sei noch angemerkt, daß der Gegenstand dieses Projektes in enger Beziehung zu den Problemen der „Methode des Kritischen Pfades" bzw. PERT steht, obwohl unser ursprünglicher Kontext in der Interpretation von experimentellen Daten aus Physik und Chemie bestand.

Untersuchungen über das Verhalten eines Organismus in einer feindlichen Umwelt

Wir haben über eine Simulationsstudie berichtet, die sich mit einem selbsterhaltenden und lernenden Organismus befaßt (Findler und McKinzie 1969c). Der Organismus hat ein Hauptziel — das Überleben — und mehrere Unterziele, wie etwa die Optimierung seines Gesundheitszustandes, die Maximierung der Vergnügen, die Minimierung von Schmerz, die Erforschung und Kontrolle seiner

Umwelt, usw. Er empfängt eine Menge von Reizen und sendet eine Menge von Antworten aus, deren Qualität durch Erfahrung verbessert wird. Erfahrung wurde durch gewisse rudimentäre mechanische und assoziative Lernmuster erreicht.

A. E. C. Allan und ich befassen uns mit einem Modell, das über dieses beschriebene Projekt hinausgeht. Das Blockdiagramm (Abb. 1) illustriert den Organismus und dessen Verflechtung mit der Umwelt.

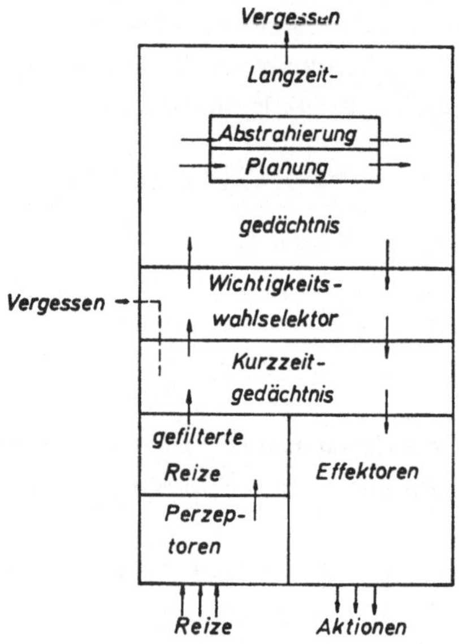

Abb. 1. Blockdiagramm des Organismus und dessen Verflechtung mit der Umwelt

Die *Umwelt* wird durch eine Menge von Funktionen $\{g\}$ dargestellt, wobei die i-te Funktion die Gestalt

$$\mathbf{g}_i = \mathbf{g}_i[\{\mathbf{g}(t-1)\}, \{\mathbf{a}(t-1)\}, \mathbf{r}, t]$$

hat. $\{\mathbf{g}(t-1)\}$ ist die Menge der Reizfunktionen zum Zeitpunkt $(t-1)$ — d. h., die Zeitskala ist gequantelt; $\{\mathbf{a}(t-1)\}$ ist eine andere, die Aktionen des Organismus zum Zeitpunkt $(t-1)$ darstellende Funktionenmenge; $\mathbf{r}$ ist der Lokalisierungsvektor im Umweltraum und t ist ein Zeitpunkt.

Die *Perzeptoren* arbeiten bis zu einem gewissen Grad parallel. Signale einer Gefahr bzw. Signale von hoher Intensität unterdrücken jedoch diese Parallelität. Auch ein plötzlich wichtiges Problem, wie ein auftretendes Item, das eine gewisse Aktion des Organismus blockiert, kann die gesamte Aufmerksamkeit reduzieren und gewisse Perzeptoren auf das fragliche Item konzentrieren. Der „Filter"-Effekt kann den Umfang der ankommenden Information etwas verzerren bzw. verringern; er hat eine stochastische und eine deterministische Komponente. Die letztere drückt die Tatsache aus, daß beispielsweise visuelle Reize dem Gesetz der quadrierten inversen Distanz, akustische Reize dem Gesetz der kubierten inversen Distanz, usw. folgen. Eine spezielle Aufmerksamkeit kann die Wahrnehmungsentschlossenheit erhöhen. Die Abtastungs- und Lokalisierungsaufmerksamkeit treten in einem bestimmten Grad gemeinsam auf und können in ihrer Wichtigkeit auf Kosten der jeweiligen anderen zunehmen. Das *Kurzzeitgedächtnis* hat beschränkte Kapazität. Das Vergessen in ihm ist sozusagen quasi-bewußt. Es wird durch einen *Wichtigkeitswahl*-Mechanismus kontrolliert, der Items entweder in das *Langzeitgedächtnis* transferiert oder dem Vergessen anheim fallen läßt. Der Wichtigkeitswahl-Mechanismus sucht das Langzeitgedächtnis ab, bevor er eine Entscheidung trifft. Die Inhalte der beiden Gedächtnistypen sind Daten (beschreibende Informationen), Werte (beobachtete und vermutete Ziele) und Programme (vorschreibende Informationen). Die *Effektoren* werden teils durch das Kurzzeitgedächtnis — hauptsächlich bei schnellen Antworten und bei relativ unbedeutenden Aktionen — und teils durch das Langzeitgedächtnis — bei komplexen geplanten Aktionen und instinktiven oder oft praktizierten Verhaltensweisen — kontrolliert.

Planung und *Abstrahierung* sind interagierende Langzeitgedächtnisprozesse. Der Planungsprozeß kann eine provisorische Verhaltensstruktur auf zwei verschiedene Arten konstruieren. Er kann einerseits einen durchquerenden Pfad im „Aktionsbaum" (ein Konzept ähnlich dem bekannten „Spielbaum"), der schon früher entdeckt wurde, entwerfen, oder er kann den Aktionsbaum aufbauen und einen „versprechenden" Pfad in ihm skizzieren und sich dabei auf ein Ähnlichkeitsprinzip zu vergangenen Erfahrungen stützen. In den meisten Fällen muß einer Kombination dieser beiden Aktionen gefolgt werden. Der Abstrahierungsprozeß führt induktive und deduktive Inferenzen aus. Er verallgemeinert durch die Vernachlässigung von unwichtigen Details. Die Abstraktion basiert wesentlich auf mechanischen und assoziativen Lernprozessen.

Ein *Vergessen* im Langzeitgedächtnis ist spontan und unkontrollierbar. Die Stärke der assoziativen Glieder zwischen Items nimmt in der Zeit ab. Unterhalb einer gewissen Schwelle wird ein Einsteigen über dieses spezielle Glied unmöglich. Auf der anderen Seite verstärkt eine erfolgreiche Verwendung des Zugangsgliedes die Assoziation.

Die *Aktionen* des Organismus schließlich spielen sich in zwei verschiedenen Weisen ab:

(1) Der Organismus kann seine Effektoren benutzen, um

(a) sich selbst mit einer „terrain"-abhängigen Geschwindigkeit von einem Ort zu einem anderen zu bewegen. Die Geschwindigkeit ist eine Funktion der Schwierigkeit des Terrains bzw. der Vertrautheit des Organismus mit diesem (beispielsweise verlangt das Sondieren ein vorsichtigeres Verhalten). Dies kostet natürlich Energie, und die Energie kann sich nur an bestimmten Orten wieder erholen. Das Ziel einer Bewegung ist zweifältig: entweder bewegt sich der Organismus zu einer „Auflade-Instandsetzungs"-Station (siehe unten), oder er untersucht das Terrain. Der Antrieb für eine Untersuchung (mit Vorbedingungen und Einschränkungen) ist im Organismus eingebaut;

(b) gewisse Objekte unter einer gegebenen Größe von einem Ort zu einem anderen zu bewegen (beispielsweise hinderliche Items). Dies kostet wieder Energie. Die Planung muß dem Organismus mitteilen, daß er entweder ausweichen oder ein Objekt verschieben soll;

(c) sich selbst einem verstärkten „Auflade-Instandsetzungs"-Prozeß zu widmen. Dies schließt die anderen Aktivitäten aus, ausgenommen den Empfang von Gefahrensignalen aus der Umwelt.

(2) Der andere Aktionstyp beeinflußt seine interne Welt. Er kann auf der Basis von Erfahrung seine Unterziele, die im allgemeinen die Grundlage der Entscheidungsprozesse bilden, umordnen. Dies heißt, daß der Organismus an Stelle einer einzelnen Wertfunktion über eine geordnete Menge von Unterzielen verfügt. Diese ist in einer Hierarchie von Unter- bzw. Nebenordnungen angeordnet. Änderungen in dieser Hierarchie werden durch ein Lernen bewirkt. Innerhalb eines gegebenen Zeitintervalls kann der Organismus nicht mehr als eines des Folgenden ausführen:

(a) durch seine Effektoren eine Aktion vornehmen;

(b) eine Beobachtung über die äußere Umwelt machen;

(c) ein Unterziel oder einen Plan bestimmen, abstrahieren, entscheiden, usw. Abschließend ist es bemerkenswert, daß numerische und symbolische Daten, algorithmische und heuristische Prozesse sowie Deskriptoren mit partieller und vollständiger Information in diesem Projekt nebeneinanderstehen; das Projekt befindet sich in einem mittleren Entwicklungsstadium.

Rechnersimulation des Kreuzworträtsellösens durch Menschen

Seit den ersten Arbeiten auf dem Gebiet der künstlichen Intelligenz sind Untersuchungen über menschliches Problemlösen zentral. Die bloße Tatsache, daß die behandelten Probleme unbefriedigend strukturiert bzw. definiert sind, macht sie höchst herausfordernd.

Mit diesem Projekt nun wird die interdisziplinäre Natur der Rechnerwissenschaft ganz offensichtlich — Linguistik, Psychologie und andere Humanwissenschaften tragen viel zu einem erfolgreichen Modell bei; Wiley McKinzie und ich arbeiten daran.

Es sind hier zwei grundsätzlich verschiedene Ansätze denkbar. Wir können einerseits versuchen, den „weltbesten Kreuzworträtsellöser" zu programmieren, oder andererseits unsere Interessen darauf richten, wie Menschen diese Aufgabe angehen, und daraus über diese bzw. von ihr zu lernen. Wir wählten die zweite, bescheidenere Möglichkeit, die aber trotzdem reizvoll genug ist.

Unsere Technik ist nun folgende: wir lösen etwa ein halbes Dutzend Kreuzworträtsel und bilden eine komplexe Informationsstruktur, in der die Hinweis- und die Lösungswörter in einer geeigneten großen Obermenge von Wörtern eingebettet sind. Die Wörter, oder besser die Konzepte, werden durch assoziative Glieder verknüpft. Die ganze Einheit nennen wir eine *kognitive Karte*. Wir definieren ein *Gebiet* in der kognitiven Karte als den Ort von Konzepten, die durch gewisse Eigenschaften verbunden sind; solche sind beispielsweise Landwirtschaft, Lateinamerika, Musik, usw. Ein gewisser Informationsteil scheint in Listen, die Zeiger zu einem oder mehreren Gebieten haben, auf. Fragt beispielsweise das Hinweiswort nach einer Bank in New York City, so müssen nicht in dieser Stadt wohnende Personen im Geist eine kürzere oder längere Liste von Banken durchgehen, während Bewohner der Stadt gewisse zusätzliche mnemotechnische Hilfen durch die Vorstellung, sie würden durch verschiedene Straßen gehen und auf die dortigen Banken achten, erhalten können. Kennt man ähnlich nicht die alphabetische Liste der 50 Staaten der USA, so tut man gut daran, mental die geographische Karte zu konstruieren bzw. die Staaten darin durchzunumerieren (oder aufzuzählen).

Es ist aber darauf zu achten, daß hier zwei — nicht notwendig identische — kognitive Karten vorliegen: eine davon ist jene des Autors des Kreuzworträtsels, die andere ist jene des Lösers. Beispielsweise finden wir die Hinweiswörter häufig unbefriedigend oder irreleitend —. es liegt also ein Fall von verschiedenen kognitiven Karten vor.

Die assoziativen Glieder stellen verschiedene Verknüpfungsarten dar. Auf einem niedrigsten Niveau sind Synonyme verknüpft (man beachte, daß es keine „perfekten“ Synonyme gibt — sie können in einem, mehreren oder den meisten, aber kaum in allen Kontexten äquivalent sein. Man beachte etwa die Wörter *reich, wohlhabend, üppig, vermögend*). Antonyme gehören ebenfalls in diese Kategorie; diese sind einfach negierte Synonyme. In unserer Interpretation scheinen nicht nur einzelne Wörter, sondern auch ganze logische Einheiten, die möglicherweise mehrere Wörter enthalten, als Knoten der kognitiven Karte auf. Auch Homonyme, d. h. bestimmte Wortformen mit Mehrfachbedeutungen, müssen hier erwähnt werden.

Das nächst höhere Niveau verbindet Konzepte oder Wörter, die häufig gemeinsam verwendet werden; so bilden die Wörter *Haufen* und *Sand*, *Sand* und *Schloß*, *Schloß* und *Heim*, *Heim* und *Garten* etc. einen eindimensionalen Abschnitt in einer unbestimmt langen Kette dieses Typs.

Es kann auch ein Glied vorliegen, das für eine gewisse logische Verknüpfung steht; so sind etwa die Wörter *Ziegelstein, Mörtel, Spantenwerk, Dachschiefer, Glasscheibe* etc. alle in einer logischen Weise verbunden. Zeiger auf Ober- bzw. Untermengeneinheiten gehören ebenfalls in diese Kategorie.

Eine andere Möglichkeit sind „abenteuerliche“ Assoziationen, wie sie etwa von Dichtern gebraucht werden, oder noch weitschweifender. Die Beispiele *Sonnenschein* und *Lächeln*, *Lippen* und *Kirschen* geben hier eine Vorstellung davon, was wir meinen.

Die kognitive Karte muß auch Umschreibungen oder Erklärungen der durch ein oder mehrere Wörter modifizierten Konzepte enthalten. Daher kann sie ganze Wortphrasen umfassen. Die Beschreibung der Knoten in der kognitiven Karte wird durch syntaktische Informationen — wie etwa welcher Teil der Rede durch die Einheit gebildet wird, wie Ein- und Mehrzahl von Nomen und Pronomen, Fälle von Pronomen, Zeiten von Verben, Adverben von Adjektiva usw. geformt werden — vervollständigt.

Es ist hier wichtig zu betonen, daß die so konstruierte kognitive Karte nicht „vorausgearbeitet" und nicht „maßgeschneidert" für ein oder mehrere Kreuzworträtsel ist. Sie ist ein Modell für einen gewissen Abschnitt einer humanen kognitiven Karte. Die letztere ist aber dynamisch — sie kann sich als Folge von gewissen Lernprozessen graduell ändern.

Es gibt beim Kreuzworträtsellösen bemerkenswerte interpersonelle Unterschiede auf zwei Niveaustufen. Diese tatsächlich erstaunlichen Probleme beschreiben wir im folgenden näher.

(1) Die erste Lösungsaktivität steht in Beziehung zum Finden eines gewissen Antwortwortes. Sie wird begleitet durch eine komplexe Wechselwirkung zwischen der Suche in der kognitiven Karte (semantisches Abtasten) einerseits, und einem Gefüge-Anpassungsprozeß andererseits. Das Gefüge-Anpassen ist ein mehrstufiges Phänomen. Die erste, einfachste und nach einer Spontanantwort vorgenommene Prüfung untersucht nur, ob ein Wort kurz (etwa mit weniger als fünf Buchstaben) oder lang ist. Die zweite Stufe zählt die Anzahl der Buchstaben in einem Wort und verwirft ungeeignete Kandidaten. Werden mehr und mehr Buchstaben durch sich kreuzende Wortlösungen bekannt, so besteht die Gefüge-Anpassung in der Durchführung von Korrektur- und Vergleichsoperationen. Die beiden Prozesse — semantisches Abtasten und Gefüge-Anpassung — treten alternativ, manchmal auch quasi-simultan, auf. Häufig werden durch das semantische Abtasten kurze Listen von potentiell akzeptierbaren Antwortwörtern gebildet und dann durch die gegebene Schablone weiter überprüft. Wir vermuten hier, daß ein Lernprozeß einen menschlichen Kreuzworträtsellöser auf eine optimale Befolgungstechnik hinlenkt. Es dürfte nämlich evident sein, daß sich ein übermäßig häufiges Gefüge-Anpassen — speziell in den Anfangsschritten der Lösung — als hemmend in der Gesamtsuche herausstellt (obwohl, extrem ausgedrückt, die ausschließliche Verwendung des sprichwörtlichen British Museum-Algorithmus ebenfalls die Lösung des Kreuzworträtsels liefern könnte; diese Methode besteht in einer ausschöpfenden Suche nach Wörtern, die — in unserem Fall — nur auf ihre Einpassung in die Schablone geprüft wurden). Auf der anderen Seite kann ein viel zu seltener Gebrauch der Gefüge-Anpassung unwirtschaftlich sein und zu Sackgassen führen.

Eine sehr wichtige Technik muß hier ebenfalls erwähnt werden. Im Gebrauch einer Sprache versierte Personen entwickeln ein starkes Gefühl für die Morpheme und häufigen Buchstabengruppen in dieser Sprache. Sie folgen selbst bei unbekannten Wörtern intuitiv einem informationstheoretischen Ansatz, wenn sie Lücken mit fehlenden Buchstaben ausfüllen. Wir haben auch vor, diese Idee in unser Modell durch die Verwendung (im qualitativen Sinn) von Tabellen der Auftrittshäufigkeiten von Digrammen, Trigrammen etc. und durch eine Liste von Morphemen, Pre- und Suffixen zu inkorporieren.

Im Rechnerprogramm ist ein Lernprozeß auf hohem Niveau ins Auge gefaßt, der die menschliche Tendenz, eine „optimale Balance" zwischen den drei diskutierten Methoden herzustellen, simuliert. Wenn es überhaupt ein Optimum gibt, so hängt dies laut Annahme von dem konkreten Kreuzworträtsel und den Fähigkeiten des Lösers — wie seinem assoziativen und Gefüge-Anpassungs-Vermögen, seinem aktiven und passiven Vokabular usw. — ab.

(2) Die andere Quelle von Unterschieden zwischen Individuen ist von strategischer Bedeutung. Kurz gesagt läuft diese darauf hinaus, wie lange eine Person die Kombination der semantischen Abtastung, der Gefüge-Anpassung und des informationstheoretischen Ratens bezüglich eines bestimmten Wortes versuchen soll. Was ist als Nächstes zu tun, wenn ein Wort zurückgestellt und die entsprechende Suche unterbrochen wurde? Soll man kreuzende Worte suchen, und wie oft soll man von „waagrecht" zu „senkrecht", von „senkrecht" zu „waagrecht" wechseln, oder soll man „systematisch" alle „Waagrecht"-Hinweise und dann alle „Senkrecht"-Hinweise bearbeiten?

Die Prioritätshierarchie muß sehr flexibel sein und soll bei einem guten Rätsellöser vom Problem abhängen. Wie können wir diese Verhaltenskomponente simulieren? Die Anzahl der diesbezüglich stellbaren Fragen ist praktisch unbegrenzt: Wie simulieren wir die plötzliche Hilfestellung durch Gefüge-Anpassung? Ist vielleicht ein Teil der durch das semantische Abtasten konstruierten Liste außerhalb des Bewußtseins? Was ist das relative Wichtigkeitsniveau der an verschiedenen Stellen eines unbekannten Antwortwortes bereits gefundenen Buchstaben? Wie variiert die Auffindungswahrscheinlichkeit der Antwort pro Zeiteinheit? Was tragen die drei Lösungstechniken — relativ gesehen — bei?

Menschen haben die außergewöhnliche Fähigkeit, Items nach einer Vielzahl von einfachen und komplexen Kriterien approximativ zu ordnen bzw. zu verwenden; wie können wir dies simulieren?

In unserem Lösungsprozeß finden wir uns häufig in einer Sackgasse. Die Rechenanlage wird dies sogar noch öfter sein. Man nehme etwa an, daß das englische Hinweiswort „First Woman" sei. Die Antwort ist natürlich „Eve". Das Programm kann aber durch die Hervorholung des Synonyms von „Woman" — „Lady" — in eine falsche Richtung geraten. Natürlich ist die „First Lady" die Frau des Präsidenten der USA, und wir könnten „Betty Ford" erhalten; dies erfüllt aber glücklicherweise nicht die Gefüge-Anpassungs-Bedingung, da es mehr als drei Buchstaben hat.

Gegenwärtig arbeiten wir mit Kreuzworträtseln für Erwachsene. Wir haben auch kurz Kinderrätsel untersucht. Es scheint plausibel zu sein, daß die Lösungsprozesse bei den letzteren anders sind: es ist nämlich nicht nur das Vokabular beschränkt, sondern es sind auch die Antworten „oberflächlicher", es gibt hier weit weniger ein „Springen von Fläche zu Fläche", Wortspiele (für uns harte Nüsse) sind für Kinder leichter, usw.

Wie leicht zu sehen ist, entwickelt sich das Projekt zu einer echten Verbindung zwischen algorithmischen und heuristischen Prozessen. Der Wissensumfang, den man dem Programm eingeben kann, ist echt unbeschränkt. Ein Lernen tritt in mehreren verschiedenen Weisen auf; wir haben zwei Arten früher erwähnt. Andere Lernvorgänge beziehen sich auf das Lernen von neuen Worten bzw. von neuen Assoziationen.

Das Projekt selbst befindet sich noch in einem Anfangsstadium. Wir wollen hier mit der Bemerkung abschließen, daß kein Konstrukt für die Modellierung einer Sprache mächtiger als die Sprache selbst ist.

Ein auf gestörten und störungsfreien Diagrammen beruhendes Informationsrückgewinnungssystem

Im letzten Jahrzehnt verstärkte sich das Interesse an Frage-Antwort-Systemen (vgl. Kasher 1967; Simmons 1969) und an einer Logik, die sich mit geometrischen Objekten befaßt (vgl. Evans 1964; Kochen 1969).

Rudolf Meyer und ich befassen uns mit der Entwicklung eines Systems, das als Daten zwei-dimensionale gestörte und störungsfreie Objekte annimmt und darüber Fragen beantwortet. Gegenwärtig besteht die Objektmenge aus Kreisen, Quadraten, Rechtecken und Dreiecken (gleichschenkelig, gleichseitig, usw.). Die Eingabe spezifiziert nur den Typ der Objekte und deren Position in einem Koordinatensystem. Dies wird in einer geeigneten Datenstruktur gespeichert. Fragen — weiter unten beschrieben — werden in eine logische Form gebracht und interpretiert. Es wird dann eine Suche nach allen korrekten Antworten durchgeführt, die dann schließlich ins Englische übersetzt und ausgegeben werden.

Es seien zunächst die sechs Haupttypen von *Fragen* über *störungsfreie* Objekte betrachtet.

$$(1) \quad \text{Liegt } n_i \begin{bmatrix} \text{vollständig} \\ \text{teilweise} \\ \text{tangential} \\ \text{unmittelbar} \end{bmatrix} \begin{bmatrix} \text{oberhalb von} \\ \text{unterhalb von} \\ \text{rechts von} \\ \text{links von} \\ \text{innerhalb von} \end{bmatrix} n_k\,?$$

n_i und n_k sind vom Benützer zugewiesene Markierungen. Jede Kombination von Elementen innerhalb der ersten Klammer („Adverb") und der zweiten („Positionen") bildet eine zulässige Frage, ausgenommen der Folge „unmittelbar" „innerhalb von", sodaß 19 verschiedene Fragen des Typs 1 verbleiben.

$$(2) \quad \text{Welche(r, s)} \begin{bmatrix} \text{Figur} \\ \text{Kreis} \\ \text{Dreieck} \\ \text{Quadrat} \\ \text{Rechteck} \end{bmatrix} \text{erstreckt sich am meisten nach} \begin{bmatrix} \text{rechts} \\ \text{links} \\ \text{oben} \\ \text{unten} \end{bmatrix}?$$

Hier sind alle 20 möglichen Kombinationen von Elementen aus der ersten Klammer („Objekten") mit Elementen der zweiten („Richtungen") zulässige

Fragen. Horizontale bzw. vertikale Tangenten an den Objekten definieren deren Grenzen im Sinn der Frage.

$$(3)\ \text{Welche(r, s)} \begin{bmatrix} \text{Figur} \\ \text{Kreis} \\ \text{Dreieck} \\ \text{Quadrat} \\ \text{Rechteck} \end{bmatrix} \text{ist} \begin{bmatrix} \text{vollständig} \\ \text{teilweise} \\ \text{tangential} \\ \text{unmittelbar} \end{bmatrix} \begin{bmatrix} \text{oberhalb von} \\ \text{unterhalb von} \\ \text{links von} \\ \text{rechts von} \\ \text{innerhalb von} \end{bmatrix} \text{welcher(m)}$$

$$\begin{bmatrix} \text{Figur} \\ \text{Kreis} \\ \text{Dreieck} \\ \text{Quadrat} \\ \text{Rechteck} \end{bmatrix} ?$$

Die einzige hier nicht erlaubte Kombination ist „unmittelbar" „innerhalb von"; daher gibt es 475 verschiedene Fragen des Typs 3. „Teilweise innerhalb von" bedeutet teilweise Überlappung.

$$(4)\ \text{Welche(s, r) ist das(die, der)} \begin{bmatrix} \text{größte} \\ \text{kleinste} \end{bmatrix} \begin{bmatrix} \text{Figur} \\ \text{Kreis} \\ \text{Dreieck} \\ \text{Quadrat} \\ \text{Rechteck} \end{bmatrix} ?$$

Alle 10 Kombinationen von Elementen aus der ersten Klammer („Adjektive") und der zweiten Klammer sind zulässig.

$$(5)\ \text{Wie viele} \begin{bmatrix} \text{Figuren} \\ \text{Kreise} \\ \text{Dreiecke} \\ \text{Quadrate} \\ \text{Rechtecke} \end{bmatrix} \text{sind im Diagramm?}$$

Es gibt hier fünf mögliche Fragen des Typs 5.

$$(6)\ \text{Ist } n_i \begin{bmatrix} \text{größer als} \\ \text{kleiner als} \\ \text{von derselben Größe wie} \\ \text{ähnlich zu} \end{bmatrix} n_k ?$$

Die ersten drei der „Komparative" beziehen sich auf den Flächeninhalt, der vierte auf die geometrische Ähnlichkeit.

Die *Antworten* in den sechs Fällen, die ausgegeben werden, sind so vollständig wie möglich:

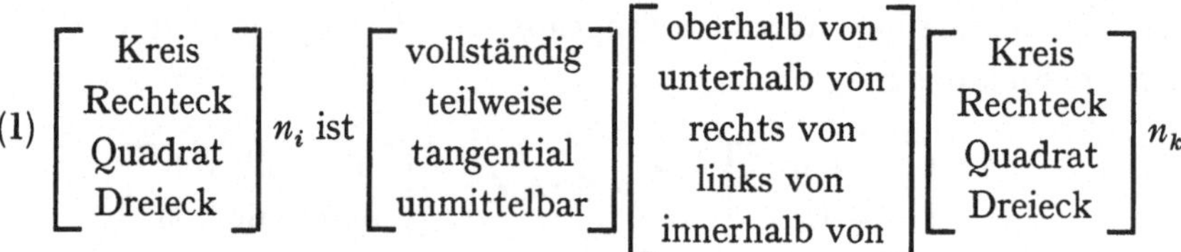

$$(1) \quad \begin{bmatrix} \text{Kreis} \\ \text{Rechteck} \\ \text{Quadrat} \\ \text{Dreieck} \end{bmatrix} n_i \text{ ist } \begin{bmatrix} \text{vollständig} \\ \text{teilweise} \\ \text{tangential} \\ \text{unmittelbar} \end{bmatrix} \begin{bmatrix} \text{oberhalb von} \\ \text{unterhalb von} \\ \text{rechts von} \\ \text{links von} \\ \text{innerhalb von} \end{bmatrix} \begin{bmatrix} \text{Kreis} \\ \text{Rechteck} \\ \text{Quadrat} \\ \text{Dreieck} \end{bmatrix} n_k.$$

Liegen die zwei Objekte nicht „unmittelbar …", so werden weiters Objekte — falls es solche gibt —, die zwischen diesen beiden liegen, mit ihren Marken angegeben. Bei allen „teilweise …"-Antworten wird unterschieden zwischen Durchschnitt und Nicht-Durchschnitt.

$$(2) \quad \begin{bmatrix} \text{Figur} \\ \text{Kreis} \\ \text{Dreieck} \\ \text{Quadrat} \\ \text{Rechteck} \end{bmatrix} n_i \text{ streckt sich am weitesten nach } \begin{bmatrix} \text{rechts} \\ \text{links} \\ \text{oben} \\ \text{unten} \end{bmatrix} \text{aus.}$$

In der Antwort kann mehr als ein Objekt aufscheinen.

$$(3) \quad \begin{bmatrix} \text{Kreis} \\ \text{Dreieck} \\ \text{Quadrat} \\ \text{Rechteck} \end{bmatrix} n_i \cdot \text{ist} \begin{bmatrix} \text{vollständig} \\ \text{teilweise} \\ \text{tangential} \\ \text{unmittelbar} \end{bmatrix} \begin{bmatrix} \text{oberhalb von} \\ \text{unterhalb von} \\ \text{rechts von} \\ \text{links von} \\ \text{innerhalb von} \end{bmatrix} \begin{bmatrix} \text{Kreis} \\ \text{Dreieck} \\ \text{Quadrat} \\ \text{Rechteck} \end{bmatrix} n_k.$$

Auch hier können mehrere Antworten gegeben werden; ähnliche Zusatzinformationen wie bei Antworttyp 1 sind möglich.

$$(4) \quad \begin{bmatrix} \text{Figur} \\ \text{Kreis} \\ \text{Dreieck} \\ \text{Quadrat} \\ \text{Rechteck} \end{bmatrix} n_i \text{ ist die(der, das) } \begin{bmatrix} \text{größte} \\ \text{kleinste} \end{bmatrix} \text{ mit einer Fläche von } \dots$$

Dies können mehrere Objekte erfüllen.

$$(5) \quad \text{Es gibt } \dots \begin{bmatrix} \text{Figuren} \\ \text{Kreise} \\ \text{Dreiecke} \\ \text{Quadrate} \\ \text{Rechtecke} \end{bmatrix} \text{im Diagramm.}$$

$$(6) \quad n_i \text{ ist } \begin{bmatrix} \text{größer als} \\ \text{kleiner als} \\ \text{von derselben Größe wie} \\ \text{ähnlich zu} \end{bmatrix} n_k.$$

Ist die Antwort „gleich", werden auch Typ und Fläche des Objekts angegeben. „Ähnlich zu" ist nur bei Dreiecken und Rechtecken sinnvoll.

Man kann auch nach allen Relationen zwischen zwei Objekten fragen, nach allen Objektpaaren, für die eine gewisse Relation richtig ist, nach den Distanzen zwischen den Schwerpunkten zweier Objekte, usw.

Die zweite Phase des Projekts besteht in der Einführung einer Menge von einfachen *Befehlen, die Objekte bewegen.* (Etwa durch Translation, Rotation, Spiegelung an einer gegebenen Achse, maßstabgetreue Größenänderung, verschiedene Verformungen.)

Schließlich werden *Störungen* in ein Diagramm durch verschiedene Methoden eingeführt, und es werden Techniken untersucht, die die Wirkung einer Störung herabsetzen. Ebenso soll eine Metrik im Störungsraum definiert werden. Wir suchen ferner nach Grenzen im Störungsgebiet, innerhalb derer auch weiter richtige Antworten auf die oben diskutierten Fragen gegeben werden. Mit der Programmierung wurde begonnen.

Untersuchungen über das Entscheidungsverhalten mit dem Poker-Spiel

Nach einer etwas untätigen Periode im Anschluß an eine Anfangsuntersuchung (Findler 1961) wurde jüngst wieder ein Projekt über menschliche Entscheidungen unter Unsicherheit und Risiko aufgenommen. Heinz Klein, William Gould und ich befassen uns damit. Seit kurzem arbeiten noch Alexander Kowal und John Menig mit; wir müssen auch die Beiträge einer Studentengruppe erwähnen, von deren Semesterarbeiten hier Gebrauch gemacht wurde.

Die Hauptziele gegenwärtiger Untersuchungen bezüglich der heuristischen Programmierung bestehen:

(a) in der Identifizierung von menschlichen Entscheidungstechniken durch empirische Erhebungen;

(b) in deren Formulierung als erklärende Hypothesen, und

(c) in deren präzisen Darstellung in Rechnerprogrammen.

Zu einem kritischen Überblick über diese Programme vergleiche Klein (1970). Die so erhaltenen Theorien werden gewöhnlich in drei Schritten überprüft; dies erläutern Newell und Simon in mehreren bekannten Aufsätzen (siehe z. B. Newell und Simon 1961).

Die erste und einfachste Prüfung untersucht nur, ob das Simulationsprogramm das gleiche Ziel erreicht — beispielsweise ein Theorem beweist, einen zulässigen (und hoffentlich guten) Zug im Schach macht, usw. Dies ist eine „Hinlänglichkeits"-Prüfung, die zeigt, daß die in dem Modell inkorporierten Mechanismen für die Lösung gewisser Probleme hinreichend sind.

Auf der zweiten Teststufe wird geprüft, ob die durch das Programm und die von Menschen verwendeten Methoden qualitativ gleich sind. Dies würde klarerweise viel mehr beweisen, kann aber nur gewisse Verhaltensaspekte erfassen. Die letzte und anspruchvollste Prüfung besteht in einem schrittweisen Vergleich des

Protokolls des „Lautdenken"-Prozesses mit dem Verlauf des Programms. Eine vernünftige Übereinstimmung zeigt eine „gute" Theorie an, während deren Fehlen Programm-Modifikationen rechtfertigt.

Das Obige drückt unser Vorhaben aus — wir wollen untersuchen, wie Personen auf der Basis von unvollständigen Informationen Entscheidungen treffen, und daraus eine Theorie in Termini eines laufenden Programms bilden. Dies steht in Einklang mit dem Hauptproblem der modernen Psychologie, nämlich wie eine „voluntaristische" Wahl in eine deterministische Wissenschaft einzupassen sei. Ein gutes Modell des Entscheidungsverhaltens hat offensichtlichen Wert für den Sozialwissenschafter, den Psychologen, den Militärstrategen, usw. Hier wurde das Poker, ein inhaltsreiches und in vielen Weltteilen bekanntes Spiel, als Entscheidungsbereich ausgewählt. Die eine Entscheidung beeinflußenden Variablen sind anzahlsmäßig gering und können leicht identifiziert werden. Dies macht unser Vorhaben, den Aufbau eines rigorosen Modells, das sowohl deskriptiv als auch normativ ist, plausibel. Im folgenden beschreiben wir einige damit zusammenhängende Projektprobleme.

Wird die Auszahlung etwa in Geld gemessen, ist Poker ein Null-Summen-Spiel. Die Erfahrung lehrt uns jedoch, daß gewisse Personen ständig gewinnen, andere ständig verlieren. Zwei Erklärungen bieten sich für das Phänomen an:

(a) Die Nützlichkeits-Geld-Funktion ist nicht-linear, und variiert von einem Individuum zum anderen. Die Auszahlung wird an der Nützlichkeit gemessen, und da einerseits die „Geldreserven" der Spieler verschieden sind und andererseits Personen auch „nur zum Spaß" spielen, weichen die Spieler von einer auf Geld basierenden normativen Strategie ab.

(b) Gewisse Spieler fällen beharrlich falsche Entscheidungen, weil sie im Vergleich mit anderen nur ungenügende Erfahrung besitzen, ein schlechtes Gedächtnis haben, nicht gut rechnen können und/oder einen fast pathologischen Hang zum Risiko aufweisen.

Aus Mangel an gewichtiger Unterstützung für die erste Erklärung nehmen wir an, daß das alleinige Spielziel in einer Maximierung der Gewinne besteht und daß die unter (b) angeführten Gründe zutreffend sind.

Trotz dieser Vereinfachung und dem Ausschluß von expliziten oder impliziten Kooperationen zwischen den Spielern, dürfte Poker viele wichtige Eigenschaften mit „Alltags"-Problemen gemeinsam haben, etwa

(1) um alternative Aktionsverläufe berechnen zu können, müssen die Spieler (a) einen auf subjektiven Wahrscheinlichkeiten beruhenden wahrscheinlichsten „Naturzustand", und (b) plausible (aber nicht notwendig rationelle) Handlungen der anderen Teilnehmer annehmen;

(2) ein Spieler kann *Informationen manipulieren*, indem er (a) gewisse Informationen über die Situation anderer erwirbt, und (b) gewisse, andere Spieler über seine eigene Situation im Unklaren lassende, Informationen abgibt. Die Entscheidungen selbst beruhen (a) auf der verfügbaren (realen oder „eingebildeten") Information, (b) auf den Unterzielen (mit entsprechenden Wertungen)

der Spieler, und (c) auf allen hier wirkenden Prozessen. Ein mehrstufiger Entscheidungsprozeß (wie bei Poker) erfordert taktische und strategische Überlegungen. Taktische Überlegungen beziehen sich auf momentane bzw. kurzfristige Ziele (innerhalb eines Bietzyklus, innerhalb eines Spieles), während strategische Überlegungen auf eine ganze Wettkampfperiode (etwa einen Spielabend) zwischen denselben Teilnehmern angewendet werden. Die Art der Handhabung von Geldmitteln ist ein sichtbarer Ausdruck der Strategie eines Spielers. Dies ist eine offensichtliche Analogie zu absatzpolitischen Entscheidungen kommerzieller Unternehmen bzw. zu politischen Kampagnen.

Die für einen Spieler verfügbare *Gesamtinformation* besteht aus:

(a) dem Wert seiner Karten;

(b) seinem Wettverhalten in der laufenden bzw. den vergangenen Partien (seiner erwartenden „Vorstellung" von den anderen Spielern);

(c) dem Wettverhalten der Opponenten in der laufenden bzw. in den vergangenen Partien;

(d) der Anzahl der von ihm bzw. den anderen Spielern ausgetauschten Karten.

Wir haben diesen vor uns liegenden Lernprozeß miteingeplant; dieser baut die „Vorstellungen" der Spieler auf der Basis ihres Spielverhaltens auf. Die Information eines Spielers können wir durch die übliche Unterscheidung, die von der a priori Kenntnis der Wahrscheinlichkeitsverteilungen abhängt, charakterisieren. Sie kann daher sein:

(a) *sicher* (eigene Karten, Wetten der Gegner, usw.);

(b) *risikohaft* (erwartete Kartenverteilung; Möglichkeiten, vor und nach dem Austauschen erstklassige Karten zu haben; Chancen, durch ein Ziehen die eigenen Karten zu verbessern);

(c) *unsicher* (das weitere Verhalten der Opponenten beim Bieten bzw. beim Austauschen).

Es liegt außerhalb dieses Aufsatzes, ein Spiel mit perfekter Information (wie Schach) mit Poker (einem Spiel mit nicht-perfekter Information) von Verhaltensaspekten aus zu vergleichen. Kurz gesagt besteht die Herausforderung bei Schach lediglich in dessen Komplexität, Strategien zu bestimmen, während die Herausforderung bei Poker von den auf vergangenen und gegenwärtigen Wahrscheinlichkeiten basierenden Inferenzen bzw. dem ungenügend strukturierten Ziel einer optimalen langfristigen Geldhandhabung bestimmt wird. Während das Bluffen bei Schach keine oder nur sehr kleine Rolle spielt, ist dies eine wichtige und vielseitige Komponente bei Poker. Beispielsweise erkennen Anfänger üblicherweise nicht, daß die zu Beginn einer Partie durchgeführte „Unterspielung" einer starken Karte genauso wichtig wie die „Überspielung" einer schwachen Karte ist; es darf sich kein karten-konsistentes Verhalten zeigen.

Das Bluffen hat zwei Zwecke: kurzfristig einen direkten finanziellen — ob das Bluffen mit einer starken oder schwachen Hand verbunden ist — und den langfristigen, die Kommunikationskanäle gestört zu lassen. Auch von dieser einfachen Beschreibung des Bluffens kann man die Konturen eines komplexen Optimierungsverfahrens erkennen.

Um etwas Näheres über die Entscheidungen von Personen bei Poker zu erfahren bzw. um daraus eine optimale Strategie abzuleiten, gibt es zwei grundsätzliche Ansätze, die aber nicht vollständig disjunkt sind:

(1) Wir können ein abstraktes mathematisches Modell aufbauen. Dieses muß aber empirisch sinnvoll sein, d. h., es müssen einerseits die Relationen zwischen seinen Symbolen und funktionalen Abhängigkeiten, und andererseits das menschliche Verhalten im tatsächlichen Spiel realistisch und leicht identifizierbar sein. Das Modell sollte alle für das Spielen relevanten Verhaltensaspekte erfassen.

(2) Der andere Ansatz versucht herauszufinden, welche informationsverarbeitenden Mechanismen zum Einsatz kommen, was einen schwachen oder schlechten von einem ausgezeichneten Spieler unterscheidet, usw. Wir können dann ein symbol-manipulierendes System mit rigoroser Erklärungs- und Vorhersagekraft aufbauen. Durch systematische Modellmodifikationen ist schließlich zu hoffen, daß man eine optimale Menge von Mechanismen und Gedächtnisstrukturen erhält, obwohl diese keinen realen Spieler darzustellen braucht. Es ist auch von besonderem Interesse, die Charakteristiken der so erhaltenen optimalen Strategie mit den Empfehlungen der reichhaltigen Poker-Literatur zu vergleichen.

Der erste, extreme Ansatz wurde bis jetzt noch nicht befriedigend gelöst, da die derzeit verfügbaren Hilfsmittel aus der Spieltheorie nicht genügend reichhaltig für die Komplexität von Poker sind. Diese Modelle sind aber insoweit von Wert, als sie gewisse Probleme genau festlegen bzw. brauchbare Richtlinien bezüglich der Beschränkungen in ihren Annahmen angeben. Sie helfen außerdem bei der Organisation eines Konzeptrahmens für andere Untersuchungsarten. Wir wollen noch anmerken, daß selbst dann, wenn der abstrakte mathematische Ansatz alle Pokeraspekte behandeln könnte, die daraus abgeleitete optimale Strategie derart ist, daß die vorgeschriebenen Datenverarbeitungs- und Speichererfordernisse menschliche Fähigkeiten übersteigen würden.

Unsere Technik enthält zwar gewisse Berechnungsaspekte des ersten Ansatzes, folgt aber im Grunde dem zweiten. Zuerst haben wir eine Ausführungsroutine konstruiert, die die Rolle des Bankhalters übernimmt und verschiedene Buchführungsaufgaben hat. Demnach

> mischt und verteilt sie die Karten,
> fordert sie die Spieler zu den ersten Einsätzen auf,
> nimmt sie die Einsätze auf,
> fordert sie zum Ziehen neuer Karten auf,
> führt sie das Aufdecken der Karten durch.

Die Routine vermerkt auch gewisse allgemeine Informationen, wie den Zustand einer Partie (Eröffnungseinsätze, Einsätze vor dem Ziehen, Ziehen, erste Einsätze nach dem Ziehen, weitere Einsätze, Bestimmung der Gesamteinsätze), die allgemeine Einsatzfolge (Einsatzfolge jedes Spielers in der laufenden Partie), den Umfang des Einsatzes, usw.

Die Ausführungsroutine akzeptiert bis zu acht Mengen von heuristischen Regeln (= bis zu acht Spieler), die alle möglichen Spielzustände erfassen und in Form eines Entscheidungsbaumes ausgedrückt sind. Sie kann aber auch Entscheidungsbäume selbst erzeugen und so Opponenten für eine einzelne, zu probierende Menge von Regeln vorsehen. Die so erzeugten Entscheidungsbäume basieren auf einer früher durchgeführten Monte-Carlo-Simulation. Auf der Grundlage dieser Simulation gelangten wir zu einer bestimmten flexiblen Art, den Problemraum aufzuspalten und für jeden Teilraum effektive, aber einfache, Einsatz- und Ziehregeln festzustellen. Es stellte sich dabei heraus, daß nicht alle Variablen auf jeder Stufe der Partie relevant („aktiv") sind. Dies ist vom Standpunkt eines menschlichen Spielers aus wichtig, da psychologische Ergebnisse andeuten, daß eine Person selten mehr als nur eine eher beschränkte Anzahl von Eigenschaften seiner Umwelt zu einem Zeitpunkt beachtet (natürlich befassen sich „gute" Entscheidungsfäller mit den wichtigsten Eigenschaften).

Sich dabei auf ihre Erfahrungen und Intuitionen stützende Studentengruppen haben verschiedene in der Poker-Literatur zu findende heuristische Regeln programmiert. Diese Regeln wurden dann in den großen Rahmen eingebaut und einer Analyse unterzogen. Die Analyse läßt sich reduzieren und die statistischen Ergebnisse können signifikanter gemacht werden, wenn man gewisse Abkürzungsverfahren anwendet, z. B.:

(a) ausgeteilte Karten werden in aufeinanderfolgenden Partien für verschiedene Spieler reproduziert (ähnlich der Bridge-Turnierpraxis);

(b) zusätzlich zu der Betrachtung des finanziellen Status eines jeden Spielers nach einer Partienserie bilden wir Funktionen von zwei Wahrscheinlichkeitsverteilungen, nämlich der Verlust/Partie- und der Gewinn/Partie-Verteilungen. Klarerweise sollte der Modalwert der ersten Verteilung bei einem guten Spieler in einer unteren Region (nahe dem Einsatz) liegen, da er sehr bald feststellen müßte, wenn er nicht mehr gewinnen kann. Das Umgekehrte ist bei der Gewinn/Partie-Verteilung der Fall — gewinnt der Spieler, ist er sicher, daß die Gegner beim Bieten so weit wie möglich gegangen sind.

Wir planen daher, die entscheidenden Statistiken dieser, jede Strategie darstellenden, beiden Kurven mit den entsprechenden Kurven, die die Durchschnittsstrategien der anderen Spieler darstellen, zu vergleichen. Diese Methode liefert nicht nur eine brauchbare Rangreihe, wir können auch die besten Eigenschaften jeder Strategie herausgreifen, sie kombinieren und so einen quasi-optimalen maschinellen Spieler erhalten.

Neben diesem zuletzt genannten Prozeß wurden noch verschiedene andere Arten von hoch-niveauigen Lernprozessen ins Auge gefaßt und eingeplant. Hier sollen nur zwei davon ganz kurz erwähnt werden:

(a) Wir können einen „bayesschen" Spieler entwickeln, der seine Strategie durch einen Vergleich der tatsächlichen Ergebnisse von Ereignissen mit seinen

Erwartungen umstellt. Um dies in einer weniger „parteiergreifenden" Weise zu formulieren: wie wird „Rationalität" adoptiert und welcher Wandel vollzieht sich im Entscheidenden? Die Behauptung ist hier, daß Rationalität angeboren ist, die Wertskala aber ständig neu adjustiert wird.

(b) Raffiniertere Spieler bekommen sehr bald die Charakteristiken der Strategien ihrer Gegner heraus und stellen ihre eigenen Strategien darauf ab. Sie tendieren auch dazu, die Gegner darüber im Unklaren zu lassen, sodaß jene keine konsistenten „Vorstellungen" über diesen Spieler bilden können. Oder sie können auch absichtlich eine falsche „Vorstellung" unterstützen, was in aufeinanderfolgenden Partien angewendet werden kann. Es ist ein schwieriges und reizvolles Ziel, diese Spielaspekte zu simulieren. Der Entwurf des Systems ist abgeschlossen, die Programmierung des Projekts hat ein fortgeschrittenes Stadium erreicht.

Ein Programmsystem, das sich selbst ausbessert

Das lebende Gehirn ist für seine enorme Fortbestandsfähigkeit bekannt. Man kann nicht nur nach schweren Hirnläsionen weiterleben, sehr oft verschwindet die anfängliche Beeinträchtigung der Funktionen schrittweise bis zu einem gewissen Grad auch wieder. Dieser Effekt beruht zum großen Teil auf der redundanten und statistisch-verteilten Logik der Hirnrinde.

Die mit der Geräte- bzw. Programmausstattung beschäftigten Ingenieure schlagen bei ihren Arbeiten eine diametral entgegengesetzte Richtung ein. Hauptsächlich aus ökonomischen Gründen schließt praktisch kein System in einer hochentwickelten Weise Redundanz ein. Das Aufdecken von Fehlern bzw. deren Korrektur sind vergleichsweise sehr einfachen Techniken überlassen. Das Versagen einer Komponente muß, wenn und sobald es entdeckt wird, zu einem Abbruch der Operation führen.

Stellen wir uns nun einen unabhängigen Rechner in einem künstlichen Satelliten vor; dieser ist den möglicherweise schädigenden Auswirkungen einer Kollision mit winzigen Meteoriten, einer kosmischen Strahlung, usw. ausgesetzt. Es ist für die Aufgabe eines Satelliten unbedingt notwendig, daß der Bordrechner „hinreichend" zuverlässig funktioniert. Unter „hinreichend" verstehen wir hier, daß die Operation selbst dann, wenn die Berechnungen unterbrochen und die Programme bzw. Daten temporär entstellt werden, weiter ausgeführt wird, und die Beeinträchtigungen sollen schrittweise wieder verschwinden.

Michael Kessler und ich sind mit einem Projekt befaßt, daß dieses Ziel letztlich anpeilt. Wir sind allerdings noch in einem Anfangsstadium, sodaß die folgenden Ideen natürlich eher vorläufigen Charakter haben. Wir möchten dem System eine Aufgabe in einer hochgrädig abstrakten und knappen Art eingeben. Wenn wir zunächst ein Problem — egal, welches Problem — formulieren, so muß dies in einer extrem detaillierten Weise geschehen. Denken wir nur an ein Kind, das wir zum ersten Mal in das benachbarte Selbstbedienungsgeschäft schicken möchten, um etwa ein Kilo Zucker zu kaufen. Wenn das Kind niemals vorher mit uns in dem Geschäft war, werden wir ihm den ganzen Vorgang schrittweise erklären: wie es in das Geschäft kommt, wo der Zucker zu finden ist, wie und wo zu bezahlen ist, wie man Hilfe durch Angestellte bekommt usw. Wenn wir das Kind allerdings ein zweites Mal schicken, um etwas anderes zu kaufen, etwa ein Kilo Butter (und es ist genügend intelligent), so braucht man ihm nur zu sagen, es möge dasselbe wie früher tun, ausgenommen, daß es sich jetzt nach der Beschreibung des Aufbewahrungsortes der Milchprodukte — die sich etwa zwei Reihen links vom Zuckerbrett befinden — richten muß.

Wenn man Instruktionen gibt, wenn man eine intelligente Person anweist, bildet man mit anderen Worten für sie flexible Subroutinen (oder besser, man weist sie an, wie diese zu bilden sind), auf die man bei nachfolgenden Interaktionen Bezug nehmen kann. Im so entstehenden Gedächtnis bildet sich eine gewisse Art einer Programmbibliothek aus — *Erfahrung* wird gewonnen.

Dies ist grob umrissen auch unser Vorhaben, nämlich ein System allmählich in einer höheren Kommunikationsweise zu unterrichten. Die abstrakte Aufgabenbeschreibung kann einen Kode für das die Aufgabe ausführende Programm erzeugen. Angenommen, es gibt eine Fülle von programmaufbauenden Blöcken (PAB), die in kleinen offenen und geschlossenen Subroutinen, in einzelnen Instruktionen und anderen Programmsegmenten bestehen können. Jedem dieser PABs ist eine verallgemeinerte Kennung zugewiesen, die die statistische „Stärke" von Verknüpfungen mit anderen PABs und gewisse rohe taxonomische Beschreibungen ihrer Anwendungsgebiete enthalten kann. Wird dem System eine Aufgabe vorgelegt, so beginnt ein Suchprozeß, der temporäre Verknüpfungen zwischen PABs herstellt, und eine einfache, weitgehend unmodifizierbare Ausführungsroutine ruft das so konstruierte Programm auf.

Die Idee ist nun, Mehrfachkopien der abstrakten Aufgabenbeschreibung zu speichern. Wenn nun gewisse Mängel in einem Programm- oder einem gewissen Aufgabenbeschreibungsteil auftreten, wird dies festgestellt, und der Kode wird neu erstellt. Wir befassen uns allerdings nicht mit den technischen Problemen der Aufdeckung von Schäden; ebenso sind Fehler in der Geräteunterstützung auf den Speicher beschränkt.

Wir wollen noch ein einfaches Beispiel dieses Ansatzes streifen. Angenommen, die Aufgabe bestehe in einer Prüfung, ob zwei Listenstrukturen gleich sind. Dies ist im Grunde eine sehr vertraute Aktivität unseres täglichen Lebens, umschreibbar durch eine Vielzahl von verschiedenen Möglichkeiten. Die abstrakte Aufgabenbeschreibung besteht in der Definition von

(1) einer Listenstruktur,

(2) der systematischen Durchsuchung einer Listenstruktur,

(3) einem Vergleich von atomaren Symbolen, und

(4) dichotomen Antworten (ja-nein).

Die erste und die letzte Definition sind statisch, die beiden anderen sind Prozeßbeschreibungen, also dynamisch. Die erste Definition bezieht sich auf zwei niedrige Niveaus' — Listen und Symbole —, ist also eine hierarchische Definition. Auch die zweite ist eine solche, da sie sich auf eine horizontale, eine auf- oder absteigende Folge bezieht. Beide Definitionen sind ihrer Natur nach rekursiv. Die letzte Definition wird auf zwei verschiedenen Niveaus angewendet — auf dem Niveau des Symbolvergleiches und dem Niveau der Programmausgabe. Aus epistemologischen Gründen ist es vorteilhaft, (a) rekursive Definitionen und (b) Definitionen, die auf verschiedenen Niveaus brauchbar sind, anzuwenden.

Wir haben noch zu diskutieren, wie die Daten gespeichert sind, und wie sie Läsionen von variierender Stärke überdauern können. Wir haben vor, gespeicherte Informationen in Termini einer kognitiven Karte — ähnlich jener des Kreuzworträtselprojekts — zu modellieren. Ein „Schaden" wird durch das Abschneiden von Zugangswegen zwischen den Entitäten dargestellt. Eine allmähliche Verbesserung in der Rückgewinnungsfähigkeit des Systems tritt ein, wenn weitläufige Assoziationen entdeckt und jene Umwege abgekürzt werden.

Neuere Entwicklungen

Es sollen hier kurz die Fortschritte in den obigen Projekten erwähnt werden, die wir in den letzten Jahren erzielt haben.

Die Sprache AMPPL-II wurde weiter modernisiert, und bei einigen weiteren Untersuchungen eingesetzt. Besondere Aufmerksamkeit haben wir dem Problem der Suche in assoziativen Netzen, die das Langzeitgedächtnis darstellen, geschenkt (Findler 1972). Die Darstellungsfrage ist bei allen unseren Untersuchungen zentral, speziell unter dem Gesichtspunkt der Tatsache, daß Assoziationen statistisch in Beziehung stehende Einheiten verknüpfen können. Es läßt sich für die Messung dieser Stärke eine Metrik definieren. Dieselbe Rückgewinnungssuche kann einerseits nur manchmal Ergebnisse liefern, andererseits können die so erhaltenen Resultate variieren. Der Speicherprozeß kann auch stochastische Komponenten beinhalten. Die Konzepte der zeitlichen und räumlichen Nachbarschaft, der Ähnlichkeit und der Rangordnung können wichtige Rollen spielen.

In einer anderen, noch unvollendeten Arbeit versuchen D. Chen und ich, einen „belehrbaren Problemlöser" zu konstruieren, der auch fähig ist, wichtige Eigenschaften der gelösten Probleme zu extrahieren, und von den relevanten Techniken in ähnlichen *neuen* Problemen Gebrauch machen kann.

Neuere Ergebnisse über die Strukturen von Verwandtschaftsbeziehungen wurden in Findler (1973a) veröffentlicht. Über das System zur Behandlung von zeitabhängigen Ereignissen haben wir in Findler und Chen (1971) berichtet; eine verbesserte Version davon findet sich in Findler und Chen (1973).

Unser Projekt des simulierten Roboters wurde erfolgreich abgeschlossen; verschiedene Aspekte beschreiben dazu Findler (1973b), Findler und Allan (1973) sowie Findler (1974).

Unsere langen Bemühungen, das menschliche Entscheidungsverhalten unter Unsicherheit und Risiko (mit dem Pokerspiel) zu untersuchen, wurden fortgesetzt. Näheres findet man in Findler, Klein, Gould, Kowal und Menig (1972), Findler (1973c) sowie Findler, Klein und Levine (1973); vgl. auch Findler, Klein, Johnson, Kowal, Levine und Menig (1974).

Zu guter Letzt haben wir jedoch noch kein Veröffentlichungsstadium für die Simulation des Kreuzworträtsellösens, des Informationssystems auf der Basis von störungsfreien bzw. gestörten Diagrammen und des Selbstreparierungssystems erreicht, obwohl auch hier weitere Arbeiten durchgeführt wurden.

Literatur

Evans, T. G.: A heuristic program to solve geometry-analogy problems. Proc. AFIPS 1964, SJCC **25**, 327—338. Baltimore: Spartan Books 1964.

Findler, N. V.: Computer model of gambling and bluffing. IRE Trans. on Electronic Computers, EC-10, 97—98 (1961).

Findler, N. V.: On the role of exact and non-exact associative memories in human and machine information processing. In: Computer and Information Sciences, Bd. 2 (Tou, J. T., Hrsg.). New York: Academic Press 1970.

Findler, N. V.: Short note on a heuristic search strategy in long-term memory networks. Information Processing Letters **1**, 191—196 (1972).

Findler, N. V.: Kinship structures revisited. Behavioral Science **18**, 68—71 (1973a).

Findler, N. V.: A computer model of inductive and deductive inference making — The psychology of a robot. In: Process Models for Psychology (Dalenoort, J., Hrsg.). Rotterdam: Rotterdam University Press 1973(b).

Findler, N. V.: Computer experiments on forming and optimizing heuristic rules. In: Artificial and Human Thinking (Elithorn, A., Jones, D., Hrsg.). Amsterdam: Elsevier 1973(c).

Findler, N. V.: Design of an interactive environment to study the behavior of several robots which can learn, plan their actions and coexist. In: Computer Oriented Learning Processes (Simon, J. C., Hrsg.). Groningen: Noordhoff International Publishing 1974.

Findler, N. V., Allan, A. E. C.: Studies on the behavior of an organism in a hostile environment. Journal of the Institution of Computer Sciences **4**, 58—69 (1973).

Findler, N. V., Chen, D.: On the problems of time, retrieval of temporal relations, causality and co-existence. Proc. Second Intern. Conf. on Art. Intell., 531—545, London 1971. Erweiterte Version in International Journal of Computer and Information Sciences **2**, 161—185 (1973).

Findler, N. V., Klein, H., Gould, W., Kowal, A., Menig, J.: Studies on decision-making using the game of Poker. Proc. IFIP Congress **71**, 1448—1459 (1972).

Findler, N. V., Klein, H., Johnson, R. C., Kowal, A., Levine, Z., Menig, J.: Heuristic programmers and their gambling machines. ACM National Conf., San Diego, 1974.

Findler, N. V., Klein, H., Levine, Z.: Experiments with inductive discovery processes leading to heuristics in a Poker program. In: Cognitive Verfahren und Systeme (Einsele, T., Giloi, W., Nagel, H. H., Hrsg.). Lecture Notes in Economics and Mathematical Systems **83**. Berlin-Heidelberg-New York: Springer 1973.

Findler, N. V., McKinzie, W. R.: On a new tool in Artificial Intelligence research. Proc. Int. Conf. on Art. Intell., 259—270, Washington, D.C., 1969(a).

Findler, N. V., McKinzie, W. R.: On a computer program that generates and queries kinship structures. Behavioral Science **14**, 334—343 (1969b).

Findler, N. V., McKinzie, W. R.: Computer simulation of a self-preserving and learning organism. Bull. Math. Biophys. **31**, 247—253 (1969c).

Findler, N. V., Pfaltz, J. I., Bernstein, H. J.: Four High-Level Extensions of FORTRAN IV: SLIP, AMPPL-II, TREETRAN and SYMBOLANG. New York: Spartan Books 1972.

Kasher, A.: Data-retrieval by computer: A critical survey. In: The growth of knowledge (Kochen, M., Hrsg.). New York: J. Wiley 1967.

Klein, H.: Heuristische Entscheidungsmodelle. Wiesbaden: Gabler 1970.

Kochen, M.: Automatic question-answering of English-like questions about simple diagrams. J. Ass. Comput. Mach. 16, 26—48 (1969).

Newell, A., Simon, H. A.: Computer simulation of human thinking. Science 134, 2011 bis 2017 (1961).

Simmons, R. F.: Natural language question-answering systems: 1969. Comm. Ass. Comput. Mach. 13, 15—30 (1969).

Weizenbaum, J.: Symmetric list processor. J. Ass. Comput. Mach. 6, 524—544 (1963).

Das Lösen von Problemen

Heuristische Suche: Konzepte und Methoden

Von E. J. Sandewall

Einführung

Dieser Beitrag diskutiert das allgemeine Konzept der „Heuristik" und den am häufigsten untersuchten Spezialfall, nämlich die „Baum-Suche". Am Ende dieses Aufsatzes ist eine Liste von gutbekannten heuristischen Programmen zu finden. Obwohl man eventuell einige wenige Namen darauf vermissen könnte, sollte die Liste dennoch hinreichend vollständig sein, um das eine zu beweisen: das Interesse an heuristischen Verfahren hat in den letzten Jahren entscheidend zugenommen.

Zwei konkurrierende Ansätze liegen vor: In seinem Bericht über SIN charakterisiert Moses (1967) diese als die Betonung der *Allgemeinheit* einerseits, und als die Herausstreichung einer *Sachkenntnis* andererseits. Im Allgemeinheits-Ansatz wird versucht, ein allgemeines Programm derart zu schreiben, daß es alle Arten von Problemen lösen kann — vorausgesetzt ist lediglich, daß eine (geeignet ausgedrückte) Information über die spezielle „Problem-Umwelt" jedes Problems vorliegt. GPS-„General Problem Solver"-(sic!) (Newell und Simon 1963), DEDUCOM (Slagle 1965a) und der Graph Traverser (Doran und Michie 1966) sind Beispiele für diesen Ansatz.

Der andere Zugang, der eine Sachkenntnis betont, konzentriert sich dagegen auf das Schreiben eines guten Programmes für die Lösung von Problemen in einem einzigen gegebenen Problemkreis. Dafür ist SIN selbst ein typisches Beispiel, ebenso gehören hierher Programme für Spiele (Samuel 1963; Greenblatt, Eastlake und Crocker 1967) und einige Programme, die — wenn man den Gerüchten Glauben schenkt — für industrielle Belange verwendet werden.

Die Vor- und Nachteile eines jeden Ansatzes liegen auf der Hand: Allgemeinheit wird mit niedriger Programmeffizienz bezahlt. Ein Vorteil des Ansatzes liegt aber darin, daß eine einzelne heuristische Methode schnell für den Gebrauch in einer ganzen Palette von Problemen adaptiert werden kann.

Es scheint allerdings, daß auch Methoden, die in einem „Sachkenntnis-Programm" entwickelt wurden, auf einen anderen Problemkreis und ein anderes Programm übertragen werden *können*. Das einzige Problem besteht in der Extrahierung der abstrakten heuristischen Methoden aus den Programmbeschreibungen, die sehr oft ziemlich technisch und detailliert sind.

Es genügt, dazu ein Beispiel anzuführen. Das SIN-Programm enthält eine wichtige Heuristik, die Moses so beschreibt: „Die EDGE-Heuristik basiert auf der Liouvilleschen Integrationstheorie. Diese Theorie zeigt, daß — wenn eine Funktion in geschlossener Form integrierbar ist — die Form des Integrals bis auf gewisse Koeffizienten abgeleitet werden kann. EDGE, ein Programm, das die EDGE-Heuristik verwendet, benützt eine einfache Analyse, um die Form des Integrals abzuschätzen, und dann versucht es, die Koeffizienten zu erhalten" (Moses 1967, S. 8). Die EDGE (EDucated GuEss)-Heuristik wird dann im 5. Kapitel auf weiteren 17 Seiten ausgeführt (Moses 1967).

Leider unterläßt es der Autor, diese wichtige Heuristik in abstrakten Termini zu formulieren. Eine solche abstrakte Formulierung könnte beispielsweise so lauten:

> Der Zweck des Integrationsprogrammes ist, ausgehend von einem gegebenen Anfangsobjekt, die richtigen Operatoren (aus einer gegebenen Operatorenmenge) in der richtigen Reihenfolge anzuwenden, solange bis das gegebene Objekt in eine gegebene Zielmenge (d. h., die Menge aller Ausdrücke, wo das Integralzeichen eliminiert wurde) transformiert worden ist. Die EDGE-Heuristik baut auf Informationen auf, die für diese spezielle Problem-Umwelt lokal sind, und die es während der Suche im Lösungsbaum ermöglichen anzugeben, wo in der Zielmenge wir schließlich ankommen werden. Das EDGE-Programm verwendet diese Informationen, um bei jedem Knoten eine bessere Schätzung der verbleibenden „Distanz" zur Zielmenge zu erhalten.

Mit dieser Beschreibung wird es klar, daß dieselbe Heuristik auch gut in anderen Problembereichen, in anderen Programmen, die auf einer Sachkenntnis beruhen, anwendbar ist.

Abstrakte Methodenbeschreibungen, so wie hier auszugsweise dargestellt, können natürlich konventionelle Beschreibungen nicht ersetzen. Eine konkrete Beschreibung, wie sie etwa Moses für SIN gegeben hat, wird immer vom Benützer des Programms oder einem Forscher, der frühere Arbeiten verbessern möchte, benötigt. Im Gegensatz dazu ist eine abstrakte Beschreibung für den nützlich, der Methoden auf andere Problem-Umwelten übertragen möchte, und natürlich auch für den Theoretiker, der vielleicht zukünftig eine mathematische Theorie von Heuristiken aufstellen will.

Die daraus gewonnene Essenz ist daher, daß wir einen abstrakten Bezugsrahmen, eine Menge von Beschreibungskonzepten und Konzepte für die Analyse der heuristischen Methoden benötigen. Solche Konzepte würden bei der Verbreitung des „Know how" helfen; sie würden auch einen Vergleich der Effizienz von verschiedenen Methoden und Programmen — egal ob sachkenntnis- oder allgemeinheitsorientiert — ermöglichen.

In diesem Bericht wollen wir versuchen, einen derartigen „Bezugsrahmen" zu geben. Im folgenden Abschnitt formulieren wir ein allgemeines „Transformationsproblem" und diskutieren einige seiner Fälle. In den darauffolgenden beiden Abschnitten formulieren und diskutieren wir allgemein verwendete heuristische Techniken. Unser Konzeptvorrat wird im letzten Abschnitt überprüft, wo abstrakte Beschreibungen einiger gutbekannter Programme und heuristischer Methoden gegeben werden.

Die heuristische Suche

Der Problembereich von heuristischen Suchmethoden enthält immer eine Menge P von *Objekten* und eine Menge Q von *Operatoren*. Das folgende Problem wurde oft untersucht (siehe etwa Newell et al. 1959; Doran 1968) und wurde manchmal als *das* Problemlösungs-Problem schlechthin bezeichnet:

Grundtransformationsproblem. Gegeben sei eine *Ausgangsmenge* $R \subseteq P$ und eine *Zielmenge* $M \subseteq P$. Bestimme ein r in R und $q_1, q_2, \ldots, q_k$ in Q derart, daß

$$q_k(q_{k-1}(\cdots q_2(q_1(r)) \cdots)$$

existiert und ein Element der Zielmenge M ist. Wir nennen dies ein Transformationsproblem *von R nach M.*

Eine Methode für die Lösung von Grundtransformationsproblemen heißt *heuristische Suchmethode*, wenn sie den Baum (die Bäume) aller möglichen Operatoranwendungen durchsucht, und wenn die Reihenfolge, in der die Knoten dieses Baumes geprüft werden, in gewisser Weise durch Eigenschaften bereits erzeugter Knoten gesteuert wird. Heuristische Methoden verlangen daher, daß die Objekte in P als symbolische Ausdrücke bekannt sind, oder sie haben andererseits einen nicht-trivialen Informationsinhalt. Sie können nicht einfach nur nicht-informative Zeichen der Form „p_i" sein.

Folgende Varianten des Grundtransformationsproblems treten häufig auf:

Operatoren mit mehreren Ausgaben. Die Problemspezifikation ist wie folgt abgewandelt. Die Anwendung eines Operators kann an Stelle eines einzelnen Objekts eine Menge von Objekten liefern. Für den Transformationsprozeß muß jede Ausgabe des Operators in die Zielmenge transformiert werden.

Beispiel: Bei der analytischen Integration besteht die Zielmenge M aus der Menge aller Formeln ohne Integrationszeichen. Die Regel

$$\int A + B \, dt = \int A \, dt + \int B \, dt$$

kann als ein durch

$$q\left(\int A + B \, dt\right) = \left\{\int A \, dt, \int B \, dt\right\}$$

definierter Operator verwendet werden. Mit anderen Worten erlaubt uns q, $A + B$ durch die getrennte Integration von A und B zu integrieren (die letzte Aufgabe, die Lösungen der beiden Integrationsprobleme durch „+" zu verbinden, ist trivial).

Operatoren mit mehreren Eingaben. Die Problemspezifikation ist wie folgt abgewandelt. Zu Beginn wird jedes Element von R als *verfügbar* aufgefaßt. In jedem Lösungsprozeßzyklus wird ein Operator $q_j{}^i$ ausgewählt, der i Argumente und i verfügbare Objekte

$$p_1, p_2, \ldots, p_i$$

verlangt. Ist $q_j{}^i(p_1, p_2, \ldots, p_i)$ definiert, so wird es unter den verfügbaren Objekten eingereiht. Das *Problem* besteht darin, ein gewisses verfügbares Objekt zu finden, das auch Element von M ist.

Beispiel: Diese Variante tritt häufig bei „vorwärtigen" logischen Inferenzen auf, etwa im Problemkreis der Resolutionslogik.

In der heuristischen Forschung betrachtet die allgemeine Praxis die Fälle „mehrere Eingaben" oder „mehrere Ausgaben" als triviale Erweiterungen der „eine Eingabe"- bzw. „eine Ausgabe"-Fälle. Beispielsweise ist GPS in Termini eines einzelnen Eingabeoperators formuliert und wird dann unmittelbar auf einen Problembereich angewendet, wo ein Operator mit zwei Eingaben wichtig ist (etwa auf den Modus ponens). Ähnlich versucht Slagles Gruppe, ihr MULTIPLE-Programm (für einen Eingabe- und mehrere Ausgabeoperatoren entworfen; vgl. Slagle und Bursky 1968) in der Resolutionslogik anzuwenden, wo der wichtigste Operator zwei Eingaben und eine Ausgabe hat.

Die Tatsache, daß ein Operator mehrere Eingaben benötigt, kann in verschiedener Weise „versteckt" sein. Im Falle des Modus ponens, der A und $A \supset B$ als Eingaben hat, kann man sagen, daß der Operator „im Grunde genommen" nur $A \supset B$ als Eingabe hat, sodaß der wesentliche Inhalt einer Formel $A \supset B$ bestimmt, ob der Operator angewendet werden soll oder nicht. Entscheidet das System für eine Anwendung des Modus ponens auf eine Formel $A \supset B$, so wird geprüft, ob die Formel A verfügbar ist; ist sie es nicht, meldet die Ausgabe einen „Fehler". Eine andere — und allgemeinere — Art, mehrfache Eingaben zu „verstecken", besteht in der Auffassung aller verfügbaren Objekte als ein einziges Objekt von „höherem Niveau". In ähnlicher Weise sind dann die Operatoren, die ein Objekt von höherem Niveau als Eingabe akzeptieren bzw. ein solches als Ausgabe zurückgeben, umdefiniert.

Der Nachteil aller solchen Tricks besteht darin, daß dem System wichtige Informationen verloren gehen. Beispielsweise könnte nach der Einführung von Objekten mit höherem Niveau und entsprechenden Operatoren etwa

$$q(q'(p)) = q'(q(p))$$

vorliegen (ausgenommen dann, wenn $q'(p) - p$ für die Anwendung von q bzw. $q(p) - p$ für die Anwendung von q' wesentlich ist). Es ist sehr schwer, traditionelle Baum-Suchroutinen für eine solche Kommutativität „empfänglich" zu machen.

Unserer Meinung nach sollte man die Tatsache, daß einige Operatoren mehrere Eingaben haben, im Auge behalten und extra untersuchen.

Mängel beim Erkennen von Operatoren mit mehreren Eingaben führten nun zu ineffizienten Programmen und auch zu einer bedauerlichen Kommunikationslücke: Techniken, die für die Handhabung von Operatoren mit mehreren Eingaben entworfen wurden (wie etwa die vielfältigen „Strategien" für die Resolutionsmethode), wurden nicht als heuristische Methoden erkannt. Es scheint, als würde man sie für technische Details zur Behandlung der Resolution halten, wogegen sie tatsächlich Beispiele für sehr allgemeine heuristische Prinzipien sind. Man kann hier eine Parallele zu der oben diskutierten „EDGE-Heuristik" herstellen: allgemeine Prinzipien wurden wegen des Fehlens von abstrakten Konzepten, in denen sie auszudrücken wären, links liegen gelassen.

Als einen Schritt dazu, dieser Situation abzuhelfen, wollen wir verschiedene Namen für die vielfältigen Operatorarten einführen. Die Bezeichnungen in der Tab. 1 dürften illustrativ genug sein.

Tabelle 1

Anzahl der Eingaben	Anzahl der Ausgaben	Name
eine	eine	Perporator
eine	mehrere	Diporator
mehrere	eine	Konporator
mehrere	mehrere	Fociporator

Unser zweiter Schritt wird in einer Illustration dieser allgemeinen Konzepte und Prinzipien durch die Reinterpretation einiger geläufigen heuristischen Methoden (einschließlich der „Unit preference"-Strategie in der Resolution; vgl. Wos et al. 1964) bestehen. Dies wird in späteren Abschnitten durchgeführt.

Einige andere Komplikationen, die beim Grundtransformationsproblem auftreten können, sind:

Operatoren mit durch „oder" verknüpften Ausgaben. Häufig stößt man auf Operatoren, die — wie Diporatoren — eine Menge von Objekten als Ausgabe geben, aber nur verlangen, daß *eine* Ausgabe nach der Zielmenge transformiert werden muß. Solche Oder-Verknüpfungen können auftreten:

(a) „wirklich", beispielsweise bei „um $A \lor B$ zu beweisen, beweise A oder beweise B";

(b) weil der Operator mehrdeutig ist, beispielsweise in der Resolutionslogik, wo der Resolutionsoperator zwei Clauses als Eingabe und ein Clause als Ausgabe hat. Jeder der beiden Clauses besteht aus einer Menge von Literals, und der Operator „vernichtet" (in einem gewissen Sinn) zwei Literals — aus jedem Clause eines. Der Operator hat eine Ausgabe für jede Kombination von Literals in den beiden Eingaben und ist daher mehrdeutig;

(c) weil der Operator einen Parameter verlangt, der unter Umständen nicht in der Objektmenge aufscheint. In der konventionellen Prädikatenlogik ist es etwa zum Beweis von B hinreichend, A und $A \supset B$ zu beweisen, wobei A beliebig sein kann.

(In den Beispielen (a) und (c) haben wir einen „rückwärtigen", in (b) einen „vorwärtigen" Beweis angenommen.) Wir bezeichnen hier alle Operatoren, die durch „oder" verknüpfte Ausgaben liefern, als *mehrdeutig*. Daher ist (a) ein Beispiel für einen mehrdeutigen Perporator, (b) für einen mehrdeutigen Konporator und (c) für einen mehrdeutigen Diporator.

Eine weitere Komplikation ergibt sich durch:

Operatoren mit beschränktem Bereich. Dieser ist ein Bereich, der eine echte Teilmenge der Menge P ist. Einige mögliche Behandlungsarten dieser Komplikation werden im nächsten Abschnitt erörtert.

Eine letzte Komplikation ist:

Kein Zurücksetzen. Bei einem typischen Problemlösungsprozeß ist die Anwendung eines Operators niemals endgültig: es ist uns immer erlaubt, im Lösungsbaum zurückzugehen und für ein vorhergehend verwendetes Objekt einen gewissen anderen Operator zu versuchen. Bei einigen Situationen (beispielsweise den Untersuchungen an heuristischen Automaten in Edinburgh; vgl. Doran 1969) stößt man auf ähnliche Probleme, wo ein Zurücksetzen nicht zulässig ist. Das Transformationsproblem konzentriert sich dann auf das Problem der Auswahl des besten Operators bei jedem Schritt.

Manchmal läßt sich, etwa bei Planungsproblemen, ein Zurücksetzproblem in ein Problem ohne Zurücksetzen transformieren, und vice versa. Wir fassen daher beide Arten als Varianten desselben Grundproblems auf.

Zusammenfassend können Transformationsprobleme durch wenige Charakteristika gekennzeichnet werden, etwa: (1) nach den Operatorarten (Per-, Kon-, Di-, Fociporatoren); (2) sind Operatoren mehrdeutig?; (3) gibt es Restriktionen bezüglich der Operatorbereiche? und (4) ist das Zurücksetzen erlaubt?

Heuristische Suche: Ansätze

In diesem Abschnitt wollen wir versuchen, einige Methoden der heuristischen Suche zu klassifizieren und zu benennen. Diese Klassifikation wird dann in den nächsten Abschnitten stärker herangezogen, wo einige publizierte Methoden der heuristischen Suche näher besprochen werden.

In jedem Zyklus eines heuristischen Suchprozesses sollte des Programm ein Objekt (oder eine Menge von Objekten) und einen Operator auswählen; der Operator wird auf das Objekt angewendet. Die Objektauswahl dürfte in den meisten Fällen einer der folgenden Methoden folgen:

(a1) *Labyrinth-Methoden* durchforschen den Suchbaum und haben einen expliziten Mechanismus, der die zu wählende Richtung entscheidet. Der Mechanismus teilt dem Programm mit: „Dies ist ein guter Ast, schreite in dieser

Richtung weiter" oder „Dies ist ein schlechter Ast, gehe ... Schritte zurück, und wähle einen anderen Ast".

(a2) Die *Methoden des „besten Keimes"*[1] verwenden eine Bewertungsfunktion, die jeder Wachstumsrichtung („bud") im Baum eine gewisse Priorität oder einen *Wert* zuweist. Das Programm vergleicht in jedem Zyklus alle „buds", wählt das beste davon aus, schreitet im Baum weiter und wiederholt den Zyklus. Im neuen Zyklus ist allerdings das beste „bud" des letzten Zyklus kein Kandidat für die Auswahl mehr, hat aber verschiedene neue „buds" geliefert. Alle anderen „buds" des letzten Zyklus bleiben jedoch Kandidaten im neuen Zyklus. Ein Zurück- setzen erfolgt automatisch, wenn die neuen „buds" weniger als die bestehenden „buds" des letzten Zyklus geeignet sind.

Die Methoden (a1) und (a2) wurden für *Perporatoren* formuliert. Es ist aber leicht, diese auf Diporatoren auszudehnen. Für die Anwendung auf Konporatoren ist es manchmal von Vorteil, eine Operatoreingabe nach der Labyrinth- oder der „best bud"-Methode auszuwählen und dann die „besten Begleiter" der aus- gesonderten ersten Eingabe heranzuziehen. Wir fassen dies als eine Verallge- meinerung der Fälle (a1) und (a2) auf Operatoren mit mehreren Eingaben auf.

Eine dritte Methodenkategorie dafür ist auch:

(a3) *„Best bud bundle"-Methoden*, die eine Bewertungsfunktion verwenden, die eine Priorität für jede Kombination („bundle") von „buds" angibt und in jedem Schritt die beste davon auswählt.

GPS und SIN verwenden Labyrinth-Methoden, wogegen SAINT, der Graph Traverser, MULTIPLE und PPS (vgl. Sandewall 1968) „best bud"-Methoden benützen. Die „Unit Preference"-Heuristik (Strategie) der Resolution ist ein Beispiel für eine „best bud bundle"-Methode.

Eine andere (und mindestens im Prinzip unabhängige) Klassifikation bezieht sich darauf, wie das Programm in jedem Zyklus den Operator auswählt. Die folgenden Methoden wurden dazu häufig in der Praxis angewendet:

(b1) *Methoden, die zuerst ein Objekt (Objekte), dann einen Operator wählen*: Wähle zuerst das erfolgversprechendste Objekt (oder die Objekte) aus, etwa nach der Labyrinth- oder der „best bud"-Methode. Suche anschließend einen guten Operator für die Anwendung auf diese(s) aus.

(b2) *Ausschöpfende Methode*: Wähle ein Objekt (oder Objekte) wie bei (b1) und wende darauf alle Operatoren an.

(b3) *Methoden, die zuerst ein Objekt (Objekte), dann wenige Operatoren wählen*: Diese sind ein Kompromiß zwischen (b1) und (b2); es werden einige wenige (aber nicht alle) Operatoren gewählt und auf die Objekte angewendet.

(b4) *Methoden, die Objekt und Operator gemeinsam wählen*: Es werden alle möglichen Objekt-Operator-Kombinationen betrachtet, und nach einer Prioritäts- funktion wird eine davon ausgewählt (mit anderen Worten ist dies eine „best bud"-Methode, wo jede Objekt-Operator-Kombination als „bud" aufgefaßt wird).

---

[1] Anmerkung des Bearbeiters: engl. „best bud methods"; im weiteren wird meist der englische Ausdruck verwendet.

Das MULTIPLE-Programm und der Graph Traverser sind Beispiele von (b2), GPS und SAINT sind Beispiele für (b3), „Unit preference" und PPS sind Beispiele für (b4).

Bei den Methoden (b2) und (b3) ist die Objektwahl in einem Zyklus im Endeffekt eine Operatorwahl im vorhergehenden Zyklus. Demnach können wir diese als Spezialfälle von (b1) auffassen, die eine sehr sorgfältige, aber zeit-verbrauchende Operatorselektions-Methode anwenden.

Die vier obigen Fälle sind natürlich nicht alle, da es im Prinzip möglich wäre, eine Methode, die zuerst einen Operator und dann ein Objekt wählt, anzuwenden. Auch ist eine Labyrinthwahl statt der „best bud"-Wahl der Operatoren möglich (derselbe Operator wird solange angewendet, bis ein „Zurücksetz"- oder „Operatoränderungs"-Kriterium erfüllt ist). Diese Möglichkeiten dürften aber wahrscheinlich bei praktischen Problemen nutzlos sein.

Ist die Anzahl der Operatoren sehr groß, oder sind einige Operatoren mehrdeutig (mit einer großen Alternativanzahl), dann ist es nicht möglich, alle möglichen Fälle zu durchsuchen. Dies schließt dann die Methoden (b2) und (b3) aus. Man muß jetzt zunächst ein geeignetes Objekt (oder Objekte) auswählen und dann eine Funktion anwenden, die einen oder mehrere Operatoren aussondert (und Wege angeben, wie diese im Fall der Mehrdeutigkeit anzuwenden sind). Üblicherweise stellt diese Funktion gewisse Eigenschaften des gegebenen Objekts fest, Eigenschaften, die brauchbare Operatoren bestimmen.

In vielen praktischen Problembereichen trifft man auf Operatoren, die nur für eine Teilmenge der Menge P der Objekte definiert sind. Diese Beschränkung wurde auf mindestens zwei Arten behandelt, die noch eine weitere Klassifikationsdimension ermöglichen:

(c1) *Auffassung als Fehler*. Haben wir heuristisch ein Objekt und einen Operator ausgewählt, und zeigt sich, daß das Objekt nicht im Operatorbereich liegt, dann wird dieser Ast „abgebrochen", und es wird ein anderer versucht.

(c2) *Lösung eines Teilproblems*. M' sei der Operatorbereich. Löse das Transformationsproblem von dem gegebenen Objekt nach M', und wende den Operator auf das Resultat an. Formal erweitern wir die Definition unserer Operatoren derart, daß $q(p) = q(p_1)$ gilt, wobei p_1 die (möglicherweise mehrdeutige!) Lösung des Transformationsproblems von p nach dem Bereich von q ist.

SAINT verwendet eine (c1)-Methode, wogegen GPS und PPS eine (c2)-Methode benützen.

Zusammenfassend haben wir also drei Eigenschaften von heuristischen Methoden, die zur Klassifizierung und Charakterisierung angewendet werden können: (1) Art der Objektwahl; (2) Art der Operatorwahl und (3) Art der Behandlung von beschränkten Operatorbereichen.

Häufige heuristische Techniken

In diesem Abschnitt werden wir die Verwendung von „Wertordnungen", Plänen und Eigenschaftsvektoren („Imagines") in heuristischen Methoden diskutieren.

Verwendung der Wertordnungen. Definitionsgemäß verlangen „best bud"-Methoden nach einem Selektionsmechanismus für das *beste* „bud" aus einer Menge von solchen. In allen, dem Autor bekannten, Methoden dieses Typs basiert die Wahl auf einer (expliziten oder impliziten) partiellen Ordnung $>$ über der Menge P der Objekte. Ein gewisses maximales „bud" wird in Übereinstimmung mit $>$ als „best bud" (d. h., ein „bud" $b*$ derart, daß kein anderes „bud" b existiert, das $b > b*$ erfüllt) ausgewählt und weiter entwickelt.

In einigen, aber nicht allen, Fällen ist die Wertordnung $>$ als eine explizite *Wertzuweisungsfunktion e* implementiert, d. h., als Abbildung von P in die Menge der reellen Zahlen. $>$ ist dann als

$$p_1 > p_2 \equiv e(p_1) > e(p_2)$$

definiert. Das Problem der Auffindung einer geeigneten Wertordnung für einen gegebenen Problembereich ist natürlich schwierig. Häufig wird diese als eine *Distanzschätzung* aufgefaßt. Man versucht, eine Funktion d zu definieren, wobei $d(p_1, p_2)$ eine grobe Schätzung des Aufwandes (der Anzahl der Operatoranwendungen) ist, der notwendig ist, um p_1 in p_2 zu transformieren. Ähnlich versucht man, für geeignete Mengen B

$$D(p, B) = \min d(p, b), \qquad b \in B$$

zu berechnen. Die Wertfunktion ist dann beispielsweise als

$$e(p) = - D(p, M)$$

definiert.

Die Verwendung von Wertordnungen ist nicht auf „best bud"-Methoden beschränkt. In Labyrinthmethoden kann das Kriterium für das Verwerfen eines Pfades und das Versuchen eines anderen Pfades etwa durch eine gewisse Wertordnung als $q(p) < p$ festgesetzt sein. Dies verwendet beispielsweise GPS (der Name „General Problem Solver" wurde manchmal als zu wenig informativ kritisiert. Es ist naheliegend, eine heuristische Methode als „ziel-gerichtet" zu bezeichnen, wenn ihre Wertfunktion durch D definiert ist. Die GPS-Variante, die Newell und Simon (1963) beschreiben, kann dann als eine ziel-gerichtete Perporator-Suchmethode charakterisiert werden).

Auf den ersten Blick hat die Idee der Anwendung einer Wertordnung manches für sich, obwohl sich bei einer genaueren Prüfung herausstellt, daß dies gar nicht so klar ist: Alles hängt dabei nämlich von der gewünschten Art der Ökonomie ab.

Angenommen, wir lösen ein Transformationsproblem für Perporatoren, und wir haben bereits einen Teil des Suchbaumes durchsucht. Welche der folgenden Größen wollen wir für die Minimierung im nächsten Schritt heranziehen?

(d1) Die *Anzahl der Schritte* (d. h., Operatorenanwendungen) im „Lösungspfad" von der Ausgangsmenge R nach der Zielmenge M?

(d2) Die *verbleibende Schrittanzahl* im „Lösungspfad" vom ausgewählten „bud" nach einem Element der Zielmenge M?

(d3) Die (verbleibende) *Schrittanzahl, einschließlich der Schritte, die in Sackgassen geführt haben* (d. h., die Gesamtanzahl der Pfeilwege im Lösungsbaum, so wie sie sich uns nach der Erreichung von M darbietet)?

(d4) Die in (d3) erwähnte Größe, ausgenommen, daß — wenn ein beschrittener Pfad durch Zurücksetzen verworfen wurde und noch einmal beschritten wird — die Schritte, die öfter auftreten, als Mehrfachschritte gezählt werden?

Wird der Lösungspfad für das Transformationsproblem als *Plan* für eine verstärkte Aktivität in einem anderen Bereich verwendet, ist natürlich (d1) das richtige Kriterium. Sind wir andererseits an einem Element aus M interessiert und nicht so sehr an einem Pfad zu diesem Element (beispielsweise, wenn wir eine Lösung für ein Integrationsproblem suchen), dann dürften (d3) und (d4) die korrekten Minimierungskriterien sein. (d3) sollte verwendet werden, wenn der ganze Suchbaum gespeichert ist, und (d4), wenn der Suchbaum implizit in der Stapelspeicherliste derart gespeichert ist, daß verworfene Pfade in den „Ausschuß-Sammler"[2] übergeführt werden, und alles, was sich dort befindet, neu bearbeitet werden muß.

Wird (d1), (d3) oder (d4) angewendet, so ist der „Wert" eines „bud" nicht nur eine Funktion dieses „bud", sondern vielmehr eine Funktion des Lösungsbaumes, der bis dorthin untersucht wurde. Wird beispielsweise (d3) benützt, so wird die nach einem „bud" verbleibende Suche beeinflußt, wenn ein gewisses anderes „bud" existiert, das fast denselben Wert hat und das im weiteren Verlauf des Lösungsprozesses in Sackgassen lenken kann. Daraus folgt, daß die Idee einer Wertordnung nur dann vernünftig ist, wenn wir das Kriterium (d2) verwenden — und dies ist genau jenes Kriterium, für das wir keine einsichtigen Anwendungen finden.

Obwohl nun auf theoretisch schwachen Beinen stehend, dürfte die Verwendung von Wertordnungen heute die einzig verfügbare Technik sein. Sind die Kriterien (d3) oder (d4) relevant (dies ist gewöhnlich der Fall), so ist die Verwendung einer Distanzschätzung als Wertfunktion noch fraglicher; doch ist umgekehrt die Distanzschätzung wieder die einzige verfügbare Methode.

Anwendung von Plänen. P, Q, R und M mögen ein Transformationsproblem mit bekannter Lösung definieren; P', $Q' = Q$, R' und M' sei ein zu lösendes Transformationsproblem. Es sei ferner angenommen, daß eine gewisse Abbildung h existiere, die P' auf P, R' auf R usw. abbildet, und zwar derart, daß — wenn p und $q(p)$ Schritte in der bekannten Lösung sind und $p = h(p')$ gilt — dann $q(p) = h(q(p'))$ gilt. Mit anderen Worten bildet also die Funktion h Lösungen in P' auf Lösungen in P ab. Wir können dann eine Lösung in P' einfach durch ein umgekehrtes Beschreiten der Lösungen in P finden[3]. Die Lösung in P wird als ein *Plan* für die Lösung in P' bezeichnet.

---

[2] Anmerkung des Bearbeiters: engl. „garbage collector"; vgl. das Glossarium.

[3] Anmerkung des Autors: Um sicher zu sein, daß eine Lösung vorliegt, müssen wir annehmen, daß *nur* Elemente von M' in M abgebildet werden, d. h., es gilt

$$h(p') \in M \supset p' \in M'.$$

Schärfer ist notwendig, daß R' auf (statt in) R bzw. M' auf M abgebildet wird.

Diese ideale Situation existiert wahrscheinlich nur dann, wenn h die Identitätsfunktion ist. Allerdings kann es der Fall sein, daß die Forderung $q(p') = h(q(p))$ häufig (obwohl nicht immer) zutrifft. Dann kann es immer noch eine gute Strategie sein, einem Plan zu folgen. Scheitert dies, so müssen wir auf einen anderen Plan oder auf die oben erwähnten Operatorselektionsmethoden zurückgreifen (mit anderen Worten kann die Verwendung von Plänen als eine weitere Operatorselektionsmethode (b5) aufgefaßt werden).

Pläne können auf mehrere Arten erzeugt werden, beispielsweise durch die Speicherung von früher erfolgreichen Lösungen (Dorans heuristischer Automat), mit menschlicher Hilfe oder durch ein „Vorausschauen": Lösungen in einem Hilfsproblemraum für ein analoges Problem [wie beim PLANNER-System von Hewitt (1967) oder bei PPS].

Ist der Problembereich die Prädikatenlogik, kann die „Abstraktionsfunktion" h so gewählt werden, daß sie alles außer den Formelvariablen (planendes GPS: vgl. Newell 1964) oder den Booleschen Verknüpfungen (PLANNER) verwirft.

Eine dritte heuristische Technik besteht in der

Anwendung von Imagines. Unter einem Imago verstehen wir ein Item, das einige — aber nicht die gesamte — Information über ein Objekt der Menge P ausdrückt. Das Imago kann beispielsweise ein Vektor von Objekteigenschaften sein oder (im Falle einer Formel vom LISP-Typ) die Top-Niveaustruktur des Objekts, wo Teilausdrücke von niedrigerem Niveau durch Sternchen ersetzt sind. Obwohl viele Autoren von heuristischen Programmen darüber selten in abstrakten Termini sprechen, verwenden sie im Effekt solche Imagines.

Imagines werden für viele Zwecke verwendet, etwa:

(1) als Basis für Wertfunktionen (jeder Eigenschaft wird ein numerischer Wert zugewiesen, und der „Gesamtwert" wird als gewogener Durchschnitt der Eigenschaftswerte bestimmt) oder Distanzfunktionen (berechnet als gewogener Durchschnitt der „Distanz" zwischen Eigenschaften);

(2) als Objekte in einem, für einen Plan verwendeten, Hilfsproblemraum;

(3) in Methoden des Typs (b3) für die Auswahl von Operatoren, die auf ein gegebenes Objekt angewendet werden sollen.

Beispiele: (1) Programme für Spiele und (mit gewissen Modifikationen) Dorans heuristischer Automat; (2) planendes GPS, PLANNER, PPS; (3) GPS.

In diesem Abschnitt haben wir allgemeine heuristische Techniken beschrieben bzw. klassifiziert und bei jeder Technik Hinweise auf sie verwendende Programme angeführt. In den nächsten beiden Abschnitten werden wir ein inverses Bezugssystem aufbauen. Jeder Abschnitt wird ein heuristisches Programm in Termini der oben angegebenen Klassifikationen und Konzepte beleuchten.

Heuristische Techniken im SAINT-Programm

In den vorhergehenden Abschnitten wurden einige Aspekte von heuristischen Programmen diskutiert. Als Anwendungsübung dieser Konzepte werden wir nun eine Beschreibung von Slagles SAINT-Programm geben. Wir wollen zeigen, daß dessen Beschreibung durch die eingeführten Konzepte abstrakter sein kann und weniger Programmierungsdetails als früher beinhaltet.

Problembereich: Die Menge P der Objekte besteht aus allen Formeln, die aus reellen Zahlen, Variablen, verschiedenen arithmetischen Funktionen (Addition, Subtraktion, Multiplikation, Potenzfunktion, logarithmische, trigonometrische und inverse trigonometrische Funktionen) und einem Funktional, dem Integrationsoperator, aufgebaut sind. Die Zielmenge M besteht aus allen Objekten, die nicht den Integrationsoperator beinhalten. Die Ausgangsmenge R besteht aus einem einzelnen Objekt, das dem Programm bei jeder Verwendungsgelegenheit eingegeben wird.

Die Menge Q enthält 44 Operatoren. Alle sind Perporatoren, ausgenommen einem Operator, der Formel für das Integral einer Summe — einem Diporator. Einige der Perporatoren (beispielsweise der Substitutionsoperator) sind mehrdeutig und werden durch einen Parameter gesteuert. Die meisten Operatoren haben einen beschränkten Bereich.

Diskussion der heuristischen Methode. Es ist zunächst naheliegend, die Operatoren aus Q in die folgenden disjunkten Kategorien zu unterteilen:

(a) Standardformen (26 Operatoren). Hierher gehören jene Perporatoren, deren Ausgabe immer in der Zielmenge M liegt (wenn die Eingabe nur einen Integrationsoperator enthält). Ein Beispiel dafür ist

$$c^v \, dv = c^v/\ln c.$$

Bemerkung: die Möglichkeit einer Aussortierung jener Operatoren, die direkt in die Zielmenge führen, ist spezifisch für diesen Problembereich und tritt beispielsweise nicht bei logischer Inferenz auf.

(b) Algorithmenähnliche Transformationen (8 Operatoren). Dies sind Operatoren, die — falls sie anwendbar sind — üblicherweise „gut geeignet" sind. Der Diporator gehört dazu.

(c) Heuristische Transformationen (10 Operatoren). Dies sind Operatoren, die passend sein können oder auch nicht. Substitution gehört hierher.

Diese Mengen seien nun mit $Q1$, $Q2$ bzw. $Q3$ bezeichnet. Wir definieren:

$P1$ = Menge aller Objekte in P, die im Bereich eines gewissen Operators aus
      $Q1$ liegen;

$P2$ = Menge aller Objekte in $P - P1$, die im Bereich eines gewissen Operators
      aus $Q2$ liegen;

$P3 = P - P1 - P2$.

Objekte in $P1$ haben eine Lösung sozusagen „um die Ecke", und es sollte ihnen natürlich oberste Priorität gegeben werden. Bei den Objekten in $P2$ wissen wir, welcher Operator angewendet werden sollte (es zeigt sich, daß es niemals mehr als einen gibt), sodaß solchen Objekten höhere Priorität als den Objekten in $P3$

gegeben wird. Bei den Objekten in $P3$ können verschiedene Operatoren anwendbar sein, sodaß eine heuristische Suche durchgeführt werden muß.

Jedes Objekt p steht für einen aus Funktionen aufgebauten Ausdruck. Die „maximale Tiefe" dieses Ausdrucks ist aus folgenden Gründen wichtig: (1) Elemente von $P1$ haben (üblicherweise) geringe maximale Tiefe; (2) Operatoren bewirken häufig nur eine geringe Änderung (um eine oder wenige Einheiten) der maximalen Tiefe ihrer Eingabe. Unter solchen Bedingungen ist es daher naheliegend, die Tiefe eines Ausdrucks als ein grobes Maß für seinen „Abstand" von der Zielmenge und (daher?) als eine Wertfunktion zu verwenden.

Mit diesem Hintergrund kann die heuristische Methode von SAINT skizziert werden.

Imagines. Das SAINT-Programm benützt Imagines (Eigenschaftsvektoren) mit 11 Komponenten. Die maximale Tiefe ist eine davon. Imagines werden aus drei Gründen betrachtet:

(a) für die Auswahl des „best bud" (es wird nur die Komponente der maximalen Tiefe verwendet);

(b) für die Auswahl eines passenden Operators für ein gegebenes Objekt aus $P3$;

(c) für die Auswahl von Parametern für mehrdeutige Operatoren.

Behandlung eines beschränkten Bereiches. Ist ein Operator, der gewählt wurde, nicht auf ein ausgewähltes Objekt anwendbar, so bricht SAINT ab. Es wird nicht die Lösung eines Teilproblems versucht.

Objekt- und Operatorauswahl. Abstrakt gesprochen, verwendet SAINT eine Methode, die zuerst ein Objekt und dann wenige Operatoren wählt, wo Objekte nach einer „best bud"-Methode, die auf einer Wertordnung basiert, selektiert werden. Allerdings gibt es bei diesem einfachen Schema einige Komplikationen.

Es wird die folgende Wertordnung benutzt:

$$p > p' \textbf{ iff } p \text{ ist ein Element aus } P1, p' \text{ aber nicht,}$$
$$\textbf{or } p \text{ ist ein Element aus } P2, \text{ und } p' \text{ ist Element von } P3,$$
$$\textbf{or } \text{sowohl } p \text{ als auch } p' \text{ sind Elemente von } P3, \text{ aber } p \text{ hat}$$
$$\text{geringere maximale Tiefe als } p'.$$

In jedem Schritt wählt SAINT ein gewisses maximales „bud" des Suchbaumes in Einklang mit dieser partiellen Ordnung aus und wendet darauf geeignete Operatoren an. Die Operatoren werden entsprechend der Tab. 2 ausgesucht.

Tabelle 2

liegt das Objekt in	dann wähle einen Operator (Operatoren) aus
$P1$	$Q1$
$P2$	$Q2$
$P3$	$Q3$

Liegt das Objekt in $P2$, so ist üblicherweise nur ein Operator anwendbar; liegt es in $P3$, so bestimmt das Imago des Objekts die zu wählenden Operatoren. Es sei speziell vermerkt, daß — wenn das Objekt in $P2$ liegt — niemals ein Operator aus $Q3$ gewählt wird, auch dann nicht, wenn das Objekt in dessen Bereich liegt. Der Grund dafür ist, daß ein Objekt in $P2$ in einem oder in mehreren Schritten durch Operatoren aus $Q2$ transformiert werden kann, und daß dann der gewünschte Operator aus $Q3$ auf das Ergebnis anwendbar ist. Dies ist hinreichend (und im Effekt eine gute Einengungstechnik), da Operatoren aus $Q2$ nur triviale Objektmodifikationen bewirken.

Programmierung. Da nur ein Operator auf Objekte aus $P1$ und $P2$ angewendet wird, können diese Objekte und Operatoren gesondert und „algorithmisch" behandelt werden. Die heuristische Suche muß nur Objekte aus $P3$ bzw. Operatoren aus $Q3$ betrachten.

So wie die meisten heuristischen Programme behält auch SAINT eine „bud"-Liste bei, d. h., eine Liste jener Objekte, auf die noch kein Operator angewendet wurde. Diese Liste enthält Elemente aus $P3$, die bezüglich der Wertordnung $>$ geordnet sind. Idealisiert besteht ein SAINT-Zyklus aus folgendem:

(1) Wähle das erste Objekt der „bud"-Liste (dies ist ein maximales „bud" aus $P3$).

(2) Wähle geeignete Operatoren für dieses Objekt und wende sie an. Die Ergebnismenge sei P''.

(3) Prüfe für jedes Element aus P'', ob ein gewisses Element aus $Q1$ oder $Q2$ anwendbar ist. Wenn ja, wende es an. Wenn dies ein Element aus $Q1$ war, stoppe. Im anderen Fall gliedere das Ergebnis unter P'' ein, und führe (3) wieder durch.

(4) Sei P^+ das nach der Anwendung aller Operatoren von $Q1$ oder $Q2$ modifizierte P''. Nach der Hypothese ist $P^+ \subset P3$. Verknüpfe P^+ entsprechend $>$ mit der „bud"-Liste.

Der Kreisprozeß startet im Schritt (3) mit der leeren „bud"-Liste und mit P'' als gegebenem Ausgangsobjekt („dem gegebenen Integrationsproblem").

Bemerkungen: Diese Beschreibung des SAINT-Programms basiert auf einer kürzeren Zusammenfassung der Arbeit an SAINT (Slagle 1963) und nicht so sehr auf der vollständigen Dissertation. Daher können in gewissen Details unserer Beschreibung Fehler sein. Es sei aber wiederholt, daß der Zweck dieses Abschnittes eine Darstellung dessen war, wie genau das gleiche Material in voll-

Tabelle 3

Slagle	hier gebraucht
heuristische Zielliste	„bud"-Liste
(vorübergehende) Zielliste	P'', P^+
Charakter	Imago
Charakteristik	Eigenschaft

ständig anderen Termini beschrieben werden kann, wenn es auf andere Probleme angewendet werden soll.

Um den Vergleich zu erleichtern, sei abschließend eine kurze Tabelle angeführt, die zwischen Slagles und unserer Terminologie vermittelt (Tab. 3).

Die „Unit preference"-Heuristik in der Resolution

Der Zweck dieses Abschnittes ist ähnlich dem des vorhergehenden, nämlich die Demonstration der Nützlichkeit von abstrakten heuristischen Konzepten. Wir werden zusätzlich zu zeigen versuchen, daß die in der Resolution angewendeten sogenannten Strategien im Effekt heuristische Methoden sind und deshalb eine Behandlung wie andere derartige Verfahren gestatten [Feigenbaum (1968) vertritt einen ähnlichen Standpunkt]. Aus diesem Grunde entschlossen wir uns für eine Darstellung der „Unit preference"-Strategie in der Resolution.

Problembereich. Jedes Objekt der Menge P ist eine Menge von Literals, wobei ein Literal ein symbolischer Ausdruck ist, etwa $(\text{not}(R_i \ldots))$ oder $(R_i \ldots)$. Die Zielmenge M hat ein Element: die leere Menge (d. h., eine Menge ohne Literals). Die Ausgangsmenge R besteht aus einer relativ kleinen Objektanzahl und wird dem Programm bei jeder Verwendungsmöglichkeit mitgeteilt.

Es ist zu bemerken, daß R in diesem Fall als Eingabe dem Programm übermittelt wird, und daß M fest ist. Bei SAINT lag die gegenteilige Situation vor.

Die Menge Q besteht aus einem Konporator mit zwei Eingaben („Resolution") und einem Perporator („Faktorisierung"). Beide haben einen beschränkten Bereich, und beide sind mehrdeutig. Die Mehrdeutigkeiten sind allerdings eingeschränkt: die Anzahl der Alternativen ist endlich und so klein, daß sie alle untersucht werden können.

Imagines. Die „Unit preference"-Methode verwendet Imagines für die Auswahl der Objekte und Operatoren. Das Imago eines Objektes ist eine Zahl, nämlich die Anzahl der Literals in diesem Objekt. Operatoren können zu Imagines in folgender Weise erweitert werden: haben die Eingaben des Resolutionsoperators die Imagines j und k, dann hat die Ausgabe (falls sie existiert) das Imago $k + j - 2$. Ähnlich hat — wenn die Eingabe des Faktorisierungsoperators das Imago j hat — die Ausgabe (falls sie existiert) das Imago $j - 1$. Es kann gelegentlich vorkommen, daß das Imago einer Ausgabe kleiner (aber niemals größer) als $j + k - 2$ oder $j - 1$ ist. Solche Fälle sind selten und beeinflussen die Heuristik nicht.

Diskussion der heuristischen Methode. Da das Zielobjekt das Imago Null hat und die Operatoren eine relativ kleine Änderung der Imagines bewirken, ist es vernünftig, das Imago eines Objekts als Grobschätzung seines Wertes bezüglich der Suche in der Zielrichtung aufzufassen, wobei kleinere Imagines eine höhere Priorität haben. Daher läßt sich erwarten, daß uns die imago-erniedrigenden

Operationen näher der Lösung bringen. Dies resultiert in einer Bevorzugung der Faktorisierung bzw. der Resolution, wenn eine Eingabe das Imago 1 hat.

Eine triviale Strategie besteht darin, durch aufeinanderfolgende Faktorisierungen das Imago zu Null zu reduzieren. Allerdings ergeben sich durch die beschränkten Operatorbereiche Probleme: eine Faktorisierung ist — wenn das Imago der Eingabe 1 ist (d. h., im letzten Schritt) — nicht möglich, und bei allen vernünftigen Problemen steht man lange davor bereits an.

Wenn das Imago eines Partners 1 ist („Unit resolution"), dürfte Resolution eine bessere Strategie sein und ist im Effekt auch jene, die unsere Heuristik bevorzugt. Ist dies nicht verfügbar, so werden andere Resolutionen oder Faktorisierungen — mit der Hoffnung, „Unit resolution" später zu erhalten — für zwei oder drei Schritte durchgeführt.

Behandlung des beschränkten Bereichs. Ist ein gewünschter Operator nicht anwendbar, so bricht die „Unit preference"-Methode ab.

Objekt- und Operatorauswahl. „Unit preference" verwendet eine „best bud bundle"-Methode, wo ein geeigneter Operator und dessen Eingabe(n) gemeinsam ausgewählt werden. Das System macht expliziten Gebrauch von der in Tab. 4 angegebenen Wertordnung, die auf $I \cup I^2$ definiert ist.

Es gilt beispielsweise

$$\{1,2\} > \{1,4\} > 2 > 3 > \{2,2\} > 4 > \{3,2\} > 7 > \{6,2\} > \{5,3\} > \{4,4\} > 8 > \ldots.$$

Die Relation $>$ kann in einsichtiger Weise auf $P \cup P^2$ erweitert werden.

Tabelle 4

Numerische Beziehung ($<$ bedeutet „kleiner als")	Wertordnung ($>$ bedeutet „besser als")	
$j < m$	$\rightarrow \{1, j\} > \{1, m\}$	(1)
$k \neq 1, m \neq 1$	$\rightarrow \{1, j\} > \{k, m\}$	(2)
$k \neq 1$	$\rightarrow \{1, j\} > k$	(3)
sind i, j, k, m alle $\neq 1$, haben wir $\quad i + j < k + m$ oder $\quad i + j = k + m, \min(i, j) < \min(k, m)$	$\rightarrow \{i, j\} > \{k, m\}$	(4)
$i + j \leqslant k$	$\rightarrow \{i, j\} > k$	(5)
$k < i + j$	$\rightarrow k > \{i, j\}$	(6)

In jedem Zyklus verwendet die „Unit preference"-Methode $>$, um ein maximales Objekt oder Objektpaar auszuwählen, und wendet darauf den richtigen Operator an (im Falle eines Objekts die Faktorisierung, im Falle eines Objektpaares die Resolution). Im Falle der Mehrdeutigkeit werden alle Alternativen mit derselben Priorität behandelt. Ist die Operatoranwendung bei gewissen Alternativen erfolgreich und hat die Ausgabe höhere Priorität als die Eingabe (und daher auch höhere Priorität als die gemeinsam mit dieser Alternative behandelten anderen Alternativen), so wird diese höhere Priorität für das weitere Vorgehen herangezogen.

Programmierung. Obwohl unsere Literaturstelle wenig über das aktuelle „Unit preference"-Programm aussagt, ist das Folgende ein Vorschlag für ein derartiges Programm:

Das Programm verwendet Listen $L_1, L_2, \ldots, L_j, \ldots$, wobei L_j alle erzeugten Objekte mit Imago j beinhaltet, gemeinsam mit den folgenden Informationen für jedes Objekt:

(1) Wurde für dieses Objekt Faktorisierung versucht?

(2) Wenn die Faktorisierung mehrdeutig ist: für welche Fälle wurde sie versucht?

(3) Mit welchen anderen Objekten wurde Resolution versucht?

(4) Wenn die Resolution mehrdeutig ist: für welche Fälle wurde sie versucht?

Die Antworten auf diese Fragen können so dargestellt werden:

(1) für jede Liste L_j, mit $j \leqslant 2$, gibt ein Zeiger an, bis wohin in der Liste die Faktorisierung vorgenommen wurde;

(2) für das bezeichnete Element jeder Liste L_j werden die versuchten Alternativen gelistet (von allen anderen Alternativen der Liste L_j wurden entweder alle Alternativen oder keine versucht); und ähnlich auch für jedes Objekt p_{jm} jeder Liste L_j;

(3) für jede Liste L_k, $k \leqslant j$, gibt ein Zeiger an, bis wohin in L_k eine Resolution mit p_{jm} versucht wurde;

(4) für das bezeichnete Element jeder Liste L_k werden die untersuchten Alternativen gelistet.

Mit diesen Vereinbarungen ist eine Programmierung klar gegeben.

Bemerkungen. Die von der „Unit preference"-Methode verwendeten Imagines haben eine bemerkenswerte Eigenschaft: das Imago einer Ausgabe eines Operators ist eine Funktion des Imago (der Imagines) seiner Eingabe(n), falls der Operator anwendbar ist. Das Imago enthält jedoch nicht genügend Information, um die Anwendbarkeit zu entscheiden. Diese „semi-deterministische" Eigenschaft ist andererseits die Charakteristik von Planungsmethoden, besonders von PLANNER und dem planenden GPS. Wir glauben wegen laufender Arbeiten, daß semi-deterministische Imagines interessante theoretische Eigentümlichkeiten haben.

Einengungskriterien. Die „Unit preference"-Heuristik sollte nur in Kombination mit verschiedenen Einengungskriterien angewendet werden, wie etwa:

(1) Beschränkung der Suchtiefe. Die Tiefe eines Objekts ist die Zahl der für seine Konstruktion benötigten Resolutionen. Objekte mit einer Tiefe $\geqslant k_0$ (wo k_0 ein fester Parameter ist) werden verworfen.

(2) Stützmengenstrategie. Eine Teilmenge T von R wird ausgezeichnet (sie enthält die „notwendigen Ausgangsobjekte"), und Knoten, deren Vorgänger alle in $R - T$ liegen, erhalten den Wert Null.

7*

(3) Zurückweisung aus „Gefügegründen". Objekte p, die gewissen Gefügen [wie etwa zwei Literals der Form A und (NOT A)] entsprechen, werden zurückgewiesen.

Wir haben nun eine Unterscheidung zwischen *Heuristiken* (d. h., Regeln, die die Ordnung bestimmen, in der der Lösungsbaum durchsucht wird) und *Einengungskriterien* (die Extremfälle der heuristischen Regeln, die ja gewisse „Zweige" gänzlich abschneiden, sind) getroffen. In der Literatur zur Resolution werden sowohl Heuristiken als auch Einengungskriterien *Strategien* genannt.

Einengungskriterien können formal als weitere Beschränkungen der Operatorbereiche behandelt werden. Die ersten beiden oben angegebenen Kriterien können alternativ unter der Verwendung von Imagines $\langle j, d, s \rangle$ implementiert werden; $\langle j, d, s \rangle$ ist wie folgt definiert:

Ist p ein Element der Ausgangsmenge R, dann ist das Imago von p $\langle j, d, s \rangle$, wobei

$$j \quad \text{Anzahl der Literals in } p$$
$$d \quad \text{ist Null}$$
$$s \quad \text{Wahrheitswert von: } p \in T.$$

Wurde p durch Resolution abgeleitet, und waren die Imagines $\langle j_1, d_1, s_1 \rangle$ bzw. $\langle j_2, d_2, s_2 \rangle$, dann ist das Imago von p $\langle j, d, s \rangle$, wobei

$$j = j_1 + j_2 - 2 \qquad \text{(Anzahl der Literals in } p)$$
$$d = \max(d_1, d_2) + 1$$
$$s = s_1 \vee s_2.$$

Wurde p durch Faktorisierung abgeleitet, und war das Imago $\langle j, d, s \rangle$, dann ist das Imago der Ausgabe $\langle j - 1, d, s \rangle$.

Wird die partielle Ordnung $>$ auf Tripel $\langle j, d, s \rangle$ und Paare derartiger Tripel erweitert, werden die folgenden Items als „Nullen" (d. h., $<$ aller anderen Items) betrachtet und daher verworfen:

$$\langle j, d, s \rangle \qquad\qquad \text{wenn} \quad (d > k_0) \text{ or not } s$$
$$\{\langle j_1, d_1, s_1 \rangle, \langle j_2, d_2, s_2 \rangle\} \quad \text{wenn} \quad (d_1 > k_0) \text{ or } (d_2 > k_0) \text{ or not } (s_1 \vee s_2).$$

Mit diesen Ausnahmen behandelt die Ordnung „$>$" $\langle j, d, s \rangle$ wie j, sowie

$$\{\langle j_1, d_1, s_1 \rangle, \langle j_2, d_2, s_2 \rangle\} \quad \text{wie} \quad \{j_1, j_2\}.$$

Es ist noch zu bemerken, daß — wenn wir die früher erwähnte Möglichkeit: Imago der Ausgabe kleiner als $j + k - 2$ oder $j - 1$ — ignorieren, beide Operatoren bezüglich dieser erweiterten Imagines semi-deterministisch sind.

Modifikation: „Preference-Methode mit den wenigsten Komponenten". Slagle schlug vor, die „Unit preference"-Methode durch eine „Preference-Methode mit den wenigsten Komponenten" zu rationalisieren. Die Idee ist, die Definition der Wertordnung derart abzuändern, daß die spezielle Bevorzugung von Paaren $\{1, j\}$ fallen gelassen wird. Im Detail werden in der Definition von $>$ (Tab. 4) die

Regeln (1) bis (3) gestrichen, und die Regeln (4) bis (6) werden auch dann angewendet, wenn i, j, k oder m gleich 1 ist. Für das neu definierte $>$ gilt so z. B.

$$\{1, 1\} > 2 > \{1, 2\} > 3 > \{1, 3\} > \{2, 2\} > 4 > \dots .$$

Zusammenfassung

Wir haben hier eine Reihe von Konzepten definiert, die für die geraffte und abstrakte Definition von heuristischen Methoden nützlich sind. Zu Illustrationszwecken wurden diese Konzepte auf zwei gut bekannte Methoden angewendet. Beispiele für deren Kompaktheit sind die Stützmengenstrategie und die „Preference-Heuristik mit den wenigsten Komponenten". Wir vermuten, daß eine abstrakte Beschreibung von ähnlicher Art als Ergänzung zu konventionellen Beschreibungen von heuristischen Programmen und Methoden nützlich sein wird.

Verzeichnis von heuristischen Programmen und Methoden

„Pfeilmethode"	Hart, Nilsson und Raphael 1968; Nilsson 1968
DEDUCOM	Slagle 1965a
Preference-Heuristik mit den wenigsten Komponenten	Slagle 1965b
GPS (General Problem Solver)	Newell et al. 1959; Newell und Simon 1963
Graph Traverser	Doran und Michie 1966; Doran 1968
Heuristischer Automat	Doran 1969
Logic Theory Machine	Stefferud 1963; Millstein 1964
MULTIPLE	Slagle und Bursky 1968
PLANNER	Hewitt 1967
planendes GPS	Newell et al. 1959; Newell 1964
PPS (Planning Problem Solver)	Sandewall 1968
SAINT	Slagle 1963
SIN	Moses 1967
Unit preference-Heuristik	Wos et al. 1964.

Neuere Entwicklungen

In den letzten Jahren wurden im Bereich der heuristischen Suche und des Problemlösens weitere Arbeiten mit neuen Ideen durchgeführt. Nilssons Buch (1971) ist eine Standardreferenzquelle für heuristische Suchmethoden, die die Schrittanzahl im „Lösungsweg" minimieren (Fall d1), und enthält eine umfangreiche Bibliographie. Eine Dissertation von Pohl (1969) behandelt das Problem der Minimierung der verbleibenden Schritte (Fall d2) durch eine Analyse der versagenden Fälle.

In jüngerer Zeit konzentriert sich das Forschungsinteresse auf die Integration der heuristischen Suchmethoden in die Programmiersprache selbst. Diese Arbeiten nahmen ihren Ausgang von Floyd (1967); wichtige Beiträge liefern dazu Fikes (1970), Hewitt (1971) und Rulifson, Derksen und Waldinger (1972).

Literatur

Doran, J. E., Michie, D.: Experiments with the Graph Traverser program. Proc. Roy. Soc. **A294**, 235—259 (1966).

Doran, J. E.: New developments of the Graph Traverser. In: Machine Intelligence **2**, 119—135 (Michie, D., Dale, E., Hrsg.). Edinburgh: Edinburgh University Press 1968.

Doran, J. E.: Planning and generalization in an automaton/environment system. In: Machine Intelligence **4**, 433—454 (Meltzer, B., Michie, D., Hrsg.). Edinburgh: Edinburgh University Press 1969.

Feigenbaum, E.: Artificial Intelligence: Themes in the second decade. Proc. IFIP Congress 1968, 1008—1024.

Fikes, R.: REF-ARF: A system for solving problems stated as procedures. Artificial Intelligence **1**, 27—120 (1970).

Floyd, R.: Nondeterministic algorithms. J. Ass. Comput. Mach. **14**, 636—644 (1967).

Greenblatt, R. E., Eastlake, D. E., Crocker, S.: The Greenblatt chess program. Proc. Fall J. Comput. Conf. **31**, 801—810 (1967).

Hart, P. E., Nilsson, N. J., Raphael, B.: A formal basis of the heuristic determination of minimum cost paths. IEEE. Trans. on Sys. Sci. and Cyb. SSC-4, 100—107 (1968).

Hewitt, C.: PLANNER, a language for proving theorems in robots. AI Project Memo 137, Project MAC. Cambridge: MIT 1967.

Hewitt, C.: Procedural embedding of knowledge in PLANNER. Proceedings of the Second International Joint Conference on Artificial Intelligence. London: British Computer Society 1971.

Millstein, R.: The logic theorist in LISP. Memo VCRL-70037, Lawrence Radiation Laboratory (1964).

Moses, J.: Symbolic Integration. Dissertation. Cambridge: MIT (Math. Dept.) 1967.

Newell, A., Shaw, J., Simon, H.: Report on a general problem-solving program. Proc. IFIP Congress 1959, 256—264.

Newell, A., Simon, H.: GPS, a program that simulates human thought. In: Computers and Thought (Feigenbaum, E., Feldman, J., Hrsg.). New York: McGraw-Hill 1963.

Newell, A.: The possibility of planning languages in man-computer communication. Communication Processes **63** (1964).

Nilsson, N. J.: Searching problem-solving and game-playing trees for minimal cost solutions. Proc. IFIP Congress 1968, 125—130.

Nilsson, N. J.: Problem-solving methods in artificial intelligence. New York: McGraw-Hill 1971.

Pohl, I.: Bi-directional and heuristic search in path problems. Dissertation. Stanford University (Comput. Science Dept.) 1969.

Rulifson, J. F., Derksen, J. A., Waldinger, R. J.: QA4: A procedural calculus for intuitive reasoning. AI Center Technical Note **73**, Stanford Research Institute, Menlo Park (1972).

Samuel, A. L.: Some studies in machine learning using the game of checkers. In: Computers and Thought (Feigenbaum, E., Feldman, J., Hrsg.). New York: McGraw-Hill 1963.

Sandewall, E. J.: A planning problem solver based on look-ahead in stochastic game trees. Computer Science Report 13, Uppsala University (1968).

Slagle, J. R.: A heuristic program that solves symbolic integration problems in freshman calculus. In: Computers and Thought (Feigenbaum, E., Feldman, J., Hrsg.). New York: McGraw-Hill 1963.

Slagle, J. R.: Experiments with a deductive question-answering program. Comm. Ass. Comput. Mach. 8, 792—798 (1965a).

Slagle, J. R.: A proposed preference strategy using sufficiency-resolution for answering questions. Memo UCRL-14361, Lawrence Radiation Laboratory (1965b).

Slagle, J. R., Bursky, P. N.: Experiments with a multi-purpose, theorem-proving program. J. Ass. Comput. Mach. 15, 85—99 (1968).

Stefferud, E.: The logic theory machine: a model heuristic program. Memo RM-3731-CC. Rand Corporation, Santa Monica (1963).

Wos, L., Carson, D., Robinson, G.: The unit preference strategy in theorem-proving. Proc. Fall Joint Comput. Conf. 26, 616—621 (1964).

Die Formulierung und Durchführung von Plänen durch Maschinen

Von **D. Michie**

Einführung

Wir betrachten zuerst zwei Definitionen der künstlichen Intelligenz:

(1) B. Raphael (1971) faßt maschinelle Intelligenz als einen Sammelnamen für Probleme, von denen wir noch nicht wissen, wie wir sie in geeigneter Weise durch Rechenanlagen lösen sollen, auf. Sobald in irgendeinem speziellen Bereich dann ein durchschlagender Erfolg erzielt wird, wird dieser Bereich durch ein stilles Übereinkommen in eine passende und schon etablierte Kategorie der Rechnerwissenschaften transferiert — je nachdem, was zutreffend ist, in die Kategorien „Rückgewinnung von Information", „adaptive Kontrolltheorie", „maschinelle Sprachverarbeitung", „optische Zeichenerkennung", usw. Der einzige Vorteil, den ich in diesem Standpunkt sehe, ist der, daß er den Forscher auf dem Gebiet der künstlichen Intelligenz in die Lage versetzt, das ganze Feld der Rechnerwissenschaften als sein ausschließliches Arbeitsgebiet anzusehen, da ja *Forschung* definitionsgemäß auf solche Bereiche beschränkt ist, in denen noch kein durchschlagender Erfolg erzielt wurde. Ich bin aber nicht sicher, ob dies universell von anderen Forschern der Rechnerwissenschaften als Vorteil gesehen wird.

(2) N. J. Nilsson (1971) definiert im ersten Satz seines ausgezeichneten Buches „Problem-solving methods in Artificial Intelligence" das Ziel der Arbeiten an der künstlichen Intelligenz als „den Bau von Maschinen, die solche Aufgaben ausführen, die üblicherweise menschliche Intelligenz verlangen". Nach dieser Definition würde auch die Entwicklung von Wetterprognose-Programmen durch Meteorologen als zur maschinellen Intelligenz gehörend klassifiziert werden.

Wir lehnen beide Definitionen, die in verschiedener Weise Probleme und Programme *von außen* betrachten, ab und versuchen eine Formulierung *von innen* her. Wir fragen nicht „Was tut das Programm?", sondern „Wie tut es das Programm?". Natürlich gibt es Aufgaben für Maschinen von solcher Komplexität, daß diese außer durch Methoden der maschinellen Intelligenz in irgendeinem praktischen Sinn nicht bewältigt werden können. Aber ich greife vor und möchte mir Beispiele dazu für später reservieren.

Die Definition der künstlichen Intelligenz, die ich geben möchte, betont die Art und Weise der implementierten Prozesse, speziell den *Aufbau von Modellen* und die *Formulierung von Plänen*. Die Fragen, die ich über ein Programm stelle, sind folgende:

(1) Verwendet das Programm ein Modell seines Aufgabenbereichs? Das Wesentliche an einem Modell in diesem Sinn ist, daß es Vorhersagemöglichkeiten bietet, d. h., es ist möglich, durch das Modell die wahrscheinlichsten Folgen spezifizierter alternativer Ausgaben in Termini neuer Eingaben zu bestimmen.

(2) Verwendet das Programm das Modell, um Pläne von Aktionen, die im Aufgabenbereich auszuführen sind, zu bilden?

(3) Beinhalten diese Pläne eine gesteuerte Musterkollektion des Aufgabenbereichs, um die Ausführung auf konditionelle Zweige des Plans zu lenken?

(4) Kann das Programm einen Plan umformulieren, wenn die Ausführung auf Umweltzustände führt, die nicht durch das Modell vorhergesagt wurden?

(5) Kann das Programm die Aufzeichnungen von Fehlern bzw. Erfolgen vergangener Pläne heranziehen, um das Modell induktiv zu revidieren und zu erweitern?

Sind die Antworten auf alle diese Fragen bejahend, dann stellt das Programm zweifelsfrei eine Übung in der künstlichen Intelligenz dar. Sind nur einige Antworten bejahend, so liegt eine teilweise Anwendung der künstlichen Intelligenz vor; Untersuchungen konzentrieren sich auf eine oder mehrere wichtige *Komponenten* des intelligenten Verhaltens — Beispiele sind die Routinen zum Beweis von Theoremen, wie jene, die J. A. Robinson beschrieben hat, Programmpakete für die heuristische Suche, Lernen durch Übung, Konzeptbildung, usw. Sind alle Antworten negativ, dann behandeln wir wahrscheinlich nur Anwendungen der konventionellen Datenverarbeitung, der Automatisierung industrieller Prozesse, der numerischen Analyse, Erkennung von Gefügen, oder ähnlich. Solche Programme können *clever* sein — oft in einem übermenschlichen Grad —, ohne aber das Wort „intelligent" als eine Beschreibung ihrer Operationen nahezulegen.

Ein Vorteil der hier vorgetragenen Definition ist, daß sie scharf trennt. Sie korrespondiert auch recht gut mit der Art, in der wir die Wörter „clever" und „intelligent" benützen, um zwischen verschiedenen Informationsverarbeitungsfähigkeiten zu differenzieren — sei es in der Welt der Erwachsenen, der Kinder, der Tiere oder Maschinen. Wir sagen „Wie clever!", wenn wir eine Spinne, die ihr Netz webt, beobachten. Nehmen wir an, daß wir zu einem frühen Zeitpunkt ihrer Arbeit einige Speichen im Netz hier und da zerstören und sie ihr ererbtes Programm fortsetzen lassen. Sehen wir die Konsequenzen — der Keim ihrer letztlich angestrebten Konstruktion wurde systematisch in einen formlosen Knäuel von Fäden verwandelt —, so sagen wir „Wie unintelligent!". Ähnlich verhält es sich mit Raketen, die ihr Ziel suchen, mit industriellen Robotern, mit Programmen, die den Stadtverkehr kontrollieren, mit Überwachungen von Lagerbeständen, mit der Berechnung von Umlaufbahnen von Erdsatelliten, mit der Analyse des kritischen Pfades von Großprojekten, mit der Behandlung von Platzreservierungen bei Luftlinien, mit der Modellierung der Nationalökonomie: all dies ist offensichtlich extrem „clever". Trotzdem werden wir wahrscheinlich für deren Beschreibung weniger das Wort „intelligent" benützen als für die Beschreibung der Fähigkeiten eines zweijährigen Kindes.

Ein möglicher Nachteil ist, daß unsere Definition Arbeiten ausschließt, die einen stärkeren Einfluß auf den Bereich der künstlichen Intelligenz ausüben könnten als irgendeine Weiterentwicklung aus dem Gebiet selbst, so Resultate in

(a) der Theorie der Berechenbarkeit, etwa die von D. Scott (1970) erzielten Fortschritte; und

(b) der Software-Instrumentation für die Arbeit im Bereich der künstlichen Intelligenz, in Form spezieller Programmiersysteme wie etwa die ABSET-Sprache.

Parallelen dazu gibt es in der Astronomie, wo die Entwicklung des Bereiches entscheidend abhing von

(a) den durch Newton dargelegten Grundlagen der Physik, und

(b) der Erfindung und Weiterentwicklung des Fernrohrs durch Lippershey (populärerweise, aber fälschlich, Galileo zugeschrieben).

Nach all dem hat meine Definition vielleicht überhaupt keinen Nachteil; wir klassifizieren Newtons Beitrag *nicht* als „Astronomie", und wir sind zufrieden, wenn wir Lippersheys Beitrag als Grenzfall belassen und ihn nur in dem Sinn als „Astronomen" bewerten, in dem er das von ihm erfundene Instrument zu Beobachtungen an Himmelskörpern verwendete. Wenn Berechenbarkeits-Theoretiker und Entwerfer von Kompilierungssystemen, die auf künstliche Intelligenz hin orientiert sind, mit diesen Analogien und Klassifikationen einverstanden sind, dann bin ich es auch.

Pläne und Pfade

Die Formulierung eines Planes durch eine Maschine soll hier im Rahmen des Problemlösens diskutiert werden. Wir sind nicht an randomisierten Plänen interessiert. Wir bedürfen gewisser Ideen über die Zustände der Umgebung der Maschine, die *Probleme* aufwerfen, und über andere Umgebungszustände, die als *Lösungen* für diese Probleme akzeptierbar sind. Die Aufgabe der Maschine besteht in der Ausarbeitung einer Spezifikation für eine Aktionskette, die von einem gegebenen Problemzustand zu einem Lösungszustand führt.

Wir werden uns daher hauptsächlich mit *Pfad*-Problemen befassen: ein *Anfangszustand* ist durch eine *Operationsfolge* in einen Zustand zu transformieren, der eine *Zielbedingung* erfüllt. Ein *Modell* einer externen Welt wird durch eine gewisse Menge von Zuständen und Operationen bestimmt; die Entsprechungen gibt die Tab. 1 an.

Tabelle 1

Zustände des Modells	Situationen in der Welt
Operationen im Modell	Aktionen in der Welt
Definitionen der Operationen über den Zuständen	physikalische Gesetze der Welt

Wir werden später automatische Pfadauffindungsprozeduren in solchen Modellen, die Relevanz für die Formation von Plänen durch einen Roboter haben, diskutieren. Im Moment beschränken wir uns auf Probleme der Auffindung von Pfaden *im Modell*, das wir durch das Paar (X, Γ') bezeichnen. X ist eine Menge von Zuständen, Γ' ist eine Menge von einstelligen Operationen, $\Gamma_i': X \to X$. Wir bemerken, daß diese Darstellung formal einen *gerichteten Färbungsgraph* definiert, dessen Farben den verschiedenen Elementen Γ_1', Γ_2', Γ_3', ... von Γ' entsprechen.

Der gerichtete Färbungsgraph ist demnach die übliche Darstellungsweise, auf die wir den hier behandelten Problemlösungstyp beziehen. „Darstellung" wird hier wie bei Amarel (1968) verstanden. Die Ausdrücke „Darstellung" und „Modell" werden austauschbar verwendet. Für ein gegebenes Problem kann eine Folge $(X, \Gamma'^{(1)})$, $(X, \Gamma'^{(2)})$, $(X, \Gamma'^{(3)})$, ..., $(X, \Gamma'^{(k)})$ von Darstellungen derart betrachtet werden, daß für jedes n, $0 \leqslant n < k$, $(X^{(n+1)}, \Gamma'^{(n+1)})$ ein homomorphes Bild von $(X^{(n)}, \Gamma'^{(n)})$ ist, das üblicherweise als eine „bessere" Darstellung aufgefaßt wird und typischerweise ein kleineres X und/oder Γ' hat. Systematische Prozeduren für die Transformation einer Darstellung in eine andere sind von zentraler Wichtigkeit. Der „intelligente" Problemlöser bemüht sich zuerst um eine Darstellung, die den Problemraum so reduziert, daß die Suchaufgabe in ihm trivialisiert wird. Nur dann, wenn keine weitere Reduzierung erreicht werden kann, läßt er sich auf Suchprozesse ein. Das „Darstellungsproblem" wird am Ende dieses Beitrags wieder aufgenommen. Die folgenden Abschnitte befassen sich ausschließlich damit, wie man aus einer als fixiert vorgegebenen Darstellung das Beste machen kann.

Stufen der Lösung eines Pfadproblems. Die Lösung eines Pfadproblems durch eine Rechenanlage kann in folgende Schritte zerlegt werden:

(1) bestimme eine geeignete Problemdarstellung;
(2) bestimme eine für diese Darstellung geeignete Strategie;
(3) übersetze die Darstellung und die Strategie in ein Programm;
(4) führe das Programm aus.

In den Anfangsjahren war nur die Stufe (4) mechanisiert. Hoch-niveauige Sprachen haben den Einfluß der Maschine auf (3) ausgedehnt. Ein Benützer hat nun durch die Formulierung von (1) und (2) in einer hinreichend ausdrucksstarken Sprache die Möglichkeit, die Verantwortung für die Stufe (3) an den Kompilierer weiterzugeben. Es wäre nun schön, wenn die Mechanisierung noch weiter vorangetrieben werden könnte. Wahrscheinlich wäre dies für die Stufe (1) zu viel verlangt, aber Ansätze in dieser Richtung für die Stufe (2) werden seit vielen Jahren untersucht und kollektiv als „heuristische Suche" bezeichnet.

Die Philosophie der heuristischen Suche ist folgende: wir beschränken unsere Aufmerksamkeit auf eine gewisse Problemklasse, für die eine einzelne Standarddarstellung — für alle Probleme in dieser Klasse geeignet — bestimmt werden kann. Wir entwerfen dann für die Behandlung dieser gemeinsamen Darstellung eine Standardstrategie und übersetzen ein für allemal die Darstellung und die

assoziierte Strategie in ein Programm, das wir in die Programmbibliothek ein-
reihen. Dadurch bleibt für den Benützer nur mehr die Stufe (1) und auch nur
mehr abgeschwächt. Für jedes neu zu bearbeitende Problem muß er ein „Anwendungspaket" schreiben, das die Elemente seiner gewählten Darstellung auf
korrespondierende Elemente der Standarddarstellung abbildet.

Die für die heuristische Suche gewählte *Standarddarstellung* ist der gerichtete
Graph, dessen Knoten diskrete Zustände und dessen Kanten die Erzeugung von
möglichen Nachfolgezuständen eines gegebenen Zustandes repräsentieren. Gemeinsam mit der Menge X definiert die nachfolgemengen-erzeugende Funktion,
$\Gamma: X \to 2^X$, den Problemgraph. Dies geschieht in einer — im Vergleich zu der
früher erwähnten Darstellung durch gerichtete Färbungsgraphen (X, Γ') — beschränkten Nützlichkeit für die Basis der Problemdarstellung. Allerdings ist dies
die Grundlage der Suchalgorithmen von Moore (1957), Doran und Michie (1966),
Hart, Nilsson und Raphael (1968) sowie Pohl (1970a). Das (X, Γ')-Modell wurde
andererseits in Algorithmen von Newell und Simon (1963), Dijkstra (1959),
Michie (1967a), Doran (1968) sowie Michie und Ross (1970) verwendet. Heuristische Suche ist der Entwurf von effektiven Graphdurchsuchungsmethoden,
die Eigenschaften von Zwischenzuständen verwenden, um zu entscheiden, welcher
Zustand als nächster zu transformieren ist, oder welche Transformation als nächste
anzuwenden ist, oder auch beides.

Unter dem Gesichtspunkt einer heuristischen Suche können wir die vorhin
angeführten vier Stufen so ausdrücken:

(1) Entwerfe eine Darstellung des Problems in Graphform und drücke sie als
„Anwendungspaket" aus;

(2) stelle heuristische Hilfen für die Suchstrategie bereit, z. B. eine Funktion
für die Bewertung von Problemzuständen, oder für die Auswahl von Operationen,
oder für beides;

(3) kompiliere das „Anwendungs"- und das „Heuristik"-Paket und lade die
Suchroutine;

(4) führe sie aus.

Die Ersparnis besteht in einer Erleichterung der Aufgabe des Benützers für
(1) und (2). Anstelle der Konstruktion einer Darstellung *de novo* hat er einen
Rahmen, und anstatt einer gänzlich flügge gewordenen Strategie wird er nur
nach Hinweisen gefragt. Kann er keine angeben, können dennoch die meisten
heuristischen Suchroutinen vor solchem mangelhaften Hintergrund laufen und
haben den Effekt einer ausschöpfenden „Breadth-first"-Suche. Falls eine Lösung
existiert, wird sie so gefunden, wenngleich auf kostspielige Weise.

Algorithmen für die Durchsuchung von Graphen

Die Verwendung von Graphen als Problemmodelle geht bis in die ersten Tage
der Graphentheorie selbst zurück. Ihre Anwendung als Modelle des Spielverhaltens (wovon das Problemlösen als Spezialisierung aufgefaßt werden kann)

wurde durch von Neumann und Morgenstern (1944) entwickelt und zuerst von Strachey (1952) als die Basis für ein ein Spiel spielendes Programm herangezogen. Die Grundprinzipien wurden schon von Davies (1950) klar dargelegt, der unter anderem das *Ein-Personen-Spiel*, oder „Puzzle", betrachtete. Dieses definiert jene Klasse von Problemen, die auf einen Graph in der durch die heuristische Suche ausgenützten Weise abgebildet werden kann. Die erste Anwendung dieser Darstellung als Basis für ein Rechnerprogramm, nämlich des „General Problem Solver" (GPS), stammt von Newell, Shaw und Simon (1957). Ihre Formulierung läßt sich wie in Tab. 2 ausdrücken; es kann allerdings gelegentlich bequem sein, von dieser sauberen Trennung in der Terminologie abzuweichen und etwa austauschbar von Operationen und Operatoren zu sprechen.

Tabelle 2

Problem	Graph
gegeben: ein Ausgangszustand	gegeben: ein Knoten eines zusammenhängenden Graphs
eine auf Zuständen definierte gewünschte Eigenschaft	eine Menge von Knoten, die ein Zielprädikat erfüllen
ein Operationsvorrat	eine Menge von einstelligen Operatoren, die die Kanten des Graphs erzeugen
gesucht: eine Operationsfolge, die den Ausgangszustand in einen gewünschten Zustand transformiert	gesucht: eine Folge von Operatoranwendungen, die einen Pfad vom Ausgangsknoten zu einem Endknoten erzeugt

GPS. Der GPS-Ansatz wird hier nur kurz gestreift, da er nicht in den hier betrachteten Hauptentwicklungen liegt, die leichter aus der frühen Arbeit von Moore (1957) abgeleitet werden können. Die Haupteigenschaften des GPS sind:

(1) Für jeden Zustand wird ein *Differenzenvektor* bestimmt, d. h., Eigenschaften festgestellt, die in Hinblick auf den (die) gewünschten Zustand (Zustände) Differenzen ergeben.

(2) Es gibt eine *Operator-Differenzen-Tabelle*, die Ideen des Benützers von der Nützlichkeit individueller Operatoren für die Reduzierung der verschiedenen Differenzen festhält.

(3) Die Tabelle wird zur Auswahl eines auf den gegenwärtigen Zustand anzuwendenden Operators benutzt; das Ziel besteht in der Reduzierung einer der Differenzen.

(4) Erweist sich der Operator als auf den gegebenen Zustand anwendbar, so wird er angewendet, und dadurch wird ein neuer Zustand produziert. Im anderen Fall wird ein neues Problem („Unterziel") gestellt, in dem der gewünschte Zustand als ein solcher definiert ist, auf den der gegebene Operator anwendbar *ist*. GPS bewirkt die neue Suche durch einen rekursiven Selbstaufruf.

(5) Diese Prozedur wird iterativ durchgeführt, bis ein Zielzustand lokalisiert ist oder die Suche aufgegeben wurde.

Das Grundprinzip von GPS kann in zwei Punkten in Frage gestellt werden:

(1) es liegt die implizite Annahme vor, daß Eigenschaften, für die die Differenzen bestimmt wurden, hinreichende gegenseitige Unabhängigkeit besitzen und dadurch sicherstellen, daß — während eine Differenz vermindert wird — andere nicht deswegen erhöht werden; und

(2) wenn ein Operator auf einen gegebenen Zustand unanwendbar ist, scheint es zumindest genauso vernünftig zu sein, einen anderen Operator für diesen Zustand zu versuchen, wie rekursiv eine ganze neue Suche durchzuführen. Bis jetzt hat GPS noch keine überzeugenden Vorteile für dieses letztere Vorgehen demonstriert. Die Sachlage wird in einem wichtigen Aufsatz von Ernst (1969) diskutiert. Eine Fallstudie, in der das GPS-System auf elf verschiedene Probleme angewendet wurde, ist in Ernst und Newell (1969) publiziert.

Moores Algorithmus für kürzeste Pfade. Um das Problem, einen kürzesten Pfad zu finden, einzuführen, definieren wir einen gerichteten Graph G als (X, E), wobei

X ist die Menge der Knoten;
E ist die Menge der Kanten $\{(x_i, x_j)/x_i, x_j \in X\}$;
$\Gamma: X \to 2^X$ gibt die Menge der unmittelbaren Nachfolger eines beliebigen Knoten $x \in X$, auf den dies angewendet wird, an und kann als $\lambda x\{y/(x, y) \in E\}$ definiert werden.

Um den kürzesten Weg von einem Startknoten x_0 zu einem Knoten, der ein Zielprädikat P erfüllt, zu finden, schlug Moore eine Prozedur vor, die nun weitgehend als „Breadth-first"-Suche bekannt ist; sie läßt sich so beschreiben:

(1) Markiere x_0 mit der Zahl 0.

(2) „Wende Γ auf x_i an" soll bedeuten „erzeuge die Menge $\Gamma(x_i)$, streiche darin jede Wiederholung eines durch eine frühere Anwendung von Γ produzierten Knoten, weise jedem verbleibenden Element die um 1 erhöhte Kennung von x_i zu und einen Zeiger, der zu x_i zurückführt".

(3) Aus der Menge der mit einer Kennung versehenen Knoten, die noch keine auf sie weisenden Zeiger haben, wähle jenen, der die niedrigst-wertige Kennung hat, aus und wende auf ihn Γ an; gibt es mehr als einen solchen Knoten, wähle einen beliebigen davon.

(4) Iteriere den Schritt (3), bis ein P erfüllender Knoten produziert wurde. Die Kennung des Zielknotens gibt die Länge des minimalen Pfades an; dieser Pfad kann durch ein Zurückgehen in der Folge der Zeiger vom Zielknoten zur Wurzel rekonstruiert werden.

Dijkstras Algorithmus für Pfade mit minimalen Kosten. Wir betrachten nun den Fall, wo die Kanten variable Länge haben. Ein Pfad mit minimaler Länge in einem solchen Graph korrespondiert mit einer Lösung des durch den Graph dargestellten Problems, die minimalen Kostenaufwand hat, falls man die Länge einer Kante als Darstellung der mit der korrespondierenden Operation verbundenen Kosten auffaßt. Für diese Idee interpretieren wir jetzt Γ in Ausdrücken der Operatoren Γ_1', Γ_2', ..., Γ_m', wobei m die Anzahl der Operatoren in der vollständigen Menge ist, und fügen zu X einen weiteren Knoten $x_{\text{undefiniert}}$ hinzu, der nach Übereinkunft jener Nachfolger ist, den man erhält, wenn man unter den Problemregeln einen Operator „Unanwendbar" auf den gegebenen Zustand anwendet. Darüber hinaus gilt für alle i

$$\Gamma_i'(x_{\text{undefiniert}}) = x_{\text{undefiniert}}.$$

Mit dieser Notation können wir Dijkstras Algorithmus durch eine Neufassung des Schrittes (2) von Moores Algorithmus so ausdrücken:

(2) „Wende Γ auf x_i an" soll bedeuten „erzeuge die Menge $\bigcup_{j=1}^{m} \Gamma_j'(x_i)$". Jeder Knoten in dieser Menge erhält die um die Kosten des korrespondierenden Γ' erhöhte Kennung von x_i zugewiesen. Ein Zeiger führt zu x_i zurück. Hat ein Knoten als Resultat nun zwei Kennungen, so streiche die mit höherem Wert sowie den entsprechenden Zeiger.

Der Algorithmus von Doran und Michie für Suchen mit niedrigen Kosten. Die bis jetzt beschriebenen Suchalgorithmen drücken die Idee aus, daß nur die mit einem endgültigen Lösungspfad verknüpften Kosten zählen und daß die Kosten für die Durchführung der Suche selbst vernachlässigt werden können. Dies ist beispielsweise richtig, wenn der Entwurf einer optimalen Straßenverkehrsroute Einsparungen in der Größenordnung von mehreren Millionen Geldeinheiten bringt, während die Kosten der Berechnung der entsprechenden Suche durch eine solche erschöpfende Prozedur in Tausenden gemessen wurden. In anderen Fällen kann allerdings das Umgekehrte zutreffen, und die entscheidendsten Überlegungen beziehen sich dann auf die Konstruktion eines Pfades, der — nicht notwendig optimal — die geringsten Kosten verursacht.

Für Probleme dieses Typs führten Doran und Michie (1966) die aus früheren Spielstudien (vgl. Samuel 1960) bekannte Idee der Steuerung der Suche durch eine *Bewertungsfunktion* ein. Im Zusammenhang mit der Graphdurchsuche interpretierten die Autoren diese als *Distanzschätzung* zum Zielknoten — entlang des minimalen Pfades. Anstelle der Wahl des Knoten mit der geringsten Distanz vom Ausgangsknoten für die nächste Anwendung von Γ — wie in den Algorithmen von Moore und Dijkstra — wählt ihr Graph-Traverser-Algorithmus den Knoten mit dem geringsten *geschätzten* Abstand zum Ziel. Die erreichten Einsparungen können groß sein und hängen davon ab, eine wie gute Bewertungsfunktion verfügbar ist, d. h., wie hoch die Distanzschätzfunktion mit dem tatsächlichen Abstand zum Ziel korreliert. Gleichzeitig geht aber die Garantie für die Auffindung eines minimalen Pfades verloren.

Der Algorithmus von Hart, Nilsson und Raphael. Der nächste logische Schritt, nämlich eine gewisse Kombination beider Kriterien, wurde von Hart, Nilsson und Raphael (1968) vorgeschlagen, die die Anwendung einer Bewertungsfunktion

$f(x)$ anregten; $f(x)$ ist definiert als $g(x) + h(x)$, wobei g die Distanz vom Start bzw. h den verbleibenden Abstand zum Ziel mißt. Sie konnten ferner eine Bedingung angeben, unter der die Optimalität in Hinblick auf die Länge des endgültigen Pfades erhalten bleibt. Diese Bedingung sagt aus, daß überall $h(x) \leqslant h_p(x)$ gelten muß, wobei h_p die tatsächliche Distanz zum Ziel mißt. Dieses Resultat ist sowohl auf Situationen vom Dijkstra-Typ als auch auf den Fall, wo alle Pfade einheitliche Kosten haben, anwendbar.

Pohl (1970a, b) führte einen adjustierbaren Parameter ω ein und definierte $f(x)$ als $(1 - \omega)g(x) + \omega h(x)$; dies gestattet in einem gegebenen Fall die Betrachtung von verschiedenen Abweichungen von der oben erwähnten Schrankenbedingung in jede Richtung. Unter den von Pohl bewiesenen Resultaten sind folgende besonders interessant:

(1) Obwohl $\omega = 0$ die Pfadkosten minimiert, minimiert $\omega = 1$ nicht notwendig die Suchkosten. Dies konnte leider nur für den Fall, in dem der Graph ein unendlicher Baum ist, und für den Fall, wo $h = 1/1 + h_p$ über einem unendlichen Graph gilt, bewiesen werden.

(2) Ist $\omega < 1$, dann ist die Suche in einem unendlichen Graph für das Auffinden eines Zieles beschränkt. Das entsprechende Argument beruht auf der Idee, daß selbst der Knoten mit dem höchsten Wert $g(x) = 1$, der etwa $f(x) = M$ hat, vor jedem Knoten mit einer Distanz derart, daß $(1 - \omega)g(x) > M$ gilt, entwickelt werden muß. Dieses Argument kann induktiv auf alle Knoten mit $g = 2, 3, 4, \ldots$ angewendet werden, um zu zeigen, daß eine erschöpfende Suche schließlich bis zu einer beliebig angegebenen Distanz vom Start stattgefunden haben muß.

Die Suche in einem gerichteten Färbungsgraph: GT2, GT3 und GT4. Erweiterungen des Graph-Traverser-Algorithmus wurden in als GT2, GT3 und GT4 bekannten Versionen durch Doran (1968), Marsh (1969) und Michie und Ross (1970) inkorporiert. Sie sollen in der bei GT4 zu findenden Form beschrieben werden.

Partielle Entwicklung. Wurde ein Knoten für die Entwicklung (Erweiterung) gewählt, so wendet GT4 anstelle *aller* Operatoren jeweils nur einen an (vgl. Lin 1965; Michie 1967a). Die Problemdarstellung ist daher (X, Γ') — dies entspricht einem Färbungsgraph. Mit jedem Knoten des Suchbaumes ist ein Zähler assoziiert, und der Zähler wird immer dann, wenn die *Entwicklungsroutine* auf den Knoten angewendet wird, erhöht. Der Zähler beinhaltet so die Indexnummer des nächsten anzuwendenden Operators aus dem Repertoire. Überschreitet diese Nummer die Repertoiregröße, wird der Knoten als vollständig entwickelt markiert.

Ist das Verzweigungsverhältnis des Problemgraphen hoch, ist die Ersparnis der Berechnungskosten durch diese Algorithmenform entsprechend groß. Es dürfte daher am Platz sein, einige der ursprünglichen Formulierungen auf einen neuen Stand zu bringen, um sie auf die „partielle Entwicklungs"-Version der heuristischen Suche zu erweitern:

(1) Eine formale Beschreibung von GT4 findet sich im Aufsatz von Michie und Ross.

(2) Die ursprünglichen Maße von Doran und Michie für verschiedene Parameter der Effizienz der Suche müssen so umdefiniert werden: P^* = Länge des minimalen Pfades; P = Länge des gefundenen Pfades; D = Anzahl der während der Suche erzeugten Knoten. Dann ist P^*/P = Pfadeffizienz; P/D = Durchdringung und P^*/D = Gesamtsucheffizienz. Alle diese Maße sind 1, wenn sowohl die Bewertungsfunktion als auch die Operatorauswahlfunktion optimal sind. Es gilt ferner

$$\text{Gesamtsucheffizienz} = \text{Pfadeffizienz} \times \text{Durchdringung.}$$

(3) Das Hart-Nilsson-Raphael-Theorem, auf ihren Suchalgorithmus A^* — der eine vollständige Entwicklung benützt — angewendet, läßt sich auch auf Algorithmen vom GT4-Typ erweitern. Die Hauptkontrollschleife ist in Abb. 1 dargestellt.

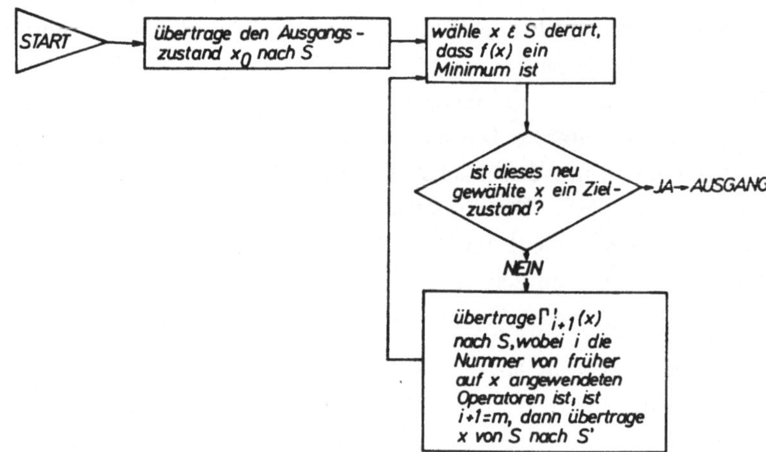

Abb. 1. Diagramm einer Form des GT4-Algorithmus, auf die das Hart-Nilsson-Raphael-Resultat erweitert werden kann (vgl. den Text). $S \cup S'$ ist die Menge der schon erzeugten Zustände, die den Ausgangszustand ebenfalls beinhaltet. S' ist die Menge der als voll entwickelt markierten Zustände

Wir orientieren unseren Beweis an Nilssons (1971) Beweis der Zulässigkeit von A^* und zeigen, daß GT4 nicht mit einem nicht-optimalen Pfad ($P > P^*$) stoppen kann. Sei x_g ein Zielknoten; g_p messe die Distanz eines Knoten von der Wurzel eines Suchbaumes entlang eines minimalen Pfades. Der Beweis beruht auf der Herstellung eines Widerspruchs.

Wir nehmen an, daß die Suche mit

$$P > P^* \tag{1}$$

stoppt. Unmittelbar vor dem Stoppen wird x_g gewählt, und in diesem Moment gilt:

$$x_g \text{ muß ein Knoten in } S \text{ mit einem minimalen Wert von } f \text{ sein.} \tag{2}$$

Aber da $f(x_g) = g(x_g) + h(x_g) = P + h(x_g)$, gilt

$$f(x_g) \geqslant P. \tag{3}$$

Es existiert natürlich ein minimaler Pfad zu einem Ziel, und mindestens einer seiner Knoten aus $S \cup S'$ muß in S sein: sind nämlich alle in S', dann würde ein vollständiger minimaler Pfad gefunden, im Widerspruch zu (1).

Liege nun $x \in S$ auf einem minimalen Pfad:

$$f(x) = g(x) + h(x) = g_P(x) + h(x) \leqslant g_P(x) + h_P(x).$$

Daher gilt $f(x) \leqslant P^* < P$, was im Widerspruch zu (2) und (3) steht.

(4) Der Beweis von Pohls Theorem, daß für $\omega < 1$ eine Suche ein Ziel finden muß, wenn ein solches existiert, gilt natürlich auch für GT4. Wie früher gestreift, können wir immer eine Distanz M vom Start finden derart, daß alle Knoten mit der Distanz 1 vor einem Knoten mit der Distanz $M + 1$ entwickelt werden müssen.

Bezeichne N^1 die Knotenmenge $\{n_1{}^1, n_2{}^1, n_3{}^1, \ldots\}$ mit der Distanz 1 vom Start, und sei $f_{max}(N^1)$ als $\max(\{f(n_1{}^1), f(n_2{}^1), \ldots\})$ (ähnlich für h_{max}) definiert. Wir haben $f_{max}(N^1) = (1 - \omega) + \omega h_{max}(N^1)$. Den geforderten Wert von M finden wir, indem wir setzen $(1 - \omega)(M + 1) > f_{max}(N^1)$; daraus erhalten wir

$$M > \frac{\omega}{1 - \omega}\, h_{max}(N^1).$$

Das Argument kann auf eine Ausschöpfung der Mengen N^1, N^2, N^3, ... erweitert werden.

„Lern"-Eigenschaften von GT4. Michie und Ross untersuchten zwei Möglichkeiten, wie ein heuristisches Suchprogramm sein eigenes Verhalten während der Untersuchung eines Problembereiches dynamisch überwachen und verbessern könnte, nämlich

(1) die Optimierung der Parameter seiner eigenen Bewertungsfunktion, und

(2) die Umordnung der Operatoren in seinem Repertoire derart, daß eine frühere Auswahl jener Operatoren, für die Evidenz der Nützlichkeit gesammelt wurde, beschleunigt wird.

Beide Methoden zeigten in Experimenten Erfolge. Eine interessante Eigenheit des Schemas (1) war die Benützung eines Standardverfahrens (die „Durchsuche eines Gefüges" nach Hooke und Jeeves, 1961) für die Optimierung einer numerischen Funktion derart, daß GT4 den Optimierungsteil durch einen rekursiven Selbstaufruf startete.

Wir wenden uns nun der Bedeutung der heuristischen Suche für die Formulierung von Plänen zu.

Automatische Erzeugung von Plänen

Wir betrachten das Folgende:

(1) Wie ein Plan zu erstellen ist, wenn der Eingabezustand und die Effekte aller verfügbaren Operatoren vollständig spezifiziert sind. Dies nennen wir *einfaches Planen.*

(2) Wie ein Plan zu erstellen ist, wenn nicht alle Bedingungen von (1) erfüllt sind. Dies nennen wir *komplexes Planen*.

(3) Wie die *Durchführung* der auf eine der obigen Arten gebildeten Pläne in ein integriertes System von Plänen und Aktionen zu inkorporieren ist. Einen bemerkenswerten Abstecher in dieses Gebiet demonstrierte Green (1969) mit einem vollständigen System zum Beweis von Theoremen mit der Resolution als Mittel zur Erzeugung von Plänen. Eine Beschreibung der Ausgangssituation, der Zielsituation und der Effekte der verfügbaren Aktionen liegt in Form einer Menge von Axiomen einer Logik der ersten Stufe vor; die Resolutionsprozedur wird dann aufgerufen, um die Behauptung zu beweisen, daß *eine Situation, die die Zielbeschreibung erfüllt, existiert*. Als Nebenresultat eines erfolgreichen Beweises wird ein Plan produziert, der sukzessive die Ausgangssituation in die Endsituation transformiert.

Eine außerordentlich klare Zusammenfassung dieses Ansatzes findet sich in Kapitel 7 von Nilsson (1971), der dessen Zusammenhänge mit den heuristischen Suchmethoden diskutiert. Nilsson weist auch auf gewisse Begleitschwierigkeiten von Greens Ansatz hin (vgl. auch Raphael 1971): wir wollen diese zwar hier nicht näher ausarbeiten, sie aber als Motivation für ein tieferes Eindringen in die Konzepte der heuristischen Suche heranziehen. Wir wollen speziell untersuchen, ob sie erweitert oder durch Hilfen von außen abgestützt werden können derart, daß sie zumindest einigen der Erfordernisse des komplexen Planens genügen. Wir folgen darin eng J. E. Doran (1969, 1970). Die nachfolgende Diskussion ist zu einem bemerkenswerten Ausmaß ein Versuch, einige der bereits von Doran berichteten Entwurfsideen in einer funktionelleren Form neu auszudrücken.

Die Formulierung eines einfachen Planes. Die Formation von *einfachen Plänen* läßt sich durch heuristische Suche allein erreichen. Der endgültige „Plan" inkorporiert einen Pfad, der als Folge von, von der Ausgangssituation zu der Endsituation führenden, Aktionen interpretiert wird. Es ist nützlich, die Beziehung zwischen Plänen — in dem hier diskutierten Sinn — und Programmen zu betrachten — ein Programm ist gewissermaßen ein *Berechnungsplan*. Es läßt sich so klar erkennen, warum die durch heuristische Suche in der früher beschriebenen Art produzierten Pläne eine beschränkte Klasse darstellen und warum ein einfaches Vorausschauen über Zustände und Aktionen nicht mächtig genug für die Erzeugung von Plänen außerhalb einer sehr speziellen Situationsklasse ist; diese Pläne haben alle die Form „**do** a_1; **then do** a_2; **then do** a_3; . . .". Sie korrespondieren daher mit Programmen mit Zuweisungsstatements ohne Abfragen, daher auch ohne bedingten Sprüngen. Welche ist nun die Problemklasse, für die ein Programm dieser beschränkten Form adäquat ist? Die Antwort darauf ist, daß das Problem ein Puzzle sein muß, d. h., *ein Ein-Personen-Spiel mit perfekter Information ohne Zufallszüge und mit eindeutig spezifiziertem Ausgangszustand*. Die Schlüsselidee ist dabei die *vollständige Spezifikation*. Durch die vollständige Spezifizierung des Eingabezustandes und der Effekte aller erlaubten

Aktionen machen wir es möglich, daß im Prinzip jeder Zwischenzustand des Problems explizit durch ein Vorausschauen bestimmt werden kann. Da der Sinn eines bedingten Sprunges eine Frage über den laufenden Zustand von der Art „besitzt er diese oder jene Eigenschaft" ist, und da die vollständige Spezifikation alle solchen Fragen im voraus beantwortet, sehen wir, warum ein Lösungspfad genau bei Puzzles in adäquater Weise durch einen Algorithmus ohne bedingte Sprünge definiert werden kann.

Wir nennen einen derartigen Plan einen *einfachen Zielalgorithmus* und stellen ihn dar als Resultat der Anwendung einer Plankonstruktionsfunktion — etwa *consplan* — auf einen Bereich X; davon wird eine Teilmenge Y als Menge der Zielzustände spezifiziert. Für alle $x \in X$ gilt $consplan(x, Y) \equiv P$ derart, daß $P(x) \in Y$. P wird durch die Komposition von Funktionen einer Folge von aus dem Repertoire Γ' gewählten Operatoren gebildet. Wie früher gliedern wir in X einen Zustand $x_{\text{undefiniert}}$ ein, der nach Übereinkommen das Resultat der Anwendung eines Operators auf einen Zustand, auf den er andererseits unanwendbar ist, sein soll. Es ist weiters für alle i $\Gamma_i'(x_{\text{undefiniert}}) = x_{\text{undefiniert}}$.

Eine POP-2-Funktion für die Anwendung einer Folge oder eines Pfades — gebildet aus solchen Operatoren — ist folgende:

```
function run x path;
loop: if null (path) then x exit;
apply (x, hd(path)) → x;
tl(path) → path;
go to loop
end;
```

Es ist hier speziell auf die Unterscheidung zwischen dem *Pfad* (Operatorenfolge) und dem *speziellen Plan* (einfacher Algorithmus), der tatsächlich die Folge anwendet, hinzuweisen. Das Zweite läßt sich aus dem Ersten durch die POP-2-Einrichtung der *partiellen Anwendung* herstellen:

$$run(\%\ path\ 1\%) \rightarrow plan\ 1;\ run(\%\ path\ 2\%) \rightarrow plan\ 2;\ \text{usw.}$$

Die Anwendung der resultierenden Pläne auf ihre echten Argumente in X, also $print(plan\ 1(x1))$, produziert als Ausgabe ein Element von Y.

Die automatische Konstruktion von speziellen Plänen ergibt sich mit *consplan* durch iterative Anwendung einer Funktion *strategy*: $X \rightarrow \Gamma'$. *strategy* ist genau als heuristische Suchroutine implementiert, beispielsweise durch die partielle Anwendung von GT4 auf alle ihre Parameter, ausgenommen dem ersten (d. h., dem Identifikator des Zustands). In POP-2 läßt sich *consplan* so schreiben:

```
function consplan x goalset;
vars path gammadash; nil → path;
loop: if member(x, goalset) then run(% path %) exit;
strategy(x) → gammadash;
```

$$path <> [\% \, gammadash \, \%] \rightarrow path;$$
$$gammadash(x) \rightarrow x;$$
go to *loop*
end;

Es gilt *consplan*$(x, Y) = P$, und P ist ein *einfacher* Zielalgorithmus, d. h., P läßt sich als ein spezieller Plan für die Transformation eines bestimmten $x \in X$ in einen Zielzustand auffassen. *consplan* produziert für jedes separate x_i einen eigenen Plan P_i.

Wir betrachten nun ein T derart, daß für jedes $x \in X$ $T(x) \in Y$ gilt. Ein solches T ist ein *komplexer Zielalgorithmus*, d. h., ein „allgemeiner Plan" für den ganzen Bereich X. Eine valide, wenn auch ineffiziente, Implementation von T gibt folgende POP-2-Funktion an:

function *transform* x; *apply* $(x, consplan(x, Y))$ **end**;

Diese Implementation ist in *heuristischer Suchform*. Die Aufgabe von *transform* besteht im Aufruf der heuristischen Suchroutine, die in *strategy* eingebettet ist, um einen speziellen Plan zu konstruieren und durchzuführen. Läßt sich nun eine Funktion, etwa *condense*, spezifizieren, die dies in eine *gute* Implementation umwandelt, d. h., in eine Implementation in algorithmischer Form ohne redundante Verzweigungen?

Memo-Funktionen. Um zu zeigen, wie sich eine *condense*-Funktion konstruieren läßt, schweifen wir kurz zu der „Memo"-Funktion ab (Michie 1967b, Popplestone 1967). Da schon eine vollständige Dokumentation von sukzessiven Formen dieser Einrichtung verfügbar ist, beschränkt sich diese Abschweifung hauptsächlich auf die Haupteigenschaften der gegenwärtigen Implementation „LIB FULL MEMO-FNS" in der Edinburgher Multi-POP-Programmbibliothek (Marsh 1970, 1971). Allerdings enthält die hier gegebene Darstellung auch gewisse Eigenschaften, die nicht explizit im Bibliothekspaket vorgesehen sind.

Die Grundidee liegt darin, dem Programmierer die Möglichkeit zu geben, jeder POP-2-Funktion einen eigenen Speicher, „rote", zuzuweisen und diesen zur Speicherung bzw. zum Nachschlagen der Resultate früherer Aufrufe der Funktion zu verwenden. Auf jeder beliebigen gegebenen Stufe enthält dieser Speicher Informationen über einen Ausschnitt des gesamten Funktionsraums. Dieser Ausschnitt kann etwa die Form einer Tabelle von Argument-Resultat-Paaren haben; in der Neufassung der Memo-Funktionen wird eine derartige Darstellung als Spezialfall einer allgemeineren Form betrachtet: die allgemeine Form besteht zwar immer noch aus einer Paartabelle, aber die Paare sind jetzt Argument-Resultat-*Mengen* und keine einzelnen Argument-Resultat-Eintragungen mehr. Eine *Argumentmenge* wird durch ein Tripel (*xpred, poslist, neglist*) dargestellt. *xpred* ist ein Prädikat über x; *poslist* ist eine Liste von Ausnahmen, deren Glieder als Elemente der Menge zwar bekannt sind, die aber bei einer Abfrage von *xpred* *false* ergeben; *neglist* ist eine Liste von Ausnahmen, deren Glieder zwar bei einer

Abfrage von *xpred true* ergeben, von denen man aber weiß, daß sie *nicht* Elemente der Menge sind.

Die Elementschaft einer Argumentmenge wird durch

> **function** *xmember x*;
>
> **if** *listmember*(*x*, *poslist*) **then** *true*
>
> **elseif** *listmember*(*x*, *neglist*) **then** *false*
>
> **else** *xpred*(*x*) **close**
>
> **end**;

geprüft.

Bei einer gegebenen Anwendung kann eine oder mehrere der drei Kategorien leer sein: liegt beispielsweise eine numerische Funktion als Memo-Funktion vor und weiß man, daß sie kontinuierlich monoton ist, dann können Prädikate Intervalle definieren, und alle Ausnahmslisten bleiben leer. *Resultatmengen* werden durch kanonische Repräsentanten dargestellt: beispielsweise eine reelle Zahl durch eine gerundete Dezimalzahl.

Die Bestimmung einer Memo-Funktion beinhaltet eine anfängliche Suche in der Argumentspalte der Speichertabelle. Hat diese Suche Erfolg, findet die Bewertung durch ein Nachschlagen statt, und es folgt unmittelbar darauf ein „Exit" (wir übergehen hier Details der „Auffrischung" und des „Vergessens").

Hat diese Suche keinen Erfolg, so wird die Funktion überschlagsmäßig bestimmt, das Resultat wird in kanonische Form verwandelt, und es findet eine zweite Suche statt — diesmal in der *Ergebnisspalte*. Versagt dies, so wird eine

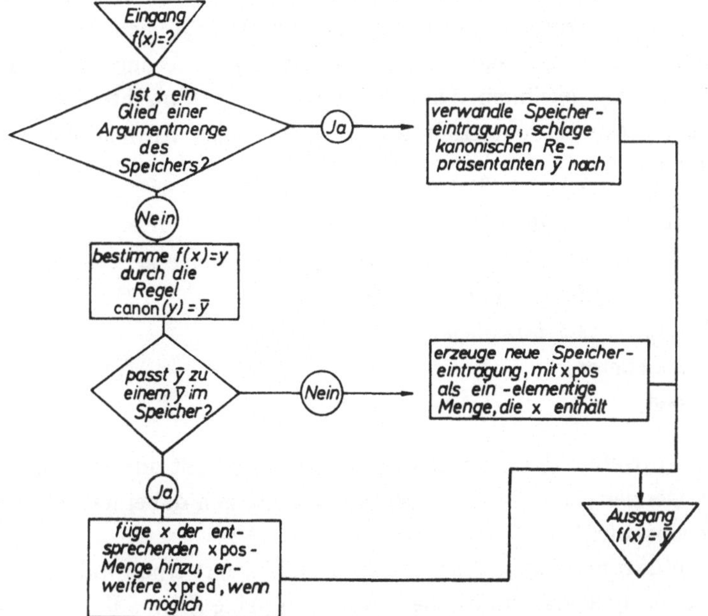

Abb. 2. Flußdiagramm der verallgemeinerten Memo-Funktion

neue „Argumentmenge, Resultatmenge"-Eintragung konstruiert und dem „rote" hinzugefügt. Findet aber die „Resultatsuche" eine passende Eintragung in der Resultatspalte, dann wurde ein neues Element für die korrespondierende Argumentmenge, das nicht in der laufenden Beschreibung der Argumentmenge inkludiert ist, entdeckt (dieses *muß* ein Element sein, da es denselben kanonischen Wert y liefert wie die bereits nachgewiesenen Mengenelemente). Die Beschreibung wird daher durch das Hinzufügen des neuen Elementes zu *poslist* auf den neuesten Stand gebracht. Kann der Verallgemeinerungsteil durch eine vorsichtige Erweiterung von *xpred* dieses Element und irgendwelche andere in *poslist* entfernen, so geschieht dies. Der ganze Prozeß ist schematisch in Abb. 2 dargestellt.

Formation komplexer Pläne: die „condense"-Funktion. Nach dieser Vorbereitung behaupten wir nun, daß die *automatische Formulierung von komplexen Plänen* eine aus folgendem bestehende Prozedur verlangt:

(1) eine Suchroutine;

(2) eine Routine für die „rote"-Speicher; und

(3) eine Verallgemeinerungsroutine.

Entwurf und Implementation von (1) und (2) sind genügend geklärt; sie sind Standardbibliotheksfunktionen. Jeder Planungsteil, der aus diesen Blöcken zusammengesetzt ist, braucht daher nicht schlechter als seine Verallgemeinerungsroutine zu sein. Anders ausgedrückt, es existiert eine Dekomposition des Problems der Formation von Plänen, die alles trivialisiert, ausgenommen die Verallgemeinerungskomponente. Es soll nun ein Rezept für den Wiederzusammenbau eines komplexen Planungsteiles aus den aufbauenden Blöcken dargestellt werden.

Die „condense"-Funktion, die für die Umwandlung von T aus der heuristischen Suchform in algorithmische Form benötigt wird, läßt sich ähnlich den von Marsh (1970) erklärten Leitgedanken durch eine „Memo-ierung" der heuristischen Suchroutine *strategy* gewinnen. Danach erfolgt die gewünschte Umwandlung in algorithmische Form automatisch durch schrittweise Anwendung von T. In POP-2 lautet dies so:

```
function condense xset transform;
newmemo(strategy, rotesize, strategyarity, xmember, ymatch,
    roteupdate, canon) → strategy;
applist(xset, transform);
transform
end;
```

Das zweite Auftreten des Identifikators *transform* läßt im Stapelspeicher als Resultat die kondensierte Version über; es handelt sich dabei natürlich nicht um einen Funktionsaufruf.

Die Durchführung von *condense* mit *xset* $= X$ liefert eine totale Umwandlung von T in extensionale algorithmische Form, d. h., eine Zustands-Aktions-Tabelle. Wir wollen später ein Musterbeispiel ausarbeiten.

Die Substitution einer „Verallgemeinerungs"-Funktion als aktuellen Parameter für *roteupdate* in *newmemo* liefert eine Umwandlung von T in intensionale algorithmische Form, d. h., eine Prädikat-Aktions-Tabelle. Eine derartige Tabelle ist im wesentlichen eine „Entscheidungstabelle" (vgl. zu einem Überblick King 1967) und ist formal äquivalent zu einem Programm vom konventionellen Abfrage- und Schleifentyp.

Die Mechanisierung der induktiven Verallgemeinerung ist ein schwieriges und tiefgreifendes Problem, das nach einigen Meinungen die Arbeit im Bereich der künstlichen Intelligenz in den 70er Jahren beherrschen wird. Ansätze dazu wurden bereits gemacht, etwa von Plotkin (1970, 1971). Konsequenterweise werden Verallgemeinerungsteile verfügbar sein, die — wenn sie durch ein wie beschriebenes Such-und-Speicher-System aufgerufen werden — eine Rolle in der automatischen Formation komplexer Pläne spielen können.

Selbstoptimierung der „strategy"-Funktion. Wie früher bemerkt wurde, ist es für eine heuristische Suchroutine möglich, ihren eigenen Ausführungsmodus durch eine Akkumulierung von Information über den Problembereich zu modifizieren. Neue Information kann zur „Abstimmung" der heuristischen Funktion h oder zur Änderung der Präferenzordnung der Operatoren benützt werden. Die induktive Neuorganisation der Strategie-Tabelle durch einen Verallgemeinerungsteil ist ein weiteres Beispiel. In diesen Fällen gibt es keine einzelne mit der POP-2-Funktion *strategy* korrespondierende Funktion, sondern eine Folge $S_0, S_1, S_2, \ldots, S_k$, und daher eine korrespondierende Folge $T_0, T_1, T_2, \ldots, T_k$ für die *transform*-Funktion. S_k und T_k entsprechen der endgültigen „stabiler Zustands"-Bedingung, die sich ergibt, wenn *strategy* auf alle Elemente von X angewendet wurde und daher ihre ganze Erweiterung in „rote"-Form fixiert hat (ein Zustand, der nur erreicht werden kann, wenn *rotesize* $\geqslant$ Umfang von X). Die Ausgabe von *condense* ist daher nicht nur ein von der Eingabe verschiedener Algorithmus, sondern stellt auch eine andere Funktion dar.

Dies ist nun ein geeigneter Zeitpunkt, wo eine weitere Form der Selbstoptimierung vorgestellt werden kann, die mit einer markanten Erhöhung der Mächtigkeit in *strategy* einführbar ist. Betrachten wir in Abb. 1 das Kästchen „übertrage $\Gamma_{i+1}'(x)$ nach $S\ldots$". Dies entspricht einem Aufruf der *develop*-Funktion von GT4 und spezifiziert, daß der nächste Operator der Menge Γ' auf x angewendet wird. Eine kleine Änderung in der Definition von *develop* bewirkt, daß der Speicher von *strategy* an diesem Punkt zuerst durchsucht wird. Ist diese Suche erfolgreich, dann wird das Resultat der Suche anstelle von Γ_{i+1}' auf x angewendet, und x wird als vollständig entwickelt markiert. Konsequenterweise bewirken sukzessive Aufrufe von *strategy* immer weniger baumähnliche Bestimmungsmodi, da immer mehr des Vorausschauens in einer nicht-verzweigenden „Bambus"-Form durchgeführt wird. Immer dann, wenn spezielle Pläne in der Vergangenheit durch *consplan* konstruiert wurden, werden diese im besonderen durch die heuristische Suche vollständig abgebaut. Der Sinn dessen besteht in einem Voranschreiten des Planungsprozesses in immer größer werdenden und „zweckmäßigeren" Einheiten — analog zum Gebrauch von Unterprogrammen oder den „Klumpen" von G. A. Miller.

Eine Klumpenbildung wird weiter verstärkt und eine andere Kategorie der Selbstoptimierung hinzugenommen, wenn paarweise aus bestehenden Elementen von Γ zusammengesetzte Makrooperationen dem Repertoire automatisch hinzugefügt werden. Das Kriterium für die Zusammensetzung liegt in einem statistischen Ko-Auftreten in früheren erfolgreichen Pfaden derart, daß die neuen Hinzufügungen als „nützliche Klischees" bezeichnet werden dürfen. Da für eine Zusammensetzung geeignete Operatoren auch durch frühere Zusammensetzung produzierte Makrooperatoren enthalten können, können nützliche Klischees zu beliebiger Länge anwachsen. Diese Eigenheit ist zwar nicht in GT4 implementiert, aber ein ähnlicher Mechanismus wurde mit guten Resultaten von Callaway und Notley (1969) angewendet.

Ein Musterbeispiel. Wir betrachten folgendes triviale Puzzle. Es liege eine Algebra der Elemente $\{1, 2, 3, \ldots, 30, undefiniert\}$ mit den einstelligen Operatoren

d „multipliziere mit 2"

e „subtrahiere 11"

s „subtrahiere 7"

vor. Ergibt das Resultat einer Operation eine Zahl außerhalb des Wertebereichs $1 - 30$, dann ist das Resultat *undefiniert*; dies ist auch das Resultat einer Anwendung eines Operators auf *undefiniert*.

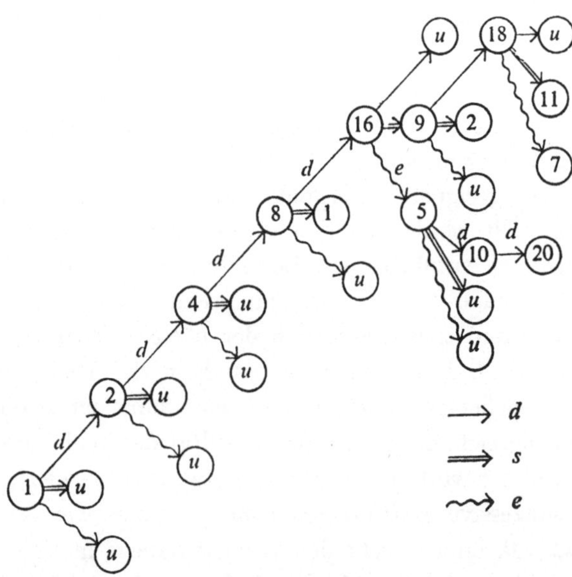

Abb. 3. „Breadth-first"-Suche in einem abgeschlossenen Bereich, der durch 31 Elemente $\{1, 2, 3, \ldots, 30, undefiniert\}$ und die Operatoren d („verdoppeln"), s („weniger sieben") und e („weniger elf") bestimmt ist; „1" ist der Ausgangsknoten des Suchbaumes. Der endgültige Pfad, der im Diagramm durch Markierungen gekennzeichnet ist, ist (d, d, d, d, e, d, d)

Wir fragen nun nach einem Plan, etwa 1 in 20 zu transformieren. Durch ein „Breadth-first"-Vorausschauen erhalten wir den Baum in Abb. 3, wie er durch einen Aufruf von *consplan* wächst.

Wir rufen nun *condense*([1, 2, 3,..., 30], *transform*) → *transform*; auf.

Nach der Durchführung von *transform*(1) schaut der *strategy*-Speicher so aus (vgl. mit Abb. 3):

$$[[\text{LAMBDA } X; \text{ FALSE END}][1\ 2\ 4\ 8\ 5\ 10][\ ]]D$$
$$[[\text{LAMBDA } X; \text{ FALSE END}][16][\ ]]E.$$

Dies läßt sich als Informationskondensation der Abb. 3 auffassen. Nach dem Ausgang von *condense*, 29 Aufrufe später, ergibt der Speicher folgendes Bild:

$$[[\text{LAMBDA } X; \text{ FALSE END}][1\ 2\ 3\ 4\ 5\ 6\ 7\ 8\ 10\ 14][\ ]]D$$
$$[[\text{LAMBDA } X; \text{ FALSE END}][16\ 18\ 21\ 25][\ ]]S$$
$$[[\text{LAMBDA } X; \text{ FALSE END}][9\ 11\ 12\ 13\ 15\ 17\ 19\ 22\ 23\ 24\ 26\ 27\ 28\ 29\ 30][\ ]]E.$$

Dies entspricht einem Programm für die Lösung des „20-Puzzle" in extensionaler algorithmischer Form. Ein Verallgemeinerungsteil könnte den obrigen Speicherinhalt etwa so verwandeln:

$$[[\text{LAMBDA } X; X < 9 \text{ END}][10\ 14][\ ]]D$$
$$[[\text{LAMBDA } X; \text{ FALSE END}][16\ 18\ 21\ 25][\ ]]S$$
$$[[\text{LAMBDA } X; \text{ TRUE END}][\ ][\ ]]E.$$

Dies entspricht etwa einer durch einen Programmierer geschriebenen Routine, beispielsweise:

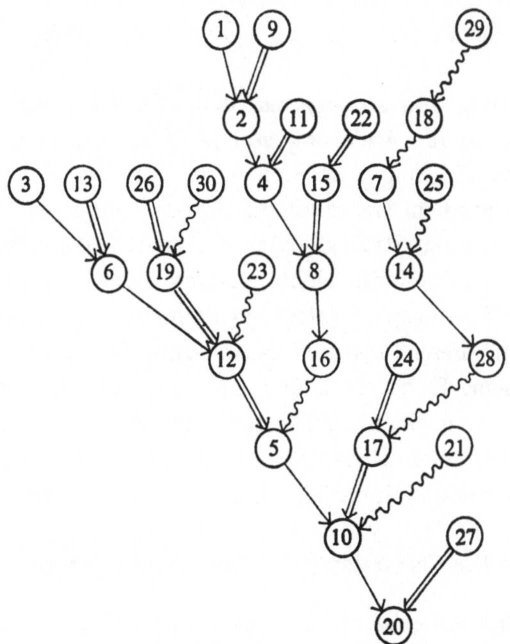

Abb. 4. Baumdarstellung der im Text algorithmisch ausgedrückten *strategy*-Funktion

```
function strategy x;
  if x < 9 or x = 10 or x = 14 then d
  elseif x = 16 or x = 18 or x = 21 or x = 25 then s
  else e close
end;
```

Der Algorithmus ist als „Strategiebaum" in Abb. 4 gezeigt. Der Prozeß der Planformation, so wie er hier betrachtet wurde, kann als die *Extraktion eines Strategiebaumes aus einem Problemgraph* aufgefaßt werden.

Das Darstellungsproblem

Wir erwähnten die schrittweise Modifikation der Funktion durch die Folge $T_0, T_1, T_2, \ldots, T_k$, die durch verschiedene Selbstoptimierungseigenheiten von *strategy* — der POP-2-Implementation von S — bewirkt wurde. *strategy* richtet sich nach einer Darstellung, (X, Γ''). Bewirkt nun eine der obigen Modifikationen eine Änderung von (X, Γ'')? Wird (X, Γ'') als Resultat der „Memo-ierung" von *strategy* verändert — etwa in einen Regel- und einen Speicherteil aufgespalten?

(1) Optimierung der *Parameter von h* beeinflußt (X, Γ'') nicht, sondern nur die Reihenfolge, in der der Regelteil von *strategy* Zustände aus X für die Entwicklung auswählt.

(2) Optimierung der *Operatorordnung* in Γ'' beeinflußt (X, Γ'') nicht, sondern nur die Reihenfolge, in der der Regelteil von *strategy* Operatoren aus Γ'' auswählt.

(3) Die Bildung von *nützlichen Klischees* beeinflußt (X, Γ''); Γ'' wird derart erweitert, daß es eine Reduzierung des Umfangs des effektiven Suchraumes bewirkt.

(4) Die Auffassung von *strategy* als *Memo-Funktion* hat einen gewichtigen Effekt, zwar nicht für die Änderung von (X, Γ''), aber in dessen schrittweisen Abbau. Durch eine Paarung von Elementen aus X mit jeweils spezifizierten Elementen von Γ'' wird im Grenzfall (in T_k) eine Situation erreicht, in der der Problemgraph durch einen Strategiebaum wie in Abb. 4 ersetzt wird. Die Durchsuche des Graphs wird durch die leichtere Aufgabe der Bestimmung der Elementschaft der auf dem Lösungspfad gelegenen Elemente von X ersetzt.

Die Beschreibung dieses Prozesses als Änderung der Problemdarstellung würde aber irreführend sein. Er ist in keiner einsichtigen Weise der Transformation eines Problemraumes in einen „Bildraum", wie er von anderen (Minsky 1963; Amarel 1968) beschrieben wurde, verwandt. Er sollte vielmehr als graduelle *Ersetzung* einer Darstellung durch eine Lösung gesehen werden.

Die Formation von Plänen durch Roboter

Die bisherige Diskussion beschränkte sich auf *im Modell* vorgenommene Operationen, und alle durch die verschiedenen Prozeduren erzeugten Pläne haben die

Form von Algorithmen, die einen Ausgangszustand des Modells in einen Zielzustand des Modells umwandeln. Lassen sich diese Algorithmen auch so durchführen, daß dadurch Konsequenzen für die äußere Welt zustandekommen? Wie extrahieren wir aus den Plänen Aktionen? Klarerweise sind die in dem Plan aneinandergereihten Operatoren nicht *selbst* Aktionen im geforderten Sinn, da sie ja auf *Beschreibungen* der Umwelt einwirken und neue *Beschreibungen* erzeugen; Aktionen wirken auf die Umwelt selbst ein. Sie *lassen* sich aber in die geforderten Aktionen durch eine die einstelligen Operatoren in nullstellige Aktionen abbildende Transferfunktion umformen. Dies sind parameterlose Routinen, die die externen Robotereinrichtungen steuern und die umgekehrt mit der externen Welt interagieren.

Bezeichnen wir die Transferfunktion mit „*actof*", so läßt sich der erforderliche Effekt durch eine Umformulierung der Funktion *run* wie folgt erreichen:

```
function run x path; vars laststate newstate nextop;
loop: if null (path) then [% „done", newstate %] exit;
hd (path) → nextop; x → laststate;
nextop(x) → x;
apply (actof(nextop));
constate (laststate, observe()) → newstate;
if disagree (x, newstate) then [% „failed", newstate %] exit;
tl (path) → path;
goto loop
end;
```

„*observe*" gibt durch Sensoren, wie etwa TV-Kameras, Daten aus der Außenwelt ein. „*constate*" konstruiert aus einem Modellzustand und den Eingabedaten einen neuen Modellzustand. Durch „*disagree*" wird eine Rückkoppelung vorgesehen: dies vergleicht zwei Modellzustände (einer wird durch Simulation und einer durch Beobachtung erhalten), und wenn diese beiden Zustände stärker als eine erlaubte Toleranz abweichen, so führt „exit" zu der höchst-stufigen Aufruffunktion „*transform*". Die letztere läßt sich rekursiv derart erweitern, daß die Planformation neuerlich einsetzt, wenn ein „fail"-Ausgang auftritt:

```
function transform x; vars result;
apply (x, consplan (x, y)) → result;
if hd (result) = „done" then hd (tl (result))
else transform (tl (result)) close
end;
```

Der Zweck dieses Abschnitts war, das frühere Schema in einer natürlichen Weise so auszudehnen, daß der allgemeinere Fall, in dem Pläne im Modell gebildet, aber in der Welt ausgeführt werden, einbezogen werden kann. Eine Rechtfertigung läßt sich aus den praktischen Schwierigkeiten ableiten, die in derzeitigen, auf der Resolution beruhenden, Ansätzen zur Beweisführung von Theoremen auftreten (vgl. Raphael 1971). Die Überprüfung der neuen Formulierungen und Routinen, die bestehende Roboter-Hardware verwenden, bleibt der Zukunft vorbehalten.

Warum sollen Roboter für die Untersuchungen der Formation von Plänen herangezogen werden?

Das Hauptargument für Versuche, intelligente Problemlösungsfähigkeiten in Aufgabenbereichen der realen Welt zu implementieren, ist, daß künstliche Intelligenz schwierig und herausfordernd genug ist und man nicht erst danach suchen muß. Jeder Ansatz, der zu dieser Schwierigkeit mutwillig durch eine notwendige weitere Erfahrung in gewissen, nicht zur künstlichen Intelligenz in Beziehung stehenden, Bereichen verlangt, beiträgt, soll mit Vorsicht behandelt werden. Dieser Punkt wird in Tab. 3 illustriert, wo zwei Bereichskategorien für eine Arbeit an der künstlichen Intelligenz verglichen werden. Rechts sind vier Bereiche aufgeführt, die die angenehme Eigenschaft haben, daß ein Forscher wegen seiner lebenslangen Vertrautheit mit dem Aufgabenbereich gleichsam einen „fliegenden Start" vornehmen kann. Die beiden letzteren involvieren typische Roboterstudien, wozu die Diskussion der Planformation in diesem Aufsatz als Beitrag gedacht ist.

Tabelle 3. *Beispiele von Problemkreisen, die zwei kontrastierenden Kategorien angehören. Die Mechanisierung in jeder Kategorie verlangt eine spezielle bereichsunabhängige Erfahrung — d. h., im Bereich der künstlichen Intelligenz — und eine bereichsspezifische Erfahrung. In den links angeführten Bereichen haben nur Spezialisten diese Erfahrung, in der rechten Kategorie dagegen verfügen in einem hohen Grad alle normalen Erwachsenen über die bereichsspezifische Erfahrung*

Bereiche, die spezielle Kenntnisse verlangen	Bereiche, wo „jeder" Experte ist
Schach	Erkennen von Gesichtern
Massenspektroskopie	Lernen einer Sprache
Kontrolle industrieller Prozesse	„Hand-Auge"-Probleme
medizinische Diagnosen	Erkunden eines Geländes

Literatur

Amarel, S.: On representations of problems of reasoning about actions. In: Machine Intelligence **3**, 131—171 (Michie, D., Hrsg.). Edinburgh: Edinburgh University Press 1968.

Callaway, J., Notley, M. G.: The discrimination Graph Traverser. Technical Report No. 2027, Computing Research Division, International Computers Limited (1969).

Davies, D.: A theory of chess and noughts and crosses. Science News, 40—64. London: Penguin Books Ltd. 1950.

Dijkstra, E.: A note on two problems in connection with graphs. Numerische Mathematik **1**, 269—271 (1959).

Doran, J. E., Michie, D.: Experiments with the Graph Traverser program. Proc. Roy. Soc. **A294**, 235—259 (1966).

Doran, J. E.: New developments of the Graph Traverser. In: Machine Intelligence 2, 119—135 (Dale, E., Michie, D., Hrsg.). Edinburgh: Edinburgh University Press 1968.

Doran, J. E.: Planning and generalization in an automaton/environment system. In: Machine Intelligence 4, 435—454 (Meltzer, B., Michie, D., Hrsg.). Edinburgh: Edinburgh University Press 1969.

Doran, J. E.: Planning and robots. In: Machine Intelligence 5, 519—532 (Meltzer, B., Michie, D., Hrsg.). Edinburgh: Edinburgh University Press 1970.

Ernst, G.: Sufficient conditions for the success of GPS. J. Ass. Comput. Mach. 16, 517—533 (1969).

Ernst, G., Newell, A.: GPS: A Case Study in Generality and Problem Solving. New York: Academic Press 1969.

Green, C. C.: Theorem-proving by resolution as a basis for question-answering systems. In: Machine Intelligence 4, 183—205 (Meltzer, B., Michie, D., Hrsg.). Edinburgh: Edinburgh University Press 1969.

Hart, P., Nilsson, N. J., Raphael, B.: A formal basis for the heuristic determination of minimum cost paths. IEEE. Trans. on Sys. Sci. and Cybernetics. SSC-4, 100—107 (1968).

Hooke, R., Jeeves, T. A.: "Direct search" solution of numerical and statistical problems. J. Ass. Comput. Mach. 8, 212—229 (1961).

King, P. J. H.: Decision tables. Comput. J. 10, 135—142 (1967).

Lin, S.: Computer solution of the travelling salesman problem. Bell Sys. Tech. J. 2245—2269 (1965).

Marsh, D. L.: LIB GRAPH TRAVERSER. Multi-POP Program Library Documentation. Department of Machine Intelligence and Perception, University of Edinburgh (1969).

Marsh, D. L.: Memo functions, the Graph Traverser and a simple control situation. In: Machine Intelligence 5, 281—300 (Meltzer, B., Michie, D., Hrsg.). Edinburgh: Edinburgh University Press 1970.

Marsh, D. L.: LIB FULL MEMOFNS. Multi-POP Program Library Documentation. Department of Machine Intelligence and Perception, University of Edinburgh (1971).

Michie, D.: Strategy-building with the Graph Traverser. In: Machine Intelligence 1, 135—152 (Collins, N. L., Michie, D., Hrsg.). Edinburgh: Edinburgh University Press 1967(a).

Michie, D.: Memo functions: a language feature with "rote-learning" properties. Research Memorandum MIP-R-9. Department of Machine Intelligence and Perception, University of Edinburgh (1967b).

Michie, D.: Memo functions and machine learning. Nature 218, 19—22 (1968).

Michie, D., Ross, R.: Experiments with the adaptive Graph Traverser. In: Machine Intelligence 5, 301—318 (Meltzer, B., Michie, D., Hrsg.). Edinburgh: Edinburgh University Press 1970.

Minsky, M.: Steps toward artificial intelligence. In: Computers and Thought (Feigenbaum, E. A., Feldman, J., Hrsg.). New York: McGraw-Hill 1963.

Moore, E.: The shortest path through a maze. Proc. Int. Symp. on the Theory of Switching, II, 285. Cambridge: Harvard University Press 1957.

Newell, A., Shaw, J. C., Simon, H. A.: Preliminary description of general problem solving program — 1(GPS-1). CIP Working Paper 7, Carnegie Institute of Technology (1957).

Newell, A., Simon, H. A.: GPS: a program that simulates human thought. In: Computers and Thought (Feigenbaum, E. A., Feldman, J., Hrsg.). New York: McGraw-Hill 1963.

Nilsson, N. J.: Problem-Solving Methods in Artificial Intelligence. New York: McGraw-Hill 1971.

Plotkin, G. D.: A note on inductive generalization. In: Machine Intelligence 5, 153—163 (Meltzer, B., Michie, D., Hrsg.). Edinburgh: Edinburgh University Press 1970.

Plotkin, G. D.: A further note on inductive generalization. In: Machine Intelligence 6, 101—124 (Meltzer, B., Michie, D., Hrsg.). Edinburgh: Edinburgh University Press 1971.

Pohl, I.: First results in the effect of error in heuristic search. In: Machine Intelligence 5, 219—236 (Meltzer, B., Michie, D., Hrsg.). Edinburgh: Edinburgh University Press 1970(a).

Pohl, I.: Heuristic search viewed as path finding in a graph. Memo RC2770. IBM Thomas J. Watson Research Center (1970b).

Popplestone, R. J.: Memo functions and the POP-2 language. Research Memorandum, MIP-R-30, Department of Machine Intelligence and Perception, University of Edinburgh (1967).

Raphael, B.: The frame problem in problem-solving systems (1971). In diesem Band: Das Rahmenproblem in Problemlösungssystemen.

Samuel, A. L.: Programming computers to play games. In: Advances in Computers 1, 165—192 (Alt, F., Hrsg.). New York: Academic Press 1960.

Scott, D.: Outline of a mathematical theory of computation. Proc. Fourth Ann. Princeton Conf. on Inf. Sci. and Sys. (1970).

Strachey, C.: Logical or non-logical programmes. Proc. Ass. Comput. Mach. Meeting Toronto 46 (1952).

Von Neumann, J., Morgenstern, O.: Theory of Games and Economic Behaviour. Princeton: Princeton University Press 1944.

Ein allgemeines Programm für Spiele

Von **J. Pitrat**

Einführung

Ein allgemeines Programm für Spiele muß die Regeln des im besonderen zu spielenden Spieles kennen. Diese Regeln sind:

(1) ein Algorithmus, der die Siegzustände anzeigt; und

(2) ein Algorithmus, der die zulässigen Züge aufzählt. Ein Zug ergibt eine Menge von Änderungen an der laufenden Situation.

Es gibt nun zwei Wege, diese Regeln zu formulieren:

(1) Wir können eine Subroutine schreiben, die erkennt, ob wir gewonnen haben, und eine andere, die die zulässigen Züge aufzählt. Eine derartige Subroutine ist eine „Blackbox", die dem aufrufenden Programm als Antwort entweder „du hast gewonnen" oder „du hast nicht gewonnen" oder eine Liste der zulässigen Züge gibt. Es „weiß" aber nicht, was in dieser Subroutine vor sich geht.

(2) Wir können auch eine Sprache definieren, in der wir die Regeln des Spieles beschreiben. Das Programm untersucht die in dieser Sprache geschriebenen Regeln und findet dadurch gewisse Hinweise, um sein Spiel zu verbessern.

Mit dieser letzten Methode kann das Programm die verschiedenen möglichen Zugarten auffinden; beispielsweise die Möglichkeiten der Bauernverwandlung bei Schach. Es kann genauso entdecken, daß bei Schach die Bauern immer geradeaus ziehen; daß in allen Fällen — ausgenommen dem Schlagen *en passant* — die schlagende Figur auf das Feld der geschlagenen Figur zieht; daß wir höchstens einmal rochieren können, usw.

Durch die erste Beschreibung der Regeln lassen sich zwar einige dieser Fakten beobachten, jedoch können wir nicht sicher sein, daß diese gesetzmäßig sind. Es kann sehr lange dauern, bevor eine Umwandlung bei Schach beobachtet wird. Diese tritt nicht zu häufig in einer Partie auf, obwohl die Möglichkeit sehr wichtig für die Strategie des Spielers ist.

Wir haben schon gesagt, daß das Programm mit der zweiten Beschreibungsmethode gewisse wichtige Charakteristika des Spieles vor der ersten Partie auffinden kann. Ein anderer Aspekt der zweiten Methode ist der, daß es bequemer ist, die Regeln in einer speziellen Sprache zu beschreiben als in einer allgemeinen Programmiersprache.

Die für die Beschreibung eines Spieles verwendete Sprache

Wir wählen hier die zweite Methode. Die Sprache ist für die Beschreibung von Spielen auf rechteckigen Brettern geeignet, sie kann aber auch andere Spiele beschreiben. Allerdings unterliegt sie gewissen Beschränkungen und kann nicht jedes Spiel — auch nicht jedes Brettspiel — beschreiben.

Mein Ziel besteht hier nicht in einer genauen Beschreibung der Sprache, sondern in einem kurzen Abriß zur Darstellung der Grundideen.

Die Ausgangssituation auf dem Brett wird beim Beginn jeder Partie eingelesen und wird nicht durch die Regeln beschrieben.

Variablen. Diese bestehen aus einer Folge von alphanumerischen Zeichen. Sie haben zwei Charakteristika.

(1) Ihr Wert kann eine (ganze) Zahl oder ein Zahlenpaar sein. Im zweiten Fall kann die Variable ein Feld des Brettes bezeichnen. Der Wert des ersten Paarelementes ist die Abszisse, der Wert des zweiten die Ordinate des Feldes. Wir können auch die Operationen $+$ und $-$ in Verbindung mit den Variablen verwenden.

Sind etwa $V(3, 2)$ und $HP(0, 1)$ zwei Variablen, dann ist der Wert von „$V + HP$" gleich $(3, 3)$. Eine Variable kann mit einer Zahl multipliziert werden: ist k gleich 2, dann ist $(k*V)$ gleich $(6, 4)$.

Auf diese Variablen können vier Funktionen angewendet werden; der Wert der Funktion ist eine Zahl.

(a) OCCUPY(V) — drei Werte sind möglich: leer (EMPTY), eigene Figur (FRIEND), fremde Figur (ENEMY).

(b) NATURE(V) — der Wert dieser Funktion ist der Typ der Figur, die das Feld V besetzt. Die Funktion ist undefiniert, wenn das Feld leer ist. Bei Schach gibt es sechs mögliche Werte: *König, Dame, Turm, Läufer, Springer, Bauer.* In anderen Spielen, wie etwa in Go-Moku, ist nur ein Wert möglich.

(c) ABSCISSA(V) — der Wert ist die erste Koordinate des Feldes V.

(d) ORDINATE(V) — der Wert ist die zweite Koordinate des Feldes V.

Das Programm findet den Variablentyp aus dem Zusammenhang. Es gibt keine Konstanten, Variablenwerte können aber zu Beginn definiert werden.

(2) Wurden ihre Werte zu Beginn vorgegeben, so haben Variablen noch eine andere Besonderheit. Einige haben nur einen Anfangswert (eine Zahl oder ein Zahlenpaar), andere haben zwei Anfangswerte: einer dieser Werte bezieht sich auf den ersten Spieler, der andere auf den zweiten Spieler. Diese Variablen sind für die Beschreibung der Regeln beider Spieler durch einen einzigen Algorithmus nützlich. Beispielsweise ist der Wert von FRIEND gleich 1 für den ersten Spieler und gleich 2 für den zweiten Spieler. Die Werte von CHP sind $(0, 1)$ bzw. $(0, -1)$. Dies ist besonders für die Beschreibung der Bauernzüge bei Schach von Vorteil: wir addieren CHP zum Wert des Bauernfeldes und erhalten den Wert eines Feldes, auf das der Bauer ziehen kann, wenn es leer ist.

Nützlich ist auch die Einführung der Variablen KA, deren Werte (6, 1) bzw. (6, 8) sind, und der Variablen KB mit den Werten (7, 1) bzw. (7, 8). Wollen wir die Möglichkeit einer kurzen Rochade untersuchen, so müssen wir überprüfen, ob OCCUPY(KA) und OCCUPY(KB) den Wert EMPTY haben.

Anweisungen. Jede Anweisung darf mit einer Kennung beginnen. Ist diese Kennung optional, so wird sie in der Anweisungsbeschreibung in Klammern gesetzt. Wir beschreiben hier nicht Anweisungen in Backus-Normalform, sondern führen die allgemeine Form jeder Anweisung an.

(1) ARITHMETIC.

$$\text{(Kennung). ARITHMETIC*}\begin{Bmatrix}Variable\\Pseudofunktion\end{Bmatrix} = \textit{arithmetischer Ausdruck.}$$

Die Operatoren im arithmetischen Ausdruck können $+$, $-$ und $*$ sein. Es dürfen auch die vier Funktionen verwendet werden. Ihr Wert ist eine Zahl oder ein Zahlenpaar. Die Variable im ersten Anweisungsteil muß vom selben Typ sein wie das Resultat des arithmetischen Ausdrucks. Eine Pseudofunktion kann sein:

$$\text{ABSCISSA}(V)$$
$$\text{ORDINATE}(V),$$

wobei V eine Variable mit einem Zahlenpaar als Wert ist. In diesem Fall muß der Wert des arithmetischen Ausdrucks eine Zahl sein. Die Wirkung der Anweisung ist derart, daß der Wert des Ausdrucks dem ersten oder dem zweiten Element des Paares V zugewiesen wird.

Nach der Ausführung einer arithmetischen Anweisung wird die folgende Anweisung durchgeführt.

(2) Unbedingtes GO TO.

$$\text{.GO TO} * L.$$

Die nächste auszuführende Anweisung ist die Anweisung mit der Kennung L.

(3) Berechnetes GO TO.

$$\text{(Kennung). } CPTD \text{ GO TO} * \textit{arithmetischer Ausdruck} = I_1, L_1.\ I_2, L_2 \ldots I_n L_n.$$

Die I_j sind Variablen, die L_j Kennungen. Wir berechnen den arithmetischen Ausdruck. Ist sein Wert I_k, dann ist die nächste auszuführende Anweisung die Anweisung mit der Kennung L_k, beispielsweise

$$.CPTD \text{ GO TO} * \text{NATURE}(SQ) = \text{KING, } TA.\,\text{QUEEN, } TB.\,\text{ROOK, } TC.$$
$$\text{BISHOP, } TD.\,\text{KNIGHT, } TE.\,\text{PAWN, } TF.$$

Ist das Feld SQ durch einen Läufer besetzt, dann wird die Anweisung mit der Kennung TD zur nächsten Anweisung.

(4) IF.

$$\text{(Kennung). IF} * \textit{arithmetischer Ausdruck } 1 \textit{ Relation arithmetischer}$$
$$\textit{Ausdruck } 2.\ L1,\ L2.$$

$L1$ und $L2$ sind Kennungen. Die Relationen können $=$, $\neq$, $>$, $\geqslant$, $<$, $\leqslant$ sein. Die arithmetischen Ausdrücke werden berechnet; ist die Relation richtig, ist die nächste Anweisung $L1$, ist die Relation falsch, dann wird $L2$ ausgeführt.

(5) END.

Dies bezeichnet das statische Ende des Algorithmus und ist die letzte Anweisung.

(6) FINISHED.

$$\text{(Kennung). FINISHED *.}$$

Dies bezeichnet das dynamische Ende des Algorithmus. Die Durchführung stoppt, wenn wir zu dieser Anweisung übergehen.

(7) SCANNING.

$$L1.\ \text{SCANNING} * V.\ L2.$$

V ist eine Variable; der Wert ist ein Zahlenpaar.

Wir definieren eine Hilfskennung durch die Verkettung des Buchstabens X mit den Symbolen von $L1$; dies stellen wir durch $//$ dar. Ist $L1$ gleich AB, dann ist $X//L1$ gleich XAB. Diese neue Kennung kann im Algorithmus an anderer Stelle aufgerufen werden. Das Resultat der Anweisung ist aus Abb. 1 ersichtlich.

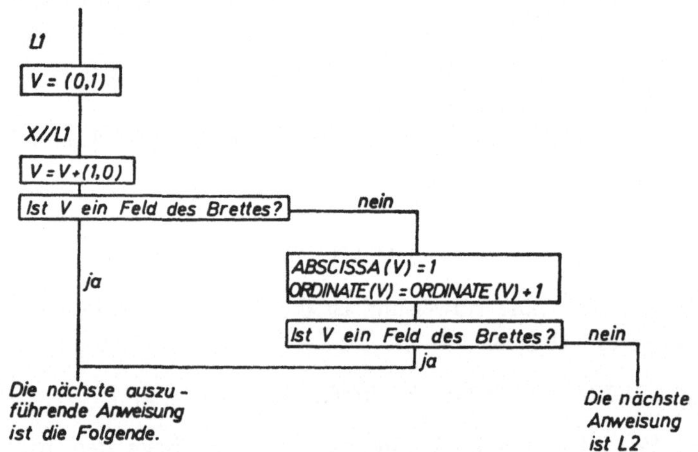

Abb. 1. Flußdiagramm der SCANNING-Anweisung

Mit dieser Anweisung können wir das Spielbrett absuchen. Ein Aufruf von $L1$ beginnt den Suchprozeß, und der erste Wert von V ist $(1, 1)$. Bei jedem Aufruf von $X//L1$ erhält V den Wert des nächsten Feldes. Ist der Suchprozeß vervollständigt, gehen wir zu $L2$ über.

(8) LOOP.

$$L1.\ \text{LOOP} * V1 = V2.\ I_1, I_2, \ldots, I_n.\ L2 \qquad n > 0$$

$V1, V2, I_1, I_2, \ldots, I_n$ sind Variablen. Ihre Werte sind Zahlenpaare.

Wir definieren zwei Hilfskennungen: $X//L1$ und $Z//L1$ sowie zwei Hilfsvariablen: $W//L1$ und $Y//L1$. Diese Kennungen und Variablen dürfen im Algorithmus verwendet werden. Die Bedeutung von $X//L1$, $Z//L1$, $W//L1$ und $Y//L1$ sowie das Resultat der Anweisung sind der Abb. 2 zu entnehmen.

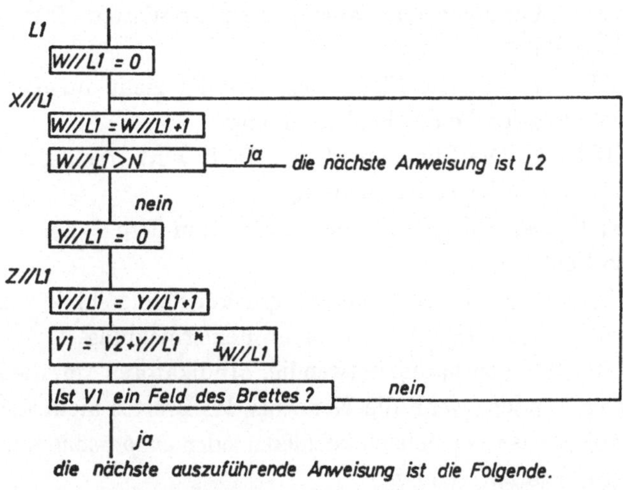

Abb. 2. Flußdiagramm der LOOP-Anweisung

Gehen wir zu $L1$ über, so treten wir in die Schleife ein, und $V1$ erhält den Wert von $V2$ plus dem Wert von I_1. Gehen wir zu $Z//L1$ über, so zählen wir noch einmal denselben Zuwachs I_j dazu: wir machen noch einen Schritt in derselben Richtung. Sind wir außerhalb des Brettes, so zählen wir zu $V2$ den neuen Zuwachs I_{j+1}.

Gehen wir zu $X//L1$ über, so addieren wir zu $V2$ den nächsten Zuwachs. Wir machen einen Schritt in einer neuen Richtung. Wurden alle n Zuwächse verwendet, so ist die neue Anweisung $L2$.

Der Wert von $W//L1$ zeigt an, welcher Zuwachs verwendet wurde, und der Wert von $Y//L1$, wieviele Schritte in einer Richtung ausgeführt wurden.

(9) RESULT.

(Kennung). RESULT * *Typ des Resultates.*

Der Typ des Resultates kann sein:

> *Sieg*
> *kein Sieg*
> *Unentschieden*
> *Niederlage*
>
> . . .

Diese Anweisung wird einmal oder öfter im Algorithmus verwendet, um den Gewinnzustand anzuzeigen: kein Sieg ist nicht unbedingt eine Niederlage, d. h., wir haben noch nicht gewonnen, aber auch nicht verloren.

Anschließend wird die nächste Anweisung ausgeführt.
(10) MOVE.

(Kennung). MOVE * *Teilzug* 1 *Teilzug* 2 ... *Teilzug N* $N > 0$.

Es gibt fünf Arten von Teilzügen.

V, $V1$, $V2$ sind Variablen mit Zahlenpaaren als Werten, P ist eine Variable mit einer Zahl als Wert.

(a) TRAVEL, $V1$, $V2$. Die Figur vom Feld $V1$ zieht auf das Feld $V2$. Ist $V1$ leer oder $V2$ nicht-leer, dann Fehlermeldung.

(b) CAPTURE, V. Die Figur auf dem Feld V wird geschlagen. Steht auf V keine gegnerische Figur, so Fehlermeldung.

(c) PUT, P, V. Der Spieler setzt eine Figur vom Typ P auf das Feld V. Ist V nicht-leer, so Fehlermeldung.

(d) PROMOTION, P, V. Die eigene Figur auf dem Feld V wird zum neuen Typ P. Steht auf V keine eigene Figur, dann Fehlermeldung.

(e) INDIC, M, P. Es ist häufig notwendig, „Indikatoren" für die Beschreibung des Spieles zu verwenden, wenn die Kenntnis des Brettes nicht ausreichend ist. Wenn wir beispielsweise bei Schach rochieren oder *en passant* schlagen wollen, so führen wir drei Indikatoren ein:

(ea) PASSANT. Der Wert ist 0 nach einem Zug, außer wenn der Bauer zwei Felder geradeaus zog. In diesem Fall ist der Wert durch die Abszisse des Bauern gegeben.

(eb) CAS1 und CAS2 für die kurze bzw. lange Rochade. Jeder der beiden Indikatoren hat zwei Werte, je einen für jeden Spieler. Der Wert von CAS1 ist für einen Spieler gleich 0, wenn die kurze Rochade noch möglich ist, da es keinen Zug des Königs oder Turms auf der achten Reihe gab. Ist sie nicht möglich, so hat CAS1 den Wert 1.

Es gibt die Möglichkeit der Änderung der Werte. Ziehen wir unseren König, so zeigen wir in der MOVE-Anweisung an, daß die Werte von CAS1 bzw. CAS2 gleich 1 sind. Wir verwenden die Teilzüge

INDIC, CAS1, ONE. INDIC, CAS2, ONE,

die den Indikatoren CAS1 und CAS2 den Wert der Variable ONE zuweisen, die zu Beginn als 1 definiert wurde.

Wir geben hier nun einen kommentierten Teil des Algorithmus wieder, der zulässige Züge bei Schach aufzählt.

A. SCANNING * V. M.

M ist die Kennung der ersten Anweisung jenes Algorithmusteiles, der überprüft, ob Rochade möglich ist. Spielen wir eine Schachvariante, in der es keine Rochade gibt, so können wir die Anweisung M. FINISHED * schreiben.

.IF * OCCUPY(V) = FRIEND. B, XA.

Steht auf dem Feld V keine eigene Figur, so betrachten wir das folgende Feld.

$B. CPTD$ GO TO * NATURE(V) = KING, CK. QUEEN, CQ. ROOK, CR. BISHOP, CB. KNIGHT, CN. PAWN, CP.

Wir geben den Algorithmus nur für die Dame und den Springer wieder.

(a) CQ. LOOP * $W = V.HP, HN, VP, VN, BP1, BP2, BN1, BN2. XA$.

Dame auf dem Feld V. Der Wert von HP ist $(0, 1)$, von HN gleich $(0, -1)$, VP: $(1, 0)$ ... $BN2(-1, -1)$. Kennen wir die Züge der Dame in die acht Richtungen, so untersuchen wir das folgende Feld.

$.CPTD$ GO TO * OCCUPY(W) = EMPTY, E. FRIEND, XQC. ENEMY, F.

Steht auf dem Feld W eine eigene Figur, so versuchen wir es in der folgenden Richtung.

E. MOVE * TRAVEL, V, W.
.GO TO * ZCQ.

Das Feld W ist leer. Wir schreiten in derselben Richtung fort.

F. MOVE * CAPTURE, W. TRAVEL, V, W.

Führen wir eine MOVE-Anweisung aus, so geben wir die Teilzüge mit den aktuellen Variablenwerten aus. In anderen Worten, wenn V gleich $(2, 2)$ ist und W gleich $(7, 7)$, so geben wir aus

CAPTURE(7, 7). TRAVEL, (2, 2), (7, 7).

.GO TO * XCQ.

Auf dem Feld W steht eine gegnerische Figur. Da wir nicht weiter in dieser Richtung voranschreiten können, versuchen wir die nächste Richtung.

(b) CN. LOOP * $Y = V.OT, OMT, MOT, MOMT, TO, TMO, MTO, MTMO$.
　　　　XA.

Springer auf dem Feld V. Der Wert von OT ist $(1, 2)$, von OMT $(1, -2)$, von MOT gleich $(-1, 2), ...,$ von $MTMO$ gleich $(-2, -1)$.

$.CPTD$ GO TO * OCCUPY(Y) = EMPTY, H. FRIEND, XCN. ENEMY, I.

Steht auf Y eine eigene Figur, dann gibt es keinen Zug dorthin.

H. MOVE * TRAVEL, V, Y.
.GO TO * XCN.
I. MOVE * CAPTURE, Y. MOVE, V, Y.
.GO TO * XCN.

. . .

Es sind nun noch die Züge des Königs (CK), des Turms (CR), des Bauern (CP) und das Rochieren (M) zu beschreiben.

.END.

Bei Schach besteht eine Schwierigkeit mit dem Algorithmus in der Beschreibung der Rochade und der Bauernzüge.

Schlußfolgerungen. Diese Sprache kann in mehrfacher Hinsicht verbessert werden:

(1) Es dürfte bequem sein, die Züge als Werte eines neuen Variablentyps aufzufassen, und dann Anweisungen für die Modifikation dieser Variablen zu verwenden. Sind beispielsweise Q und R solche Variablen, so könnte man schreiben:

$$Q = R + \text{Teilzug}.$$

Dies ist dann nützlich, wenn wir zu einem gewissen Zeitpunkt nicht alle Teilzüge eines Zuges kennen — etwa bei Dame, wenn mehrere Steine geschlagen werden.

(2) Es dürfte nützlich sein, die Beziehungen zwischen einem Zug und den anderen Zügen zu beschreiben — beispielsweise dann, wenn die Existenz eines eigenen Zuges aus der Existenz gegnerischer Züge folgt. Bei Schach können wir nicht rochieren, wenn es einen gegnerischen Zug gibt, der unseren König schlägt. Ich habe diese Möglichkeit in der Sprache vorgesehen, beschreibe sie aber nicht, da sie hier nicht wesentlich ist.

(3) Es dürfte bequem sein, über indizierte Variablen zu verfügen. Wenden wir diese an, so können wir die Züge jedes Reiters (wie Dame, Turm, Läufer,...) und die Züge jedes Hüpfers (wie König, Springer,...) durch getrennte Subroutinen beschreiben.

Bemerkung. Ich habe zuerst für die Sprache einen Interpretierer und dann erst einen Kompilierer geschrieben. Mit der zweiten Lösung ist die Durchführung ungefähr 20mal schneller. Wir werden noch sehen, daß hier der Kompilierer höher entwickelt ist als ein gewöhnlicher Kompilierer, und daß hier ein mehr als nur einfacher Übersetzer vorliegt.

Notwendige Bedingungen für das Auftreten eines Zuges

Einleitung. Der die zulässigen Züge aufzählende Algorithmus zeigt für jeden Zug an, wie dieser das Spielbrett modifiziert. Hat beispielsweise ein Zug nur einen Teilzug TRAVEL, (3, 2), (4, 4), so gibt es nach diesem Zug zwei Änderungen auf dem Brett:

(3, 2) wird leer
(4, 4) wird durch die Figur aus (3, 2) besetzt.

Diese Information ist für die Durchführung des Zuges notwendig. Sie ist aber nicht hinreichend, wenn wir ein effizientes Spielprogramm konstruieren wollen.

Das Programm muß auch wissen, warum der Zug existiert. Existiert beispielsweise ein gegnerischer Zug Q, der — weil gewisse Bedingungen $c_1, c_2, \ldots, c_n$ auf dem Brett wahr sind — gefährlich ist, und kennt das Programm diese Bedingungen, dann wählt das Programm nur unter jenen Zügen, die mindestens eine dieser Bedingungen ändern. Genauso ist es nützlich zu wissen, daß sich ein besonders interessanter Zug ergeben kann, wenn es gewisse Änderungen auf dem Brett gibt.

Das Wissen von diesen notwendigen Bedingungen für das Auftreten eines Zuges ist zwar wichtig, wird aber nicht durch den Algorithmus bereitgestellt. Das Programm muß jene erst durch Untersuchung des Algorithmus finden.

Konstruktion des Flußdiagramms. Das Programm konstruiert das Flußdiagramm für den Algorithmus. ARITHMETIC-, MOVE- und RESULT-Anweisungen haben je eine Nachfolgeanweisung; die IF-Anweisung hat zwei und COMPUTED GO TO hat $N > 0$. SCANNING- und LOOP-Anweisungen werden durch die äquivalenten Flußdiagramme ersetzt.

Unbedingte GO TO- und END-Anweisungen verschwinden, da sie eine Folge der linearen Algorithmusbeschreibung sind.

Alle FINISHED-Anweisungen des Algorithmus werden in eine Anweisung zusammengefaßt.

Prinzipien der Methode, die die Bedingungen auffindet. Angenommen, es liegt das Flußdiagramm aus Abb. 3 vor; „a" ist die Bedingung einer IF-Anweisung, etwa

$$\text{OCCUPY}(BR) = \text{EMPTY}.$$

BR ist eine Variable mit einem Feld als Wert; B, C und D sind MOVE-Anweisungen.

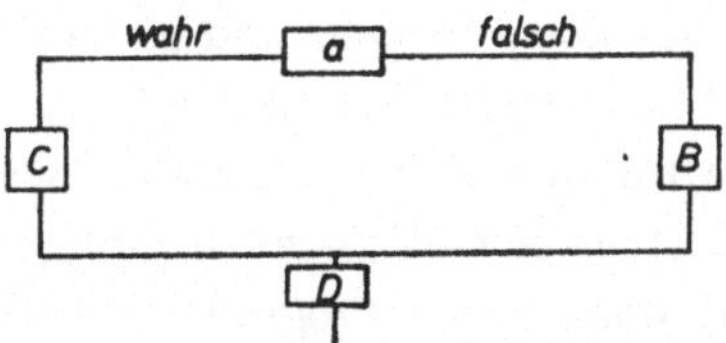

Abb. 3. Flußdiagramm, das die Prinzipien zur Auffindung der Bedingungen zeigt

Führen wir die IF-Anweisung aus, sind wir sicher, daß die Zuganweisung D ausgeführt wird, egal, ob „a" wahr oder falsch ist. Demnach ist die Bedingung „a" für den durch D beschriebenen Zug nicht notwendig. Andererseits ist es für die Ausführung von C notwendig, daß „a" wahr ist. Ist der Wert von BR gleich $(5, 4)$, dann ist es notwendig, daß $(5, 4)$ leer ist. Dies ist eine der notwendigen Bedingungen für den durch C beschriebenen Zug. Ähnlich ist es für die Ausführung von B notwendig, daß „a" falsch ist.

Die verwendete Methode ist klar zu ersehen: in einem ersten Schritt, der einmal beim Lesen des Algorithmus durchgeführt wird, bestimmen wir das

‚conjuguè' jeder Sprunganweisung IF und COMPUTED GO TO. Das ‚conjuguè'
der Anweisung *s* ist die erste Anweisung, die wir sicher ausführen, wenn wir *s*
ausführen — unabhängig davon, welcher Weg nach *s* eingeschlagen wird.

Führen wir den Algorithmus aus, so speichern wir in einem zweiten Schritt
bei jeder Sprunganweisung die verwendete Bedingung mit dem Namen des
conjuguè. Diese Bedingung wird bei der Ausführung des conjuguè gelöscht. Für
jede Zuganweisung werden die gerade gespeicherten Bedingungen ausgegeben —
diese sind die notwendigen Bedingungen für das Auftreten des Zuges.

Diese beiden Gesichtspunkte werden nun näher erläutert.

Bestimmung der conjuguès. Das „conjuguè" einer Sprunganweisung S (IF,
COMPUTED GO TO) ist die erste Anweisung T, die sicher ausgeführt wird,
wenn S ausgeführt wird — egal, welcher Pfad nach S eingeschlagen wird. Es
gibt immer ein derartiges conjuguè: wir haben nämlich nur ein dynamisches
Ende, und es ist sicher, daß diese Anweisung durchgeführt wird, sofern ein
korrekt geschriebener Algorithmus vorliegt.

Das conjuguè eines jeden Sprungbefehls wird einmal nach dem Lesen des
Algorithmus bestimmt. Diese Suche verwendet nicht die Variablenwerte und ist
die einzige Funktion des Flußdiagramms; sie wird in zwei Schritten ausgeführt.

Erster Schritt. Wir suchen einen Pfad vom Sprungbefehl S zum dynamischen
Ende des Algorithmus. Wir erhalten diesen Pfad, indem wir alle Verzweigungen
der auftretenden Sprungbefehle untersuchen, bis wir das dynamische Ende erreichen. Kommen wir zu einem Sprungbefehl, so wird ein Zweig entwickelt, und
die anderen noch nicht untersuchten Zweige werden in einen Stapelspeicher übertragen.

Um Schleifen zu vermeiden, werden die bereits untersuchten Sprungbefehle
markiert. Stoßen wir später auf eine markierte Anweisung, so wird die weitere
Entwicklung dieses Zweiges abgebrochen, und es wird ein anderer nicht-unter-
suchter Zweig aus dem Stapelspeicher hervorgeholt.

Ein derartiger Pfad wird nun sicher erhalten, da es von jedem Punkt des
Algorithmus immer mindestens eine Möglichkeit gibt, um das Ende zu erreichen.
Erhalten wir keinen Pfad, dann liegen Programmierfehler vor.

Durch den Prozeß gewinnen wir eine Folge von Anweisungen (nicht nur
Sprunganweisungen)

$$S, S_1, S_2, \ldots, S_n,$$

wobei S_n als letzte Anweisung das dynamische Ende ist. S_{i+1} ist einer der möglichen Nachfolger von S. Es können verschiedene Pfade zwischen S und dem
dynamischen Ende existieren; dies ist aber nicht so wichtig, da wir nur einen
derartigen erhalten wollen.

Zweiter Schritt. Das „conjuguè" liegt auf jedem Pfad zwischen S und dem
dynamischen Ende, es ist eine der Anweisungen des von uns gefundenen Pfades:

es ist eines der S_i, $i = 1, \ldots, n$. Das conjuguè der Anweisung S ist das erste S_i, das sicher nach S ausgeführt wird.

Wir betrachten daher alle S_i — beginnend mit S_1 —, bis wir das conjuguè erhalten. Wir wollen dann feststellen, ob S_i zu allen von S ausgehenden Pfaden gehört. Ist dies der Fall, dann ist S_i das conjuguè: wir sind sicher, daß diese Anweisung nach S ausgeführt wird; dies ist auch die erste Anweisung mit der geforderten Eigenschaft, da die Eigenschaft nicht bei $S_1, S_2, \ldots, S_{i-1}$ gilt.

Um festzustellen, ob alle von S ausgehenden Pfade durch S_i laufen, markieren wir zunächst S_i und verwenden dieselbe Methode wie im ersten Schritt: wir versuchen, von S zum dynamischen Ende zu gelangen; in diesem Fall können wir jedoch nicht über S_i, das markiert und schon untersucht ist, hinaus. Finden wir aber einen Pfad, so ist S_i nicht das conjuguè: es existiert ein Pfad, wo S_i nicht ausgeführt wird. Diese Prozedur wird mit S_{i+1} fortgesetzt. Gibt es keinen Pfad, so ist S_i das conjuguè: in jedem Pfad von S zum dynamischen Ende führen wir S_i aus, und dies ist die erste Anweisung mit der geforderten Eigenschaft.

Durch diese Methode wird mit jedem Sprungbefehl eine andere Anweisung (nicht unbedingt eine Sprunganweisung), das „conjuguè", assoziiert. Das conjuguè kann das dynamische Ende sein.

Der Prozeß wird nur einmal nach dem Lesen der Spielregeln durchgeführt. Im Schachalgorithmus sehen wir dadurch beispielsweise, daß das conjuguè der COMPUTED GO TO-Anweisung CQ XCQ ist. Dies ist trivial: ist OCCUPY(W) gleich ENEMY, dann gehen wir zu F und anschließend zu XCQ über; ist der Wert EMPTY, gehen wir zu E und nachher zu ZCQ und anschließend zu XCQ oder dem vorhergehenden COMPUTED GO TO über (die Schleife ist durch das äquivalente Flußdiagramm ersetzt). Ist der Wert gleich FRIEND, so gehen wir zu XCQ.

Das Auffinden der Bedingungen. Wenn wir während der Ausführung eines Algorithmus auf eine COMPUTED GO TO- oder eine IF-Anweisung stoßen, so übertragen wir die Bedingung, die mit dieser Anweisung assoziiert ist, zusammen mit dem Namen des conjuguè der Anweisung in einen Stapelspeicher. Als Bedingung übertragen wir den Wert der Variable. Ist beispielsweise die Bedingung einer IF-Anweisung OCCUPY(BR) = EMPTY und ist der Wert von BR gleich (4, 5), so übertragen wir bei der Ausführung dieser Anweisung

$$\text{OCCUPY}(4, 5) = \text{EMPTY}$$

in den Stapelspeicher, wenn die Bedingung wahr ist.

Ist die Bedingung falsch — beispielsweise wenn (4, 5) gleich FRIEND ist —, so übertragen wir

$$\text{OCCUPY}(4, 5) = \text{FRIEND.}$$

Führen wir eine neue Anweisung S aus (nicht notwendig eine Sprunganweisung), so wird im Stapelspeicher nachgesehen, ob diese das conjuguè von Bedingungen ist (diese liegen notwendigerweise zuoberst). Ist dies der Fall, dann löschen wir diese Bedingungen. Sie sind nicht mehr notwendig: wir führen die Anweisung S und auch die folgende aus, auch dann, wenn diese Bedingungen falsch sind. Da die Anweisung das conjuguè von verschiedenen Sprungbefehlen sein kann, können verschiedene Bedingungen gleichzeitig gelöscht werden.

Stoßen wir auf eine Ergebnis- oder Zuganweisung, so geben wir die Bedingungen zusammen mit der Ergebnis- oder Zugbeschreibung aus dem Stapelspeicher aus. Wir erhalten daher die notwendigen Bedingungen dieses Ergebnisses oder dieses Zuges.

In Schach liege beispielsweise folgende Situation vor:

> Weißer Turm auf (3, 1)
> Weißer Läufer auf (1, 2)
> Schwarzer Springer auf (4, 5).

Der Zug „Läufer schlägt Springer" hat in der dargestellten Methode die Bedingungen

> OCCUPY(1, 2) = FRIEND
> NATURE(1, 2) = BISHOP
> OCCUPY(2, 3) = EMPTY
> OCCUPY(3, 4) = EMPTY
> OCCUPY(4, 5) = ENEMY.

Dieser Zug ändert zwei Felder:

> OCCUPY(4, 5) wird FRIEND
> NATURE(4, 5) wird BISHOP
> OCCUPY(1, 2) wird EMPTY.

Der Zug „Turm zieht nach (1, 1)" hat die Bedingungen

> OCCUPY(3, 1) = FRIEND
> NATURE(3, 1) = ROOK
> OCCUPY(2, 1) = EMPTY
> OCCUPY(1, 1) = EMPTY.

Die Änderungen sind:

> OCCUPY(3, 1) wird EMPTY
> OCCUPY(1, 1) wird FRIEND
> NATURE(1, 1) wird ROOK.

Tatsächlich schreiben wir allerdings nicht alle Bedingungen im Stapelspeicher an. Wir sind nur an jenen Bedingungen interessiert, die durch die Ausführung eines Zuges geändert werden können. Der Wert eines Schleifenzählers ist nicht interessant, da der Spieler nichts damit anfangen kann. Wir behalten auch nur solche Bedingungen im Auge, die die Besetzung oder die Art eines Feldes oder den Wert eines Indikators spezifizieren. Führen wir oder der Gegner den Zug aus, so können wir diese Bedingungen ändern und den Zug oder das Resultat zerstören.

Bemerkung. Diese Methode ist zwar einfach, jedoch gibt es einige Fälle mit großen Schwierigkeiten:

(1) Der Algorithmus ist nicht optimal geschrieben; einige Sprungbefehle sind überflüssig. In diesem Fall faßt das Programm einige Bedingungen als notwendig auf, die es nicht sind. Es ist aber schwer, ein Programm zu schreiben, das einen besseren Algorithmus darstellt! Dieser Fehler ist nicht zu häufig, und es ist nicht besonders bedeutend, wenn mehr Bedingungen als notwendig vorhanden sind.

(2) Es gibt noch einen anderen Fall, in dem die Methode versagt, und wo wir Bedingungen vergessen, was unangenehmer ist. Dieser Fall tritt dann ein, wenn bei der Untersuchung verschiedener Pfade der Wert einer Variable nicht überall gleich ist und diese Variable in einem Sprungbefehl verwendet wird. Der Variablenwert speichert das Ergebnis einer vorausgehenden Bedingung.

Betrachten wir beispielsweise die Abb. 4.

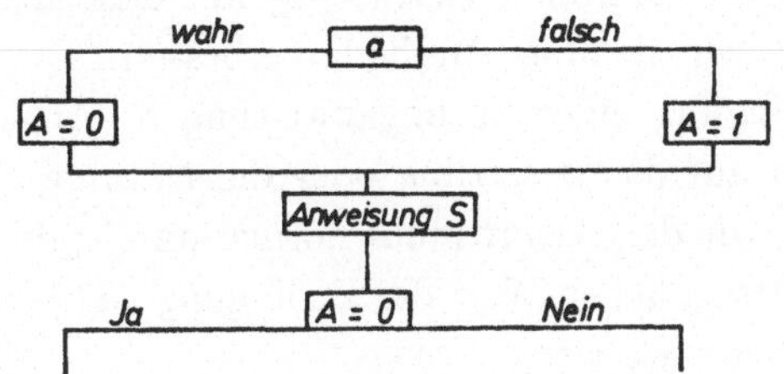

Abb. 4. Flußdiagramm eines Gegenbeispiels zur vorhergehenden Methode

„a" ist eine Bedingung. Die zweite Abfrage „$A = 0$" ist äquivalent einer Prüfung, ob „a" wahr ist. Mit unserer Methode stellen wir fest, daß die Bedingung „a" nach der Anweisung S nicht mehr notwendig ist. Daher fehlt uns eine Bedingung.

Die Methode kann aber verbessert werden, und die Schwierigkeit läßt sich beseitigen. Mit jeder Variable assoziieren wir durch folgende Methode eine Liste von Bedingungen:

(a) zu Beginn ist die Liste leer;

(b) wenn wir den Wert einer Variable (durch eine arithmetische Anweisung) definieren, übertragen wir in die Liste die Bedingungen im Stapelspeicher und die Bedingungen der Variablenlisten, die für die Definierung des neuen Wertes verwendet wurden. Jede Bedingung wird nur einmal übertragen. Wir löschen aber die mit dieser Variable assoziierten Bedingungen vor der Anweisung. Vor jeder Sprunganweisung fügen wir zum Stapelspeicher die Bedingungen hinzu, die in den, mit in der Anweisung verwendeten Variablen assoziierten, Listen aufscheinen. Das mit allen diesen Bedingungen assoziierte conjuguè ist das conjuguè der Sprunganweisung.

Führen wir im obigen Beispiel die ARITHMETIC-Anweisung „$A = 0$" aus, so assoziieren wir „wahr" mit „a", was zu diesem Zeitpunkt im Stapelspeicher ist. Die Anweisung S löscht „a wahr" aus dem Stapelspeicher. Prüfen wir aber „$A = 0$", so übertragen wir (wenn A nicht neu definiert wurde) in den Stapelspeicher die mit der Variable A assoziierten Bedingungen: wir haben wieder eine Bedingung „a wahr".

Mit dieser Methode gehen uns zwar keine Bedingungen ab, wir haben aber häufig überflüssige Bedingungen.

Ich habe dieses neue Programm nicht geschrieben, da der Fall einer Variable, die das Resultat einer Sprunganweisung speichert, in den untersuchten Spielen nicht auftritt. Es gibt nur wenige ARITHMETIC-Anweisungen in den Algorithmen, deren Ergebnis im allgemeinen sehr bald verwendet wird.

Modifikationen. Es ist wichtig zu untersuchen, welche Züge existieren können, falls es eine oder mehrere Änderungen auf dem Brett gibt. Wir können diese Änderungen vornehmen und den Algorithmus neu durchführen. Diese Methode verschwendet jedoch Rechenzeit. Häufig wissen wir auch nicht, welche Modifikationen für eine Untersuchung interessant sind. Daher ziehe ich es vor, die „Züge, die möglich sein könnten", gleichzeitig mit den zulässigen Zügen zu erzeugen. Dazu müssen wir die obige Methode verbessern.

Sei „a" die Bedingung einer Sprunganweisung S. Angenommen, diese Bedingung beziehe sich auf die Besetzung oder die Natur eines Feldes. In einem ersten Schritt führen wir den Algorithmus normal durch: die nächste Anweisung wird die durch den tatsächlichen Wert der Bedingung „a" bezeichnete Anweisung sein. Im Auge behalten wir aber

> den Wert der Variablen;
> das conjuguè der Sprunganweisung S;
> die anderen von der Sprunganweisung S ausgehenden Anweisungen, und
> die von der Bedingung „a" angenommenen Werte, um diese anderen
> Anweisungen zu erhalten.

Sei S beispielsweise

$AB. CPTD$ GO TO $*$ OCCUPY(BR) = FRIEND, $BC.$ ENEMY, $BD.$ EMPTY, $BE.$

Angenommen, der Wert von BR ist gleich $(3, 2)$ und auf $(3, 2)$ steht eine gegnerische Figur. In den Stapelspeicher übertragen wir die Bedingung „OCCUPY$(3, 2)$ = ENEMY", und wir führen BD aus. Wir speichern aber auch, daß wir, wenn „OCCUPY$(3, 2)$ = FRIEND" gilt, zu BC bzw., wenn „OCCUPY$(3, 2)$ = EMPTY", zu BE weitergehen müssen.

Ist die normale Durchführung beendet, so speichern wir diese Situationen erneut. Wir übertragen die nicht erfüllten Bedingungen zusammen mit einem speziellen Indikator in den Stapelspeicher und führen den Algorithmus aus, bis wir zum conjuguè der Sprunganweisung S kommen. Die folgenden Anweisungen wurden schon während der normalen Durchführung ausgeführt. Treffen wir auf eine Zug- oder Resultatanweisung, so geben wir den Inhalt des Stapelspeichers zusammen mit den unerfüllten Bedingungen aus.

Wenn wir während einer derartigen Durchführung auf eine neue Sprunganweisung stoßen, so können wir denselben Prozeß wieder durchführen. Wir können Züge erzeugen, die n Modifikationen auf dem Brett benötigen. Wir können diesen Prozeß abbrechen, wenn $n > N$ ist, wobei N ein wichtiger Programmparameter ist.

Mit dieser Methode erhalten wir jene Züge, die existieren würden, sofern es eine (oder mehrere) Brettmodifikation(en) gibt. Es ist aber nicht notwendig, den ganzen Algorithmus für jede Modifikation auszuführen.

Beispiel. In einer Schachpartie befinde sich ein eigener Turm auf (8, 5), ein eigener Läufer auf (7, 4), ein gegnerischer Läufer auf (8, 6), die gegnerische Dame auf (8, 7) und der gegnerische König auf (8, 8). Unter den Zügen mit Modifikationen erhalten wir:

Turm auf (8, 5) schlägt (8, 7).

Bedingungen: eigener Turm auf (8, 5)
                (8, 6) wird leer
                (8, 7) gegnerische Figur.
Die zweite Bedingung ist nicht erfüllt.

Turm auf (8, 5) schlägt (8, 8).

Bedingungen: eigener Turm auf (8, 5)
                (8, 6) wird leer
                (8, 7) wird leer
                (8, 8) gegnerische Figur.
Die zweite und die dritte Bedingung sind nicht erfüllt.

Läufer auf (7, 4) schlägt (8, 5).

Bedingungen: eigener Läufer auf (7, 4)
                (8, 5) gegnerische Figur.
Die zweite Bedingung ist nicht erfüllt.

Beispiel. In einer Go-Moku-Partie seien (6, 5), (6, 6) und (6, 8) leer und eigene Steine liegen auf (6, 7) sowie (6, 9). Das Programm erkennt, daß eine Gewinnmöglichkeit mit drei Modifikationen besteht:

(6, 5) wird FRIEND
(6, 6) wird FRIEND
(6, 7) ist FRIEND
(6, 8) wird FRIEND
(6, 9) ist FRIEND.

Das Programm wendet den beschriebenen Prozeß nur auf Sprunganweisungen an, die Bedingungen bezüglich der Besetzung oder Natur eines Feldes bzw. bezüglich des Wertes eines Indikators haben: ein Zug kann derartige Bedingungen abändern, und wir können berechtigt hoffen, daß der Zug zulässig sein wird.

Anwendungen. Es ist sehr nützlich, wenn man die notwendigen Bedingungen für die Existenz eines Zuges und die Züge, die bestehen, wenn einige Modifikationen vorhanden sind, kennt. Ich habe dies beim Positionsspiel angewendet und schreibe gegenwärtig an einem allgemeinen Brettspielprogramm, das Kombinationen lernt. Ich werde jetzt eine Anwendung auf das Aufsuchen eines Gewinnzuges geben.

Die Suche nach einem Gewinnzug

Einführung. In einigen Spielen, wie Schach, Tic-Tac-Toe, Go-Moku usw., sind wir häufig „hart" an einem Gewinn. Spielt der Gegner nicht so, daß die entsprechende Drohung vermieden wird, gewinnen wir. Der Grund dafür ist, daß es nur wenige zu realisierende oder zu zerstörende Bedingungen gibt, die uns an einem Sieg hindern. Wir können erwarten, in einer geringen Zuganzahl zu gewinnen.

In anderen Spielen, wie Dame usw., besteht während eines großen Partienteiles keine Gefahr einer unmittelbaren Niederlage. Diese Gefahr ergibt sich erst im Endspiel. In diesen Spielen könnten wir schon zu Beginn sicher sein, daß wir verlieren; beispielsweise dann, wenn der Gegner zwölf, wir aber nur acht Steine haben. Der Gegner wird aber im allgemeinen dennoch viele Züge benötigen, bis er gewinnt.

Die folgende Methode ermöglicht die Anwendung auf jedes Spiel, wird aber praktisch nur für die erste Spielklasse nützlich sein.

Blockade und Drohung. Wir können in jedem Fall untersuchen, ob wir gewinnen können — egal, was der Gegner spielt. Wir erweitern einfach den Zugbaum und untersuchen, ob es eine Folge von Zügen gibt, die zu einem Gewinnzustand für alle gegnerischen Antwortzüge führt.

Die Erweiterung des Baumes wird aber im allgemeinen so umfangreich sein, daß dies praktisch unmöglich wird — außer bei Spielen, wo es immer nur eine kleine Anzahl von zulässigen Zügen gibt. Allerdings ist eine Erweiterung manchmal möglich, wenn wir die Anzahl der gegnerischen Antworten drastisch reduzieren können. Dazu gibt es zwei Methoden: (1) die Blockade und (2) die Drohung.

(1) *Blockade.* Wir versuchen, die Anzahl der gegnerischen zulässigen Züge zu senken. Dies ist in Spielen mit einer hohen Zuganzahl nützlich, wenn diese Anzahl aus gewissen Gründen gesenkt werden kann — beispielsweise, wenn der Gegner schlagen muß, sobald die Möglichkeit dazu besteht. Wenn wir einen Zug spielen, sodaß der Gegner schlagen muß, dann hat dieser nur einen zulässigen Zug. Dies ist dann interessant, wenn der Zugzwang Nachteile für den Gegner bringt.

Wir können auch Situationen schaffen, wo alle möglichen Züge des Gegners diesem Nachteile bringen. Wir nützen den Zugzwang aus, und der Opponent kann nur aus wenigen Zügen wählen, da die anderen nachteilige Konsequenzen haben. In vielen Spielen muß ein Spieler einen Zug ausführen, wenn die Reihenfolge an ihm ist.

Beispiel. Tic-Tac-Toe (vgl. Abb. 5). Spielen wir „Stein auf (3, 3) zieht nach (2, 3)", so ist dieser Zug nicht gefährlich. Der Gegner muß allerdings ziehen: er muß den Zentralstein ziehen und verliert.

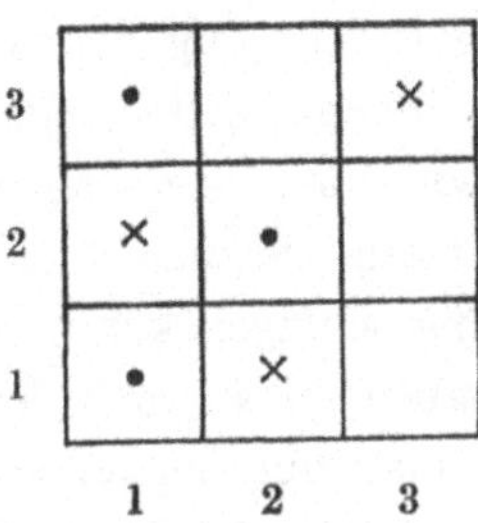

Abb. 5. Blockade in Tic-Tac-Toe

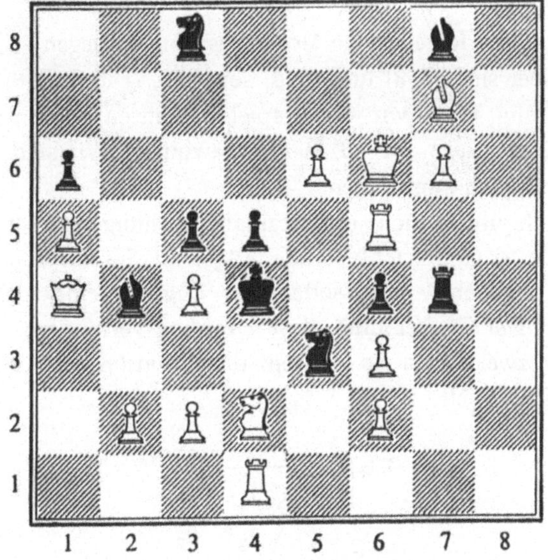

Abb. 6. Blockade in Schach

Derartige Situationen sind in Schachpartien selten (es gibt einige in Partien von Nimzowitsch), treten aber häufig in Schachproblemen mit speziell konstruierten Situationen auf.

Beispiel. [H. d'Ogly-Bernard, nach Le Lionnais und Maget (1967).] Die Stellung ist in Abb. 6 angegeben; es gibt ein Matt in zwei Zügen. Der Gewinnzug ist Dame (1, 4) nach (1, 1). Dies droht kein Matt in einem Zug. Es muß aber Schwarz ziehen, und jeder Zug ergibt eine Mattmöglichkeit, beispielsweise:

Turm (7, 4) nach (8, 4), und jetzt König (6, 6) nach (7, 5)
Springer (5, 3) beliebig, und jetzt Turm (6, 5) schlägt (4, 5)
Läufer (2, 4) schlägt (4, 2), und jetzt Bauer (2, 2) nach (2, 3)
Läufer (7, 8) zieht nach (8, 7), und jetzt König (6, 6) nach (6, 7).

Es gibt hier 25 zulässige Züge für Schwarz und jeder bringt Nachteil. Eine derartige Situation kommt in echten Schachpartien natürlich äußerst selten vor!

(2) *Drohung.* Eine Drohung ist ein Zug derart, daß wir — wenn wir noch einmal spielen könnten — gewinnen würden, egal, was der Gegner spielt. In einem einfacheren Fall haben wir einen Siegeszug, wenn wir noch einmal spielen könnten; beispielsweise erzeugt ein „Schach!" einen Siegeszug, nämlich einen Zug, der den gegnerischen König schlagen könnte. Wenn wir etwa in Go-Moku Steine auf (6, 1), (6, 2), (6, 3) haben, (6, 4), (6, 5) leer sind und wir (6, 4) spielen, so drohen wir den Zug (6, 5). Spielt der Gegner keinen Stein auf diesen Punkt, so gewinnen wir. Wir nennen eine derartige Drohung eine *unmittelbare* Drohung. Es gibt auch andere Drohungen, die keine unmittelbaren Drohungen darstellen: wir sind sicher, daß wir gewinnen könnten, wenn wir noch einmal ziehen dürften, jedoch gewinnen wir nicht unmittelbar.

Beispiel. Wir haben folgende Go-Moku-Position vorliegen: eigene Steine auf (6, 5) und (6, 6); leer sind (6, 3) und (6, 4) sowie (6, 7) und (6, 8). Der Zug (6, 4) ist dann eine Drohung. Wenn wir wieder spielen könnten, spielen wir (6, 7). Spielt der Gegner (6, 3), so spielen wir (6, 8) und gewinnen. Wir sind sicher, daß wir gewinnen, aber erst nach zwei Zügen.

Auch bei Schach gibt es nicht-unmittelbare Drohungen. Aber im allgemeinen sind mattdrohende Züge schachbietende Züge. In Schachproblemen muß der Gewinnzug kein „Schach!" sein, sodaß der Zug oft eine nicht-unmittelbare Drohung darstellt. Der Gegner muß diese Drohung verhindern. Ist etwa Q eine Gewinndrohung in zwei Zügen, so entsteht die Situation aus Abb. 7. θ zeigt an, daß der Gegner nicht spielt.

$$Q - \emptyset - R - \emptyset - S$$
$$T_1 - U_1$$
$$T_2 - U_2$$
$$\cdots$$
$$T_n - U_n$$

Abb. 7. Beschreibung einer Drohung

Wenn der Gegner nicht nach dem Gewinnzug Q spielt, so würden wir R spielen. Spielt der Gegner wieder nicht, so spielen wir den Siegeszug S. Demnach versucht der Gegner also, den Zug S durch einen der Züge $T_1, T_2, \ldots, T_n$ zu verhindern. Aber für jeden solchen Zug gibt es einen Siegeszug U_i.

Der Gegner kann aber nach Q den Zug X spielen; er wird versuchen, die Drohung zu erwidern. Dazu kann er Verschiedenes unternehmen:

(a) Er verhindert durch den Zug X den Zug R. Nach X ist R nicht mehr zulässig.

(b) Er erwidert R. R ist zwar auch nach X ein zulässiger Zug, jedoch verlieren wir dann, wenn wir R spielen, bevor wir den Siegeszug S ausführen können. Bei Schach kann beispielsweise X die im Zuge R zu spielende Figur fesseln. Ziehen wir diese Figur, um „Schach!" zu bieten, so schlägt der Gegner unseren König.

(c) Er spielt einen neuen Antwortzug T_{n+1}, der keinen nachfolgenden Siegeszug U_{n+1} hat.

(d) Er verhindert eine der Möglichkeiten U_i.

(e) X ist eine unmittelbare Drohung und ergibt den Siegeszug Y des Gegners. Spielen wir R, so spielt er Y vor S.

Als Beispiel sei dazu der Zweizüger aus Abb. 8 betrachtet [Hartong, nach Le Lionnais und Maget (1967)].

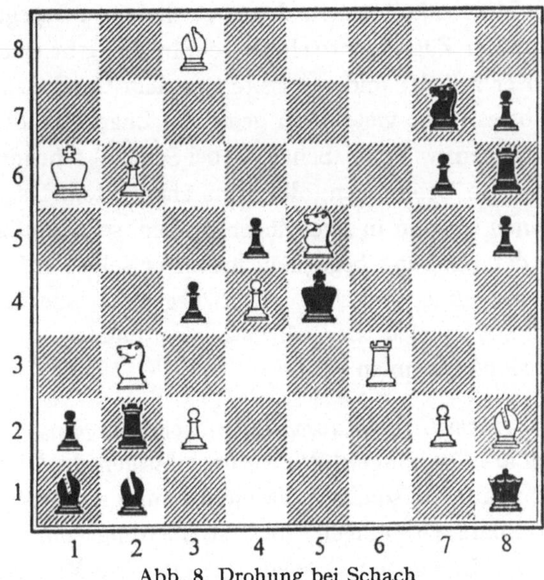

Abb. 8. Drohung bei Schach

Q: Springer $(5, 5)$ schlägt $(3, 4)$

R: Springer $(3, 4)$ zieht nach $(4, 6)$

S: Springer $(4, 6)$ schlägt $(5, 4)$

T_1: König schlägt $(4, 4)$ U_1: Springer $(2, 3)$ schlägt König

T_2: König zieht nach $(4, 3)$ U_2: Turm $(6, 3)$ schlägt König

T_3: König zieht nach $(5, 3)$ U_3: Turm $(6, 3)$ schlägt König

T_4: König schlägt $(6, 3)$ U_4: Bauer $(7, 2)$ schlägt König

T_5: König zieht nach $(6, 4)$ U_5: Turm $(6, 3)$ schlägt König

T_6: König zieht nach $(6, 5)$ U_6: Turm $(6, 3)$ schlägt König

T_7: König zieht nach $(5, 5)$ U_7: Bauer $(4, 4)$ schlägt König.

Möglichkeiten des Gegners nach Q sind:

(1) Springer $(7, 7)$ zieht nach $(5, 8)$. Ergibt ein neues T_i: „Springer $(5, 8)$ schlägt Springer $(4, 6)$" ohne U_i.

(2) Bauer $(7, 6)$ zieht nach $(7, 5)$. Erzeugt ein T_i „Turm $(8, 6)$ schlägt Springer $(4, 6)$" ohne U_i.

(3) Dame $(8, 1)$ schlägt $(8, 2)$. Erzeugt ein T_i „Dame $(8, 2)$ schlägt Springer $(4, 6)$" ohne U_i.

(4) Dame $(8, 1)$ zieht nach $(6, 1)$. Der Springer $(3, 4)$ ist gefesselt. Spielen wir R, schlägt der Gegner mit der Dame den König.

(5) Bauer $(4, 5)$ schlägt Springer $(3, 4)$. Der Gegner zerstört R.

(6) Turm $(2, 2)$ schlägt $(2, 3)$. Der Zug zerstört U_1. T_1 ist nach R möglich.

Dies ist nur eine Studie der Drohung durch den Schlüsselzug und der Möglichkeiten des Entkommens für den Gegner. Dies ist jedoch keine Studie der Zweizüger, in denen für jede Antwort des Gegners ein neuer Gewinnzug vorhanden ist.

Wenn ein Zug einen Gewinn nach mehreren Zügen droht, sehen wir, daß der Gegner auch viele Möglichkeiten hat, dieser Drohung zu begegnen. Wir können daher die Anzahl seiner Züge nicht sehr einschränken; gibt es eine unmittelbare Drohung, so kann er auf der anderen Seite nur dem Gewinnzug begegnen, und im allgemeinen gibt es nicht viele dafür geeignete Züge. Aus diesem Grund sind unmittelbare Drohungen (wie das „Schach!" bei Schach) sehr nützlich. In Schach finden wir auch andere Drohungen, allerdings eher selten. Dagegen sind in Go-Moku Züge, die einen Gewinn in zwei Zügen drohen, sehr häufig. In diesem Fall kann der Gegner der Drohung begegnen, indem er selbst auf den Punkt setzt, auf den wir spielen wollten, und so R oder S begegnen, oder aber er kann eine unmittelbare Drohung spielen, der wir begegnen müssen, da — wenn wir es nicht tun — er vor uns gewinnen würde.

Die Suche nach einem Gewinn durch unmittelbare Drohungen. Wir betrachten jetzt nur unmittelbare Drohungen. Wir vernachlässigen die Blockade, was nicht so sehr ins Gewicht fällt, da solche Fälle nicht häufig sind. Wir vernachlässigen auch nicht-unmittelbare Drohungen; dies ist allerdings eine ernsthaftere Programmbeschränkung. In einigen Spielen, wie etwa Go-Moku, sind solche Drohungen recht häufig. Die Methode, die ich jetzt beschreiben werde, kann allerdings für solche Drohungen verkompliziert werden.

Die Methode untersucht, ob wir bei Schach durch eine Folge von schachbietenden Zügen bzw. bei Go-Moku durch Stellungen, wo schon drei der fünf notwendigen Steine vorhanden sind, gewinnen können.

Versuchen wir, eine Gewinnmöglichkeit zu finden, so treten zwei Probleme auf:

(1) es sind Drohungen und die Antworten des Gegners zu finden; und

(2) der Und/Oder-Baum ist einzuengen oder zu entwickeln.

Wir werden beide Punkte untersuchen, den zweiten aber nur kurz, da er genügend bekannt ist.

Wie das Programm Drohungen und die Antworten des Gegners auffindet.

(*A*) *Das Auffinden unmittelbarer Drohungen.* Wir wollen ein Zugpaar $Q - R$ für den Erstziehenden finden derart, daß R ein Siegeszug ist, wenn wir Q spielen. So muß zuerst der Algorithmus, der angibt, wie man gewinnen kann, ausgeführt werden. Hier gibt es zwei Fälle:

(a) Der Algorithmus zeigt an, daß wir nicht gewinnen, und daß p Bedingungen $c_1, c_2, \ldots, c_p$ für diese Nicht-Gewinnstellung notwendig sind. Diese p Bedingungen verhindern unseren Zug, und wir werden daher versuchen, diesen zu begegnen. Wir haben diesen Fall für $p = 1$ bei Schach; eine Bedingung verhindert unseren Sieg: auf dem Feld S steht eine gegnerische Figur, wenn der König des Gegners auf S steht.

(b) Der Algorithmus zeigt einen Sieg mit p Modifikationen an. Seien m_1, $m_2, \ldots, m_p$ die zu erfüllenden Bedingungen und $d_1, d_2, \ldots, d_r$ die bestehenden notwendigen Bedingungen. Wir müssen die m_i erfüllen, ohne die d_j zu zerstören.

Wir untersuchen nicht näher den Fall, wo ein Zug Q die p Bedingungen zerstören (erfüllen) kann. Dies ist ein Siegeszug, sodaß wir diesen spielen können, und es besteht daher kein Problem. Wir untersuchen auch nicht den Fall, wo mehr als zwei Züge notwendig sind: es gibt dann keine unmittelbare Drohung.

Gibt es eine unmittelbare Drohung, so sind vier Grundmöglichkeiten vorhanden:

(a) $p = 1$: nur eine Bedingung muß verletzt (erfüllt) werden. Betreffe diese Bedingung das Feld S. Kein Zug kann dies jedoch bewerkstelligen, es muß einen Zwischenzustand für das Feld S geben. Q ändert S in diesen Zustand ab, und nach R haben wir die geforderte Bedingung zerstört.

Ich kenne zwar kein Spiel, wo dies vorkommt, jedoch wäre dies theoretisch denkbar. Angenommen, wir haben ein Spiel mit Figuren, die wie in Schach ziehen; wir mögen aber gewinnen, wenn das Feld $(5, 8)$ leer ist. Stehe eine gegnerische Figur auf $(5, 8)$. Wir können nicht in einem Zug gewinnen. Wir müssen mindestens zwei Züge ausführen: der erste Zug Q schlägt die Figur auf $(5, 8)$, der zweite Zug R macht $(5, 8)$ von unserer Figur frei. Der Grund dafür ist, daß es keinen eigenen Zug gibt, der den Zustand Feld $S = $ fremde Figur in den Zustand Feld $S = $ leer abändert. Dies geht nur über den Zwischenzustand Feld $S = $ eigene Figur.

(b) Wir müssen eine oder mehrere Bedingungen erfüllen. Der zulässige Zug Q erfüllt alle diese Bedingungen, verletzt aber einige Bedingungen, die notwendig sind und schon erfüllt wurden. Wir müssen dann R spielen, um die nachteiligen Wirkungen von Q zu korrigieren.

Beispiel. Tic-Tac-Toe (Abb. 9).

Es gibt hier eine Gewinnmöglichkeit durch eine Modifikation. Zwei Bedingungen sind schon erfüllt: eigene Steine auf $(1, 3)$ und $(3, 3)$; allerdings muß auf $(2, 3)$ ebenfalls ein eigener Stein stehen. Der Zug Q „$(3, 3)$ zieht nach $(2, 3)$" erfüllt diese Bedingung, verletzt aber die schon erfüllte Bedingung „eigener Stein auf (3, 3)". Wir müssen daher R — „(3, 2) zieht nach (3, 3)" — spielen, und dies korrigiert den Effekt von Q.

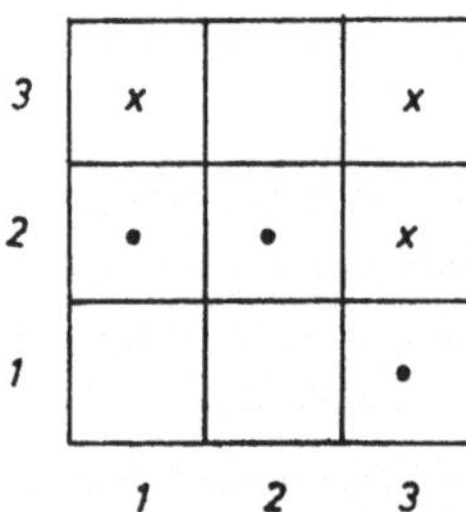

Abb. 9. Zweite Art einer Drohung in Tic-Tac-Toe

(c) Eine oder mehrere Bedingungen müssen erfüllt (zerstört) werden, aber kein Zug kann dies bewerkstelligen. Q erzeugt nun eine Situation, wo ein derartiger Zug existiert; nach Q gibt es dann einen Siegeszug R, der vor Q nicht zulässig war. Dieser Fall liegt immer bei Schach vor. R ist ein Zug, der den gegnerischen König schlägt, Q ist ein Zug, der R erzeugt — ein „Schach!".

Es gibt diesen Fall auch bei Tic-Tac-Toe (Abb. 10).

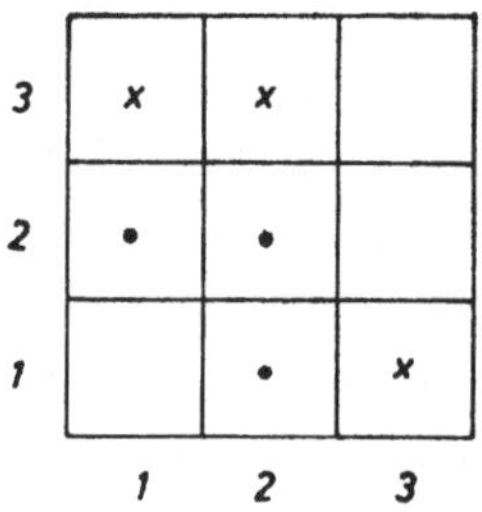

Abb. 10. Dritte Art der Drohung in Tic-Tac-Toe

Es gibt hier eine Gewinnstellung durch eine Modifikation: auf (3, 3) steht ein eigener Stein. Q „(3, 1) zieht nach (3, 2)" erzeugt den Zug R „(3, 2) zieht nach (3, 3)".

Zwei Methoden erlauben es uns, derartige Zugpaare zu finden:

(α) Für jeden eigenen Zug Q erzeugen wir alle Züge R_i, die durch Q ermöglicht wurden. Die Anzahl R_i ist kleiner als die Anzahl der zulässigen Züge. Wir spielen zunächst Q, dann R und untersuchen, ob wir gewonnen haben.

(β) Wir erzeugen die Züge R_i, die die notwendigen Sieg- (siegverhindernden-) Bedingungen erfüllen (zerstören). Es gibt zwar keinen zulässigen Zug dieser Art, aber wir erzeugen jene Züge, die dann existieren könnten, wenn es einige Brettmodifikationen gibt. Anschließend erzeugen wir für jeden Zug R_i die Züge Q_{ij}, die Änderungen derart bewirken, daß R_i zulässig wird.

Ich wähle die zweite Methode, die auf mehr Gewinnzustände abzielt. Sie ist interessanter, wenn es viele zulässige Züge gibt.

(d) Q erfüllt (zerstört) einige Bedingungen und R die übrigen. In diesem Fall
können wir Q und R vertauschen. Wir haben also zwei Zugpaare vorliegen:

$$Q \text{ gefolgt von } R$$
$$R \text{ gefolgt von } Q.$$

Beispiel. (Go-Moku). Auf (6, 1), (6, 2) und (6, 4) liegen eigene Steine; (6, 3)
und (6, 5) sind leer. Zwei Bedingungen sind zu erfüllen: (6, 3) und (6, 5) sind
durch eigene Steine zu besetzen. Q ist dann „setze einen Stein auf (6, 3)“ und R
ist „setze einen Stein auf (6, 5)“.

Beispiel. Tic-Tac-Toe (Abb. 11).

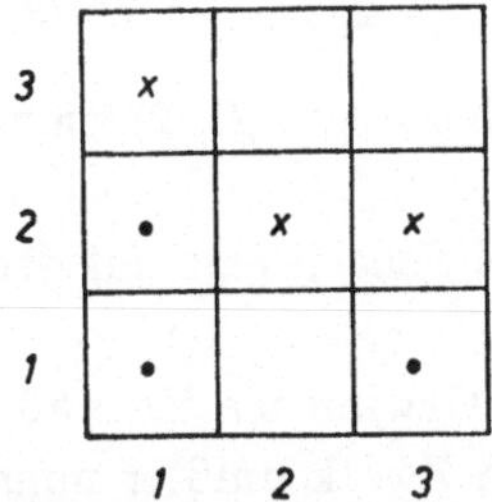

Abb. 11. Vierte Art der Drohung in Tic-Tac-Toe

Q ist „(2, 2) zieht nach (2, 3)“ und R ist „(3, 2) zieht nach (3, 3)“.

Ein derartiger Fall tritt niemals im Schach auf: dort gibt es nur eine Bedingung, die unseren Sieg verhindert. Allerdings gibt es diesen Fall im Märchenschach. Hat jeder Spieler zwei Könige und müssen für einen Sieg beide Könige
geschlagen werden, so könnte sich ergeben:

$$Q: \text{ ein Zug, der den ersten König schlägt}$$
$$R: \text{ ein Zug, der den zweiten König schlägt.}$$

Diese vier Grundmöglichkeiten können auch kombiniert sein: Q erfüllt zwar
gewisse Bedingungen, zerstört aber eine bereits erfüllte Bedingung. R stellt diese
Bedingung wieder her und erfüllt die anderen Bedingungen. Dies ist eine Kombination der Fälle (b) und (c).

In allen Fällen gibt es gewisse eigene Zugpaare Q-R derart, daß wir durch
R gewinnen, wenn wir nach Q erneut ziehen könnten. Wir müssen nicht alle
Züge erzeugen, sondern nur jene, die eine wohldefinierte Bedingung erfüllen oder
zerstören.

(B) Das Auffinden der Antworten des Gegners. Spielen wir den Zug Q, so kann
der Gegner zwei Dinge versuchen, um nicht zu verlieren:

(a) Gibt es einen Gewinnzug für ihn, so führt er diesen Zug aus und gewinnt
vor unserem Zug R. Ist dies der Fall, so scheiden wir das Zugpaar Q-R aus.

Beispiel. Tic-Tac-Toe (Abb. 12).

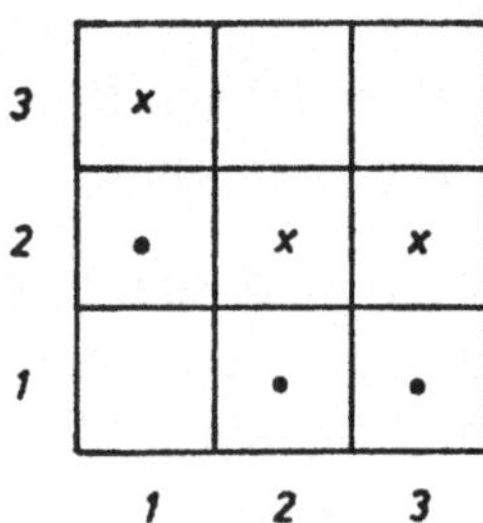

Abb. 12. Antwort auf eine Drohung in Tic-Tac-Toe

Q ist „(2, 2) zieht nach (2, 3)“
R ist „(3, 2) zieht nach (3, 3)“.

Nach Q spielt der Gegner allerdings „(1, 2) zieht nach (1, 1)“ und gewinnt; daher scheiden wir Q aus.

Ähnlich kann natürlich bei Schach eine auf der Königslinie gefesselte Figur nicht schachbieten.

(b) Der Gegner hat keinen Gewinnzug. Er muß daher R verhindern, wenn er nicht verlieren will. Zu diesem Zweck muß er mindestens eine der notwendigen Bedingungen für das Eintreten von R verhindern.

Für jede notwendige Bedingung von R zählen wir die gegnerischen Züge auf, die diesen zerstören:

eigene Figur auf dem Feld K: der Gegner wird versuchen, sie zu schlagen;
gegnerische Figur auf K: der Gegner wird versuchen, sie zu ziehen;
Feld K ist frei: der Gegner wird versuchen, K zu besetzen.

Verhindert ein gegnerischer Zug verschiedene Bedingungen für R, so betrachten wir dies nur einmal.

Beispiel. (Schach). R ist „eigener Läufer auf (7, 7) schlägt gegnerischen König auf (8, 8)“. Dafür gibt es zwei Bedingungen: eigener Läufer auf (7, 7) und Gegner auf (8, 8). Der Zug „gegnerischer König schlägt Läufer“ zerstört beide Bedingungen; wir betrachten dies nur einmal.

Bei Schach schlägt der Zug R den gegnerischen König. Die Bedingungen sind:

eigene Figur auf dem Feld a
Gegner auf Feld b (Feld des Königs)
Felder $c_1, c_2, \ldots, c_n$ leer (n kann auch 0 sein).

Wird schachgeboten, muß der Gegner eine dieser Bedingungen zerstören:

er kann die schachbietende Figur schlagen
er zieht den König
er stellt eine Figur auf das Feld c_i (wenn $n \neq 0$).

In jedem Fall findet das Programm diese den Schachspielern bekannte Eigenheit.

Im Märchenschach ist dieses Theorem nicht immer richtig. Angenommen, ein Grashüpfer ist die schachbietende Figur [der Grashüpfer zieht wie die Dame, es muß aber eine Figur (eigene oder fremde) in der Zuglinie stehen; der Grashüpfer zieht dann auf das unmittelbar hinter dieser Figur (genannt „sautoir") gelegene Feld, wenn es frei ist oder wenn es durch eine fremde Figur besetzt ist, die er schlägt (vgl. Le Lionnais und Maget 1967)], und das sautoir ist eine fremde Figur auf dem Feld d. Die Bedingungen des Zuges R „Grashüpfer schlägt König" sind die gleichen wie im Schach, außer der Bedingung „fremde Figur auf d". Der Gegner kann die Drohung durch das Wegziehen seiner Figur von d zerstören.

Durch diese Methode erhalten wir für jede Drohung Q die Antworten $T_1, T_2, \ldots, T_n$. Nach jedem T_i müssen wir sicherstellen, daß es keinen anderen Gewinnzug R' gibt; ist dies der Fall, so wird T_i gestrichen.

Beispiel. Eigener Turm auf $(6, 8)$, fremder König auf $(8, 8)$, $(7, 8)$ ist leer. R ist „Turm schlägt König $(8, 8)$".

T_1 ist „König $(8, 8)$ zieht nach $(7, 8)$" — dies zerstört zwei Bedingungen von R: fremde Figur auf $(8, 8)$ und $(7, 7)$ ist frei. Allerdings gibt es nach T_1 den Gewinnzug R': Turm schlägt König auf $(7, 8)$; daher streichen wir T_1.

Ist danach $n = 0$, so gewinnen wir durch Q, da der Gegner den Zug R nur durch die Erzeugung eines neuen Gewinnzuges zerstören kann. Bei Schach haben wir dann nach Q ein Mattbild.

Bemerkung: mehrfache Angriffe. Der Zug Q kann mehrfach als erstes Element eines Zugpaares Q-R auftreten. Wir können gewinnen, wenn wir Q und R_1, oder Q und R_2, oder ... oder Q und R_n spielen. Spielen wir Q, so muß der Gegner R_1 und R_2 und ... und R_n zerstören. Diese Situation ist sehr interessant, da es schwierig ist, durch einen Zug n Züge zu verhindern; dies schränkt die Anzahl der gegnerischen Antwortzüge sehr stark ein. Wir können für den Fall eine eigene Prozedur schreiben; dies ist aber schwer. Der Gegner hat zwei Möglichkeiten; dies sei für den Fall einer Doppeldrohung — $n = 2$ — betrachtet.

(a) Der Gegner zerstört eine R_1 und R_2 gemeinsame Bedingung, falls es eine derartige gibt. Dies ist immer bei Schach der Fall; bei einem Doppelschach gibt es immer die R_1 und R_2 gemeinsame Bedingung: fremde Figur auf dem Feld A (wenn der fremde König auf A steht). Der Gegner zerstört beide Drohungen, indem er diese Bedingungen zerstört. Dies ist natürlich den Schachspielern bekannt: gibt es ein Doppelschach, so muß der Gegner seinen König ziehen.

(b) Es gibt einen Zug, der eine Bedingung von R_1 und eine andere von R_2 stört. Im orthodoxen Schach tritt dies niemals auf, es gibt aber solche Fälle im Märchenschach.

Beispiel. Eigener Grashüpfer auf $(6, 8)$, eigener Turm auf $(8, 5)$, fremder Läufer auf $(7, 8)$, gegnerischer König auf $(8, 8)$; $(8, 6)$ und $(8, 7)$ sind leer.

R_1 ist „Grashüpfer schlägt König".

Bedingungen: eigener Grashüpfer auf (6, 8)
            fremde Figur auf (7, 8)
            fremde Figur auf (8, 8).

R_2 ist „Turm schlägt König".

Bedingungen: eigener Turm auf (8, 5)
            (8, 6) ist leer
            (8, 7) ist ebenfalls frei
            fremde Figur auf (8, 8).

Der gegnerische Zug „Läufer zieht nach (8, 7)" zerstört beide Züge R_1 und R_2; er stört die Bedingung „fremde Figur auf (7, 8)" von R_1 bzw. die Bedingung „(8, 7) ist frei" von R_2. In diesem Fall braucht der Gegner nicht seinen König zu ziehen.

Es ist schwierig, ein derartiges Programm für Mehrfachattacken zu schreiben. Es ist bequemer, dann — wenn mehrere Zugpaare Q-R mit demselben Zug Q existieren — nur das erste Paar zu betrachten und die anderen zu eliminieren. Das Programm versucht, den Zug R_1 durch T_1 oder T_2 oder ... oder T_p zu zerstören. Zerstört darüber hinaus T_i nicht auch die anderen Gewinnzüge R_j, wird T_i eliminiert: wir verifizieren also nach jedem T_i immer, daß es keinen Gewinnzug gibt. Da solche Mehrfachdrohungen nicht sehr häufig sind, verbraucht die Methode nicht viel Rechenzeit und ist leicht zu implementieren.

Wir haben also schließlich die Drohungen und die möglichen Antwortzüge des Gegners auf jede Drohung vorliegen. Wir geben hier für Schach mittels der Abb. 13 eine Illustration des Ergebnisses der Methode.

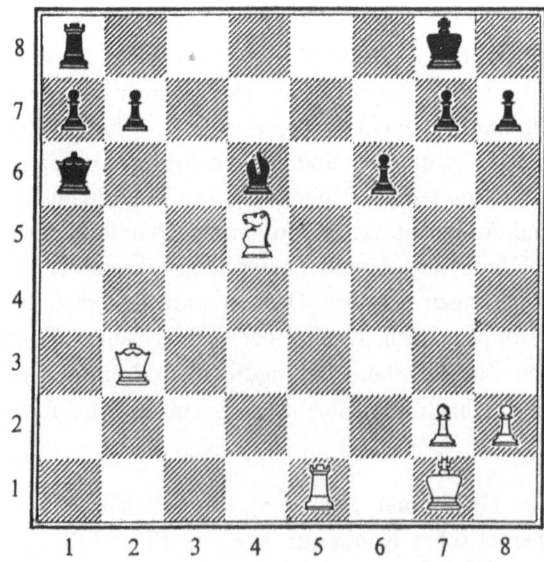

Abb. 13. Drohungen in einer Schachposition

Erster Schritt. Liste der eigenen Zugpaare Q-R, wobei R ein Gewinnzug ist. Es sei daran erinnert, daß hier der Fall (c) der Grundmöglichkeiten vorliegt: Q ermöglicht R.

(1) Springer (4, 5) schlägt (6, 6) — Springer (6, 6) schlägt König

(2) Springer (4, 5) schlägt (6, 6) — Dame (2, 3) schlägt König

(3) Springer (4, 5) zieht nach (5, 7) — Springer (5, 7) schlägt König

(4) Springer (4, 5) zieht nach (5, 7) — Dame (2, 3) schlägt König

(5) Springer (4, 5) zieht nach (6, 4) — Dame (2, 3) schlägt König

(6) Springer (4, 5) zieht nach (5, 3) — Dame (2, 3) schlägt König

(7) Springer (4, 5) zieht nach (3, 3) — Dame (2, 3) schlägt König

(8) Springer (4, 5) zieht nach (2, 4) — Dame (2, 3) schlägt König

(9) Springer (4, 5) zieht nach (2, 6) — Dame (2, 3) schlägt König

(10) Springer (4, 5) zieht nach (3, 7) — Dame (2, 3) schlägt König

(11) Turm (5, 1) zieht nach (5, 8) — Turm (5, 8) schlägt König.

Es gibt hier zwei Doppelschachs; wie oben ausgeführt, eliminieren wir die Zugpaare (2) und (4).

Zweiter Schritt. Für jede Drohung Q versuchen wir die Antworten des Gegners zu finden. Wir zeigen dies für drei Züge Q.

(a) *Zugpaar 1.* Die Bedingungen von R sind:

(6, 6) weißer Springer

(7, 8) schwarze Figur.

Züge des Gegners, die die erste Bedingung zerstören:

(1) Bauer (7, 7) schlägt Springer.

Züge des Gegners, die die zweite Bedingung stören:

(2) König zieht nach (8, 8)

(3) König zieht nach (6, 8)

(4) König zieht nach (6, 7).

Nach (1) gibt es allerdings einen Gewinnzug: Dame (2, 3) schlägt König (7, 8), ebenso nach (4): Dame (2, 3) schlägt König (6, 7). Daher gibt es nach Springer schlägt (6, 6) zwei Antworten:

König zieht nach (8, 8)

König zieht nach (6, 8).

Wie wir sehen, findet das Programm auch nach dem Doppelschach gute Antworten.

(b) *Zugpaar 5.* Die Bedingungen von R sind:

(2, 3) weiße Dame

(3, 4), (4, 5), (5, 6) und (6, 7) leer

(7, 8) schwarze Figur.

Kein Zug des Gegners kann (2, 3) — weiß — sowie (4, 5) und (5, 6) — leer —
zerstören.

> (3, 4) leer: (1) Dame (1, 6) zieht nach (3, 4)
> (6, 7) leer: (2) König (7, 8) zieht nach (6, 7)
> (7, 8) schwarze Figur: König zieht nach (6, 7) — wie oben
> > (3) König zieht nach (6, 8)
> > (4) König zieht nach (8, 8).

Nach (2) gibt es den Siegeszug: Dame schlägt König (6, 7); wir scheiden die
Antwort aus.

Nach „Springer (4, 5) zieht nach (6, 4)" gibt es drei Antworten:

> Dame (1, 6) zieht nach (3, 4)
> König zieht nach (8, 8)
> König zieht nach (6, 8).

(c) *Zugpaar 11.* Die Bedingungen von R sind:

> (5, 8) weißer Turm
> (6, 8) leer
> (7, 8) schwarze Figur.

Folgende schwarze Züge stören:

> (5, 8) weiß: (1) Turm (1, 8) schlägt (5, 8)
> (6, 8) leer:　(2) Läufer (4, 6) zieht nach (6, 8)
> > (3) König (7, 8) zieht nach (6, 8)
> (7, 8) schwarz: König (7, 8) zieht nach (6, 8) — wie oben
> > (4) König (7, 8) zieht nach (8, 8)
> > (5) König (7, 8) zieht nach (6, 7).

Der Gegner hat fünf mögliche Züge. Nach (3) gibt es den Gewinnzug: Turm (5, 8)
schlägt (6, 8), nach (4) den Gewinnzug: Turm (5, 8) schlägt (8, 8). So verbleiben
nur drei mögliche Antworten.

Nach Turm (5, 1) zieht nach (5, 8) spielt der Gegner:

> Turm (1, 8) schlägt (5, 8)
> Läufer (4, 6) zieht nach (6, 8)
> König (7, 8) zieht nach (6, 7).

Einengung und Erweiterung des Spielbaumes.

Einengung des Baumes. Wir müssen den Baum einengen, wenn wir eine Gewinnsituation oder eine Situation ohne Gewinnmöglichkeit erhalten. Wir haben
dann den bekannten Und/Oder-Baum vorliegen. Ich erwähne hier nur, daß eine
Gewinnsituation eine Drohung ohne Antwort ist bzw. daß eine nicht-gewinnende
Situation keine möglichen Drohungen hat.

Erweiterung des Baumes. Wir müssen die Position auswählen, in der wir nach Drohungen und Antworten des Gegners suchen. Wir versuchen zuerst jene Situationen, in denen — falls wir gewinnen — für den Gegner nur wenige Ausweichmöglichkeiten durch andere Züge vor unserem Gewinnzug bestehen. Wir beschreiben diesen Algorithmus; er hat zwei Schritte.

Erster Schritt. Wir weisen jedem Knoten des Baumes eine Zahl zu. Ausgehend von den Enden weisen wir jedem Endknoten das Gewicht 1 zu. Nach einem eigenen Zug assoziieren wir mit diesem Knoten die Summe der Gewichte aus den Antwortknoten des Gegners: wir müssen alle diese Antworten untersuchen. Nach einem gegnerischen Zug assoziieren wir mit diesem Knoten den Wert des kleinsten Gewichtes seiner Nachfolger: wir können unseren Zug dann auswählen. Diese Gewichte geben gute Hinweise auf die Anzahl der Ausweichmöglichkeiten für den Gegner.

Zweiter Schritt. Wir wählen die zu untersuchende Situation. Wir beginnen an der Wurzel des Baumes. Wollen wir einen eigenen Zug wählen, nehmen wir den Knoten mit dem kleinsten Gewicht. Haben verschiedene Knoten denselben Wert, nehmen wir den ersten. Dies ist aber nicht so wichtig: war der Zug schlecht, wird beim nächsten Mal ein anderer Zug ausgewählt.

Wollen wir einen gegnerischen Zug auswählen, so nehmen wir uns der Reihe nach alle Antworten vor. Dazu bezeichnen wir den Knoten, der zuletzt genommen wurde. Dies ist wichtig, um zu vermeiden, daß wir eine Antwort zu lange untersuchen, wenn wir sehen können, daß wir nach einer anderen Antwort nicht gewinnen können.

Durch den beschriebenen Prozeß haben wir die zu untersuchende Situation dann vorliegen, wenn wir ein Astende erreichen. Wir wenden die oben erwähnte Methode an und erzeugen einen Teilbaum, der mit dem Hauptbaum zusammenhängt.

Das Gewicht gibt eine gute Vorstellung von den Ausweichmöglichkeiten des Gegners. Ist dieses Gewicht größer als ein dem Programm eingegebener Parameter, stoppt das Programm. Es ist dann unwahrscheinlich, daß wir gewinnen.

Resultate. Einige Ergebnisse habe ich in Pitrat (1968) dargestellt. Als Beispiel sei daraus folgende Schachposition entnommen (Abb. 14):

An der Abb. 14 lassen sich die Programmschritte zeigen. Weiß ist am Zug und könnte sowohl kurz oder lang rochieren. Die Position stammt aus einer tatsächlichen Partie von Eduard Lasker (1962).

Der Name einer auftretenden Situation ist ein nach dem jeweiligen Antwortzug des Gegners angegebener Buchstabe.

(1) Es gibt drei Drohungen.

(8, 5) schlägt (8, 7) — eine Antwort: (7, 8) schlägt (8, 7) — *A*

(8, 5) zieht nach (6, 7) — drei Antworten: (5, 7) schlägt (6, 7) — *B*; (6, 8)
    schlägt (6, 7) — *C*; (7, 8) zieht nach (8, 8) — *D*

(5, 4) schlägt (6, 6) — vier Antworten: (7, 7) schlägt (6, 6) — E; (6, 8)
    schlägt (6, 6) — F; (5, 7) schlägt (6, 6) — G; (7, 8) zieht nach (8, 8) — H.

Das Programm untersucht daher A.

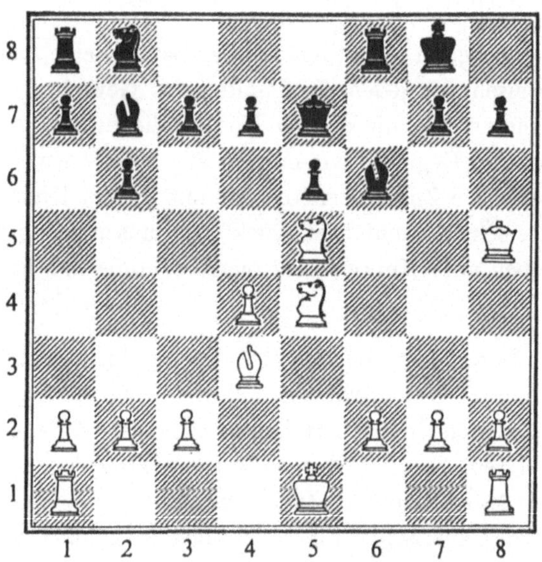

Abb. 14. Schachposition mit Gewinnmöglichkeit

(2) Nach A gibt es sieben Drohungen durch den Springer in (5, 4):

  (5, 4) schlägt (6, 6) — zwei Antworten: (8, 7) zieht nach (8, 8) — I; (8, 7)
      zieht nach (8, 6) — J
  (5, 4) zieht nach (7, 5) — vier Antworten; für die restlichen Drohungen
      gibt es vier Antworten.

(3) Das Programm untersucht I. Hier gibt es zwei Drohungen:

$$(5, 5) \text{ zieht nach } (7, 6)$$
$$(5, 5) \text{ zieht nach } (6, 7)$$

und keine Antwort des Gegners nach der ersten Drohung. Daher engen wir den
Baum ein. Es ist hinreichend zu zeigen, daß wir nach J gewinnen.
  (4) Das Programm betrachtet J. Hier gibt es vier Drohungen, aber nur eine
hat eine Antwort des Gegners:

  (5, 5) zieht nach (7, 4) — eine Antwort: (8, 6) zieht nach (7, 5) — K.

  (5) Das Programm untersucht K. Es gibt vier Drohungen:

  (8, 2) zieht nach (8, 4) — eine Antwort: (7, 5) zieht nach (6, 4) — L
  (6, 2) zieht nach (6, 4) — zwei Antworten: (7, 5) schlägt (6, 4) — M; (7, 5)
      zieht nach (8, 4) — N

(6, 6) zieht nach (8, 7) — vier Antworten

(6, 6) zieht nach (5, 4) — sieben Antworten.

Die zweite Drohung gibt ein schnelleres Matt. Eduard Lasker sah dies nicht. Die Möglichkeit wurde erst einige Jahre später entdeckt. Es scheint, daß menschliche Heuristik in diesem Fall ähnlich der Programmheuristik ist.

(6) Das Programm untersucht L. Es gibt dann drei Drohungen:

(7, 2) zieht nach (7, 3) — eine Antwort: (6, 4) zieht nach (6, 3) — O

(6, 6) zieht nach (8, 5) — eine Antwort: (6, 4) schlägt (7, 5) — P

(6, 6) zieht nach (8, 5) — vier Antworten.

(7) Das Programm wählt O. Es gibt vier Drohungen:

(7, 4) zieht nach (5, 5) — eine Antwort: (6, 3) zieht nach (7, 2) — Q

(4, 3) zieht nach (5, 2) — eine Antwort: (6, 3) zieht nach (7, 2) — R

(4, 3) zieht nach (5, 4) — eine Antwort: (2, 7) schlägt (5, 4) — S

(7, 4) zieht nach (8, 2) — eine Antwort: (6, 3) zieht nach (7, 2) — T.

Diese vier Züge sind äquivalent. Wählt das Programm allerdings Q, S oder T, so stoppt es rasch das Vorgehen in diesen Richtungen, da nur Drohungen mit mehreren Antworten bzw. keine Drohung möglich sind. Liegt der erste Fall vor, dann wird das Programm eine andere Situation mit nur einer Antwort vorziehen, sodaß wir sicher ziemlich schnell R untersuchen werden, wenn der Zug „(4, 3) zieht nach (5, 2)" nicht zuerst erzeugt wird.

(8) Das Programm wählt R. Es gibt zwar fünf Drohungen, aber nur zwei mit einer Antwort:

(8, 1) zieht nach (8, 2) — eine Antwort: (7, 2) zieht nach (7, 1) — U

(7, 4) zieht nach (5, 3) — eine Antwort: (7, 2) schlägt (8, 1) — V.

(9) Das Programm untersucht U. Hier gibt es nur eine Drohung ohne Antwort: (5, 1) zieht nach (4, 2). Es gibt noch eine zweite Drohung dieses Typs, nämlich die lange Rochade, jedoch wählt das Programm die erste erzeugte Drohung.

Durch Einengung des Baumes sehen wir, daß wir gewonnen haben.

Schlußfolgerungen

Die beschriebene Methode ergibt gute Resultate für Spiele wie Schach, und ist ziemlich gut für viele Varianten von Märchenschach. Für einige andere Spiele ist sie aus verschiedenen Gründen weniger gut geeignet:

(a) Spiele, in denen wir nicht dauernd „hart" an einem Sieg sind. Eine derartige Prozedur ist nur interessant, wenn es Drohungen für den Gegner gibt;

(b) Spiele, in denen nicht-unmittelbare Drohungen sehr häufig sind, wie etwa in Go-Moku. Für diese Fälle muß der Algorithmus verfeinert werden;

(c) auch wenn wir nur unmittelbare Drohungen vorliegen haben, braucht die Anzahl der gegnerischen Antwortzüge nicht immer gleich zu sein. Die Wahl der zu untersuchenden Situation würde ineffizient sein: alle Züge wären äquivalent. Dieser Fall tritt auch bei Go-Moku auf: es gibt dort auf jede unmittelbare Drohung immer eine Antwort. In einem solchen Fall benötigen wir andere heuristische Verfahren: allgemeine heuristische Methoden sind nicht für jedes Spiel vorteilhaft.

Addendum

Alle Programme wurden in CDC-3600-FORTRAN geschrieben. Die oben beschriebene Methodik wurde auch auf das Positionsspiel angewendet. Ich beschreibe hier die Ermittlung eines Zuges. Die Anwendung ist dann eine Standardroutine, die ich nicht ausführen muß.

Wir wollen den Nutzen des Zuges Q bestimmen. Der Zug Q ruft gewisse Änderungen auf dem Brett hervor.

Beispiel. Allgemein sei

$$\text{Feld } C_1 \text{ ist im Zustand } E_1$$
$$\text{Feld } C_2 \text{ ist im Zustand } E_2$$
$$\cdots\cdots\cdots\cdots\cdots\cdots$$
$$\text{Feld } C_n \text{ ist im Zustand } E_n.$$

Stehe etwa bei Schach ein Läufer auf $(1, 2)$ und sei Q

$$Q. \text{ MOVE} * \text{CAPTURE, } (4, 5). \text{ TRAVEL, } (1, 2), (4, 5),$$

dann sind die Änderungen — falls etwa auf $(4, 5)$ ein gegnerischer Turm steht —

$$\text{Feld } (4, 5) \text{ wird durch den eigenen Läufer besetzt}$$
$$\text{Feld } (1, 2) \text{ wird frei.}$$

Wir erzeugen die eigenen und die gegnerischen Züge, die weniger als n Modifikationen verlangen, wobei n ein Programmparameter ist (Züge mit 0 Modifikationen sind zulässige Züge).

Sei eine Änderung durch den Zug Q etwa

$$\text{Feld } C_i \text{ ist im Zustand } E_i.$$

Dieser wird die Anzahl der Modifikationen von verschiedenen anderen Zügen ändern. Einige, nämlich jene, die die Bedingung „Feld C_i ist im Zustand E_i'" (E_i' ist der Zustand von C_i vor Q) aufweisen, benötigen eine zusätzliche zu erfüllende Modifikation.

Andere Züge, nämlich jene, die „Feld C_i geht in den Zustand E_i über" als Modifikation haben, haben eine erfüllte Modifikation. Die durch den Zug Q hervorgerufene Änderung C_i fügt also p_i Modifikationen zu einem gewissen Zug q hinzu (die Werte von p_i sind 0, 1 oder -1). Wenn wir Q spielen, ist die Variation der Modifikationen des Zuges q gleich $\sum_{i=1}^{n} p_i$.

Benötigt der Zug q vor Q r Modifikationen, so braucht er nach Q

$$s = r + \sum_{i=1}^{n} p_i$$

Modifikationen.

Beispiel (Schach). Sei q der Zug „Dame (5, 1) zieht nach (5, 6)" (q sei zulässig) und sei Q „Springer (6, 2) zieht nach (5, 4)", dann ist $r = 0$ und $s = 1$.

Sei q „Dame (5, 1) zieht nach (5, 6)" (q ist nicht zulässig, da auf (5, 4) ein Springer steht) und sei Q „Springer (5, 4) zieht nach (7, 5)", dann ist $r = 1$ und $s = 0$.

Der Nutzen von Q ist

$$\sum_{q \neq Q} K(q, Q) * [F(r) - F(s)] * V(q).$$

Die Summation läuft über alle eigenen und gegnerischen Züge, ausgenommen Q.

$K(q, Q)$ ist -1, wenn die Züge q und Q Züge desselben Spielers sind, andernfalls $+1$.

$F(r)$ ist eine fallende Funktion von r (in etwa $A * \exp(-B * r)$) und für alle Spiele dieselbe Funktion. Ähnlich für $F(s)$.

$V(q)$ ist 1, wenn der Zug q nicht schlägt. Schlägt q, dann liegt eine Funktion des Wertes der geschlagenen Figur vor.

In den Spielen wo der Algorithmus anzeigt, ob wir gewinnen (Go-Moku, Tic-Tac-Toe) zählen wir auch die Möglichkeiten eines Sieges mit p Modifikationen für uns selbst und den Gegner auf. Wird nach dem Zug Q aus einer Gewinnmöglichkeit P mit r Modifikationen eine Möglichkeit mit s Modifikationen, so addieren wir zum Nutzen von Q

$$D * K(P, Q) * [F(r) - F(s)].$$

D ist ein Parameter. $K(P, Q)$ ist -1, wenn P eine Siegmöglichkeit für den den Zug Q ausführenden Spieler ist, andernfalls $+1$.

Ergebnisse.

(1) Ausgangssituation bei Schach.

Züge	Nutzen
(5, 2), (5, 4)	2584
(5, 2), (5, 3)	2300
(4, 2), (4, 4)	2264
(2, 1), (3, 3)	2134
(7, 1), (6, 3)	1900
(4, 2), (4, 3)	1600
(1, 2), (1, 4)	472
(8, 2), (8, 4)	432
(3, 2), (3, 3)	336
usw. Der letzte Zug ist	
(1, 2), (1, 3)	-172

(2) Go-Moku-Situation, „Kreuz" am Zug (siehe Abb. 15).

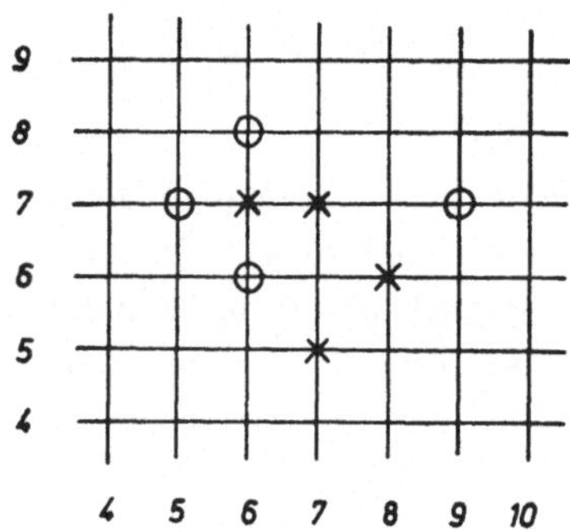

Züge	Nutzen
(7, 6)	1314
(7, 8)	1152
(7, 9)	1098
(8, 5)	792
(5, 8)	720
(9, 5)	702
(8, 8)	666

Abb. 15

(3) Position A aus De Groot (1965). Das Programm wählt

.CAPTURE, (4, 5). TRAVEL, (1, 2), (4, 5).

Dies stellt den besten Zug dar. Diese Position wurde fünf Spitzenspielern vorgelegt, von denen zwei diesen Zug erwogen, aber keiner ihn spielte. Auch keiner von zwei weiblichen Meistern und vier Klassespielern führte ihn aus und erwog ihn nicht einmal.

(4) Go-Moku auf einem 13 × 13-toroidalem Brett. Linien 1 und 13 werden als Nachbarn aufgefaßt, ebenso die Reihen 1 und 13. Es sind hier die Abszissen und Ordinaten der Felder angegeben, auf die die Steine gesetzt werden.

Zugnummer	Programm	menschlicher Spieler
1	7,7	6,6
2	8,6	6,8
3	6,7	5,7
4	7,5	9,7
5	7,6	7,8
6	5,8	8,5
7	9,6	7,9
8	8,10	8,8
9	10,6	11,6

Zugnummer	Programm	menschlicher Spieler
10	10,8	10,7
11	11,7	9,9
12	9,5	8,4
13	7,4	7,3
14	12,8	13,9
15	9,8	10,9
16	11,9	13,8
17	13,7	10,10
18	12,7	6,9
19	8,9	11,11
20	12,12	12,10
21	10,12	13,10
22	10,4	11,3
23	2,7	1,7
24	1,6	2,5
25	4,9	3,10
26	3,8	5,10
27	13,5 und gewinnt	

Literatur

DeGroot, A. D.: Thought and choice in chess. The Hague: Mouton 1965.

Lasker, E.: Chess for fun and chess for blood. New York: Dover 1962.

LeLionnais, F., Maget, E.: Dictionnaire des échecs. Paris: Presses Universitaires de France 1967.

Pitrat, J.: Realization of a general game playing program. Proc. IFIP Congress 1968, 1570—1574.

Integrierte Systeme

Das Rahmenproblem in Problemlösungssystemen

Von **B. Raphael**

Einführung

Das Rahmenproblem erlangte während der Versuche, Systeme mit künstlicher Intelligenz zu entwickeln, neue Bedeutung. Das Problem befaßt sich mit der Schwierigkeit, in gewissen Problemlösungsprozessen auf jeder Stufe einen geeigneten Informationskontext oder „Bezugsrahmen" zu schaffen und diesen beizubehalten. Da es sich hier um ein Gebiet mit laufenden Forschungen handelt, sind wir natürlich nicht in der Lage, eine *Lösung* für das Rahmenproblem anzubieten; der Zweck dieses Beitrages ist stattdessen, bisher verfolgte Ansätze zu streifen und den Leser einzuladen, Zusätze und Verbesserungen vorzuschlagen.

Obwohl weitergefaßte Interpretationen möglich sind, verstehen wir hier unter einem „System mit künstlicher Intelligenz" einen programmierbaren Rechner mit angeschlossenen elektronischen und mechanischen Geräten (beispielsweise einen funkgesteuerten Roboter und eine Kamera), der im Sinn der Definition von McCarthy und Hayes (1969) *intelligent* ist:

„... wir sagen, daß ein „*Wesen*" intelligent ist, wenn es über ein adäquates Modell der Welt verfügt (einschließlich der intellektuellen Welt der Mathematik, des Verstehens der eigenen Ziele und anderer mentaler Prozesse); wenn es geschickt genug ist, auf der Basis dieses Modells eine breite Palette von Fragen zu beantworten; wenn es über die externe Welt zusätzliche Informationen erhalten kann, falls es diese benötigt, und wenn es imstande ist, in der externen Welt solche Aufgaben zu bewältigen, die seine Ziele erfordern und seine physischen Möglichkeiten erlauben."

Raphael (1970) diskutiert dazu die Bedeutung einer Forschung bezüglich des Versuches, derartige intelligente Robotersysteme zu bauen.

Von dem wie oben definierten intelligenten „*Wesen*" wird die Durchführung von Aufgaben verlangt. Da im allgemeinen eine Aufgabe gewisse Änderungen in der Welt mit sich bringt, muß es imstande sein, sein Modell derart auf dem laufenden zu halten, daß dieses nach der Durchführung der Aufgabe so richtig bleibt, wie es vorher war. Darüber hinaus muß es imstande sein, zu *planen*, wie die Aufgabe auszuführen ist; dieser Planungsprozeß verlangt üblicherweise nach einem simultanen „Im-Auge-Behalten" von einer Palette von möglichen Aktionen und damit korrespondierenden Modellen der hypothetischen Welten, die aus diesen Aktionen resultieren. Die Buchführungsprobleme, die durch das Verfolgen dieser hypothetischen Welten entstehen, tragen nun sehr viel zu den Schwierigkeiten mit dem Rahmenproblem bei.

Das Rahmenproblem

Das Rahmenproblem sei an einem einfachen Beispiel erläutert. Angenommen, die Ausgangsweltbeschreibung bestehe aus folgenden Fakten (ausgedrückt in geeigneter Darstellung, deren genaue Form außerhalb unserer Fragestellung liegt):

(F1) Ein Roboter ist in Position A.

(F2) Eine Schachtel, B1, ist in Position B.

(F3) Eine Schachtel, B2, liegt auf B1.

(F4) A, B, C und D sind Positionen im selben Raum.

Es sei weiters angenommen, daß zwei Arten von Aktionen möglich sind:

(A1) Der Roboter bewegt sich von x nach y.

(A2) Der Roboter schiebt B1 von x nach y,

wobei x und y in der Menge $\{A, B, C, D\}$ liegen.

Man betrachte nun die folgenden möglichen Aufgaben:

Aufgabe (1): Der Roboter soll sich in Position C befinden. Dies läßt sich durch eine Aktion vom Typ A1 erreichen, „bewege dich von A nach C“. Nach Durchführung der Aktion sollte das System „wissen“, daß die Fakten F2 bis F4 noch immer stimmen — d. h., sie beschreiben die Welt nach der Aktion —, F1 aber durch

(F5, gleichbedeutend mit F1′) Der Roboter ist in Position C

ersetzt werden muß.

Aufgabe (2): B1 soll sich in Position C befinden. Nun muß eine „Schiebe“-Aktion durchgeführt werden, und es müssen F1 und F2 geändert werden.

Man kann nun gewiß an einfache Verfahren denken, die geeignete Änderungen im Modell durchführen, jedoch dürften diese alle in kompliziertere Fälle aufzuspalten sein. Sei dazu beispielsweise folgendes Verfahren gegeben:

Verfahren (a): „Bestimme, welche Fakten sich beim Anpassen der Aufgabenspezifikation an das Ausgangsmodell ändern“.

Dieses Verfahren versagt bei der Aufgabe (1), wenn das Problemlösungsprogramm entscheidet, daß der Roboter durch ein Verschieben von B1 nach C gelangen soll (was nicht unvernünftig ist, wenn sich die Schachtel zwischen dem Roboter und C befindet, und das Verschieben leichter ist, als rundherum zu gehen); so wird F2 geändert.

Ein anderes Verfahren sei

Verfahren (b): „Spezifiziere, welche Fakten durch jeden Aktionsoperator geändert wurden“.

Auch dieses Verfahren ist nicht ausreichend, da die Ausgangsweltbeschreibung auch abgeleitete Informationen wie etwa

$$(F6) \quad B2 \text{ ist in Position } B$$

enthalten kann, was sich bei der Aufgabe (2) als falsch erweist.

Kompliziertere Probleme entstehen, wenn Aktionsfolgen verlangt sind:

Aufgabe (3): Der Roboter soll sich in Position D befinden, und gleichzeitig soll sich $B2$ in Position C befinden.

Die Lösung verlangt zwei Aktionen: „Schiebe $B1$ von B nach C" und „bewege dich von C nach D" — in dieser Reihenfolge. Jedes effektive Problemlösungsprogramm muß Zugriff auf die vollständige Menge von Fakten haben — eingeschlossen auch abgeleitete Folgerungen —, die als ein Resultat jeder möglichen Aktion richtig sein werden, damit es die richtige Reihenfolge ausführen kann.

Es ist zu bemerken, daß das Rahmenproblem auf das Auffinden einer *praktischen* Lösung abzielt und nicht nur auf das Finden einer Lösung überhaupt. Es ist daher ähnlich dem Handelsreisendenproblem oder dem Problem, einen Gewinnzug im Schach zu finden — Problemen also, für die zwar redliche, aber üblicherweise wertlose Algorithmen bekannt sind.

McCarthy und Hayes (1969) unterteilen „Intelligenz" in zwei Teile: den *epistemologischen* Teil, der sich mit der Art der Weltdarstellung auseinandersetzt, und den *heuristischen* Teil, der sich mit den Problemlösungsmechanismen befaßt, die sich eben dieser Darstellung bedienen. In ihrem Aufsatz konzentrieren sich die Autoren dann auf die epistemologischen Fragen, die in Zusammenhang mit verschiedenen Intelligenzaspekten stehen (einschließlich dem Rahmenproblem). Demgegenüber befassen wir uns hier mit der Konstruktion eines vollständigen intelligenten Systems, einschließlich der Weltdarstellung und der eng verbundenen Problemlösungsprogramme. Im folgenden sei angenommen, daß die Darstellungen grundsätzlich in der von ihnen vorgezogenen Form sind, nämlich als Mengen von Sätzen in einer geeigneten logischen Sprache, wie etwa einem Prädikatenkalkül, vorliegen; wir werden mögliche Organisationen für den „heuristischen Teil", d. h., den Problemlöser, eines Systems mit künstlicher Intelligenz beschreiben, das das Rahmenproblem bewältigt.

Gegenwärtige Ansätze

Vollständige Rahmenbeschreibungen. Ein Rahmen kann im allgemeinen vollständig durch eine gewisse Datenstruktur, beispielsweise durch eine als Aussagen in einem Prädikatenkalkül ausgedrückte Menge von Fakten, beschrieben werden. Stellen wir uns jeden solchen Rahmen als ein Objekt und jede mögliche Aktion als einen Operator vor, der ein Objekt (einen Rahmen) in ein anderes (einen anderen) transformieren kann, so können wir ein Problemlösungssystem wie das GPS-System (Ernst und Newell 1969) heranziehen, um die Konstruktion eines

Objekts zu versuchen, für das die gewünschten Zielbedingungen richtig sind. Erreichen jedoch die jeden Rahmen definierenden Ausgangsdaten einen nicht-trivialen Umfang, so wird es leider unpraktisch, alle vollständigen Rahmenobjekte zu erzeugen bzw. zu speichern. Sei beispielsweise angenommen, daß jeder mögliche Rahmen durch 1000 elementare Fakten definiert ist, daß durchschnittlich sechs verschiedene Aktionen in jeder Situation anwendbar und heuristisch plausibel sind, und daß eine typische Aufgabe eine Folge von vier Aktionen verlangt: dies sind nicht unvernünftige Annahmen über ein einfaches Robotersystem. Der Suchbaum der möglichen Rahmen kann dann ungefähr 1000 Knoten haben, und es ist nicht besonders praktisch, für jeden Knoten 1000 Fakten zu speichern. Verursacht etwa jede Aktion Änderungen von drei Fakten, dann *ist* die Speicherung der *Änderungs*information allein für jeden Knoten praktisch — vorausgesetzt, es wird eine geeignete Buchführung vorgenommen, die verfolgt, welche Ausgangsfakten auch nach einer Serie von Aktionen gelten. Diese Buchführung dürfte zusätzlich zu den Strukturen des Ausgangsobjektes, des Operators und der Differenz in einem System vom GPS-Typ eine erhebliche Programmstruktur verlangen, die sich von jenen gänzlich abhebt. Die folgenden Ansätze befassen sich mit diesem neuen Buchführungsproblem.

Zustandsvariablen. Eine Möglichkeit, Rahmen zu verfolgen, ist die Auffassung jeder möglichen Welt als eigener Zustand und die Zuordnung von Namen zu diesen Zuständen. In dieser Formulierung sind Aktionen Zustandsübergangsregeln, d. h. Regeln für die Transformation eines Zustands in einen anderen. Da Aktionsregeln allgemein auf große Zustandsklassen anwendbar sind, kann die Beschreibung einer Aktion Variablen enthalten, die über Zustandsnamen variieren.

Green (1969) beschreibt einen derartigen Ansatz detaillierter. Jedes Faktum ist durch den Namen desjenigen Zustands gekennzeichnet, in dem es als richtig bekannt ist. Zusätzliche zustandsunabhängige Fakten beschreiben die Übergangseffekte der Aktionen. Wenn beispielsweise S_0 der Name des Ausgangszustandes ist und At(ob, pos, s) ein Prädikat, das behauptet, daß das Objekt ob im Zustand s in der Position pos ist, so lassen sich dann die Bedingungen des obigen Beispiels teilweise dieserart durch Axiome definieren:

(G1) At(Robot, A, S_0)   (von F1)
(G2) At(B1, B, S_0)   (von F2)
(G3) Box(B1) $\wedge$ Box(B2)
(G4) $(\forall x, y, s)$[At(Robot, x, s) $\supset$ At(Robot, y, go(x, y, s))]   (von A1).

Axiom G3 sagt aus, daß B1 und B2 Schachteln sind.

Es dürften hier einige Erklärungen angebracht sein. Box (x) behauptet, daß x eine Schachtel ist. Vielleicht wäre es konsequenter, etwa Box(B1, S_0) zu schreiben, da wir lediglich *wissen*, daß B1 im Ausgangszustand eine Schachtel ist. Wir beabsichtigen allerdings nicht, irgendwelche Aktionen zuzulassen, die die Schachtel zerstören könnten, wie etwa ein Zersägen oder Verbrennen, sodaß wir das Axiom

$(\forall s)\mathrm{Box}(B1, s)$ hinzufügen können. Da wir dann beweisen können, daß $B1$ in allen Zuständen eine Schachtel ist, dürfen wir die Zustandsvariable ohne Verlust der Allgemeinheit weglassen.

In dieser Formalisierung wird jede Aktion als Funktion aufgefaßt. Ein Argument der Funktion ist immer der Zustand, auf den die Aktion angewendet wird, und der Wert der Funktion ist der nach der Aktion resultierende Zustand. So ist beispielsweise der Wert von $\mathrm{go}(A, C, S_0)$ der Name des Zustands, der durch eine Bewegung von der Position A des Ausgangszustandes nach der Position C erreicht wird.

Das Bestechende an diesem Ansatz ist, daß wir keine speziellen Problemlösungsmechanismen oder Buchführungsprozeduren benötigen, sofern wir ein Programm zum Beweis von Theoremen haben. Aktionsoperatoren lassen sich vollständig durch einfache Axiome (wie etwa $G4$ für die go-Operation) beschreiben, und das Programm zur Beweisführung von Theoremen wird zusammen mit seiner eingebauten Buchführung zum Problemlöser. Beispielsweise kann die Aufgabe (1) verbal als „beweise, daß es einen Zustand gibt, in dem sich der Roboter in Position C befindet" geschrieben werden, oder es ist, im Prädikatenkalkül ausgedrückt, das Theorem

$$(\exists s)\mathrm{At}(\mathrm{Robot}, C, s) \tag{1}$$

zu beweisen. Mit $(G1)$ und $(G4)$ läßt sich beweisen, daß (1) tatsächlich ein Theorem ist. Durch eine Aufzeichnung der Antworten während des Beweises (Green und Raphael 1968) können wir zeigen, daß $s = \mathrm{go}(A, C, S_0)$ gilt — dies ist die Lösung.

Demgegenüber tritt bei komplexeren Aktionen das Hauptproblem dieses Ansatzes klar hervor: *nach jeder Zustandsänderung muß die gesamte Datenbasis wiederhergestellt werden.* Wir benötigen zusätzliche Axiome, die nicht nur Aussagen darüber machen, was durch jede Aktion geändert wird, sondern auch darüber, was gleich bleibt. Beispielsweise wissen wir zwar, daß $B1$ im Zustand S_0 in Position B ist (wegen $G2$); sobald sich aber der Roboter etwa in den Zustand $\mathrm{go}(A, C, S_0)$ bewegt, wissen wir nicht mehr, wo sich $B1$ befindet! Um dies festzustellen, benötigen wir ein anderes Axiom, ähnlich dem folgenden:

$$(\forall x, y, u, v, s)[(\mathrm{At}(x, y, s) \wedge x \neq \mathrm{ROBOT}) \supset \mathrm{At}(x, y, \mathrm{go}(u, v, s))].$$

(„Bewegt sich der Roboter von u nach v, so verbleibt das Objekt x in y").

Demnach ist also eine ungeheure Menge von Axiomen nötig, um explizit zu definieren, wie jede Aktion jedes Prädikat beeinflußt, und es ist ebenso ein erheblicher Aufwand für den Beweis der Theoreme notwendig, um unberührte Fakten während der Zustandsübergänge „mitzuschleppen". Es ist daher klar, daß dieser Ansatz für Probleme mit vielen Fakten unpraktisch ist.

Das Weltprädikat. Anstelle der Verwendung einer Palette von unabhängigen Fakten zur Repräsentierung des Wissens über einen Zustand der Welt können wir nun annehmen, daß wir alle Fakten über eine bestimmte Welt zusammenfassen und diese ganze Sammlung als Einheit betrachten, als Modell $\mathcal{M}$. Wir dürfen dann ein einziges Prädikat P, das „Weltprädikat" heranziehen, dessen Argumentbereiche Modelle und Zustandsnamen sind. $P(\mathcal{M}, s)$ wird so interpretiert, daß s der Name einer Welt ist, die alle Fakten in $\mathcal{M}$ erfüllt. Eine mögliche Struktur für $\mathcal{M}$ besteht in der Menge der geordneten n-Tupel, wobei jedes von ihnen eine gewisse elementare Relation darstellt; beispielsweise sind $\langle$At, Robot, $A\rangle$ und $\langle$At, $B1$, $B\rangle$ Elemente des Ausgangsmodells $\mathcal{M}_i$.

Die Ausgangswelt ist durch das Axiom $P(\mathcal{M}_i, S_0)$ definiert (ausgenommen der Fall, wo der vollständige bekannte Inhalt von $\mathcal{M}_i$ explizit vorgegeben werden muß). Daß eine Aktion eine bestimmte Relation in $\mathcal{M}$ ändert — *und sonst keine anderen Relationen* — können wir nun durch ein einzelnes Axiom spezifizieren. So ist die go-Aktion durch das Axiom

$$(\forall x, y, \bar{w}, s)[P(\{\langle\text{At, Robot, } x\rangle, \bar{w}\}, s) \supset P(\{\langle\text{At, Robot, } y\rangle, \bar{w}\}, \text{go}(x, y, s))]$$

definiert. $\bar{w}$ (gelesen als „w-Querstrich") ist hier eine Variable, deren Wert eine indefinite Anzahl von Elementen einer Menge ist, nämlich alle jene, die nicht explizit beschrieben sind.

Dieser Problemzugang erhält die Vorteile des früheren Ansatzes mit Zustandsvariablen, d. h., die Problemlösung, die Antwortkonstruktion und andere Buchführungen können dem Programm zum Beweis von Theoremen überlassen werden. Zusätzlich werden Modelleigenschaften während der Zustandsänderungen durch die mit einem Querstrich gekennzeichneten Variablen übertragen. Auf der anderen Seite sind aber mehrere Schwierigkeiten offenkundig: Strategien zum Beweis von Theoremen können im Rahmen des Problemlösens äußerst ineffizient sein; die Logik müßte für die Einbeziehung von Mengen und n-Tupeln erweitert werden; komplexe Algorithmen zur Anpassung an Strukturen sind nötig, um Ausdrücke vergleichen zu können, die Variablen enthalten, deren Wertbereiche Individuen, n-Tupel, Mengen und indefinite Teilmengen sind; und die Tatsache, daß Welteigenschaften anstatt als Axiome als Daten gespeichert sind, beschränkt den Problemlösungsprozeß durch die Einengung der möglichen Inferenzklassen. Demnach sind weitere ausgedehnte Untersuchungen notwendig, um die Durchführbarkeit dieses Ansatzes zu bestimmen.

Kontexte und Kontextgraphen. Sei nun angenommen, daß ein *Zustand* der intuitiven Idee von einer vollständigen physikalischen Situation entspricht. Da der Bereich unseres logischen Formalismus physikalische Maße wie die Position, die Beschreibung usw. von Objekten enthält, ist jede konsistente Aussage im Rahmen der Logik der ersten Stufe für jeden Zustand entweder wahr oder falsch. Wir können uns jede derartige Aussage als ein Prädikat vorstellen, das eine Menge von Zuständen definiert — nämlich jene, für die es den Wert wahr annimmt. Eine derartige Menge von möglichen Zuständen heiße der durch das Prädikat definierte *Kontext*.

Es ist bequem, gewisse ausgezeichnete Variablen, sogenannte *Parameter*, in Prädikaten zuzulassen. Da jedes derartige Prädikat mit Grundtermen anstelle der Parameter einen Kontext definiert, läßt sich ein parameter-enthaltendes Prädikat als Definition einer *Familie* von möglichen Kontexten auffassen — und jede *partielle* Instantiation von Prädikatenparametern definiert eine *Unterfamilie* von Kontexten (oder, falls keine Parameter übrig bleiben, einen spezifischen Kontext).

Beispielsweise definiert das Prädikat At($B1$, B) einen Kontext (die Menge aller Zustände), in dem sich das Objekt $B1$ in Position B befindet. Sind x und y Parameter, dann definiert At(x, y) die Kontextfamilie, in denen irgendein Objekt irgendwo lokalisiert ist. At($B1, y$) ist eine Unterfamilie dieser Familie, in der sich das Objekt $B1$ an einem beliebigen (immer noch unspezifizierten) Ort befindet.

Ein zu lösendes Problem ist durch ein bestimmtes Prädikat, genannt das *Zielprädikat*, spezifiziert. Implizit besteht das Problem darin, einen *Zielzustand* zu erreichen, d. h., irgendein Element des durch das Zielprädikat definierten Kontextes zu erzeugen.

Eine *Aktion* besteht aus einem Operatornamen, einer Parameterliste und zwei *Prädikaten* — den *Vorbedingungen K* und den *Resultaten R*. Zusätzlich kann jede der elementaren Relationen in den Vorbedingungen als *vorübergehende* Vorbedingung gekennzeichnet sein. Beispielsweise ist die go-Aktion definiert durch

$$\overbrace{\text{go}}^{\text{Name}} \quad \overbrace{(x, y)}^{\text{Parameter}}$$
$$K\{\underline{\text{At}(\text{Robot}, x)}|\text{At}(\text{Robot}, y)\}R,$$

wobei der unterstrichene Teil eine vorübergehende Bedingung bezeichnet. Jeder Aktionsparameter korrespondiert daher mit einer Familie von spezifischen Aktionen. Eine Aktion ist in jedem Zustand, der K erfüllt, anwendbar; wurde eine Aktion angewendet, so braucht der resultierende Zustand zwar nicht mehr die vorübergehenden Bedingungen zu erfüllen, er muß aber R erfüllen.

In diesem Ansatz ist die Konjunktion der Prädikate im Roboterweltmodell ein Ausgangsprädikat I, das als Ausgangskontext die Menge aller Zustände, die alle bekannten Eigenschaften der gegenwärtigen Roboterwelt gemeinsam haben, definiert. Der durch ein gegebenes Zielprädikat definierte Zielkontext ist die Menge der erfüllenden Zielzustände. Wird ein Operator in einem Kontext angewendet, so ändert er das definierende Prädikat (grob gesprochen durch die Streichung von vorübergehenden Bedingungen und die Verbindung von Resultaten) und damit auch den Kontext. Die Problemlösungsaufgabe besteht in der Konstruktion einer Operatorensequenz, die den Ausgangskontext in eine Teilmenge des Zielkontextes transformiert.

Jeder Kontext, der, ausgehend von einem Anfangskontext, durch eine endliche Operatorensequenz erreicht werden kann, heißt *erreichbarer* Kontext. Jeder Kontext, von dem aus eine Teilmenge des Zielkontextes durch eine endliche Operatorenfolge erreicht werden kann, heißt *hinreichender* Kontext. Die wichtigste Aufgabe kann dann so neu formuliert werden, daß es eine Operatorenfolge zu finden gilt, die zeigt, daß das Ziel erreichbar ist, oder daß der Ausgangskontext hinreichend ist, oder noch allgemeiner, daß ein gewisser erreichbarer Kontext eine Teilmenge eines gewissen hinreichenden Kontextes ist (und daher auch selbst hinreichend ist).

Die Hauptschleife des Problemlösungsprogramms hat zwei Teile:

(1) Prüfe, ob irgendein bekannter erreichbarer Kontext eine Teilmenge eines bekannten hinreichenden Kontextes ist. Wenn ja: stop.

(2) Erzeuge *entweder* einen neuen erreichbaren Kontext durch die Anwendung eines gewissen Operators auf einen erreichbaren bekannten Kontext („Vorwärtsarbeiten") *oder* erzeuge als einen neuen hinreichenden Kontext einen Kontext, der durch die Anwendung eines gewissen Operators als hinreichender Kontext erkannt wird („Rückwärtsarbeiten"). Dann kehre zu Schritt (1) zurück und prüfe den neuen erzeugten Kontext.

Ein Vorteil dieses Ansatzes ist, daß alle Zustände und alle Operatoreneigenschaften durch Prädikate in der Logik der ersten Stufe definiert sind, sodaß ein Standardprogramm zum Beweis von Theoremen die meiste Testarbeit der Operatoren und Resultate bzw. die Auswahl der Parameter durchführen kann. Andererseits ist eine getrennte Datenstruktur, ein sogenannter *Kontextgraph*, notwendig, um die Bäume der erreichbaren und hinreichenden Zustände und die Operatoren, die mit deren Knoten verknüpft sind, zu verfolgen. Sei beispielsweise angenommen, daß wir im gerichteten Graph aus Abb. 1 von A nach D wollen.

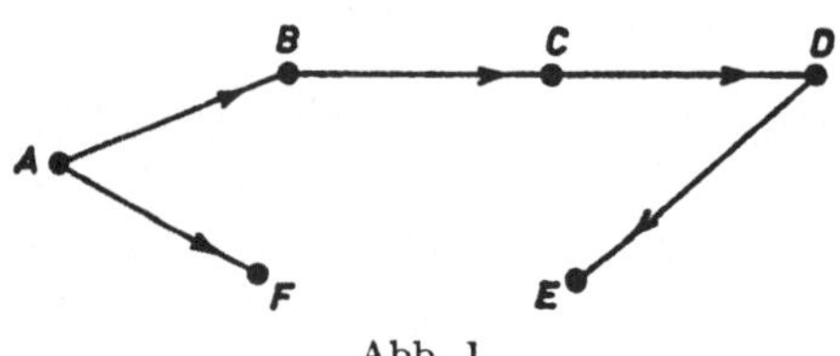

Abb. 1

Wir kürzen hier durch $\mathscr{S}$ das Prädikat ab, welches die Topologie des Graphen kennzeichnet:

$$\mathscr{S} \equiv \mathrm{Path}(A, B) \wedge \mathrm{Path}(B, C) \wedge \mathrm{Path}(C, D) \wedge \mathrm{Path}(A, F) \wedge \mathrm{Path}(D, E).$$

Das Ausgangsprädikat ist $I \equiv \mathrm{At}(A) \wedge \mathscr{S}$. Das Zielprädikat ist $G = \mathrm{At}(D)$. Der go-Operator wird für dieses Problem durch

$$\mathrm{go}(x, y)$$

$$\{\mathrm{Path}(x, y) \wedge \underline{\mathrm{At}(x)} | \mathrm{At}(y)\}$$

definiert. Der Operator ist im Kontext I nur anwendbar, wenn wir beweisen können, daß

$$(\exists x, y)[I \supset \mathrm{At}(x) \wedge \mathrm{Path}(x, y)]$$

ein Theorem ist. Der Beweis läßt sich durch Resolution mit Aufzeichnung der Antworten durchführen (Green und Raphael 1968). Es kann dann gezeigt werden, daß die obige Aussage ein Theorem ist, wenn $x = A$ gilt und y entweder B oder F ist. Der go-Operator kann daher auf zwei Arten benützt werden, um neue erreichbare Kontexte $C1$ und $C2$ mit den korrespondierenden Prädikaten $P_{C_1} = \mathscr{S} \wedge \mathrm{At}(B)$ bzw. $P_{C_2} = \mathscr{S} \wedge \mathrm{At}(F)$ zu erzeugen. Um die Aktionen und Instantiationen zu verfolgen, zeichnen wir den Kontextgraph in Abb. 2:

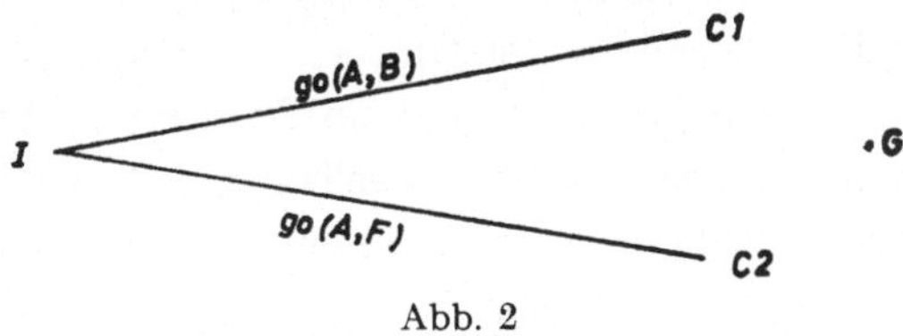

Abb. 2

Ähnlich können wir von $C1$ aus die Anwendbarkeit von $\mathrm{go}(B, C)$ beweisen, was nach einer Anwendung $C3$ ergibt:

$$P_{C_3} = \mathscr{S} \wedge \mathrm{At}(C).$$

Um das Rückwärtsarbeiten zu illustrieren, sei die Frage aufgeworfen, ob das Resultat eines go-Operators G impliziert. Das relevante Problem für ein Problemlösungsprogramm ist hier

$$(\exists y)[\mathrm{At}(y) \supset \mathrm{At}(D)].$$

Dies ist trivialerweise wahr, wenn $y = D$ gilt, sodaß jeder Zustand, der die Vorbedingungen des Operators $\mathrm{go}(x, D)$ erfüllt, hinreichend ist (da der Operator dann anwendbar ist und das Ziel erzeugen wird). Ein neuer hinreichender Kontext $C4$ ist dann durch die Vorbedingungen

$$P_{C_4} = \mathrm{At}(x) \wedge \mathrm{Path}(x, D)$$

gegeben (es sei bemerkt, daß $C4$ wegen des Parameters x wirklich eine Kontextfamilie ist). Der Kontextgraph ist nun in Abb. 3 gezeigt.

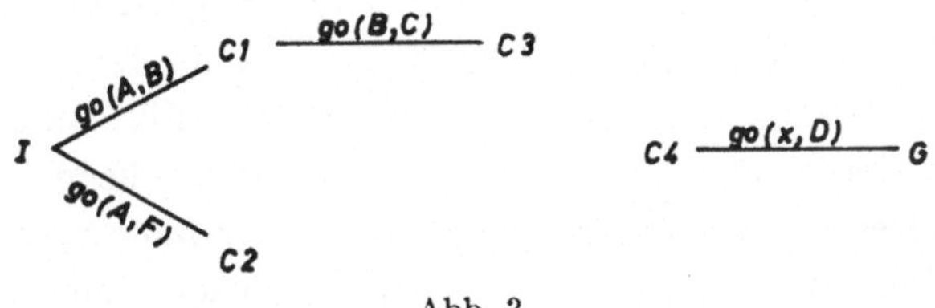

Abb. 3

Schließlich kann das Programm zum Beweis von Theoremen zeigen, daß

$$P_{C_3} \supset P_{C_4} \quad \text{wenn} \quad x = C$$

gilt, was die Lösung vervollständigt.

Die meisten Probleme sind aber wegen verschiedener Komplikationen beträchtlich schwieriger als das obige Beispiel. Angenommen, wir finden beim Versuch, von G aus unter Benützung eines Operators Op mit den Vorbedingungen K und den Resultaten R rückwärts zu arbeiten, daß wir zwar nicht $R \supset G$ beweisen können, jedoch aber eine Aussage S entdecken derart, daß $R \wedge S \supset G$ gilt. Es ist nun immer noch möglich, mit Op weiterhin rückwärts zu arbeiten, nur ist der neue hinreichende Kontext nicht allein durch K definiert, sondern durch $K \wedge S$. Man braucht eine zusätzliche Buchführung, damit S in einer gültigen Lösung nicht durch die Anwendung von Op zerstört wird — beispielsweise.dürfen keine vorübergehenden Bedingungen von Op in S auftreten. Ähnliche zusätzliche Unterziele und Buchführungsprobleme entstehen in jedem unvollständigen Beweisversuch, daß ein erreichbarer Kontext in einem hinreichenden Kontext enthalten ist.

Weitere komplexe Fragen treten durch *Abhängigkeiten* auf. Wird ein Ausdruck E durch eine vorübergehende Bedingung während einer Aktion gestrichen, so kann nicht mehr garantiert werden, daß andere Ausdrücke, die in früheren Kontexten von E abgeleitet wurden, in neuen Kontexten ebenfalls wahr sind. Jeder abgeleitete Ausdruck heißt daher von allen seinen Vorgängern *abhängig*, jedoch trägt dies nur noch mehr zu den bestehenden Buchführungsproblemen bei.

Auf der anderen Seite kann der Kontextgraphansatz einen großen Teil der Buchführung automatisch bewerkstelligen. Jeder logische Ausdruck braucht nur einmal mit Angaben über die Kontexte, in denen er erzeugt bzw. zerstört wurde, gespeichert werden — anstatt von Kontext zu Kontext kopiert oder neu abgeleitet werden zu müssen. Schließlich haben erste Experimente gezeigt, daß — wenn die Prädikate der erreichbaren Kontexte und die Operatorenresultate in Clauseform bzw. die Prädikate der hinreichenden Kontexte und die Operatorenvorbedingungen in negierter Clauseform gespeichert werden — der größte Teil der „Schrauben-und-Mutter"-Arbeit zu den Lösungsversuchen bzw. zur Erzeugung neuer Kontexte durch ein bestehendes Programm zum Beweis von Theoremen vom Resolutionstypus ausgeführt werden kann.

Andere Ansätze. Verschiedene andere Ansätze für das Rahmenproblem wurden ebenfalls vorgeschlagen, jedoch sind nur wenige in genügender Detailliertheit ausgearbeitet worden, um auf einem Rechner getestet zu werden.

Am Stanford Research Institute beschäftigt sich R. Fikes mit einem System, dessen formales Gerüst ähnlich jenem aus dem vorhergehenden Abschnitt ist, das aber keine Resolutionstechniken verwendet: hier hängen die Beweise sehr stark von der Semantik der Logik ab, und das Problemlösungsprogramm geht in einer heuristischen, ziel-gerichteten und fall-analysierenden Weise vor.

E. Sandewall, Universität von Uppsala, arbeitet an der Erweiterung einiger von McCarthy vorgeschlagenen Ideen zur Formalisierung der Konzepte der Kausalität und Zeitabhängigkeit, indem er eine von J. A. Robinson angeregte Methode zur Einbettung einer Logik höherer Stufe in den Prädikatenkalkül der ersten Stufe anwendet. Das resultierende System verspricht ein interessantes Modell für „unvermeidliche" Ereignisfolgen (Beispiel: „Wenn es regnet, werden Dinge naß"), dürfte aber weniger nützlich für die Beschreibung von möglichen Aktionsalternativen eines externen Handelnden (Roboter!) sein.

Methoden für den Beweis von Theoremen in Prädikatenkalkülen höherer Ordnung sind verschiedentlich in Entwicklung, und die Anwendung dieser mächtigeren Formalisierungen dürfte letztlich unsere Aufgabe sehr stark vereinfachen. McCarthy und Hayes (1969) schlagen übrigens auch einige andere Ansätze vor, die Modelle der Modallogik und der „Gegentatsachen"[1] enthalten, allerdings wurden Details noch nicht ausreichend untersucht.

Schlußfolgerungen

Dieser Beitrag beschrieb das Rahmenproblem und die wichtigsten Methoden, die für dessen Lösung vorgeschlagen wurden.

Die oben angeführten Ansätze seien hier kurz rezensiert.

(1) Die Methode der vollständigen Rahmen- und Rahmenübergangsbeschreibung war höchstens ein gerüstgebender „Strohhalm", den wir nicht für die tatsächliche Anwendung in Betracht ziehen.

(2) Der mit der Logik verknüpfte Ansatz der Zustandsvariablen ist zwar sehr elegant für die Behandlung von Miniaturproblemen, aber sowohl der Darstellungsaufwand als auch der Aufwand zum Beweis der Theoreme steigen ganz gewaltig mit der Problemkomplexität an.

(3) Die Idee eines Weltprädikates bewahrt einiges der Eleganz von (2), während notwendige Rahmeninformation implizit übertragen wird; allerdings stellt diese Idee für das Programm zum Beweis der Theoreme Belastungen in neuen Bereichen dar und verlangt den umständlichen Gebrauch von zwei Niveaus der logischen Darstellung (d. h., Relationen zwischen den n-Tupeln des Modells müssen in Begriffen des Weltprädikats definiert sein), sodaß das Praktische an diesem Ansatz noch genauer ergründet werden muß.

(4) Der Gebrauch von Kontexten und Kontextgraphen (ohne explizite Zustandsnamen in der Logik) ist ein mehr oder weniger gewaltsamer Versuch, die Verwendung von Methoden für den Beweis von Theoremen der Logik der ersten Stufe mit einer GPS-ähnlichen Struktur von Unterzielen und Operatoren zu kombinieren; obwohl die Buchführungsprobleme kompliziert sind, dürften sie ausführbar sein, sodaß dieser Ansatz leidlichen Erfolg verspricht.

(5) Abschließend erwähnten wir einige weitere interessante Ideen, die ausgedehnte Forschungen nach sich ziehen werden, bevor sie mit den anderen Ansätzen sinnvoll verglichen werden können.

Bis jetzt befaßten sich die meisten Untersuchungen im Bereich des Problemlösens mit ziemlich statischen Situationen in engen Gegenstandsbereichen. Da wir am Bau von Systemen interessiert sind, die vollständig unabhängige künstliche Intelligenz aufweisen, entsteht nun eine neue Forschungsrichtung des Pro-

---

[1] Anmerkung des Bearbeiters: engl. „counterfactuals". Die Theorie ist z. B. dargestellt in Rescher, N.: Hypothetical reasoning. Amsterdam: North Holland 1964.

blemlösens: wir müssen untersuchen, wie Probleme in einer, eine große Wissensanhäufung enthaltenden, Umgebung zu lösen sind, während die möglichen Effekte einer Palette von Aktionsfolgen im Auge behalten werden müssen. Dieser Beitrag hat einige der ersten erklärenden Schritte in diesem neuen Forschungsbereich beschrieben.

Addendum

In den letzten Jahren zeigten sich mehrere wichtige Neuentwicklungen. Das STRIPS-System von Fikes und Nilsson (1971) ist der direkteste Nachfolger der Kontextgraphenidee, die hier auszugsweise dargestellt ist. STRIPS verwendet heuristische Suchprinzipien, um von einem Zustand in einen anderen zu gelangen, sowie formale Techniken für den Beweis der Theoreme, um Zwischenresultate innerhalb jedes Zustands festzusetzen. STRIPS wurde bereits für Problemlösungen von SHAKEY, dem Roboter des Stanford Research Institute, herangezogen, und die durch STRIPS produzierten Pläne stellten die Basis für eine interessante Demonstration des automatischen Lernens dar (Fikes, Hart und Nilsson 1972).

Ein großer Teil der jüngsten Aktivitäten bei der Entwicklung von neuen Programmiersprachen für Problemlösungsuntersuchungen steht in Zusammenhang mit dem Gegenstand dieses Aufsatzes. Sprachen wie PLANNER, QA4, SAIL und CONNIVER (Sussman und McDermott 1972; Derksen, Rulifson und Waldinger 1972; Feldman, Low, Swinehart und Taylor 1972) wurden entworfen, um es Forschern leichter zu machen, Problemlösungssysteme zu entwickeln bzw. mit diesen zu experimentieren. Diese Sprachen sehen eingebaute Buchführungsmechanismen vor, die die variierenden Kontexte bzw. die Übergänge von einem Zustand in einen anderen verfolgen. Obwohl die Untersuchungen dazu ständig in Fluß sind, dürften die aus diesen Sprachentwicklungen hervorgehenden Ideen wahrscheinlich äußerst nützlich für zukünftige Betrachtungen des Rahmenproblems sein.

Literatur

Derksen, J., Rulifson, J. F., Waldinger, R. J.: The QA4 language applied to robot planning. AFIPS Conference Proceedings **41**, II, 1181—1192 (1972).

Ernst, G. W., Newell, A.: GPS: A Case Study in Generality and Problem Solving. New York: Academic Press 1969.

Feldman, J., Low, J. R., Swinehart, D. C., Taylor, R. H.: Recent developments in SAIL — an ALGOL-based language for artificial intelligence. AFIPS Conference Proceedings **41**, II, 1193—1202 (1972).

Fikes, R. E., Nilsson, N. J.: STRIPS: a new approach to the application of theorem proving to problem solving. Artificial Intelligence **2**, 189—208 (1971).

Fikes, R. E., Hart, P. E., Nilsson, N. J.: Learning and executing generalized robot plans. Artificial Intelligence **3**, 251—288 (1972).

Green, C. C.: Application of theorem proving to problem solving. Proc. Int. Joint Conf. on Artificial Intelligence, 219—239 (1969).

Green, C. C., Raphael, B.: The use of theorem proving techniques in question-answering systems. Proc. 23rd Nat. Conf. ACM, 169—181 (1968).

McCarthy, J., Hayes, P.: Some philosophical problems from the standpoint of Artificial Intelligence. In: Machine Intelligence 4, 463—502 (Meltzer, B., Michie, D., Hrsg.). Edinburgh: Edinburgh University Press 1969.

Raphael, B.: The relevance of robot research to AI. Theoretical approaches to non-numerical problem solving, Lecture Notes in Operations Research and Mathematical Systems 28, 455—466. Berlin-Heidelberg-New York: Springer 1970.

Sussman, G. J., McDermott, D. V.: From PLANNER to CONNIVER — a genetic approach. AFIPS Conference Proceedings 41, II, 1171—1179 (1972).

Verarbeitung von natürlicher Sprache und Bildern

Die Zusammensetzheuristik und ein Sprachlernmodell

Von **R. K. Lindsay**

Die Zusammensetzheuristik

Zusammensetzspiele („jigsaw puzzles") sollten eigentlich weit schwerer fallen, als sie es tun. Der Problemlöser hat ein Problem von großer kombinatorischer Komplexität vor sich. Er muß vielleicht 800 oder 1000 Kartonstückchen zu einer zusammenhängenden Struktur zusammenfügen, die folgende zwei Bedingungen erfüllt: alle Stückchen müssen ineinanderpassen (die Konturen jedes Stückes fallen mit den Konturen seiner Nachbarteile zusammen), und das Resultat ist irgendein Bild. Üblicherweise ist von allen möglichen versuchbaren Anordnungen der Teilchen nur eine richtig; trotzdem werden solche Probleme leicht gelöst. Es scheint es wert zu sein, zu fragen warum.

Eine wichtige Charakteristik der Zusammensetzspiele — eine Charakteristik, die auch viele andere Puzzles und Probleme aufweisen — ist, daß sich stabile Teillösungen konstruieren lassen. Betrachten wir ein Problem, in dem eine bestimmte Konfiguration von mehreren Elementen zu entdecken ist, etwa ein Anagramm. In einem 7-Buchstaben-Anagramm gibt es 7! = 5040 versuchbare Anordnungen. Sind aber gewisse Anordnungen von 2 oder 3 Buchstaben unzulässig oder unwahrscheinlich, oder sind umgekehrt gewisse Anordnungen sehr wahrscheinlich, wird nun die Komplexität des Problems drastisch reduziert. Sind etwa „Q" und „U" vorhanden, so sollte man natürlich „QU" bilden; dies reduziert die Einheitenzahl auf 6 und die Anzahl der Kombinationen auf 6! = 720 — eine beachtliche Reduktion. Wenn man ähnlich z. B. alle 800 Teile eines Zusammensetzspieles zusammenfügen müßte, bevor man sagen könnte, ob *irgendeine* der richtigen Verbindungen hergestellt wurde, würde niemand diese Puzzles überhaupt jemals lösen. Simon (1962) diskutiert die Bedeutung dieser Problemcharakteristik.

Zusammensetzspiele haben eine zweite wichtige Eigenschaft. Bei der Wahl von Teilchen für die Einpassung wird der Problemlöser durch zwei verschiedene Informationstypen geleitet: den Konturformen und den auf der Oberfläche aufgedruckten Abbildungen. Er kann etwa in einem gewissen Stadium die noch nicht gebrauchten Teile nach einem überwiegend gelben Stück mit konvexen Vorsprüngen an gegenüberliegenden Seiten absuchen. Die genaue Bildgestaltung und die Form werden erst dann berücksichtigt, wenn die Kandidatenmenge so entscheidend reduziert wurde. Jeder kann sich vom Wert der bildlichen Information überzeugen, wenn er versucht, das Puzzle mit der Bildfläche nach unten zu lösen; und jeder kann sich vom Wert der Konturinformation überzeugen, wenn er ein Puzzle wählt, dessen Teilchen sämtlich Quadrate oder Sechsecke sind.

Diese beiden Informationstypen sind höchst — vielleicht sogar vollständig — redundant. Die Teilchen lassen sich nur in einer Anordnung zu einem Rechteck zusammensetzen, sodaß man (bei den meisten Puzzles) sicher sein kann, die Lösung auch dann gefunden zu haben, wenn das Spiel mit der Bildfläche nach unten *liegt*. Stellt das Bild etwa eine Landschaft dar, so gibt es ähnlich wahrscheinlich nur eine Anordnung, die die Landschaft darstellt (zumindest diejenige Anordnung auf der Schachtel), auch wenn alle Teile identisch sind. Obwohl sie also redundant sind, erleichtern trotzdem beide Informationstypen die Suche nach der richtigen Lösung.

Daß dies tatsächlich so ist, läßt sich leicht erkennen. Suchen wir ein Teilchen, das zwei Anforderungen erfüllen muß, so können wir die verfügbare Menge absuchen, indem wir nur eine der Anforderungen als raschen Test für die Ausschaltung der meisten Kandidaten verwenden; die verbleibenden Stückchen können auf die zweite Anforderung hin überprüft oder einfach ausprobiert werden. Die Schwierigkeit dabei ist, daß in verschiedenen Situationen einmal der eine und einmal der andere Test leichter zu bewerkstelligen ist. Ist etwa in einem überwiegend roten Puzzle die benötigte Farbe ebenfalls rot, so kann es leichter sein, nach der geforderten Kontur zu suchen, während die Suche nach der Farbe schnell möglich ist, wenn die benötigte Farbe gelb ist. Ist die geforderte Kontur merklich anders und relativ selten — wie bei Randteilen —, so geht es leicht und schnell, nach dem Teilchen aufgrund der Kontur zu suchen. Daher wird also das zuerst angewendete Kriterium in jeder Situation anders sein.

Diese Eigenschaften legen nun folgende Problemlösungsstrategie nahe: immer wenn es möglich ist, formuliere man kombinatorisch große Konstruktionsprobleme derart, daß stabile Unterkonstruktionen geformt und darauf aufgebaut werden können, und man charakterisiere die Konstruktionsregeln entlang zweier oder *mehrerer* Dimensionen, die nicht vollständig korreliert sind, und deren jede für sich genügt, die Richtigkeit der Lösung festzustellen.

Diese Problemlösungsstrategie legt eine Lernstrategie nahe. Angenommen, jemand wirft irrtümlich einige Teilchen seines Zusammensetzspieles in seinen Kaffee. Er könnte dann bemerken, daß — während die Konturen relativ unbetroffen bleiben — das Bild verblaßt oder sich ablöst und verloren geht. Trotzdem wird er in der Lage sein, das Puzzle zu vollenden, und zweifellos die verlorengegangene Information rekonstruieren, falls er geschickt genug mit Farbe und Pinsel ist. Wenn andererseits etwa sein Sohn die Vorsprünge wegschneidet, sodaß die Kontureninformation verlorengeht, die Bildinformation aber relativ gut erhalten bleibt, läßt sich die verlorene Information in ähnlicher Weise rekonstruieren, wenn das Problem einmal gelöst ist. Dies legt nun die Möglichkeit einer Lernprozedur nahe, die auf Konstruktionsprobleme der obigen Art angewendet werden kann, wo also zu Beginn zwar nicht die ganze redundante Information vorhanden ist, aber doch genug, um die Lösung des Problems oder einiger Teilprobleme zu gestatten. Die Prozedur kann sich dann unter Verwendung neu konstruierter Erkenntnis hinaufarbeiten, um die noch vermißte andere Information aufzufüllen.

Versuchen wir nun die Anwendung dieser Konzepte auf das Problem, ein selbstorganisierendes Satzzerlegungsprogramm zu entwerfen. Ein vorgegebenes Zerlegungsproblem involviert für eine geordnete Wortmenge eine Konstruktion, die anzeigt, wie diese Worte in Beziehung stehen. Das Zerlegungsprogramm hat gewisse Kenntnisse von den möglichen oder wahrscheinlichen Kombinationen — Relationen zwischen Wörtern und Symbolen —, aber diese Information ist eher lokal als global, d. h., diese Kenntnisse sind von der in Wörterbüchern zu findenden Art, und die Information ist Information von Wörtern, nicht von Sätzen. Das Programm faßt seine Arbeit als beendet auf, wenn es eine einzelne Struktur konstruiert hat, die alle seine Eingabewörter verwendet hat und die keine der explizit verbotenen Bedingungen verletzt.

Man ist nun versucht, die Kontureninformation unseres Zusammensetzspieles mit der syntaktischen Information des Zerlegungspuzzles bzw. die Bildinformation mit der semantischen Information zu identifizieren. Allerdings verlangt die Zusammensetzheuristik keine derartige Identifikation; alles, was wir fordern, ist die Existenz von mindestens zwei Informationsklassen, die partiell redundant sind. Da *a priori* keine natürliche Unterscheidung zwischen syntaktischer und semantischer Information in einem der beiden Fälle vorliegt, würde die Identifikation nicht viel helfen (sollte das auszugsweise dargelegte Schema durchzuführen sein, ist es nützlich, eine Syntax-/Semantikgrenze zu *definieren*).

Es ergeben sich nun Schwierigkeiten. Die Zusammensetzanalogie unterscheidet sich vom Zerlegungsproblem in wichtigen Punkten. Im Zusammensetzspiel ist im allgemeinen nur eine Lösung möglich. Dies folgt aus der Tatsache, daß jedes Teilchen eine eindeutige Kontur hat, die nur in einen Kontext paßt. Dies ist offenkundig nicht bei einer Sprache der Fall, wo eine relativ kleine und nur langsam anwachsende Wortmenge in einer sehr großen Kombinationsanzahl gebraucht werden kann. Dies ist so, als ob jedes Teilchen des Zusammensetzspieles viele Konturmengen besitzen würde und daher in einer großen Anzahl von Bildern verwendet werden könnte. Weiters weiß der Problemlöser dann nie im voraus, an welchem Bild er gerade arbeitet. Die Komplikation ist dabei also, daß — obwohl Teilkonstruktionen gebildet werden können — man nie sicher sein kann, ob die geformte Konstruktion Teil der endgültigen Lösung ist: sie könnte wieder aufgelöst werden müssen.

Die meisten Modelle der Einsicht nützen den durch die Zusammensetz-Problemlösungsheuristik ermöglichten Einfluß nicht aus. Beispielsweise schlagen Katz und Fodor (1963) vor, zuerst eine syntaktische Zerlegung ausfindig zu machen und dann die Struktur durch Prozeduren, die semantische Informationen zur Eliminierung von einigen syntaktisch zulässigen Lesarten verwenden, zu interpretieren. Theoretiker, die Rechnerprogramme für linguistische Analysen entworfen haben, waren gegenüber den Problemen der kombinatorischen Komplexität aufgeschlosse-

ner, und mehrere von ihnen entdeckten ein der Zusammensetz-Problemlösungs-
strategie verwandtes Verfahren. So verwenden Thompson et al. (1964) eine
Prozedur, in der vorgeschlagene syntaktische Analysen phrasenweise an Informationen in einer Datenbasis geprüft werden; Quillian (1969) verwendet die umgekehrte Prozedur und unterzieht semantisch vorgeschlagene Konstruktionen
syntaktischen Prüfungen (er nennt dies „Form-Tests"). Jede dieser Prozeduren
ist von besonderem Wert für die Reduzierung der Größe des Möglichkeitenraumes.
Allerdings scheint keine von ihnen die volle Mächtigkeit der Zusammensetzheuristik, in der die Reihenfolge von Abtestungen eine Funktion des gerade vorliegenden Problems sein kann, auszunützen: natürlich ist es aber nicht klar,
wie ein derartiges Entscheidungsverfahren zu entwerfen ist.

Grundzüge eines Sprachlernmodells

Wir wollen nun ein Verfahren für die Anwendung der obigen Betrachtungen auf
eine spezifische Sprachlernaufgabe skizzieren. Betrachten wir ein Programm, das
wohlgeformte Sätze wortweise eingegeben bekommt. Das Programm enthält zwei
Speicher für Informationen über Wörter. Ein *Wörterbuch* spezifiziert in gewisser
Weise die möglichen strukturellen Verflechtungen für ein jedes Wort: so kann
etwa *Katze* zu allem, das gewisse Anforderungen erfüllt, in einer „Raub"-Relation
stehen und zu anderen Dingen in einer Elternteil-Relation. Ein *syntaktischer
Leitfaden* zeigt ebenfalls für jedes Wort mögliche Verknüpfungen einer anderen
Art an. *Katze* kann etwa zu allem, das ein Prädikat sein kann, in Subjekt-Relation
stehen. Typischerweise werden sowohl das Wörterbuch als auch der syntaktische
Leitfaden für jedes Wort mehrere Eintragungen enthalten. Eine Auswahlroutine,
die Informationen der näheren Umstände und des Kontextes — einschließlich
von Informationen über teilweise konstruierte Zerlegungen — verwendet, hilft
bei beiden bei der Auswahl der Eintragungen und deren Ordnung. Die Ordnung,
die eine geordnete Menge von Hypothesen über die Struktur des zu verarbeitenden
Satzes darstellt, kann Hinweise aus dem Wörterbuch und dem syntaktischen
Leitfaden vermischen.

Durch die Verarbeitung eines Wortes wird eine geordnete Menge von Strukturhypothesen über dieses erzeugt. Wird das nächste Wort gelesen, werden die vorgeschlagenen Strukturhypothesen nacheinander geprüft, um festzustellen, ob sie
in Hinblick auf die Eintragungen für das zweite Wort zulässig sind. Wird eine
zulässige Struktur gefunden, wird der Satzbau geformt; wird keine festgestellt,
werden beide Wörter mit ihren assoziierten Hypothesen gespeichert. Akkumuliert
das Programm auf diese Weise eine allzu große Menge von nicht-verknüpften
Teilen, *oder* stößt das Programm auf das Satzende, bevor alle Wörter in eine einzelne
Struktur kombiniert wurden, tritt das Programm in einen Ratemodus ein. Dieses
Raten läuft auf die Prüfung der hypothetischen Verknüpfungen hinaus, um festzustellen, welche von ihnen wegen fehlender Wörterbuch- oder syntaktischer Leitfadeninformation eine Erfüllung verfehlten. Es wird dann genug zusätzliches

neues Wissen ausgewählt, um die Vervollständigung der Zerlegung zu gestatten. Das Resultat wird dann einem Belehrenden zur Begutachtung vorgelegt. Hat das Raten eine akzeptable Zerlegung ergeben, wird die so erzeugte Information zum ständigen Wissen; andererseits wird bei noch verfügbarer Rechenzeit weitergeraten. Läßt sich kein Erfolg erreichen, hat das Programm nicht aus der Erfahrung gelernt.

Das Verhalten des Programms soll mit dem folgenden einfachen Beispiel illustriert werden. Angenommen, das Wörterbuch gestattet strukturelle Verknüpfungen der Typen $F1$ und $F2$ zwischen *rot* und *Rose* und strukturelle Verknüpfungen der Typen $F1$ und $F3$ zwischen *Rose* und *rot* (wir betrachten also geordnete Verknüpfungen). Der syntaktische Leitfaden möge die Verknüpfungen $C1$ und $C2$ zwischen *rot* und *Rose* und $C3$ bzw. $C4$ zwischen *Rose* und *rot* zulassen. Angenommen, die Auswahlroutinen würden ungeachtet des anderen Kontextes für *rot* die Verknüpfungen $F1$ und $C1$ vorschlagen. Da diese durch das Wörterbuch und den syntaktischen Leitfaden für *Rose* zulässig sind, werden diese Verknüpfungen gebildet, wenn *Rose* auftritt. Hätten keine Eintragungen für *Rose* existiert und hätte das Programm eine Struktur zu formen gehabt, würde es $F1$ bzw. $C1$ geraten haben und hätte diese Information dem Wissensspeicher für *Rose* hinzugefügt. Wäre *Rose* das erste auftretende Wort gewesen, hätten die Auswahlroutinen eine andere Verknüpfungsmenge hypothetisch angenommen, etwa $C3$ und $F3$. Demnach würden also *rote Rose* und *Rose rot* unterschiedliche Analysen erfahren.

Das JIGSAW-1-Modell

Im Sinne der vorstehenden Skizzen wurde ein Programm, JIGSAW-1, für die Zerlegung englischer Sätze entwickelt. Natürlich enthält JIGSAW-1 notwendigerweise mehrere zusätzliche Eigenschaften, die die Skizze vervollständigen. Unglücklicherweise stimmt es aber gleichzeitig mit dem vorstehenden Plan nicht vollständig überein. Trotzdem dürfte es aber nützlich sein, dieses Programm detaillierter zu betrachten.

JIGSAW-1 ist ein Programm zur Zerlegung von Sätzen. Die Zerlegungen, nach denen es sucht, nennen wir indizierte Abhängigkeitsbäume. Ein indizierter Abhängigkeitsbaum ist ein Baum, dessen Knoten Wörter sind und dessen Kanten verschiedenartige Relationen unter den Wörtern anzeigen. Eine indizierte Abhängigkeitsanalyse ist daher allgemeiner als eine Phrasenstrukturanalyse oder eine Abhängigkeitsanalyse, da verschiedene Relationen zwischen Wörtern durch unterschiedliche indizierte Kanten angezeigt werden können. Ein Beispiel dazu gibt Abb. 1.

Man könnte es natürlich auch vorziehen, mit Strukturen, die spezielle, dem Diskussionsgegenstand angemessene Eigenschaften aufweisen, zu arbeiten, d. h., man würde mit Strukturen arbeiten, die gute Modelle der Welt sind (vgl. Lindsay 1963). Allerdings kennen wir solche Strukturen nur für sehr spezielle Fälle. Wir wählen hier deshalb eine sehr allgemeine Darstellung, in der wir Quillian (1969) sowie Schwarz, Burger und Simmons (1970) folgen.

Der Grundgedanke eines indizierten Abhängigkeitssystems ist, daß die Kennungen die strukturellen Verflechtungen zwischen Wörtern, die der Satz übermittelt, reflektieren. So könnte *green* im selben Sinn (über dieselbe Kennung) von *tree* abhängen wie *white* von *snow*, aber in einem anderen Sinn wie *green* von *recruit* abhängt, obwohl in allen Fällen die Abhängigkeit Modifikationen im üblichen syntaktischen Sinn widerspiegelt. In den meisten Fällen wird *the* über dieselbe Markierung von einem Hauptwort abhängen; manchmal aber — etwa in der Phrase *the more the merrier* — wird die Kennung anders sein.

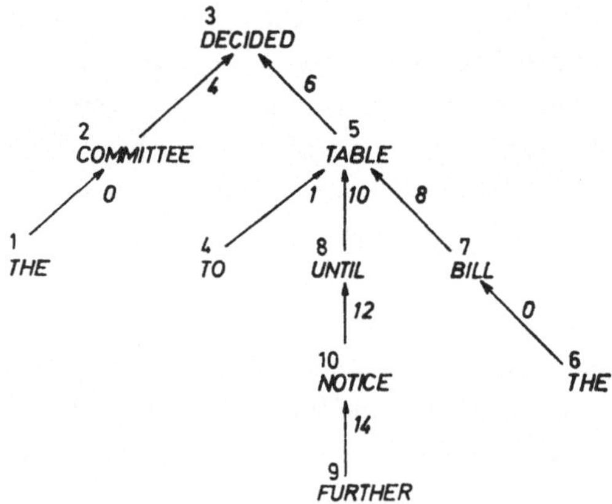

Abb. 1. Eine indizierte Abhängigkeitsanalyse. Kursive Zahlen neben den Linien zeigen Kennungen an; Ziffern über den Wörtern zeigen die laufende Position des Wortes in dem Satz an

Die Form der Zerlegung unterliegt zwei weiteren Beschränkungen: pro Kante ist nur eine Kennung zulässig, und die Struktur muß ein Baum sein. Diese Beschränkungen reduzieren nicht nur die Allgemeinheit der Interpretationen, sondern geben der heuristischen Zerlegungsprozedur zusätzliche Hinweise; verletzt eine vorgeschlagene Verknüpfung eine der Beschränkungen, so wird die Verknüpfung verworfen.

Das Wörterbuch von JIGSAW-1

Im Programm wird keine Unterscheidung zwischen Funktions- und Referenzwörtern getroffen; alle Eingabewörter werden gleich behandelt. Die Speicherung von Informationen über alle möglichen strukturellen Verknüpfungen zwischen jedem Wortpaar würde einen untragbaren Speicheraufwand erfordern. Anstatt dessen ist mit jedem Wort Information assoziiert, die jene Kennungen spezifiziert, die in Abhängigkeitsrelationen, wo dieses Wort auftritt, verwendet werden dürfen. Diese Information wird in zwei Listen gespeichert; einige Kennungen können in beiden Listen auftreten. Die Liste A für das Wort W enthält alle Markierungen, die mit Kanten verknüpft werden dürfen, wo W am unteren Ende steht (als „abhängig“); die Liste B für das Wort W enthält alle Markierungen, die mit

Kanten verknüpfbar sind, wo W am oberen Ende steht (als „leitend"). Der Test, ob eine Verknüpfung, die die Kennung L involviert, zwischen den Wörtern W und X hergestellt werden kann — wobei W von X abhängig sein soll —, wird nur dann positiv beantwortet, wenn L in der A-Liste von W und in der B-Liste von X auftritt. Tritt L in beiden Listen auf, so liefert der „Möglichkeitstest" die Antwort „möglich"; fehlt L in einer oder in beiden Listen, ist die Antwort „unmöglich", außer eine der einzubeziehenden Listen ist nicht vorhanden (was ein neues Wort anzeigt) — dann ist die Antwort „unbekannt". Wie oben festgestellt, muß eine Verknüpfung noch andere strukturelle Anforderungen erfüllen, um akzeptiert zu werden.

Es sei bemerkt, daß diese Art der Informationsspeicherung weniger restriktiv ist als eine Informationsspeicherung auf Basis von Wortpaaren; d. h., das Programm generalisiert stärker. Es könnte daher der Verfasser des Wörterbuches verlangen, daß *green* über die Markierung „color" von *grass* abhängt, bzw. *white* über dieselbe Kennung von *snow*. Unter Verwendung des obigen Schemas würde das Wörterbuch auch *green snow* und *white grass* zulassen; soll diese Möglichkeit beseitigt werden, müssen zwei „color"-Markierungen verwendet werden.

Der syntaktische Leitfaden von JIGSAW-1

In JIGSAW-1 ist der syntaktische Leitfaden in Form eines Diskriminationsbaumes gespeichert. Den Nicht-End-Knoten des Baumes sind gewisse Tests zugewiesen. Diese Tests können beliebige, ein einzelnes Symbol als Ausgabe erzeugende, Unterroutinen sein; tatsächlich werden sie aus einer Liste von Tests, die der Programmierer bereitstellt, ausgewählt und nicht durch das Programm selbst erzeugt. Typischerweise stellen die Tests Fragen über partielle Interpretationen, deren Antworten das Programm zu einer *Syntaxroutine* führen. Diese Routine definiert die Arten der weiteren strukturellen Verknüpfungen, die das Programm für die Verwendung der partiellen Interpretation, die zum Eintritt in den Baum herangezogen wurde, vorschlagen kann. Typische Tests sind: „Besteht die Interpretation aus einem einzelnen Wort oder aus einer komplexen Struktur?" (Antwort: einfach, komplex); „Welches ist das erste Wort der Interpretation?" (Antwort: jenes Wort); „Welche Kennung ist der Verknüpfung der ersten Stufe zugewiesen?" (Antwort: jene Markierung); „Wie tief geht die Interpretation?" (Antwort: eine Zahl). Wird eine partielle Interpretation dem Baum zugeleitet, so wird eine erste Frage gestellt. Das Ergebnis dieses Tests bestimmt den Zweig, der zu einem anderen Test führt, und so weiter, bis die Syntaxroutine rückgeholt wird. Die Durchführung der Syntaxroutine erzeugt vorzuschlagende Verknüpfungen und verbindet diese Information mit der partiellen Interpretation, wo sie dann später wieder verwendet wird.

Diese Methode der Speicherung und Rückgewinnung von Information ist analog der von Feigenbaum (1963) entwickelten Theorie des menschlichen Einprägens durch Übung modelliert. Eine wichtige Eigenschaft dieser Theorie ist, daß die Testfolge, die die Rückgewinnungseigenschaften definiert, als eine Datenstruktur, die dynamisch verändert werden kann — durch das Programm —, gespeichert ist. Typischerweise werden Abänderungen durchgeführt, um eine Anpassung an eine spezielle Rückgewinnungsaufgabe zu erreichen. Änderungen im Baum können daher unerwartete Konsequenzen mit sich bringen, die spürbar werden, wenn das Programm eine neue Aufgabe vorgelegt bekommt.

Das vollständige Vokabular und die assoziierten Syntaxroutinen werden dem Programm zu Beginn eingegeben. Eine Unterroutine baut einen Syntaxbaum derart auf, daß jedes Wort einem eindeutigen Endknoten zugewiesen wird, wo dann die zugehörige Syntaxroutine untergebracht wird. Der den Baum aufbauende Algorithmus sortiert das vorgegebene Wort in den Baum ein. Wird ein eindeutiger Endknoten gefunden, ist die Routine beendet. Andernfalls wird versucht, aus der gegebenen Testmenge einen Test zu finden, der nach der Hinzunahme das gegebene Wort von den anderen Wörtern, mit denen es verwechselt wird, unterscheidet. Dies ist immer wegen der Art und Weise, in der die Tests definiert sind, möglich. Da aber die Testliste vom Allgemeinen zum Besonderen geordnet ist, untersucht der Algorithmus allgemeine Eigenschaften der Struktur zuerst.

Während der Entwicklung dieses Programms wurde das Konzept der Zusammensetzheuristik nicht völlig richtig beurteilt. Im speziellen war die Notwendigkeit von zwei verschiedenen Informationsarten nicht ganz klar, und als Resultat basierten daher die durch die Syntaxroutine erzeugten Vorschläge auf derselben Information, wie sie im Wörterbuch gefunden wurde (natürlich ist, wie im nächsten Abschnitt zu sehen sein wird, die zu Beginn mit einem Wort assoziierte syntaktische Leitfadeninformation eine Teilmenge der zu Beginn mit einem Wort assoziierten Wörterbuchinformation, obwohl diese Relation nicht notwendigerweise weiterbestehen muß, wenn das Programm einmal gewisse Erfahrungen akkumuliert hat). Spezifischer hat ein solcher Vorschlag die Form „Erwarte, daß nachfolgend eine Struktur (vielleicht auch ein einzelnes Wort) gefunden wird, die mit der gegenwärtigen Struktur so kombiniert werden kann, daß die gegenwärtige Struktur von der erwarteten Struktur über die Kennung L abhängt (oder diese leitet)". Eine einzelne Syntaxroutine kann eine beliebige Anzahl solcher Vorschläge auszeichnen.

Die Anzahl der partiellen Interpretationen darf einen, durch einen Parameter kontrollierten, Umfang nicht überschreiten (üblicherweise ist dieser gleich 7), und es sollte versucht werden, für eine einzelne Eingabekette auch eine einzelne zusammenhängende Interpretation zu konstruieren. Wird eine gewisse Grenze erreicht, versucht das Programm, eine Verknüpfung herzustellen, die nicht vorgeschlagen wurde oder die nicht mit dem Wörterbuch verträglich ist. Solche Versuche können fehlschlagen; in diesen Fällen bricht das Programm ab.

Die Initialisierung von JIGSAW-1

Das Programm erhält zu Beginn eine Informationssammlung über die zu verarbeitende Sprache. Das Programm braucht gewisse Informationen, wenn es nicht nach Zufall laufen soll: es ist kein Modell der ersten Schritte des Spracherwerbs. Werden Syntaxroutinen nicht auf der Basis der Unterstruktur der teilweisen Interpretationen ausgewählt, läßt sich das Programm durch folgenden einfachen Algorithmus initialisieren:

Man wähle eine gewisse Sammlung von Sätzen (oder Phrasen) aus der Sprache. Unter Verwendung der eigenen linguistischen Kenntnisse und der Intuition zeichne man für jeden Satz unter Bereitstellung aller Markierungen, die für die gewünschten Unterscheidungen notwendig sind, einen indizierten Abhängigkeitsbaum. Für jedes Wort des Vokabulars sind alle Stellen festzustellen, wo das Wort an einem Kantenende auftritt. Aus den mit allen solchen Stellen assoziierten Markierungen ist eine Liste (die A-Liste) zu bilden. Jede Kennung darf nur einmal in der Liste auftreten, auch wenn sie mehrfach in dem indizierten Abhängigkeitsbaum auftritt; die Reihenfolge der Markierungen in den Listen ist beliebig. Danach sind alle Stellen, an denen das Wort an einem Kantenbeginn auftritt, festzustellen, und es ist ähnlich die B-Liste zu bilden. Diese Information stellt die Ausgangseintragung des Wörterbuchs dar.

Als nächstes betrachtet man der Reihe nach jede Kennung der A-Liste. Man bestimmt, ob in irgendeinem Satz der Ausgangssammlung das gegebene Wort dem Wort, das am anderen Ende irgendeiner — die Eintragung in der A-Liste als Markierung verwendenden — Abhängigkeitsrelation steht, um eine oder mehrere Wortpositionen vorausgeht. Wenn ja, ist die Markierung in eine C-Liste zu übertragen und die nächste A-Listeneintragung zu betrachten. Wenn nein, ist die Kennung zu überspringen und die nächste Eintragung der A-Liste zu untersuchen. Ist die A-Liste erschöpft, ist ebenso die B-Liste zu betrachten: diesmal wird eine andere Liste, die D-Liste, neu gebildet. Die Listen C und D sind durch die mit dem gegebenen Wort korrespondierende Syntaxroutine zu assoziieren. Das Wort und seine Syntaxroutine ist mit Hilfe des baumaufbauenden Algorithmus in den syntaktischen Leitfaden aufzunehmen.

Die Hauptprozeduren von JIGSAW-1

Nachdem der Syntaxbaum aufgebaut und das Wörterbuch in den Speicher eingelesen wurde, wird die Kontrolle dem Hauptprogramm übergeben (zum Flußdiagramm siehe Abb. 2). Dieses wählt den nächsten zu verarbeitenden Satz und bietet sequentiell jedes Wort des Satzes dem Hauptunterprogramm, E20: PROCESS CURRENT PHRASE, dar. E20 kombiniert entweder das laufende Wort mit früher im unmittelbaren Gedächtnis (IM) bereitgehaltenen Strukturen, oder meldet nach der Rückgewinnung und Ausführung seiner assoziierten Syntaxroutine einen Fehler. Die Routine E23 wird ausgeführt, um das Wort dem IM hinzuzufügen, und — falls IM voll ist — eine Verknüpfung herzustellen. Ist der Satz komplettiert, versucht die Routine E25, die Elemente des IM in eine einzelne Struktur zu kombinieren. Der Kern von JIGSAW-1 besteht aus E20 und seinen drei assoziierten Unterprogrammen G5, E21 und E24. G5 erzeugt jeden Vorschlag, der mit im IM bereitgehaltenen Phrasen assoziiert ist. Die Reihenfolge der Erzeugung ist wichtig und beinhaltet wichtige Hypothesen des Modells. Das IM wird von den jüngsten zu den ältesten Phrasen hin untersucht, und für jede Phrase wird im einzelnen jeder Vorschlag, der die laufende Phrase

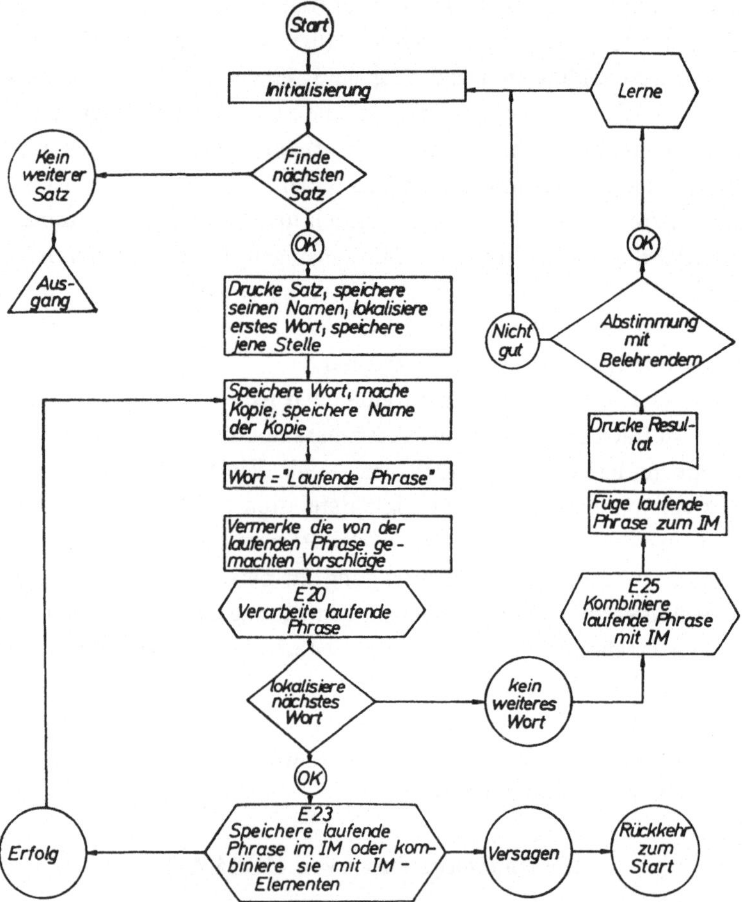

Abb. 2. Flußdiagramm des Hauptprogramms von JIGSAW-1

als leitend benützt, ausgewählt. Sind diese Vorschläge erschöpft, wird das IM in derselben Richtung noch einmal geprüft, und es werden nun Vorschläge erzeugt, die die laufende Phrase als abhängig benützen. Jeder Vorschlag wird einem der Unterprogramme E24 oder E21, deren Flußdiagramme in Abb. 3 bzw. Abb. 4 zu finden sind, dargeboten. Das Unterprogramm kann entweder die Erzeugung von Vorschlägen abbrechen, oder den nächsten Vorschlag anfordern. Wie aus den Flußdiagrammen zu sehen ist, wird die Erzeugung beendet, wenn der Vorschlag abgelehnt wird oder wenn der Vorschlag herangezogen wird, die laufende Phrase als leitend zu verwenden. Wird ein Vorschlag, der die laufende Phrase als abhängig benützt, herangezogen, geht die laufende Phrase als Teil in eine andere Struktur ein, die im IM gespeichert wird. Die neue Struktur wird daraufhin in den Syntaxbaum einsortiert. Dies ermöglicht die Rückgewinnung einer neuen Menge von Vorschlägen, die Erzeugung wird abgebrochen, und die Kontrolle geht so an das Hauptprogramm zurück, das das nächste Wort wählt.

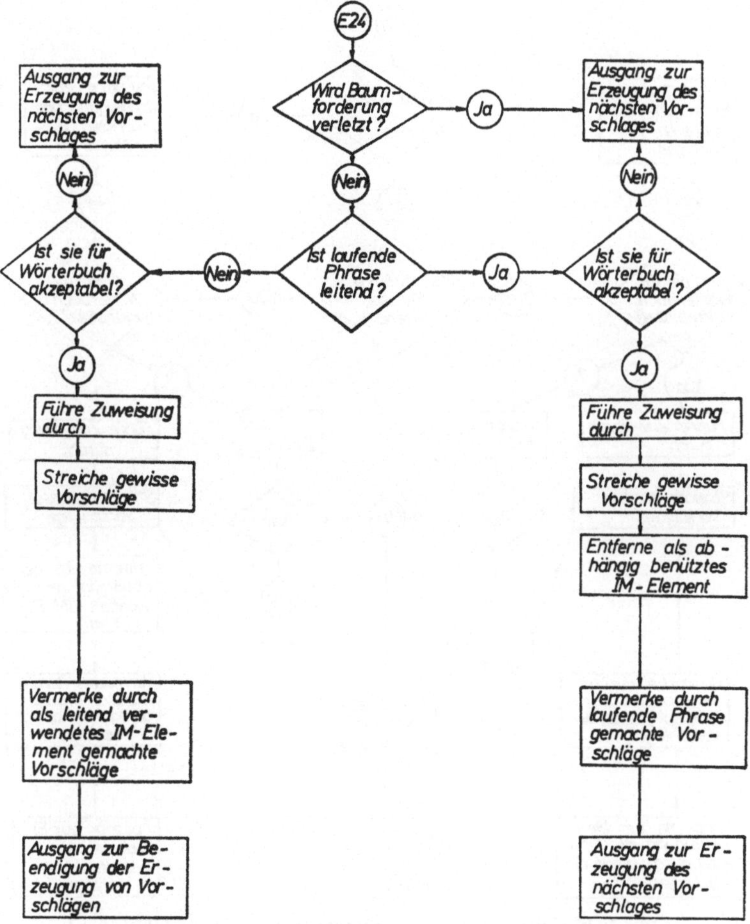

Abb. 3. Flußdiagramm der Unterroutine E24 von JIGSAW-1

E24 überprüft die Durchführbarkeit der vorgeschlagenen Strukturänderungen durch zwei Tests. Der erste Test prüft, ob keine Regel der Strukturbildung verletzt wurde (d. h., die vorgeschlagene Struktur muß ein Baum sein); der zweite Test prüft die Verträglichkeit des Vorschlages mit dem Wörterbuch. Können beide Tests passiert werden, wird die Änderung durchgeführt. Wird durch E24 keine Strukturänderung durchgeführt, so versucht JIGSAW-1 dennoch, durch die Neuerzeugung der Vorschläge und die Durchführung einer weniger strengen Analyse in E21 ein Resultat zu erreichen. Auch wenn ein Vorschlag nicht klar genug ist, um vom Wörterbuch akzeptiert zu werden, forciert E21 die vorgeschlagene Neustrukturierung, wenn sie nicht definitiv vom Wörterbuch zurückgewiesen wird.

Dieser Fall tritt nur dann ein, wenn eine der Listen *A* oder *B* in Hinblick auf eines oder beide der Wörter leer ist — dies zeigt das Fehlen von Information, die die relevanten Aspekte der einbezogenen Wörter betrifft, im Wörterbuch an. Eine weitere Komplikation soll noch erwähnt werden. Eine Phrase wird im IM durch

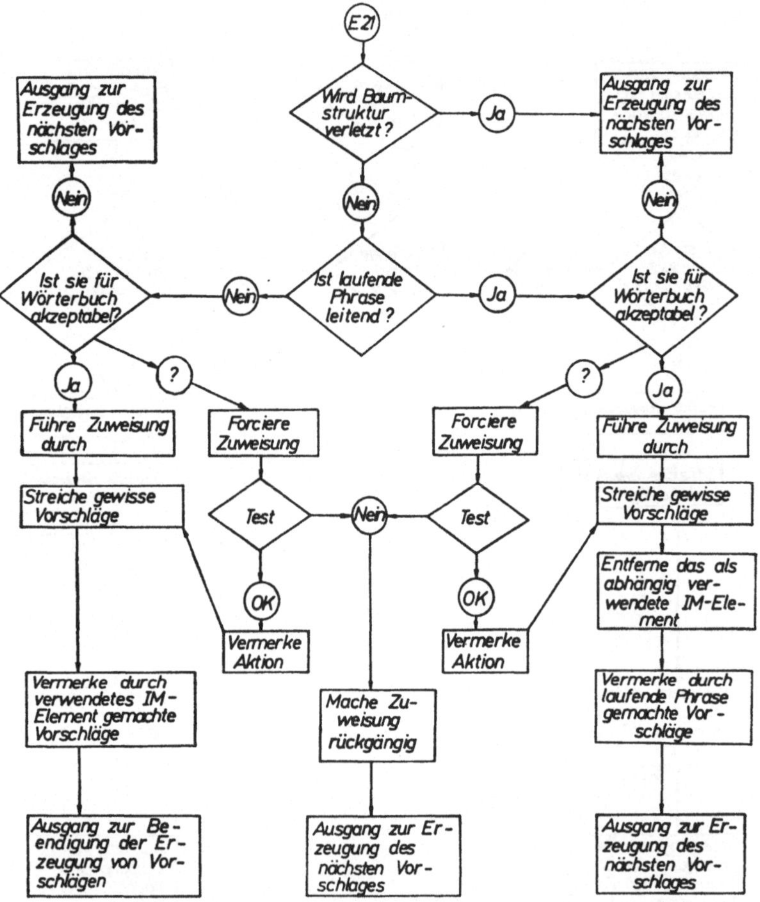

Abb. 4. Flußdiagramm der Unterroutine E21 von JIGSAW-1

die Übertragung des Namens des Baumes in ein Speicherregister gespeichert. Ein Vorschlag kann nun nahelegen, daß das Wort am Beginn der Struktur als abhängig oder leitend kombiniert werden soll, oder daß eines der Wörter, die schon vom Anfang der Phrase abhängen, als leitend für die laufende Phrase verwendet werden soll. Die jeden Vorschlag betreffende Information wird in eine Liste zusammengefaßt, und die Liste der Vorschläge wird mit dem Namen der Phrase verknüpft. Da der Generator G5 Vorschläge in der Reihenfolge, in der sie in der Liste auftreten, erzeugt, ist deren Stellung entscheidend. Die Reihenfolge der Vorschläge wird so gewählt, daß Vorschläge, die jüngere Wörter (Wörter, die später im Satz auftreten) beinhalten, näher an den Anfang der Liste gestellt werden — egal, ob diese Wörter auch näher dem Beginn der Phrase, deren Name im IM aufscheint, sind oder nicht. Dies läuft auf die Annahme hinaus, daß die Sprache hauptsächlich eine Sprache mit unmittelbar nebeneinanderliegenden Konstituenten ist, wenn auch unzusammenhängende Konstituenten als eine letzte Alternative untersucht werden.

Beispiele für das Verhalten von JIGSAW-1

Die korrekten Zerlegungen zweier Beispielsätze finden sich in Abb. 1 und Abb. 5. Der erste Satz wurde richtig zerlegt, wobei JIGSAW-1 durch eine die

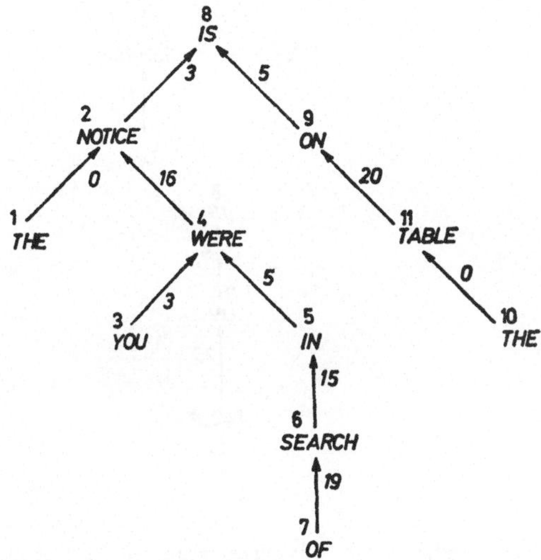

Abb. 5. Indizierte Abhängigkeitsanalyse des Satzes „The notice you were in search of is on the table", der für das berichtete Experiment zur Initialisierung von JIGSAW-1 verwendet wurde

beiden Beispiele enthaltende Sammlung von 25 Sätzen initialisiert wurde. Die Prozedur versagte beim zweiten Satz und ergab die Zwei-Komponentenanalyse in Abb. 6. Es ist lehrreich, das Versagen im zweiten Beispiel zu analysieren.

Die zwei disjunkten Teile ergaben sich, weil *notice* nicht mit *is* verknüpft werden konnte, ohne die Baumbeschränkung zu verletzen. Dies ist ein direktes Ergebnis der inkorrekten Auffassung von *notice* als abhängig von *were*, anstatt umgekehrt. Die tatsächlich gemachte Zuweisung wurde zuerst vorgeschlagen, da *were* im Satz später auftritt und laufende Worte — bevor sie als abhängig verwendet werden — als leitend herangezogen werden. Die gemachte Zuweisung verwendet die Kennung 3, was die Meinung, daß *notice* wie ein Subjekt zum Verb *were* fungiert — wie in der grammatikalisch falschen Kette *the notice were late* —, widerspiegelt. Diese spezielle Schwierigkeit kann dadurch eliminiert werden, daß man eine größere Auswahl von Kennungen vorsieht derart, daß Subjekte und Verben anzahlsmäßig übereinstimmen sollen. Dies würde aber unseren Zweck verfehlen. Tatsächlich enthielt die Satzsammlung, mit der das Programm initialisiert

13*

wurde, nicht die ungrammatikalische Satzkonstruktion *notice were*; sie enthielt allerdings einen Satz, in dem *notice* als Subjekt eines kopulativen Verbs auftrat, und einen Satz, in dem *were* zwar als kopulatives Verb verwendet wurde, aber mit einem anderen Subjekt. Da das Wörterbuch keine Information über bestimmte Wortpaare enthält, weist es auch nicht die Zuweisung von *notice* zu *were* zurück.

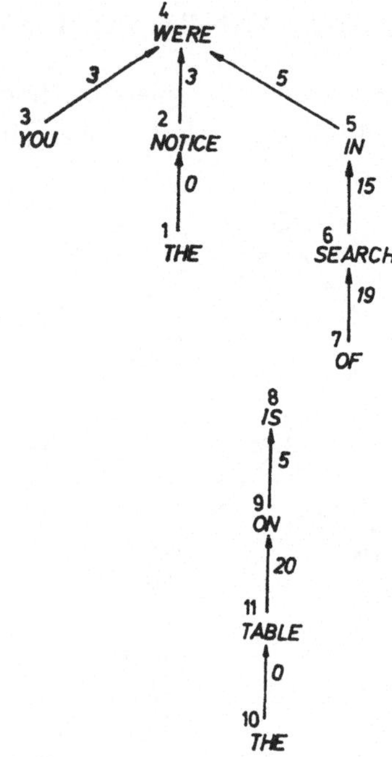

Abb. 6. Inkorrekte indizierte Abhängigkeitsanalyse des Satzes aus Abb. 5

Wenn solche Situationen nicht durch das Wörterbuch verhindert werden, wie können diese unbeholfenen Fehler der Übergeneralisierung vermieden werden? Die Antwort darauf könnte der Diskriminationsbaum des syntaktischen Leitfadens geben. Das Programm sollte auf irgendeine Weise „wissen", daß *were* nicht mehr als Verb für *notice* zulässig ist, da das erstere bereits ein Subjekt hat, nämlich *you*. Es existiert weiters keine Konjunktion, die *notice* und *you* zu einem zusammengesetzten Subjekt für *were* verbindet. Enthält der syntaktische Baum aber keine Tests, die die Unterstruktur der *were*-Phrase aufdecken, gehen diese Fakten unter, und der resultierende Fehler ist nur natürlich. Das Beispiel zeigt deutlich die Notwendigkeit stärkerer Mittel an, um die verschiedenen Arten von Phrasen gemäß ihrer Unterstruktur zu trennen.

Zusammenfassung

Die Hypothesen, auf denen das Modell basiert, können erst nach ausgiebigen Experimenten bewertet werden, da sie zahlreich sind und in komplexer Weise interagieren. Die ziehbaren Schlußfolgerungen befassen sich mit aufgefundenen spezifischen Beschränkungen; sie sind daher eher negativ als positiv.

Experimente mit JIGSAW-1 an verschiedenen Sätzen deuten an, daß die Forderung nach der Basierung der Wahlen des syntaktischen Leitfadens auf Phrasenaspekte sehr stark ist. Es scheint, als würden wir nicht mit einfachen Prüfungen lokaler Charakteristiken davonkommen. Daß dies für die *Erzeugung* von grammatikalisch richtigen Sätzen nicht hinreichend ist, war von vornherein klar; für Zerlegungszwecke bestand aber die Hoffnung, daß eine anspruchsvolle syntaktische Kenntnis nicht nötig wäre. Derzeitige Anzeichen unterstützen diese Hoffnung jedoch nicht. Es ist bemerkenswert, daß Quillian (1969) eine ähnliche Hoffnung hegt, wenn er einfache „Form-Tests" als Basis der syntaktischen Kenntnisse seines Programms verwendet. Unsere Erfahrungen führten uns zu einer pessimistischen Einstellung diesem Ansatz gegenüber, aber — wie festgestellt wurde — ist es nicht möglich, echte Rückschlüsse über eine einzelne isolierte Programmeigenschaft zu ziehen.

JIGSAW-1 versagte auch bei der Lösung des Problems der Übergeneralisierung, das auch noch anderen Lernmodellen zu schaffen macht. Sobald wir aber versuchen, Programme zu entwickeln, die mehr als nur Beispiele memorieren, gehen wir das Risiko ein, daß sie zuviel lernen — daß sie Sätze „leichtfertig" akzeptieren oder produzieren. Unser Programm ist davon keine Ausnahme.

Es ist schwer, darüber hinaus die Sachlage richtig einzuschätzen, doch sind drei wichtige Programmcharakteristiken zu betrachten.

Zunächst ist es schwierig festzustellen, was das Programm zu einem gegebenen Zeitpunkt „weiß", da der größte Teil seines Wissens eher in Prozessen als in Formationsregeln beinhaltet ist. Die Identifizierung der linguistischen Kompetenz des Programms mit der Menge von Sätzen, die sein Wörterbuch und sein syntaktischer Leitfaden akzeptabel findet, ist absurd, da viele davon mit den gegebenen Prozeduren nicht zerlegbar sein werden. Die „Grammatik", die das Wörterbuch und der syntaktische Leitfaden gewissermaßen vorsehen, ist in dem Sinn zu allgemein, daß praktisch jede Wortsequenz erlaubt ist. Darin folgen wir Knowlton (1962). Der Ansatz ist deshalb von Bedeutung, weil Personen klarerweise imstande sind, fast jeder linguistischen Äußerung einen Sinn zu entnehmen, wenn sie hinreichend motiviert sind. Fassen wir aber „Kompetenz" als potentielle Sprachverwendung auf (die wir im Gegensatz zur Auffassung der idealen Sprachverwendung von Chomsky im üblichen Sinn betrachten), dann ist die Sprachkompetenz sowohl in Prozessen als auch in Daten eingebettet. Die Leistung des Programms ist natürlich die, die es tatsächlich macht — und dies wird auch durch andere Faktoren beeinflußt.

Eine andere Eigenschaft des Programmentwurfs besteht im Umfang der Wissensteile, die das Programm als Ergebnis einer einzelnen Lernerfahrung seinem Gedächtnis hinzufügt. Damit bewegen wir uns irgendwo in der Mitte zwischen Skinner und Chomsky. Eine Reiz-Antwort-Theorie lernt in einem Lernversuch nur wenige assoziative Glieder; ein Transformationslernmodell sollte vernünftigerweise Transformationen lernen können. Keines davon scheint uns ein geeigneter Wissensteil-Umfang zu sein, obwohl dies nur Spekulation ist.

Eine letzte Überlegung betrifft die Natur der erlaubten Rückkoppelung. Es scheint klar zu sein, daß die dem Programm gegebene spezifische Information über Strukturen, Wörter usw. keine zutreffende Widerspiegelung der Situation ist, die etwa ein Kind vor sich hat. Im Gegensatz zu den Ansätzen von McConlogue und Simmons (1965) sowie Knowlton (1962) entschlossen wir uns daher, JIGSAW-1 richtig zerlegte Sätze nicht zur Verfügung zu stellen. Andererseits ist es klar, daß andere Informationsarten notwendig sind, wie dies etwa Gold (1967) gezeigt hat, und solche Informationen sind einem Kind tatsächlich zugänglich: nichtlinguistische Informationen über die Gesamtheit der Objekte und Ereignisse, die das Kind in Vereinigung mit Satzbeispielen wahrnimmt. Unser Programm modelliert diese Situationsaspekte nicht.

Im Hinblick auf die Zusammensetzheuristik, mit der wir begonnen haben, scheint es uns, daß sie dennoch ein wertvolles Mittel gegen die kombinatorische Komplexität der Phänomene der natürlichen Sprache und anderer Probleme anbietet. Wir hoffen, daß dies weitere Untersuchungen bestätigen werden.

Addendum

Es wurden bis jetzt keine weiteren Experimente mit JIGSAW-1 durchgeführt. Ich glaube aber trotzdem, daß die diskutierte Heuristik wertvoll ist und vielleicht sogar auch fundamental für die Entwicklung eines Modells der menschlichen Sprachverarbeitung. Sie impliziert eine Charakterisierung der linguistischen Eingabe, die keine absolute Unterscheidung zwischen Sätzen und „Nicht-Sätzen" verlangt (eine Unterscheidung, die sich empirischer Verifikation entzieht), und sie legt einen Mechanismus und ein Grundprinzip für die Integration von Information, die nicht syntaktisch ist — wie semantische, kontextuelle, situationsgebundene, intentionale Information —, in den Prozeß der Satzinterpretation nahe.

Ein Sprachmodell, wie jenes von Chomsky (1965), inkorporiert für die Grundcharakterisierung von Sätzen eine generative syntaktische Komponente. Um der menschlichen Sprachverarbeitungsfähigkeit näher zu kommen, dürfte ein Modell mit mehrfachen generativen Komponenten notwendig sein. Diese Ideen und eine Kritik an dem Grundparadigma von Chomsky werden in Lindsay und Kibens (1971) sowie in Kibens (1973) weiter ausgeführt.

Zusätzlich ist die im JIGSAW-1-Programm entwickelte Lernheuristik eine plausible Alternative zu den am häufigsten diskutierten Lernschemata der Imitation der Sprechweise der Erwachsenen, der Verstärkung geeigneter Antworten oder der Entwicklung einer Grammatik, um die linguistische Satzsammlung zu erzeugen.

Literatur

Chomsky, N.: Aspects of the theory of syntax. Cambridge, Mass.: MIT Press 1965.
Feigenbaum, E. A.: The simulation of verbal learning behavior. In: Computers and Thought (Feigenbaum, E. A., Feldman, J., Hrsg.). New York: McGraw-Hill 1963.

Gold, E. M.: Language identifiability in the limit. Information and Control 10, 447—474 (1967).

Katz, J. J., Fodor, J. A.: The structure of a semantic theory. Language 39, 170—210 (1963).

Kibens, M.: The Chomskyan paradigma and semantic creativity. Dissertation, University of Michigan 1973.

Knowlton, K. C.: Sentence parsing with a self-organizing heuristic program. Dissertation, MIT 1962.

Lindsay, R. K.: Inferential memory as the basis of machines which understand natural language. In: Computers and Thought (Feigenbaum, E. A., Feldman, J., Hrsg.). New York: McGraw-Hill 1963.

Lindsay, R. K., Kibens, M.: What are the facts of language? Unveröffentlichtes Manuskript, Mental Health Research Institute, University of Michigan 1971.

McConlogue, K., Simmons, R. F.: A pattern learning parser. Comm. Ass. Comput. Mach. 8, 687—698 (1965).

Quillian, M. R.: The teachable language comprehender: a simulation program and theory of language. Comm. Ass. Comput. Mach. 12, 459—475 (1969).

Schwarz, R. M., Burger, J. F., Simmons, R. F.: A deductive question-answerer for natural language inference. Comm. Ass. Comput. Mach. 13, 167—183 (1970).

Simon, H. A.: The architecture of complexity. Proc. Amer. Philos. Soc. 106, 467—482 (1962).

Thompson, F. B. et al.: DEACON breadboard summary. RM64TMP-9, TEMPO, General Electric Company, Santa Barbara, Calif. (1964).

Die natürliche Sprache als Kommunikationsmittel im programmierten Unterricht

Von **R. F. Simmons**

Einige der interessanteren Forschungsarbeiten im Bereich des rechnergestützten Unterrichts (RU) befassen sich mit „generativen" Lehrprogrammen. Diese Programme bieten besonders für den Unterricht in formalisierten Bereichen — wie Mathematik, Logik, Programmierung, etc. — einige Möglichkeiten für die Erzeugung von Problemen bzw. die Analyse der Antworten und Anfragen der Lernenden: in diesen Gebieten kann das System Probleme generieren, für die die Lernenden eine Lösung oder Antwort konstruieren können. Abweichungen in der Form bzw. im Inhalt zwischen der Antwort des Lernenden und der durch das Programm bestimmten vorschriftsmäßigen Antwort können durch ein algebraisches Auswertungssystem, das algebraische Äquivalente der geforderten Antwort erkennen kann, analysiert werden. In anderen Vorschlägen (Uhr 1965; Uttal et al. 1969; Siklossy 1968) wurde der generative Ansatz so verallgemeinert, daß der Lernende das System in einer solchen formalen Sprache fragen darf.

Läßt man zu, daß die konstruierte Antwort etwa die Form einer englischen Redewendung hat und daß englische Fragen erlaubt sind, wird das Problem allerdings ganz enorm durch die Forderung nach einem Verarbeitungsteil für die englische Sprache, der einerseits sinn-erhaltende Umschreibungen einer vorschriftsmäßigen Antwort erkennen kann und andererseits nicht nur Fragen versteht, sondern auch einige Fähigkeiten für deren Beantwortung hat, verkompliziert. Die Schwierigkeit in der Behandlung des Englischen entsteht durch die grundsätzliche, den natürlichen Sprachen innewohnende, Flexibilität. Im allgemeinen ist es nämlich so, daß für ein Wort oder eine Redewendung in einer natürlichen Sprache ein anderes Wort, eine andere Redewendung oder ein ganzer Satz substituiert werden kann, der fast dasselbe bedeutet, ohne den Sinn des größeren Ausdrucks zu verändern. Auf Grund dieser großen Variabilität der Ausdrucksmittel muß der Entwerfer von Aufgaben, der alle richtigen Varianten für eine vorgeschriebene kurze englische Antwort vorherzusagen sucht, natürlich scheitern.

Die Forschung auf dem Gebiet der Frage-Antwort-Systeme mit natürlicher Sprache (einen Überblick gibt Simmons 1970) hat einen Entwicklungsstand erreicht, wo wohl-definierte Teilmengen der englischen Sprache in formale Frage- und Befehlssprachen übersetzt werden können, die auf einer Datenstruktur definierte deduktive und induktive Operationen zulassen. Im Idealfall ist bei Lehranwendungen eine derartige Datenstruktur ein kognitives Modell, das den Umfang des zu lehrenden Materials darstellt. Das Lehrprogramm präsentiert oder erzeugt Material aus diesem Modell, das die Form von Statements und Fragen in der natürlichen Sprache hat. Das System konstruiert ein Modell der kognitiven Struktur des Lernenden (d. h., des bezüglich des Lehrmaterials vorhandenen Wissens), vergleicht beide Modelle und benützt die Differenzen, um solange durch den Lernenden aufnehmbare Statements zu erzeugen, bis die Diskrepanzen verschwinden.

Was wir nun im RU erreichen wollen, ist ein System, das ein den Sinn eines großen Textteiles darstellendes semantisches Netz produziert. Dieses System soll einen Aufsatz des Lernenden, der seinen Wissensstand darstellt, annehmen, diesen zu einem semantischen Netz reduzieren, beide vergleichen und solange die Diskrepanzen aufzeigen, bis der Lernende alle gelehrten Netzteile bewältigt hat.

Das erste Jahr unserer RU-Forschung mit einem Sprachverarbeitungsteil lehrte uns, daß es der gegenwärtige Stand der Dinge zwar erlaubt, Netze für einzelne Sätze herzustellen, es offenbarte aber andererseits auch unsere fast vollständige Unkenntnis in Hinblick auf die Analyse von anaphorischen und thematischen Verknüpfungen zwischen Sätzen für die Bildung von Netzen für Redewendungen oder große Redeeinheiten. Als Anwendung dieses Ergebnisses versuchten wir im zweiten Jahr ein System zu entwerfen, das den Grad, mit dem eine Antwort des Lernenden eine sinn-erhaltende Umschreibung einer vom Entwerfer der Aufgabe vorgeschriebenen Antwort ist, erkennen sollte. Auch dieses Ziel stellte sich als noch außerhalb des gegenwärtigen Wissens über die Möglichkeiten insofern heraus, als daß es scheint, daß es viel zu viel Umschreibungsmöglichkeiten auch für kurze Antworten gibt, damit das System diese leicht bewältigen kann. Dieser Ansatz hat meiner Meinung nach auch den zusätzlichen Nachteil der zu straffen Kontrolle des Lernprozesses durch den Entwerfer der Aufgabe. In einem zukünftigen System kann diese Kontrolle in einer weiter unten zu erklärenden Art dem Lernenden übertragen werden.

Meine gegenwärtige Philosophie des RU hat sich einem, durch den Lernenden kontrollierten, generativen System, das schwerere Textpassagen „erklären" und interpretieren kann und auf Anfragen des Lernenden Prüfungsaufgaben vorbereitet, darbietet und auswertet, zugewendet. In ihrer ersten Form werden diese Prüfungsfragen Wahr-Falsch-Statements sein. Wenn wir hier Fortschritte erzielen, sollten wir die Erzeugung und Bewertung von Fragen mit kurzen Antworten und schließlich auch die Bewertung der Aufsätze des Lernenden wie im ursprünglichen Plan inkorporieren können, doch mit den folgenden wichtigen philosophischen Unterschieden:

(1) Das System ist ein Hilfsmittel, das der Lernende oder auch der Entwerfer zur Interpretation seiner Texte verwenden kann;

(2) der Lernende bestimmt, wann und über welche Segmente er geprüft wird;

(3) das System ist rein generativ in seiner Darbietung und seinen Prüfungsfragen und reduziert daher die Arbeit des Entwerfers auf die Redigierung des Textes, den er dem Lernenden zuweist.

Entwurf des „Interpretive TUTOR I" (IT1)

Dieses System beruht auf einem leistungsfähigen Analyseteil für die natürliche Sprache, der in Verbindung mit einem menschlichen „Redakteur" den Text analysiert. Es benötigt allerdings in einem viel eingeschränkteren Umfang als vorhergehende Entwürfe Kapazität für die Erzeugung und Umschreibung. Eigentlich handelt es sich dabei um einen „Text-Herausgeber-Interpretierer", der dazu benützt werden kann, einem Autor zu helfen oder einem Lernenden den Textinhalt satzweise nahe zu bringen. Am wichtigsten ist aber wahrscheinlich, daß IT1 ein beim gegenwärtigen Stand der Dinge durchaus nützliches und erreichbares RU-System ist.

IT1 verlangt einen interaktiven Sprachverarbeitungsteil des Typs, wie er in PSIII entwickelt wurde, oder von der Art des weiter oben erwähnten syntaxgesteuerten Verarbeitungsteiles. Ein Linguist bereitet zunächst das „Lexikon" und die Grammatik, die zur Transformation des Textes in ein semantisches Netz notwendig sind, vor (beispielsweise Tiefenstrukturen). Der Entwerfer einer Aufgabe wählt dann erst den eigentlichen Text aus, und er oder der Linguist überwacht die Satzanalyse des Systems bzw. wählt im Falle von Mehrfachinterpretationen die geeignetste davon aus.

Der Text wird dem Lernenden entweder On-Line oder in Form einer genauen Kopie dargeboten. In beiden Fällen werden die Zeilen durch die sequentielle Zahl der in dieser Zeile auftretenden Sätze (S) numeriert. Bei jedem Satz kann der Lernende, der Autor oder der Aufgabenentwerfer Fragen bezüglich der Interpretation bzw. der Definition von Wörtern in diesem Kontext stellen. Befehle für diesen Zweck sind:

C1. Explain Si
C2. Define $\langle word, Si \rangle$.

Dabei ist Si die Folgenummer eines Satzes, und $\langle word \rangle$ ist ein beliebiges Wort in diesem Satz.

Als Antwort auf den „Define"-Befehl gibt das System für diese Wortbedeutung die lexikalische Eintragung entweder in Englisch oder als semantisches Netz auf einem Sichtgerät aus.

Der „Explain"-Befehl veranlaßt das System, eine Interpretation des Satzes entweder als eine geordnete Menge von Kernsätzen oder als Menge von einfachen Sätzen auszudrucken. Ist ein Bildschirm verfügbar, kann auch das semantische Netz geboten werden. Die Art dieses Ausgedruckten sei an dem folgenden Beispiel erklärt[1]:

---

[1] Anmerkung des Bearbeiters: Originalbeispiel.

E1. The first plant to appear on a newly formed tropical island is
the stately and graceful coconut palm.

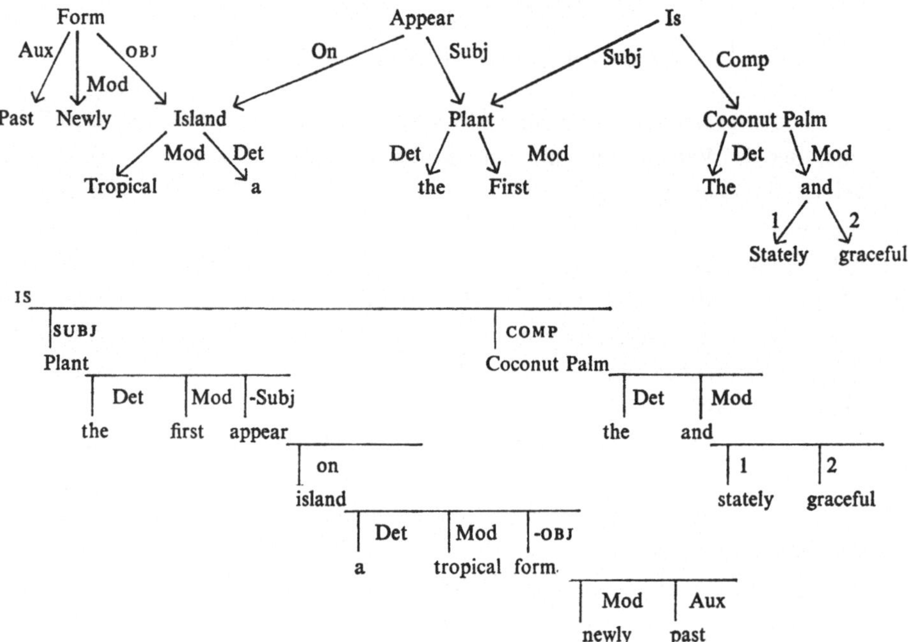

Abb. 1. Gerichteter Graph des semantischen Netzes für den englischen Satz E1: „The first plant to appear on a newly formed tropical island is the stately and graceful coconut palm"

Tabelle 1. *Mengen der Kern- und der einfachen Sätze, die E1 interpretieren*

	Plant is coconut palm
	Plant appears first
(a)	Plant appears on island
	Island is tropical
	Island is newly formed
	Coconut palm is stately and graceful
	The plant is the coconut palm
(b)	The plant appears first on a tropical island
	The tropical island is newly formed
	The coconut palm is stately and graceful

Abb. 1 zeigt zwei Formen des semantischen Netzes, unter der Annahme einer Identifikation der Wortbedeutungen. Tab. 1(a) zeigt die Menge der Kernsätze, Tab. 1(b) die Menge der einfachen Sätze, während Abb. 2 die Tiefenanalyse, durch die das semantische Netz und die Kernsätze erzeugt werden, darstellt.

Der Lernende kann zu einem beliebigen Zeitpunkt eine Prüfungsfrage durch folgenden Befehl verlangen:

$$\text{C3. Quiz } S_i - S_n.$$

x1	TOK	IS		x6	TOK	tropical
	AUX	Pres.			-MOD	x5
	SUBJ	x2				
	COMP	x9		x7	TOK	form
					AUX	Past
x2	TOK	Plant			MOD	x8
	NBR	SING			OBJ	x5
	DET	the				
	MOD	x3		x8	TOK	newly
	-SUBJ	x1			-MOD	x7
	-SUBJ	x4				
				x9	TOK	palm
x3	TOK	first			NBR	SING.
	-MOD	x2			DET	the
					MOD	x10
x4	TOK	appear			-COMP	x1
	AUX	Inf.				
	SUBJ	x2		x10	TOK	and
	ON	x5			-MOD	x9
					1st	x11
x5	TOK	island			2nd	x12
	NBR	SING.				
	DET	a		x11	TOK	stately
	MOD	x6			-1st	x10
	-OBJ	x7				
				x12	TOK	graceful
					-2nd	x10

Abb. 2. Tiefenstruktur des Satzes E1

Als Antwort auf diesen Befehl erzeugt das System eine Menge von einfachen Sätzen, die den Inhalt von $S_i - S_n$ betreffen. Durch gewisse Veränderungs- und Umschreibungstransformationen entwickelt es daraus eine Menge von Wahr-Falsch-Statements; diese können zu dem umgekehrten Verhältnis der Tiefenstruktur der Textsätze gewichtet werden. Der Lernende antwortet mit einer Liste von Paaren der Form „1W, 2F, 4W, usw.". Das System berechnet daraus einen Score, ermöglicht eine Rückkoppelung durch die richtigen Statements und gibt die Kontrolle wieder an den Lernenden zurück.

Werden weitere Fortschritte auf dem Gebiet überhaupt erzielt, können kurze zu beantwortende Prüfungsfragen bzw. weitere Anfragen und Befehle durch den Lernenden inkorporiert werden, aber auch — wie früher vorgeschlagen — die geeignete Umformung von Antworten durch das System. Das IT1-System dürfte allerdings bereits in den ersten Versionen sowohl als Lehrhilfsmittel als auch als ein semantischer „Redakteur" nützlich sein.

Es soll hier noch bemerkt werden, daß zusätzlich zu den bereits entworfenen Sprachanalyseprogrammen folgende Komponenten notwendig sind:

(1) ein Sichtgerätgenerator für das semantische Netz (optional);

(2) ein Sichtgerätgenerator für die Kernsätze, oder

(3) ein Sichtgerätgenerator für die einfachen Sätze;

(4) ein Generator für die Sinnerhaltung und die Veränderung von Umschreibungen;

(5) eine Komponente für die Sichtgerätausgabe von Prüfungsfragen bzw. für deren Bewertung;

(6) ein Leitprogramm für die Annahme und Interpretation von Befehlen.

Für die Konzeption von (2), (3) und (4) lassen sich einige Schwierigkeiten voraussehen, jedoch nicht von der Art, wie sie in einem vollständigen Umschreibungs- oder einem Frage-Antwort-System auftreten. Schließlich können noch weitgehendere Interpretationen durch explizite Angaben über Voraussetzungen, Erklärungen und Implikationen eines jeden Satzes (im Anschluß an Filmore) und/oder Übersetzungen in eine vereinfachte englische Standardform erhalten werden.

Im ersten Jahr unseres Projektes wurden vier grundsätzliche Ideen- und Versuchsrichtungen entwickelt. Die erste davon betraf einen experimentellen Syntax-Semantik-Analyseteil für englische Sätze. Dieses System führte in natürlicher Weise zum Entwurf einer zweiten, vielversprechenderen, größeren Version für die Aufbereitung von Satzbedeutungen durch semantische Netzdarstellungen. IT1 wurde dann für die Verwendung dieser semantischen Netze als Hilfsmittel zum besseren Verständnis eines Textes durch den Lernenden entworfen und programmiert. Als vierter Forschungszweig wurden experimentelle Programme für die Erzeugung von zusammenhängenden Sprachteilen aus diesen Netzen konzipiert.

Der erste Syntax-Semantik-Analyseteil war in LISP programmiert worden; er stellte sich zwar als effektiv, aber außerordentlich langsam und operationsaufwendig heraus. Seine Hauptvorzüge waren:

(1) er zeigte den engen Zusammenhang zwischen einem Verarbeitungsteil für die natürliche Sprache und einem syntax-gesteuerten Kompilierer auf;

(2) er enthüllte Strukturübereinstimmungen unter den lexikalischen Eintragungen, den syntaktischen Regeln und den Elementen des semantischen Netzes.

Gerade die Aufdeckung dieser Strukturübereinstimmungen vereinfacht die Programmlogik für eine Verarbeitung von natürlichen Sprachen in bemerkenswerter Weise.

Experimente mit diesem System führen zum Entwurf eines syntax-gesteuerten Sprachverarbeiters, der so gestaltet ist, daß er — mit personeller Unterstützung — bei der Aufstellung von semantischen Netzdarstellungen für jene Teilmenge des Englischen, die in seinem Lexikon und in der Grammatik beinhaltet ist, sehr schnell arbeitet. Dieses System wird ein Lexikon mit 20 000 Wörtern und eine entsprechend große Grammatik zulassen und wird als Kompilierer hauptsächlich im Batch-Mode für die Kompilierung von den semantischen Netzen für Sätze arbeiten.

IT1 verwendet diese semantischen Netze zur Darstellung der Bedeutung von mehrsätzigen englischen Texten. Das System ist nun als ein Prototyp programmiert, der es dem Lernenden gestattet, Erklärungen von Sätzen, Definitionen von Wörtern in einem Kontext und Prüfungsfragen (Leerstellen ausfüllen, Wahr-Falsch-Statements) anzufordern. Um einen Satz zu erklären, erzeugt IT1 eine Menge von einfachen Sätzen; um ein Wort zu definieren, bietet es die lexikalische Bedeutung für den Gebrauch des Wortes in diesem Kontext dar. Eine Prüfungsaufgabe wird durch die Erzeugung einer Menge von einfachen Sätzen aus dem zu überdeckenden Text und der Anwendung einer Leerstellen- und/oder Veränderungslogik auf eine zufällige Teilmenge davon, zusammengestellt.

Um tieferes Verständnis für semantische Netze zu erlangen, haben wir schließlich ein System programmiert, das unter gemeinsamer Kontrolle der semantischen Strukturen und der Grammatik Mengen von englischen Sätzen erzeugt. Dieser Generator für Sprachteile gestattet uns Experimente mit so komplexen Begriffen wie anaphorische und pronominale Ausdrücke, der Zeitbildung von Verben und den verwirrenden Feinheiten der Einbettung bzw. Verknüpfung von einfachen Satzstrukturen in die Vielfalt der normalen englischen Rede. Die Folge dieser Untersuchung über die Erzeugung wird die Entwicklung von Grammatiken sein, die schwierigere — aber typische — Redestrukturen analysieren können (vgl. auch Carbonell 1970).

Literatur

Carbonell, J. R.: Mixed initiative man-computer instructional dialogues. BBN Report No. 1971, Job No. 11399, Cambridge (1970).

Siklossy, L.: Natural language learning by computer. Dissertation, Carnegie Mellon University (1968).

Simmons, R. F.: Natural language question answering systems, 1969. Comm. Ass. Comput. Mach. **13**, 15—30 (1970).

Uhr, L.: The automatic generation of teaching machine programs. Unveröffentlichter Bericht (1965).

Uttal, W. R., Pasich, T., Rogers, M., Hieronymus, R.: Generative computer assisted instruction. Communication No. 243, Mental Health Research Institute, University of Michigan (1969).

Rechenanlagen, die natürliche Sprache verstehen

Von **J. Palme**

Warum belehrt man Rechenanlagen mit menschlichen Sprachen?

Die Anzahl von Rechnern steigt sehr schnell; Rechner werden auch billiger. Dies bedeutet, daß die Verwendung von Rechenanlagen sehr bald für mehr Anwendungen als heute gewinnbringend sein wird. In Zukunft werden immer mehr Informationen, die derzeit noch auf Papier gespeichert sind, statt dessen in einem Rechner gespeichert werden; in zunehmendem Umfang wird diese Information auch via konversationelle Terminals, die eine Person mit einem Rechner verbinden, für den direkten Zugriff verfügbar sein. Einige der Vorteile der Verwendung von menschlichen Sprachen in solchen Dialogen sind:

(a) die natürliche Sprache ist flexibler und für allgemeine Zwecke besser geeignet als künstliche Programmiersprachen;

(b) jeder kann mit dem Rechner in Kontakt treten, ohne zuerst eine künstliche Sprache zu lernen. Dies ist in einer Demokratie, wo möglichst viel Information für möglichst viele Personen zugänglich sein sollte, sehr wichtig. Künstliche Sprachen beschränken den Zugriff auf die Information auf Personen mit Spezialkenntnissen.

Es gibt aber Nachteile in der Verwendung natürlicher Sprachen:

(a) ein Programm, das eine komplexere Sprache versteht, ist teurer;

(b) für viele beschränkte Spezialanwendungen ist eine maßgeschneiderte künstliche Sprache exakter und leichter zu gebrauchen, wenn sie einmal gelernt wurde.

Dies bedeutet nun, daß sicherlich nicht jede Mensch-Maschine-Kommunikation in natürlicher Sprache sein wird; aber in vielen Fällen — speziell dann, wenn Terminals öffentlich verfügbar sind, oder wo der Reichtum der natürlichen Sprache wertvoll ist — wird wahrscheinlich eine natürliche Sprache verwendet werden. Heute ist der Mensch gezwungen, sich an die „Sprechweise" des Rechners anzupassen. Wenn sich stattdessen der Rechner an die menschliche Sprechweise anpassen könnte, könnte ein Kunde direkt mit dem Rechner sprechen, ohne einen Spezialisten als Mittelsmann heranziehen zu müssen. Beispielsweise kann dann der Rechner für

(1) Auskunftsbüros in großen öffentlichen Institutionen (Verwaltungsbüros, Warenhäuser, Büchereien, Reiseagenturen, etc.);

(2) Informationsrückgewinnungsanwendungen;

(3) die Anwendung in der Psychotherapie (eventuell mit einem Psychiater, der etwa zehn Patient-Rechner-Kommunikationswege überwacht); und

(4) rechnergestützten Unterricht

zum Einsatz kommen.

Die Erfahrung zeigt, daß Rechner — wenn sie praktische Aufgaben von komplexer logischer Struktur vorgelegt bekommen — besser in einem direkten Dialog mit einer Person arbeiten. Die Person kann dem Rechner durch Hinweise und die Korrektur von Mißverständnissen helfen: viele praktische Anwendungen im Bereich der künstlichen Intelligenz können daher nützlich und schneller sein, wenn der Rechner die menschliche Sprache verstehen kann.

Die Rechenanlage bewältigt den Turing-Test

Der britische Mathematiker A. M. Turing schlug eine bekannte Definition des Zieles einer Forschung im Bereich der künstlichen Intelligenz vor: in einem Raum möge sich ein Rechner befinden, in einem anderen Raum ein menschlicher Teilnehmer und in einem dritten Raum ein menschlicher Schiedsrichter. Dieser letztere kann mit dem Rechner und dem menschlichen Teilnehmer nur via Fernschreiber kommunizieren. Der Schiedsrichter darf beliebige Fragen an den Rechner und die Person stellen. Die Person möge versuchen, sich so zu verhalten, wie sich nur eine Person verhalten kann; der Rechner soll versuchen, glaubhaft zu machen, daß er in Wirklichkeit die Person ist. Kann dann der Schiedsrichter nicht sagen, wer von den beiden die Person ist, dann muß der Rechner zumindest „menschliche" Intelligenz haben, die der einzigen Definition der Intelligenz, die wir anwenden können, zugrundeliegt.

Der Turing-Test rechtfertigt nun den Versuch, Rechenanlagen menschliche Sprachen verstehbar zu machen. Natürlich muß die menschliche linguistische Fähigkeit für eine Maschine, die den Turing-Test zu bewältigen versucht, sehr wichtig sein.

Der Schwerpunkt der Auffindung von Motivationen für die Forschung im Bereich der künstlichen Intelligenz entfernte sich jedoch vom Turing-Test; heute werden mehr und mehr Motive für die praktische und nützliche Anwendung der Resultate, die die künstliche Intelligenz ergeben kann, gesucht.

Trotz dieses Tatbestandes ist die Bemerkung interessant, daß ein Programm schon etwas ähnliches der Bewältigung des Turing-Tests bewerkstelligt hat, allerdings unter diesen Umständen sehr zum Vorteil des Rechners:

Ein Vertreter wollte ein Zeitwechselbetriebssystem gewissen Kunden zeigen. Er fand ein freies Terminal mit dem Hinweis „Reserviert für Professor Bobrow". Er schrieb darauf über den Fernschreiber Prof. Bobrow an. Er glaubte, daß er so mit Bobrow verbunden sei, während er tatsächlich mit dem ELIZA-Programm verbunden war. Es entwickelte sich folgender Dialog (*FS* = Fernschreiber):

Person: Do you think that I can use the computer this morning?
FS: Why do you ask?
Person: I might be able to make some additional Telecomp sales.
FS: Why aren't you sure?
Person: My prospective customers have never seen a demonstration of the system.
FS: Does this mean very much to you?
Person: Of course it does.
FS: You seem very positive about that.
Person: This is ridiculous.
FS: What do you mean this is ridiculous?
Person: Is there any reason why I can't use the computer now?
FS: Tell me more about your prospective customers.
Person: Please dial me up on 491-1850.

Diese Konversation wurde tatsächlich von einem viel einfacheren Programm geführt, als es zunächst scheint. Die Grundlage des Programms ist folgendes Prinzip:

(1) Versuche, auf den Satz gewisse einfache Gefügeanpassungen anzuwenden.

(2) Ist eine Anpassung erfolgreich, antworte mit einer einfachen Transformation der Daten aus dem Eingabesatz.

(3) Hat keine Anpassung Erfolg, antworte mit einem „belanglosen" Kommentar, oder greife auf früher Gesagtes zurück.

Das Prinzip der Gefügeanpassung wird durch folgendes Beispiel illustriert:

Eingabesatz: I like my father.
Gefüge: (I &1 my &2).
Produktion: (Why do you &1 your &2).
Ausgabesatz: Why do you like your father.

Das Frage-Antwort-System

Zu den bekannteren Projekten der Forschung im Bereich der künstlichen Intelligenz gehört das Frage-Antwort-System. Dies ist ein System, wo der Rechner Fakten und Fragen eingegeben bekommt; dem Rechner sollte es dann möglich sein, die Fragen unter Benützung der eingegebenen und der früher angesammelten Fakten zu beantworten.

Ein derartiges System muß nicht unbedingt als Eingabe das natürliche Englisch benützen, versteht aber üblicherweise eine Teilmenge des Englischen. Einige Systeme benützen diese Sprache lediglich für Fragen, Fakten werden dagegen in einer strafferen Form eingegeben. Andere Systeme verwenden für Fakten und Fragen dieselbe Eingabesprache.

Diese Sprache kann nun das natürliche Englisch, eine Teilmenge des natürlichen Englisch, eine modifizierte Teilmenge des natürlichen Englisch oder eine künstliche Sprache sein. Kein System nimmt derzeit das vollständige Englisch als Eingabe an, jedoch kommen einige Systeme diesem Ziel nahe.

Einige Systeme können die Fakten, die direkt in der Datenbasis gespeichert sind, nur auffinden, andere Systeme führen aus diesen Daten auch Deduktionen durch. Viele Frage-Antwort-Systeme sind auf einen speziellen Themenkreis (wie Sportresultate, Stundenpläne, Familienbeziehungen) beschränkt. Andere Systeme haben einen größeren Themenbereich, beispielsweise die „natürliche Information" (ein von Erik Sandewall eingeführter Ausdruck), die jene Dinge bezeichnet, über die man üblicherweise in einer natürlichen Sprache spricht.

Unser System, das Swedish Question Answering Project (SQAP), soll nun natürliche Information, eingegeben in einem einigermaßen simplifizierten „halbnatürlichen" Englisch, erfassen.

Frage-Antwort-Systeme unterscheiden sich auch in der Organisation ihrer internen Datenbasis-Struktur; darüber wird noch zu berichten sein.

Abb. 1 zeigt eine typische Organisation eines Frage-Antwort-Systems. Die Eingabesätze werden zuerst durch eine „syntaktische" Analyse in einen „Zerlegungsbaum" zerlegt; dieser wird dann einer „semantischen Interpretation" unterzogen und produziert üblicherweise eine gewisse Graphenstruktur, die als Eingabe für „Deduktionsprozeduren" dient.

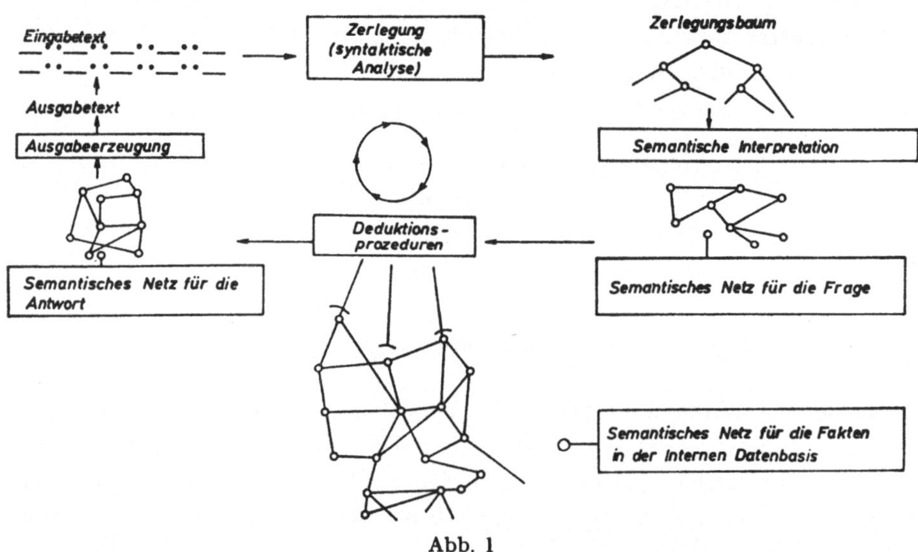

Abb. 1

Abb. 2 zeigt die Organisation des SQAP. Es ist zu bemerken, daß die Deduktionsprozedur auch für Fakten verwendet wird. In diesem Fall setzt die Deduktionsprozedur die neuen Fakten mit der Datenbasis in Beziehung und findet einen Widerspruch zwischen den neuen und den von früher her bekannten Fakten heraus, falls ein solcher besteht. Dies ist als Hilfe für die Vermeidung jener Fälle, wo der Rechner den gegebenen Satz mißversteht, wichtig. In der Abbildung stellen gewöhnliche Pfeile einen Datentransfer dar, und Pfeile mit Bogen bedeuten Bezugnahmen auf Rückgewinnungsdaten.

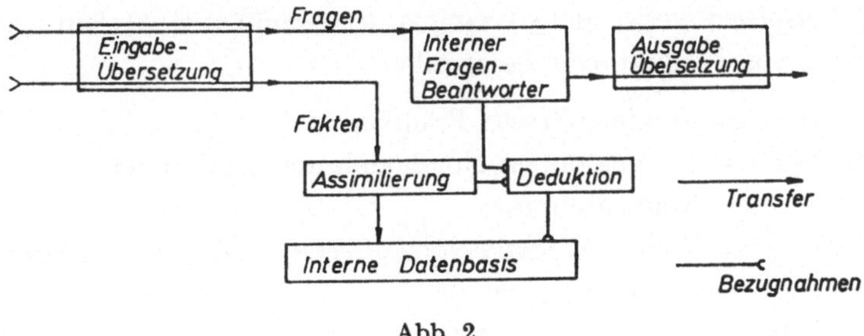

Abb. 2

Syntaxanalyse

Die Syntaxanalyse, auch Zerlegung genannt, ist ein Prozeß, der sehr der manuellen grammatikalischen Zerlegung von Sätzen in Subjekte, Prädikate, Adverben, usw. ähnelt. Die Zerlegungsstruktur bei der automatischen Syntaxanalyse ist üblicherweise detaillierter, und der Satz wird auf verschiedenen Stufen zerlegt, um einen Baum, genannt „Zerlegungsbaum", zu produzieren. In Abb. 3 werden zwei Beispiele von Zerlegungsbäumen, die zwei verschiedenen Interpretationen desselben Satzes entsprechen, gezeigt.

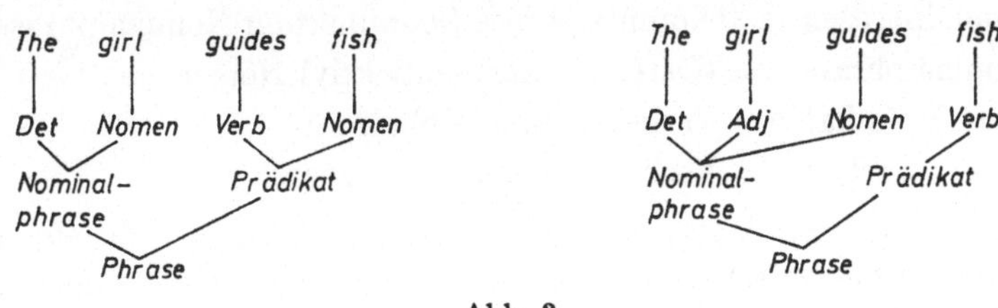

Abb. 3

Ein Satz mit mehr als einer Interpretation heißt mehrdeutig. Derartige Sätze sind in natürlichen Sprachen sehr geläufig. Manchmal verschwinden diese Mehrdeutigkeiten — wie im Beispiel der Abb. 4 —, wenn man den Satz erweitert.

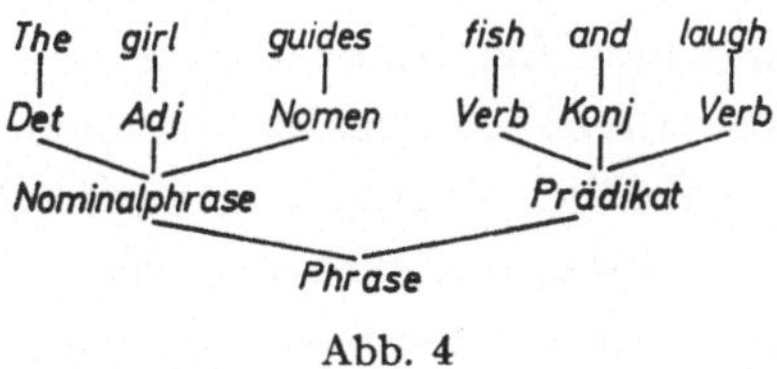

Abb. 4

Die für die Zerlegung verwendeten syntaktischen Regeln werden gewöhnlich in einer sogenannten generativen Grammatik erklärt. Diese Grammatik beschreibt einen Algorithmus für die Erzeugung aller möglichen Sätze in einer Sprache. Der Algorithmus beginnt mit einem Anfangssymbol, häufig „Phrase" genannt, und wendet dann eine Serie von Substitutionsregeln (genannt „Produktionen") an. Einige dieser Produktionen sind obligatorisch, einige optional. Die in den vorhergehenden Beispielen verwendete Grammatik (Grammatik A) läßt sich durch folgende Serie von Produktionen beschreiben:

Phrase :: = Nominalphrasen Prädikat

Nominalphrasen :: = Nominalphrase/Nominalphrase Konjunktion Nominalphrasen

Nominalphrase :: = Nomen/Adjektiv Nomen/Determinator Nomen/Determinator Adjektiv Nomen

Prädikat :: = Verben/Verben Nominalphrasen

Verben :: = Verb/Verb Konjunktion Verb.

Der Strich / ist ein „oder"-Zeichen, der angibt, daß mehrere Alternativen verfügbar sind. Die obigen Regeln sagen daher aus, daß das Symbol „Phrase" in die zwei Symbole „Nominalphrasen" und „Prädikat" abgeändert werden soll. Die nächste Regel gibt zwei mögliche Arten an, dies weiter durch eine Substitution für „Nominalphrasen" zu modifizieren.

Hier folgt eine andere, etwas leichter lesbare Beschreibung desselben Algorithmus, die Klammern für die Andeutung von Optionen, die während des Erzeugungsprozesses eingefügt werden dürfen oder auch nicht, verwendet.

Phrase :: = Nominalphrase Prädikat

Nominalphrasen :: = Nominalphrase (Konjunktion Nominalphrasen)

Nominalphrase :: = (Determinator) (Adjektiv) Nomen

Prädikat :: = Verben (Nominalphrasen)

Verben :: = Verb (Konjunktion Verben).

Die generative Grammatik ergibt eine Serie von Produktionen, die einen Schlußsatz erzeugen. Eine korrelative Grammatik ergibt statt dessen eine Serie von Regeln für die Anwendung auf den Schluß-Satz, um letztlich das einzelne Symbol „Phrase" zu erzeugen. Diese Regeln kombinieren daher oft zwei Sachverhalte in einen, und dieser Prozeß heißt eine Korrelation. Eine generative Grammatik läßt sich manchmal als korrelative Grammatik umschreiben, und vice versa.

Ein Zerlegungsalgorithmus faßt das Problem üblicherweise unter dem generativen oder dem korrelativen Gesichtswinkel auf. Der von oben nach unten arbeitende Algorithmus (kurz „Oben-Unten-Algorithmus") basiert theoretisch auf der Idee der Verwendung einer generativen Grammatik, um alle möglichen Sätze in einer Sprache zu erzeugen, bis schließlich einer gefunden wird, der auf den Eingabesatz paßt. Dies benötigt in den meisten praktischen Fällen zuviel Zeit, jedoch gibt es Wege, die Methode auf die fruchtbarsten Möglichkeiten zu beschränken.

Der von unten nach oben arbeitende Algorithmus (kurz „Unten-Oben-Algorithmus") basiert hingegen auf dem korrelativen Standpunkt. Der Algorithmus versucht, Elemente des Eingabesatzes auf verschiedene Arten zu kombinieren, bis ein Baum, der den ganzen Satz abdeckt, gefunden ist.

Bevor ich zu den Vor- bzw. Nachteilen dieser Verfahren übergehe, möchte ich einige praktische Methoden und mit diesen auftretende Probleme näher beschreiben.

Die rekursive Oben-Unten-Methode

Die rekursive (oder Rückwärtstastungs-) Zerlegungsmethode kann nach Floyd (1964) so beschrieben werden. Der Algorithmus benützt eine generative Grammatik (die oben beschriebene Grammatik A), einen Eingabesatz — etwa „The girl guides fish and laugh" —, einen Stapelspeicher für die Speicherung angewendeter Produktionen und einen Schieber, der angibt, wieviel des Eingabesatzes abgedeckt ist.

Zum Start des Algorithmus befindet sich der Schieber am Beginn des Satzes, und der Stapelspeicher enthält nur eine Eintragung der „Phrase"-Produktion, den obersten Knoten der Syntax. Diese Produktion beginnt zu arbeiten und findet, daß ihr erstes Element „Nominalphrasen" ist. Eine Routine wird aufgerufen, die prüft, ob ein Teil des Satzes als „Nominalphrasen" festgestellt werden kann. „Nominalphrasen" bestimmt „Nominalphrase", „Nominalphrase" bestimmt „Nomen". „Nomen" versucht, das erste Wort, „the", zu erfassen. Da dies hier aber nicht geht, wird „Nomen" verworfen, und die Kontrolle geht an „Nominalphrase" zurück. „Nominalphrase" versucht nun die zweite Alternative in ihrer Beschreibung, die mit „Adjektiv" beginnt. Auch dies schlägt hier fehl; die dritte Alternative jedoch ist erfolgreich, wenn „Determinator" und „Nomen" bestimmt werden. Nach diesem Erfolg bewegt sich der Schieber weiter, um die ersten beiden Worte, „the" und „girl", zu erfassen, und die Kontrolle geht zunächst an „Nominalphrasen" und schließlich an „Phrase" zurück, die dann für die Abdeckung des restlichen Satzes „Prädikat" bestimmt. Eine Zwischenstufe der Analyse sieht etwa wie in Abb. 5 aus.

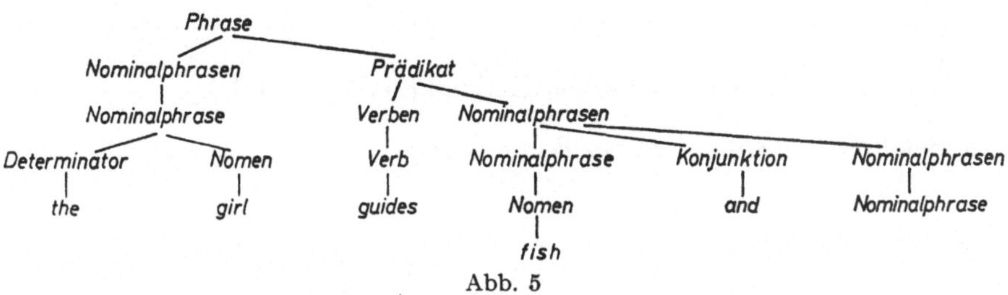

Abb. 5

In dieser Situation bleibt „Nominalphrase" bei der Abdeckung des nächsten Satzwortes, „laugh", erfolglos. Die Kontrolle geht dann an „Nominalphrasen" zurück, die ihre Untermöglichkeiten aufruft, um zu sehen, ob diese den Satz auf eine andere Weise erfassen können. Auch dies bleibt ohne Erfolg, und die Kontrolle geht schließlich wieder an „Phrase" zurück, die ihre Untermöglichkeit „Nominalphrasen", die „the girl" erfaßt, aufruft, um zu untersuchen, ob sie auch anders vorgehen kann. „Nominalphrasen" wird nun bei der Erfassung von „the girl guides" erfolgreich sein; dies eröffnet die Möglichkeit einer vollständigen Analyse des Satzes.

Wenn eine Produktionsregel erfolglos bleibt und ihre Untermöglichkeiten aufruft, um etwas anderes zu versuchen oder schließlich verworfen zu werden, muß der Schieber wieder um die Wörter, die durch die erfolglose Produktion erfaßt wurden, zurückgehen. Dieses Zurückgehen heißt „Rückwärtstasten" und ist die Hauptursache der Ineffizienz dieser Zerlegungsmethode. Nach diesem Zurückgehen wird üblicherweise wieder eine sehr ähnliche Analyse versucht, die die Ausführungszeit nur verdoppelt.

Ein spezielles Problem in dieser und in anderen Oben-Unten-Methoden ist die Rekursion in der Syntaxspezifikation. Rekursion tritt auf, wenn eine Produktion sich selbst, direkt oder indirekt, produziert. Ein typisches Beispiel einer rekursiven Produktion ist folgendes:

Verben ::= Verb Konjunktion Verben/Verb.

Wird diese Regel auf den Phrasenteil „fish and laugh and cry and jump" angewendet, ergibt sich der Baum in Abb. 6.

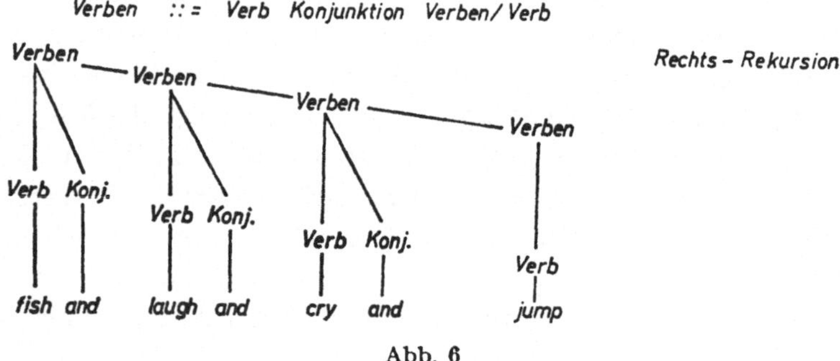

Abb. 6

Man könnte es etwa vorziehen, den Sachverhalt auch so zu beschreiben:

Verben ::= Verben Konjunktion Verb/Verb;

dieser Beschreibung entspricht der Baum in Abb. 7.

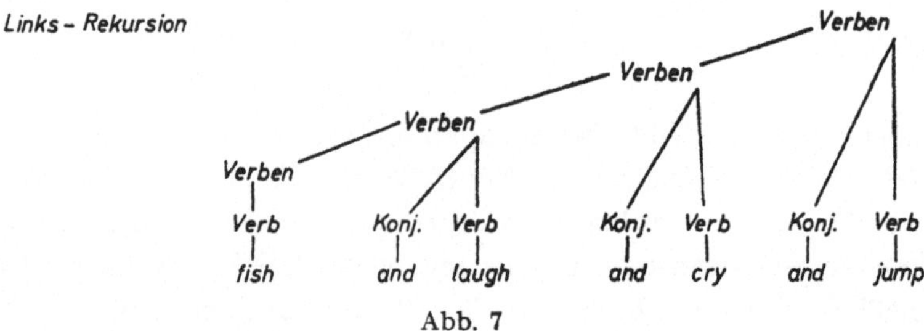

Abb. 7

Dies läßt sich aber im beschriebenen Zerlegungsalgorithmus nicht durchführen: „Verben" weist auf „Verben" hin, die ihrerseits auf „Verben" solange in einer unendlichen Schleife hinweisen, bis der Speicher voll ist. Diese Situation heißt „Linksrekursion", und die Grammatik muß so umgeschrieben werden, daß alle Linksrekursionen vor der Anwendung dieses Algorithmus entfernt werden.

Alle Zerlegungsalgorithmen haben verschiedene Beschränkungen. Ein typisches Beispiel für eine solche Beschränkung ist „keine Linksrekursionen". Die meisten Algorithmen haben mehr als diese eine Beschränkung. Eine Schwierigkeit besteht darin, daß publizierte Algorithmenbeschreibungen nicht immer diese Beschränkungen spezifizieren.

Der rekursive Algorithmus ist wegen der zahlreichen Rücktastungen sehr langsam. Die Ausführungszeit nimmt mit der Satzlänge sehr schnell zu. Verschiedene Arten der Beschleunigung des Prozesses wurden vorgeschlagen. So können etwa erfolgreiche Teilanalysen, die in einem größeren Kontext erfolglos bleiben, weggespeichert werden, sodaß die weggespeicherte Teilanalyse in einem neuen Kontext nicht wiederholt werden muß. Eine andere Möglichkeit besteht in der Unterteilung des Satzes in Partitionen, die davon abhängen, welche Wortverbindungen für eine Anzeige von Grenzen zwischen den durch zwei Hauptkonstituenten analysierten Teilen bekannt sind. Dies verwandelt eine Großanalyse des ganzen Satzes in mehrere Teilanalysen von verschiedenen Partitionen des Satzes. Diese Methode beschreibt Vargas (1969).

Der parallele Oben-Unten-Zerlegungsalgorithmus

Ein schnellerer (aber mehr Speicher brauchender) Zerlegungsalgorithmus ist der parallele Algorithmus. Anstatt pro Einheit eine Möglichkeit zu versuchen und dann, wenn diese erfolglos bleibt, zurückzugehen, treibt diese Methode alle möglichen Zerlegungen parallel voran. Der Vorteil davon ist, daß mehrere Hauptanalysen dieselbe Teilanalyse beinhalten können, was aber leicht erkannt wird, sodaß die Teilanalyse nur einmal durchgeführt wird. Beispielsweise kann der Satz „He rolled up the red carpet" auf zwei Arten zerlegt werden, der Phrasenteil „the red carpet" wird aber in beiden Arten gleich analysiert. Diese Methode wurde durch Earley (1970) beschrieben.

Ein sehr interessantes Programm, das diese Methode verwendet, ist in Bratley, Dewar und Thorne (1967) beschrieben. Die meisten Sprachanalyseprogramme basieren auf einem vollständigen Wörterbuch aller Wörter in der Sprache. Solche Wörterbücher sind aber schwer zusammenzustellen. Das Programm von Bratley, Dewar und Thorne verzichtet auf ein solches vollständiges Wörterbuch. Sie meinen, daß eine Person den syntaktischen Inhalt eines Satzes auch dann erkennen kann, wenn ungeläufige Wörter darin vorkommen: beispielsweise sind folgende Sätze durch eine Person zerlegbar:

> „He has gone to shoot a grison"
> „He will be furibund".

Sie stellen auch fest, daß sehr viele Wörter des Englischen in zwei oder drei der großen Wortklassen Nomen, Verb bzw. Adjektiv fallen können; hier sind beispielsweise drei Sätze, in denen das Wort „iron" in diese drei Klassen fällt:

„Strike while the iron is hot"
„He will iron her shirt tomorrow"
„He ruled with an iron hand".

Der Wert eines Wörterbuches ist für solche Wörter recht gering.

Sie teilen nun selbst die Wörter in zwei Gruppen — Wörter in der „offenen Klasse" und Wörter in der „geschlossenen Klasse" — ein. Wörter der „offenen Klasse" sind solche, die zu den sehr großen, offenen Wortklassen wie Nomina, Verben und Adjektiva gehören. Wörter in der „geschlossenen Klasse" sind Elemente einer beschränkten Menge, wie Konjunktionen und Präpositionen. Spezielle Verben und Suffixe gehören ebenfalls in die geschlossene Klasse. Die Wörter der geschlossenen Klasse sind gewöhnlich als syntaktische Formative und Konnektoren wichtig.

Ihr Wörterbuch enthält demnach eine Liste von Wörtern der geschlossenen Klasse sowie einige zweifelhafte Wörter der offenen Klasse. Im SQAP-Projekt haben wir denselben Ansatz gewählt; unser Wörterbuch enthält ca. 1000 Wörter.

Um ihr System zu illustrieren, ist hier die für den Eingabesatz „When he has fixed dates he will ring us" produzierte syntaktische Analyse angegeben; die Analyse erzeugt die Struktur von links nach rechts (Abb. 8). Es ist zu bemerken, daß es zwei verschiedene Wege von links nach rechts gibt, die zwei verschiedenen Satzanalysen entsprechen.

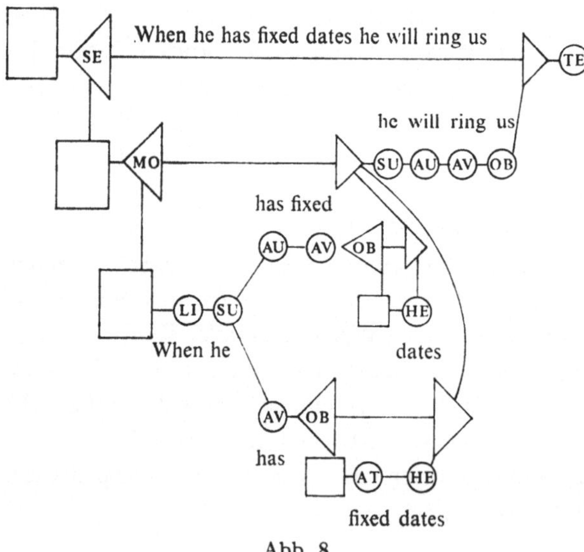

Abb. 8

Der korrelative Unten-Oben-Algorithmus

Der Unten-Oben-Algorithmus beginnt mit den einzelnen Worten des Satzes. Diese werden in größer und größer werdende Einheiten gruppiert (korreliert), solange, bis der ganze Satz eine Gruppe bildet.

Ein typisches Beispiel für ein solches System ist der „Mehrfachspeicher-Zerlegungsalgorithmus" von Glasersfeld und Pisani (1970).

Die Regeln für die Verknüpfung von zwei Wörtern zu einer Einheit (etwa „the man") werden in diesem System implizite Korrelatoren genannt. Das System verfügt auch über explizite Korrelatoren, die drei Wörter — zwei Worte und ein korrelierendes Wort zwischen ihnen (beispielsweise „John und Mary") — verknüpfen.

Ein Beispiel dafür, wie die Syntax A in diesem Mehrfachspeicher-System umgeschrieben werden kann, gibt Tab. 1 wieder.

Tabelle 1

Korrelator	Korrelatortyp							
Nummer	1		2		3		4	
	links	rechts	links	rechts	links	rechts	links	rechts
Phrase :: =	Nomen	Verb	Nomen	Prädikat	Detnomen	Verb	Detnomen	Prädikat
Detnomen :: =	Determin.	Adjnomen	Determin.	Nomen				
Adjnomen :: =	Adjektiv	Nomen						
Prädikat :: =	Verb	Nomen						

Das Wörterbuch enthält sehr detaillierte Informationen über jedes Wort, weit mehr als die gewöhnliche Grob-Wortklassifikation. Jedes Wort des Wörterbuchs hat eine Liste aller Korrelationen, zu denen das Wort paßt. Diese Liste zeigt beispielsweise an, daß ein konkretes Nomen (aber kein abstraktes Nomen) Subjekt einer Aktivität sein kann. Diese Liste heißt Korrelatorindex.

Der Korrelatorindex bestimmt, in welche Korrelatoren ein Wort eingehen kann. Soll nun eine korrelierte Wortgruppe mit anderen Gruppen für die Bildung von größeren Strukturen korreliert werden, so muß diese korrelierte Gruppe ebenfalls einen Korrelatorindex aufweisen, der angibt, welche höheren Korrelationen sie eingehen kann. Jeder Korrelator besitzt einen Algorithmus, der aus dem Index seiner Konstituenten seinen Korrelatorindex herausfindet. Dieser wichtige Algorithmus heißt „Neuklassifikation".

Das Mehrfachspeicher-System benützt eine große Matrix im Kernspeicher zur Speicherung der Information über die Zerlegung. Diese Matrix hat für jeden möglichen Korrelator des Systems eine Spalte (528 Spalten). Jedes Wort und jede Wortgruppe, die während der Zerlegung gebildet wird, hat eine Matrixreihe (330 Reihen). Die Größe der Matrix ist daher $528 \cdot 330$, oder 174 240. Jede Matrixeintragung besteht aus einer Silbe (8 Binärzeichen).

Wird die obige sehr einfache Syntax auf den Satz „The girl guides fish" angewendet, kann die Matrix etwa so aussehen (Tab. 2).

Tab. 2 enthält die beiden möglichen Zerlegungen des Satzes in den letzten Zeilen (entsprechend den Abb. 3 und 4). Die Tabelle enthält auch eine Anzahl von erfolglosen Teilzerlegungen, die Zeilen 10, 12, 13, 15 und 16.

Tabelle 2

Pro Wortbedeutung und Wortgruppe eine Zeile	Pro Korrelatorart eine Spalte				
	Wortbedeutung	Adjnomen	Detnomen	Prädikat	Phrase
1 the	Determinator	—	links	—	—
2 girl	Nomen	rechts	rechts	rechts	links
3 girl	Adjektiv	links			
4 guides	Nomen	rechts	rechts	rechts	links
5 guides	Verb	—	—	links	rechts
6 fish	Nomen	rechts	rechts	rechts	links
7 fish	Verb	—	—	links	rechts
8 the girl (1 + 2)	Detnomen	rechts	—	rechts	links
9 girl guides (3 + 4)	Adjnomen	rechts	rechts	rechts	links
10 girl guides (3 + 5)	Phrase	—	—	—	—
11 guides fish (5 + 6)	Prädikat	—	—	—	rechts
12 guides fish (4 + 7)	Phrase	—	—	—	—
13 the girl guides (8 + 5)	Phrase	—	—	—	—
14 the girl guides (1 + 9)	Detnomen	rechts	—	rechts	links
15 girl guides fish (9 + 7)	Phrase	—	—	—	—
16 girl guides fish (2 + 11)	Phrase	—	—	—	—
17 the girl guides fish (14 + 7)	Phrase	—	—	—	—
18 the girl guides fish (8 + 11)	Phrase	—	—	—	—

Kays „wirksamer Zerlegungsalgorithmus"

Martin Kay schlug einen interessanten Unten-Oben-Zerlegungsalgorithmus vor, der teilweise in Kaplan (1970) dargestellt ist. In seinem System stehen dort, wo andere Algorithmen Knoten verwenden, Kanten; strichlierte Kanten stellen

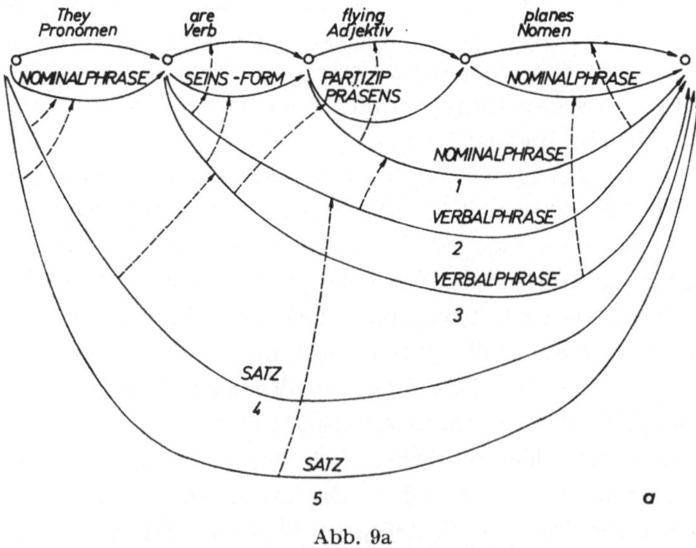

Abb. 9a

die traditionellen Kanten des Baumes dar. Die Abb. 9a zeigt die Zerlegung des Satzes „They are flying planes" durch den Kay-Algorithmus. Jede Kante in der Abbildung ist in der Reihenfolge, in der sie produziert wurde, numeriert.

Die Zerlegung geht von unten nach oben vor und beginnt am Ende des Satzes. Dort finden wir die beiden Kanten „Nomen" und „Adjektiv", die in „Nominalphrase" (1) kombiniert werden können. Da es keine weiteren möglichen Kombinationen für die Abdeckung der beiden letzten Worte des Satzes gibt, gehen wir zum drittletzten Wort über. Dieses Wort, „are", kann — als Hauptzeitwort interpretiert — mit „Nominalphrase" (1) zu „Verbalphrase" (2) kombiniert werden. Wir können „are" auch als eine „Seins-Form" interpretieren und es mit „flying" — interpretiert als „Präsenspartizip" — und „planes" — interpretiert als „Nominalphrase" — kombinieren. Die Zerlegung garantiert, daß dieselbe Teilzerlegung nur einmal durchgeführt wird; alle verschiedenen Teilzerlegungen werden in den totalen Zerlegungsgraph kombiniert. Da der Satz mehrdeutig ist, decken in diesem Fall zwei Kanten den ganzen Satz ab, „Satz" (4) und „Satz" (5).

Im Mind-System wird die Grammatik dem Programm in Form einer Serie von Regeln einer speziellen Grammatik-Regel-Sprache (Kaplan 1970) eingegeben. Eine typische Regel in einer Kay-Grammatik sieht etwa so aus:

$$\text{ADJ}.1 + \text{NOUN}.2 \rightarrow \text{NP}(.1 + .2).$$

Diese Regel bedeutet: Findet man eine mit ADJ („Adjektiv") bezeichnete Kante und eine andere Kante, die dieser folgt und mit NOUN („Nomen") markiert ist, so möge die ADJ-Kante an einer temporären Stelle 1 bzw. die NOUN-Kante an einem temporären Platz 2 gespeichert werden. Anschließend stelle eine neue Kante NP („Nominalphrase"), die beide Wörter verbindet, her. Diese neue Kante NP soll als Nachfolger die Inhalte der temporären Stellen 1 und 2 — d. h., die ADJ-Kante bzw. die NOUN-Kante — haben.

Dies schaut ein wenig nach unnötiger Spielerei aus. Der Vorteil besteht aber darin, daß nach jeder Teilzerlegung explizit etwas aufgebaut werden kann, und das, was aufgebaut wird, braucht nicht unbedingt nur eine Kombination der zu kombinierenden Teile sein: es kann auch etwas anderes aufgebaut werden, etwa direkt die Aktivform, wenn eine Passivform zerlegt wird. Tatsächlich liegt die Grammatik-Regel-Sprache des Mind-Systems zwischen einer Sprache für die Festlegung syntaktischer Produktionen und einer Programmiersprache für allgemeinere Zwecke. Gerade dies zeigt eine interessante Entwicklung, die sich in den Arbeiten von Woods und Winograd fortsetzt; ich möchte diese kurz beschreiben.

Die erweiterte Übergangsnetzgrammatik

Diese Grammatik wurde von Woods (1970) vorgestellt und ist eine Weiterentwicklung von Gedanken aus dem Zerlegungsalgorithmus von Bratley, Dewar und Thorne (1967). Woods stellt seine Grammatik in einer graphischen Form dar. Ein einfacher Übergangsnetzgraph für eine Grammatik sieht etwa so aus (Abb. 9b).

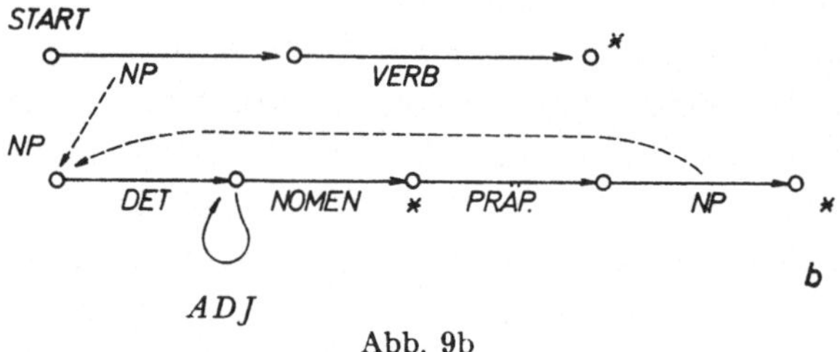

Abb. 9b

Die Darstellung deutet an, daß in dieser sehr einfachen Grammatik ein Satz immer aus einer „Nominalphrase" und einem „Verb" besteht; d. h., man beginnt am Anfang eines Satzes und versucht, eine „Nominalphrase" zu finden. Hat dies Erfolg, so folgt man dem „Nominalphrase"-Pfeil in der Abbildung bis zum nächsten Knoten und versucht, ein „Verb" zu finden, das auf die „Nominalphrase" folgt. Um aber eine Nominalphrase zu finden, muß man in der Abbildung eine rekursive Unterroutine (strichlierter Pfeil von NP) aufrufen. Diese Unterroutine beginnt mit dem Versuch, ein DET („Determinator") zu finden. Wurde ein DET gefunden, so kann man dem Pfeil zum nächsten Knoten folgen. Von diesem Knoten gehen zwei Pfeile aus; beide können versucht werden. Einer davon ist eine Schleife, die ein ADJ („Adjektiv") abdeckt. Der andere Pfeil geht weiter und erfaßt ein NOUN („Nomen"). Das Nomen ist mit * markiert; dies bedeutet, daß wir — falls gewünscht — aus der Unterroutine dorthin zurückspringen können. Wir können auch versuchen, ein PREP („Präposition") und eine neue Nominalphrase — NP ruft sich selbst rekursiv auf — zu finden. Gibt es im Algorithmus eine Wahlmöglichkeit (etwa, ob wir ein Adjektiv vor dem Nomen zu finden versuchen sollen oder nicht), so kann das Programm entweder eines davon zuerst heranziehen oder beide quasi-parallel versuchen.

Wird eine derartige Grammatik dem Rechnerprogramm eingegeben, so kann der Programmierer auch festlegen, daß arbiträre Statements der Sprache LISP während jeder Aktion im Übergangsbaum ausgeführt werden können. Dies bedeutet, daß man Information aus einem Teil des Satzes (etwa die Information, daß die Nominalphrase im Plural steht) in lokale Variablen wegspeichern kann und später wieder heranziehen darf (etwa dann, wenn man das Postfix des Verbs untersucht). Man kann auch während der Zerlegung eigene Strukturen aufbauen. Dies bedeutet, daß die Ausgabe der Zerlegung nicht unbedingt ein Zerlegungsbaum, der nur die Geschichte des Zerlegungsprozesses anzeigt, sein muß. Die Ausgabe kann davon ganz verschieden sein, etwa eine gewisse Art der semantischen Darstellung des Satzes.

Winograd (1972) konstruierte ein anderes System, das auf ähnlichen Ideen beruht und PROGRAMMAR genannt wird. Der springende Punkt in diesen neuen Zerlegungsalgorithmen ist, daß sie „Voll-Programmiersprachen" sind, d. h., sie können alles, was irgendeine Programmiersprache machen kann, ebenfalls, wurden aber speziell für die Vereinfachung von Zerlegungsregeln konstruiert. Demnach beinhaltet die Konstruktion eines Zerlegungsalgorithmus auch die Konstruktion einer neuen Programmiersprache. Dies ist deswegen sehr wichtig, weil natürliche Sprachen derart reich an Spezialfällen und -regeln sind, daß nur eine Voll-Programmiersprache alle Sätze einer natürlichen Sprache bewältigen kann.

Syntaxanalyse und heuristische Suche

Das Ziel der Syntaxanalyse ist es, eine Baumstruktur zu finden, die zwei Eigenschaften hat:

(1) die Knoten sind gemäß den Syntaxregeln verknüpft;

(2) die Endknoten passen auf den Satz.

Die Schwierigkeit bei der Syntaxanalyse ist, daß die Anzahl der grammatikalischen Bäume sehr viel größer ist als die Zahl der Bäume, die auf den Satz passen. Es können auch Satzteile in Teilbäume auf viele Arten eingepaßt werden, doch lassen sich nur wenige dieser Teilbäume so erweitern, daß sie den ganzen Satz erfassen. Da der Algorithmus nur eine Kante zu einem Zeitpunkt dem Baum anpassen kann, werden auch einige fehlerhafte Teilbäume erzeugt. Der effizienteste Zerlegungsalgorithmus ist jener, der die geringste Anzahl von fehlerhaften Teilbäumen erzeugt.

Alle Zerlegungsalgorithmen können als Suchprozeduren (vgl. Sandewall 1971b; Michie 1971), die wie Bäume strukturiert sind, aufgefaßt werden. Die Suchprozedur startet mit einer leeren Zerlegung. Jeder Knoten des Suchbaumes korrespondiert mit einer partiellen Satzzerlegung, jede Kante mit der Hinzufügung einer Kante zu der Zerlegung.

Die verschiedenen Methoden der Syntaxanalyse variieren in der Weise, in der neue Kanten dem Zerlegungsbaum hinzugefügt werden. Die Oben-Unten-Prozeduren bevorzugen eine Hinzufügung der Kanten am oberen Ende der Zerlegung und arbeiten so von oben nach unten, während die Unten-Oben-Prozeduren die Hinzufügung der Kanten am unteren Ende bevorzugen und von unten nach oben arbeiten.

Die Reihenfolge der Suche im Suchbaum variiert ebenfalls. Die allgemeine Zerlegungsprozedur mit Rückwärtstasten entspricht einer „Depth-first"-Suche, während der parallele Oben-Unten-Algorithmus mit einer „Breadth-first"-Suche korrespondiert.

Es ist allerdings bekannt, daß für die meisten Anwendungen weder der Depth-first- noch der Breadth-first-Algorithmus der effizienteste ist. Der effizienteste Algorithmus besteht statt dessen gewöhnlich in einer Suche, die durch Heuristiken — wie eine allen offenen Knoten des Suchbaumes zugewiesene Wertfunktion — gesteuert wird.

Diese Heuristiken können in zwei Hauptkategorien eingeteilt werden:

(a) Methoden, die sicherstellen, daß ein Zweig erfolglos bleiben wird, und

(b) Methoden, die angeben, daß bestimmte Kanten höhere Erfolgswahrscheinlichkeiten haben.

Heuristiken der Kategorie (a) werden für Zerlegungen am häufigsten verwendet; Heuristiken der Kategorie (b) sind weniger häufig. Einige Heuristiken beider Arten sind etwa:

(1) vermeide, daß dieselbe Teilzerlegung öfter als einmal durchgeführt wird (durch parallele Oben-Unten-Methoden, durch gewisse Unten-Oben-Methoden oder durch eine Methode, die alle früheren Teilbäume in einer zugänglichen Weise während der Zerlegung speichert);

(2) vermeide gewisse Zerlegungen, weil sie erfolglos bleiben müssen (durch ein „Vorausschauen", eine Partionierung des Satzes oder ähnlich bestimmt);

(3) eliminiere semantisch unmögliche Analysen (durch ein Abtesten der Teilanalyse an der Datenbasis, am einfachsten gewöhnlich mit der Unten-Oben-Zerlegung);

(4) verwende eine Wertfunktion oder andere Methoden, die die Analyse auf den wahrscheinlichsten Pfad lenken;

(5) beschleunige durch eine Änderung der Organisation (wie die Mehrfachspeicher-Organisation).

Diese Arten der Heuristiken können leichter eingeführt werden, wenn der Autor einer Grammatik vollständige Kontrolle über die Ausführung des Zerlegungsalgorithmus hat, d. h., wenn der Algorithmus in sich selbst eine Programmiersprache ist, wie es diejenigen von Woods und Winograd sind.

Eine vollständig andere Zerlegungsmethode besteht in der Prüfung des Satzes bezüglich vieler einfacher Gefüge, anstatt eine komplexe Syntax heranzuziehen (ein Beispiel bietet das früher erwähnte ELIZA-System). Der Nachteil davon ist aber, daß eine Menge von einfachen Gefügen auch nur auf eine Menge von einfachen Standardsätzen paßt. Der Vorteil ist, daß es relativ leicht ist, den Rechner aus seiner Erfahrung durch Hinzunahmen zu der Menge der einfachen Gefüge lernen zu lassen.

Die linguistische Auffassung

Unser Ziel ist ein praktisches: wir wollen dem Rechner die Fähigkeit vermitteln, natürliche Sprache zu verstehen und zu produzieren. Das Ziel des reinen Linguistikers ist ein theoretisches: er will eine einfache, elegante und brauchbare Theorie der Sprachstruktur auffinden. In der Realität sind die Lösungen dieser Aufgaben oft angenähert. Nach Bach (1964) sind die Grundforderungen des Linguisten an eine gute grammatikalische Theorie folgende:

(1) Die Theorie sollte einen Algorithmus spezifizieren, der *alle* und *nur* die Sätze in der Sprache beschreibt.

(2) Dieser Algorithmus sollte einem Satz eine Struktur zuweisen, die jener intuitiven Struktur, die Personen für den Satz „erfühlen", entspricht. Beispielsweise schauen die beiden Phrasen „The essay was difficult to translate" und „Now you have to translate the essay" sehr verschieden aus, doch erfühlen Personen, daß deren Basisstruktur ähnlich ist. In einer guten grammatikalischen

Analyse sollte dies zum Ausdruck kommen. Auf der anderen Seite sind die beiden Phrasen „The candy was to eat" und „The boy was to play" in ihrer Oberflächenstruktur sehr ähnlich, jedoch sollte die Theorie aufzeigen, daß es zwischen ihnen einen strukturellen Unterschied gibt.

Unter verschiedenen möglichen Grammatiken wird der Linguist jenes System bevorzugen, das das kürzeste und eleganteste ist und das die obigen Erfordernisse erfüllt.

Linguisten befassen sich manchmal hauptsächlich mit generativen Algorithmen (die alle Sätze in einer Sprache produzieren), während das Hauptproblem in Frage-Antwort-Systemen darin besteht, wie gegebene Eingabesätze zu erkennen sind.

Die Theorie des Linguisten soll auf *alle* und *nur* die Sätze einer Sprache anwendbar sein. Ein Frage-Antwort-System könnte theoretisch als Eingabe auch mehr als die gewöhnliche Sprache annehmen. Dies könnte das System einfacher machen. Allerdings erhöht dies auch das Risiko von Mißverständnissen. Beispielsweise kann die Eingabeprozedur einfacher sein, wenn die 3. Person Einzahl nicht beachtet wird, doch entsteht dann ein unnötiges Mißverständnisrisiko bei Sätzen wie „The girl guide fishes". Ein Frage-Antwort-System wird daher üblicherweise dann am besten arbeiten, wenn die *alle*- und die *nur*-Bedingung allgemein erfüllt ist.

Die traditionelle linguistische Theorie basiert auf der Idee, daß ein Anfangssymbol vorliegt und daß dann sukzessive Operationen angewendet werden, bis ein endgültiger Satz produziert wurde.

Diese Operationen sind von zweierlei Art. Die eine Art besteht in Substitutionen, wo ein Symbol durch ein oder mehrere andere Symbole ausgetauscht wird. Solche Substitutionen heißen Phrasen-Struktur-Produktionen. Sie werden gelegentlich durch kontext-freie und kontext-abhängige Regeln in zwei Gruppen unterteilt. Eine kontext-freie Regel spezifiziert, daß ein Symbol immer durch ein anderes Symbol ausgetauscht werden kann. Eine kontext-abhängige Regel gibt an, daß die Substitution nur in einem gegebenen Kontext auftreten kann.

Chomsky (vgl. Bach 1964) zeigte, daß eine einfachere und regulärere Grammatik produziert wird, wenn wir allgemeinere Operationen als Phrasenstrukturregeln während der Satzzerlegung zulassen. Diese Regeln heißen Transformationen. Eine Transformation wird manchmal so spezifiziert, daß sie nur anzeigt, was mit dem Satz zu geschehen hat. Ein typisches Beispiel ist die folgende Beschreibung der passiven Transformation:

$$NP_1 - AUX - V - NP_2 ::= NP_2 - AUX - be - V - ed - by - NP_1.$$

Eine Struktur, die ohne dieser Transformation den Satz „John can kiss Mary" produziert, wird nach der Transformation statt dessen den Satz „Mary can be kissed by John" produzieren.

Diese Art der Spezifikation der Transformationen ist allerdings nicht völlig befriedigend, da sie nur aussagt, was mit dem Satz zu geschehen hat, nicht aber, was mit der zugrundeliegenden Baumstruktur, die während des vorausgehenden Erzeugungsprozesses produziert wird, passiert.

Eine allgemeinere Transformationsspezifikation sollte daher einen gewissen Gefügegraph, der an Teile der Baumstruktur anzupassen ist, und Operationen für die passenden Teile des Graphen angeben.

Eine Schrittfolge, die zunehmend höhere Grammatiken verwendet, läßt sich so angeben:

(1) endliche kontext-freie Grammatik (nicht-rekursive kontext-freie Phrasen-strukturgrammatik);

(2) nicht-endliche kontext-freie Grammatik (mit Rekursion);

(3) nicht-endliche kontext-abhängige Grammatik;

(4) Transformationsgrammatik.

Die Schwierigkeit bei Transformationsgrammatiken, so wie diese gewöhnlich spezifiziert sind, besteht darin, daß sie generative Grammatiken sind und keine Grammatiken für die Zerlegung gegebener Sätze.

Linguisten verwenden bei Diskussionen über diese Grammatikarten gelegentlich folgende Konzepte:

(a) *P-Marker*: die Baumstruktur, die die Struktur in einem Satz beschreibt;

(b) *Oberflächenstruktur*: der P-Marker nach den Transformationen, wobei der endgültige Satz am oberen Ende des Baumes steht;

(c) *Tiefenstruktur*: der P-Marker vor den Transformationen, entsprechend einer tiefer reichenden, logischeren Grundstruktur. Beispielsweise ist die zugrunde-liegende Tiefenstruktur der beiden Sätze „John can kiss Mary" und „Mary can be kissed by John" zumindest sehr ähnlich, die Oberflächenstrukturen sind dagegen sehr verschieden.

(d) *Kernsatz*: etwa dasselbe wie Tiefenstruktur, gelegentlich die Tiefenstruktur in einer linearisierten satz-ähnlichen Form.

Das Tiefenstrukturkonzept (wie es von Linguisten gebraucht wird) und das semantische Netzwerk-Konzept (wie von den Autoren von Frage-Antwort-Systemen herangezogen) sind in der Tat sehr ähnliche Konzepte: bei beiden besteht das Ziel im Auffinden einer logischen Struktur, die die zugrundeliegenden Basisideen im Satz andeuten.

Das Ziel der Eingabeübersetzung

Das Ziel des Eingabeübersetzungsprozesses ist eine Darstellung, die für die beiden Hauptprozesse in der Datenbasis verwendet werden kann, und zwar

für Fakten: speichere die Fakten in der Datenbasis, und

für Fragen: beantworte die Fragen unter Benützung der Datenbasis.

Die Ausgabe des Übersetzungsprozesses besteht üblicherweise aus zwei Arten von Statements:

(1) Befehle an das Datenbasis-Verarbeitungsprogramm, und

(2) eine Darstellung des Eingabesatzes in einer gewissen Form der *internen Datenstruktur*.

Einige Systeme produzieren nur Befehle als Ausgabe. Diese Ausgabe ist ein Algorithmus für die Speicherung von Fakten oder für die Auffindung der Antwort auf eine Frage. Dieser Algorithmus ist in einer speziellen Programmiersprache geschrieben — der „Befehlssprache".

Andere Systeme produzieren eine der internen Datenstruktur ähnliche Ausgabe auch für Fragen. Diese beantwortet die einfache Frage: Stimmt diese Struktur mit der Datenbasis überein oder nicht? Paßt diese Struktur auf die Datenbasis, und läßt sich jenes Objekt, das dem Frageobjekt der Struktur entspricht, in der Datenbasis auffinden?

Die interne Datenbasis-Struktur hat zwei Hauptziele:

(1) finde eine Struktur, die der natürlichen Sprache so nahe wie möglich kommt (damit die Eingabeübersetzung sicherer und einfacher wird);

(2) finde eine Struktur, in der die Rückgewinnungssuchen der Information bzw. die Deduktionsprozeduren mit dieser leicht durchzuführen sind.

Extreme Beispiele stellen gewisse Systeme dar, wo der Eingabetext wie in einer Rechenanlage gespeichert ist. Dies erschwert eine Deduktion sehr. Sind beispielsweise das Faktum „John severed the main trunk of the tree so that it fell" und die Frage „Who cut down the tree?" gegeben, so kann ein derartiges System üblicherweise nicht die Frage beantworten.

Die Grundideen für die interne Datenstruktur der meisten Systeme entstammen einem oder mehreren der folgenden Bereiche:

(1) *Kernsätze* (vgl. oben): für die Linguisten die kanonische Form des Satzes, häufig auch „Tiefenstruktur" genannt;

(2) *Prädikatenkalkül*: die Notation für komplexe Relationen, wie sie in der mathematischen Logik verwendet wird (vgl. Davis 1963);

(3) *Graphen- und Netzwerktheorie*: Listenstrukturen (vgl. Berge 1962);

(4) *die Programmiersprache LISP*: deren Eigenschaftslisten bzw. Graphenstruktur.

Es folgen nun einige Beispiele für die Illustration der verschiedenen Ideen:

„Befehlssprache" (vgl. auch den späteren Abschnitt „Ein System für semantische Interpretation"): Woods (1968) beschreibt ein System für die Beantwortung von Fragen über Anschlüsse von Fluglinien. Das System übersetzt die Sätze in Befehle mit einer durch LISP beeinflußten Struktur. Es folgen dazu drei Beispiele:

Eingabesatz: At what time do flights leave Boston for Chicago?
Übersetzung: (FOR EVERY X1/FLIGHT: CONNECT (X1, BOSTON, CHICAGO); LIST (DTIME, X1, BOSTON))
Eingabesatz: How many stops does AA-57 make between Boston and Chicago?
Übersetzung: LIST(NUMSTOPS(AA-57, BOSTON, CHICAGO))
Eingabesatz: Does American have a flight which goes from Boston to Chicago?
Übersetzung: TEST(FOR SOME X1/FLIGHT: CONNECT (X1, BOSTON, CHICAGO); EQUAL(OWNER(X1), AMERICAN)))

Kernsatz: Bross et al. (1969) beschreiben ein medizinisches Informationsrückgewinnungssystem, in dem der Eingabesatz in mehrere kurze Kernsätze transformiert wird. Beispielsweise wird der Satz „In what position was the patient placed" in (OP PATIENT PLACED) (MANNER PLACED IN POSITION) (DESCRP POSITION?????) übersetzt.

Prädikatenkalkül: Der Prädikatenkalkül verwendet Relationen, wie etwa „*clever*(x)" — „x ist clever" — oder „*inventor*(y, x)" — „y ist der Erfinder von x". x und y sind Variablen, die durch Quantoren begrenzt sind, wie in „$\forall x$" — „für alle x ist es wahr, daß" — und in „$\exists y$" — „es gibt ein y derart, daß". Die Relationen sind in eine Klammerstruktur eingeschachtelt. Beispielsweise sieht der Satz „All clever machines have a clever inventor" im Prädikatenkalkül so aus: „$\forall x$(*clever*(x) **and** *machine*(x) **implies** $\exists y$(*clever*(y) **and** *inventor*(y, x)))". Diese Formel bedeutet „Für alle x derart, daß x clever und eine Maschine ist, gibt es ein y, sodaß y clever und der Erfinder von x ist". Diese Prädikatenkalkülform wird üblicherweise in eine sogenannte quantorenfreie Form transformiert (vgl. Davis 1963): unter Benützung von Hilfsfunktionen können die Quantoren entfernt werden; diese Form wird dann normalerweise in eine kanonische Normalform weitertransformiert, die aus einer Anzahl von konjugierten Clauses besteht, und jedes Clause ist aus einer Anzahl von disjunktiven Elementen zusammengesetzt.

Der obige Satz sieht in dieser Normalform beispielsweise so aus:

$$(\textbf{not } clever(x) \textbf{ or not } machine(x) \textbf{ or } clever(f(x))) \textbf{ and}$$
$$(\textbf{not } clever(x) \textbf{ or } machine(x) \textbf{ or } inventor(f(x), x)).$$

Die Normalform ist deshalb wichtig, weil sie die Basis für viele bekannte Deduktionsprozeduren bildet, beispielsweise für die Resolutionsmethode (vgl. Robinson 1965a,b).

Darstellung durch Eigenschaftslisten. Die interne Datenstruktur muß Möglichkeiten zur Speicherung von Objekten und Relationen zwischen diesen Objekten enthalten. Die bekannteste Art dafür ist die Eigenschaftsliste, wie sie in Abb. 10 dargestellt ist.

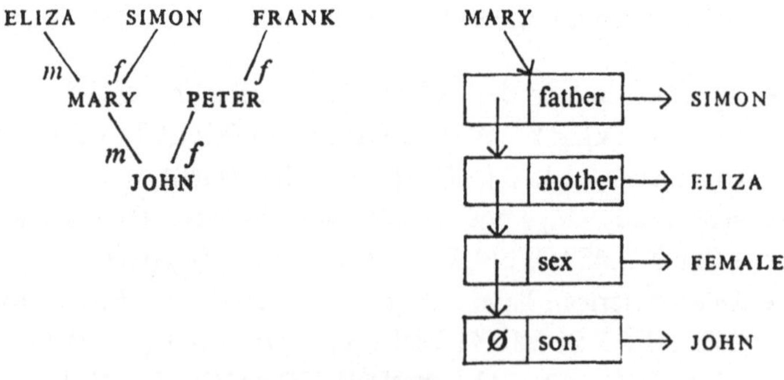

Abb. 10

Die Eigenschaftsliste besteht aus einer linear oder kreisförmig angeordneten Liste von Elementen. Die Liste wird einem Objekt zugeordnet, und jedes Listenelement zeigt eine Relation zwischen diesem Objekt und einem anderen Objekt an.

Eine andere, weniger oft benützte, Methode der Speicherung von Relationen stellt die Verwendung von Hash-Kodierungen dar (vgl. IBM 1968). Die Hash-Kodierung beschleunigt die Suche nach einer einzelnen Relation unter vielen Relationen sehr. Eigenschaftslisten sind dann schneller, wenn man eine erschöpfende Suche nach allen Relationen für ein gegebenes Objekt durchführen will.

Die interne Datenbasis im TLC-System

Das Ziel des TLC-Systems — Teachable Language Comprehender — besteht primär nicht in der Beantwortung von Fragen (vgl. Quillian 1969). Das System akzeptiert Fakten in einem simplifizierten natürlichen Englisch und verknüpft diese Fakten mit der internen Datenbasis. Die Antwort ist eine kurze Beschreibung der Begleitumstände des gegebenen Statements in der Datenbasis. Beispielsweise produziert das Eingabestatement „lawyer's client" die Ausgabe „Now we are talking about a client who employs a lawyer". Die „employ"-Relation wurde aus der Datenbasis hervorgeholt.

Das Ziel des TLC-Systems ist es vordringlich, eine Datenbasis zur Verfügung zu haben, die alle Arten von Fakten, die üblicherweise in natürlicher Sprache gegeben sind, speichern kann. Eine einzige Basisstruktur wird für alle derartigen Statements verwendet. Das System ist so geplant, daß es on-line mit einem menschlichen Monitor an einem Zeitwechselbetrieb-Terminal arbeitet, der die Entscheidungen des Systems überwacht und dem System bei schwierigen Sätzen hilft. Die Abb. 11 zeigt die Grundanordnung des Systems.

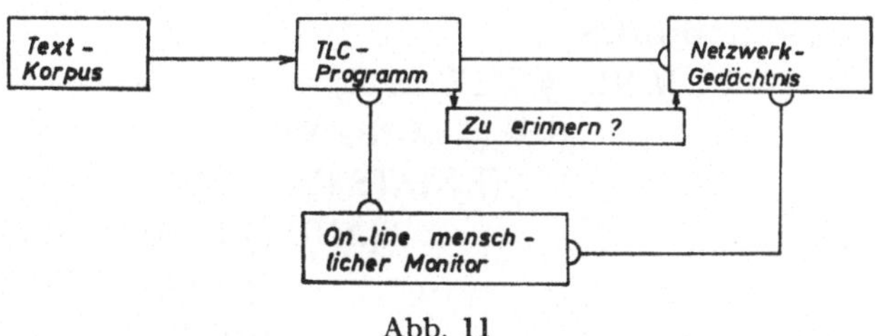

Abb. 11

Die Abb. 12 zeigt die grundsätzliche interne Datenstruktur des Systems.

Jedes Objekt ist mit einem Zwei-Zeiger-Block verknüpft, der auf eine Obermenge und auf modifizierende Eigenschaften für das Objekt hinweist. Die modifizierenden Eigenschaften bestehen aus einer Relation, einem Wert und anderen Verfeinerungen der Eigenschaft. Der Text in Großbuchstaben in der Abbildung stellt keine Ketten dar, sondern weitere Objekte im Netzwerk mit diesen Namen. Das System erzeugt so ein komplexes Netz von Objekten und Eigenschaften.

Ein Eingabesatz wird mit der Datenbasis verknüpft, indem im — von den im Satz erwähnten Objekten gebildeten — Netzwerk ein kürzester Weg aufgefunden wird. Die Elemente entlang dieses Pfades werden dann für die Herstellung der Ausgabeantwort verwendet.

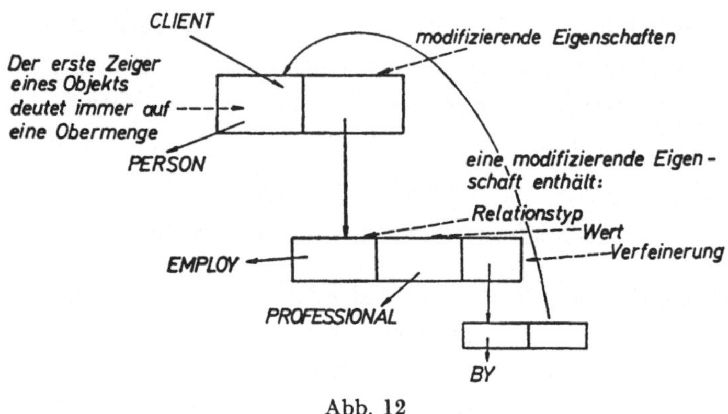

Abb. 12

Beispielsweise passiert der kürzeste Weg von „lawyer" nach „client" ein mit „employ" verknüpftes Element und ergibt die Antwort „Now we are talking about a client who employs a lawyer".

Das PLANNER-System: Die Speicherung von Fakten als Prozeduren

Das PLANNER-System (Hewitt 1969; Winograd 1972) ist interessant, weil Fakten in der Datenbasis als kleine Deduktionsprozeduren gespeichert werden. Beispielsweise wird in einer normalen passiven Datenbasis das Statement „A thesis is acceptable if either it is long or it contains a persuasive argument" konventionell etwa so gespeichert:

```
(FORALL (X) (IMPLIES
             (AND (# THESIS X)
                  (OR (# LONG X)
                      (EXISTS (Y)
                              (AND (# PERSUASIVE Y)
                                   (# ARGUMENT Y)
                                   (# CONTAINS X Y)))))
             (# ACCEPTABLE X)))
```

Hewitt und Winograd schlagen statt dessen vor, dieses Faktum durch eine Prozedur zu speichern, die tatsächlich ausgeführt wird, wenn das Faktum während der Deduktion benötigt wird. Ihre Darstellung des obigen Faktums ist so:

```
(DEFTHEOREM EVALUATE
```

EVALUATE ist der Name, den wir dem Theorem geben.

(THCONSE(X Y) (# ACCEPTABLE $?X)

Dies deutet den Theoremtyp an und benennt dessen Variable; es sagt aus, daß wir versuchen, etwas Annehmbares zu beweisen.

(THGOAL (# THESIS $?X))

Zeige, daß X eine These ist; „$?“ deutet eine Variable an.

(THOR

THOR ist ähnlich wie „or“ und versucht Gewisses in der gegebenen Ordnung anzuwenden, bis eines davon Erfolg hat.

(THGOAL (# LONG $?X) (THUSE CONTENTS-CHECK COUNTPAGES))

THUSE sagt aus, daß das mit CONTENTS-CHECK benannte Theorem zuerst anzuwenden ist; hat dies keinen Erfolg, soll das mit COUNTPAGES bezeichnete Theorem versucht werden.

(THAND

THAND ist wie „and“.

(THGOAL (# CONTAINS $?X $?Y))

Finde ein Y, das in X enthalten ist.

(THGOAL (# ARGUMENT $?Y))

Zeige, daß dieses ein Argument ist.

(THGOAL (# PERSUASIVE $?Y) (THTBF THTRUE))))))

Beweise unter Verwendung eines beliebigen anwendbaren Theorems, daß dieses überzeugend ist.

Der Vorteil dieser Darstellung ist, daß die Prozedur die Deduktion in eine effiziente Richtung lenken kann. Wir brauchen keinen zeitaufwendigen Test zur Überzeugungskraft einer langen Dissertation durchführen, da sie — entsprechend dem gegebenen Statement — auf jeden Fall annehmbar ist.

Das PLANNER-System verwendet für die Auffindung von relevanten Prozeduren in einer Deduktion Hash-Kodierungen. Die Hash-Kodierung für die Speicherung von relationalen Datenbasen wird in IBM (1968) erklärt.

Die interne Datenbasis des SQAP-Systems

Das SQAP-System (Swedish Question-Answering Project), (vgl. Sandewall 1968, 1969b, 1971c), verwendet in seiner Datenbasis eine Variation des Prädikatenkalküls. Der Hauptunterschied zwischen dieser Notation und der gewöhnlichen Verwendung des Prädikatenkalküls besteht darin, daß das SQAP-System eine kleine Menge von besonderen Basisrelationen hat. Höhere Relationen werden im System wie spezielle Objektarten, „Aktivitäten“, behandelt.

Beispielsweise kann unter Verwendung des gewöhnlichen Prädikatenkalküls der Satz „John saw Mary in the village during the night" durch eine komplexe Relation „saw(John, Mary, village, night...)" dargestellt werden. „..." deutet Stellen an, wo weitere Parameter, wie Zeit, Ursache, Effekt usw., eingefügt werden können (John saw Mary in the village during the night, after the dance, to play a joke on the old man,...).

Üblicherweise fehlen die meisten der weiteren Parameter, jedoch müssen in einem vollständigen System dafür Stellen freigehalten werden. Die Notation ist viel einfacher, wenn wir ein Hilfsobjekt „x" einführen, das die Aktivität im Satz bezeichnet. Die neue Darstellung ist dann

$$x(by(x, John) \textbf{ and } object(x, Mary) \textbf{ and } case\ of(x, see) \textbf{ and } place(x, village)...).$$

Die Primärrelationen des Systems sind dann Relationen wie „by", „object", „case of", „place", „time", usw.

Das obige neue Prädikatenkalkülstatement korrespondiert mit dem Relationsgraph in Abb. 13. Diese Abbildung illustriert die Grundideen; im folgenden Text wird eine leicht modifizierte Namenskonvention verwendet.

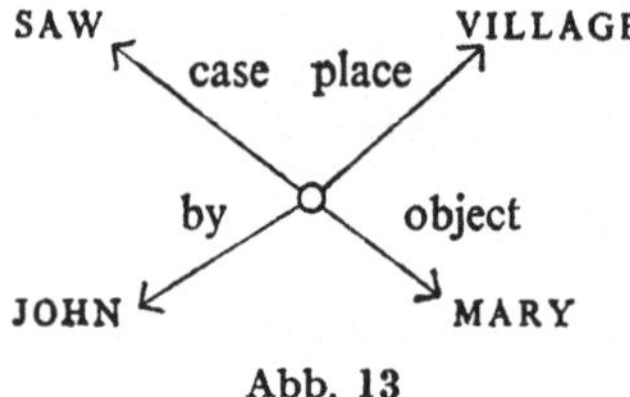

Abb. 13

Eine Frage, die uns oft von Personen mit Erfahrung in Frage-Antwort-Systemen gestellt wird, ist folgende: „Wie repräsentieren Sie Prädikate in Ihrem System?" Der Grund der Konfusion ist, daß die Bedeutung des Wortes „Prädikat" in der Linguistik und in der Logik verschieden ist. In der Linguistik ist Prädikat synonym mit „Verbalphrase", während in der Logik Prädikat synonym mit „Relation" ist. Viele Systeme stellen Verben und Adjektiva der Linguistik wie Relationen im Prädikatenkalkül dar. So ergibt sich keine Konfusion. In unserem System entsprechen allerdings Prädikate im linguistischen Sinn gewissen Knoten in unserer Datenbasis. Prädikate im logischen Sinn entsprechen den Kanten in unserer Datenbasis, die wir Relationen nennen (vgl. Sandewall 1971a).

In Hinkunft möchte ich nun im Normalfall die graphische Darstellung verwenden, doch gibt es einen einfachen Isomorphismus zwischen der graphischen Darstellung und der Prädikatenkalküldarstellung.

Die Datenbasis besteht aus Objekten und Prädikaten. Die Grundrelation zwischen diesen ist die PRED-Relation, die aussagt, daß ein gewisses Objekt ein gewisses Prädikat hat. Beispielsweise bedeutet die Abb. 14, daß John glücklich ist.

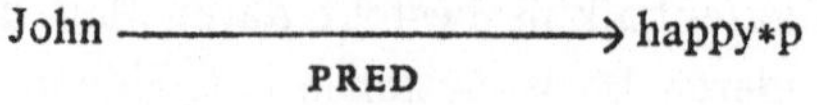

John ⟶ happy*p
PRED

Abb. 14

Das Suffix *p nach „happy" soll das Prädikat happy*p von der Menge happy*s
aller Objekte, die glücklich sind, abheben. Dies ist eine sehr wichtige Unterscheidung in der Notation.

Manchmal wollen wir dem Statement „John is happy" mehr Information zuordnen, etwa „John is happy today". Dafür wird in der Datenbasis eine neue
Variable eingeführt. Die einzelne Relation PRED wird in zwei Relationen unterteilt, in eine PROP-Relation zwischen „John" und der Hilfsvariablen und in eine
CASE-Relation zwischen der Hilfsvariablen und „happy*p". Die Darstellung
sieht dann so aus (Abb. 15):

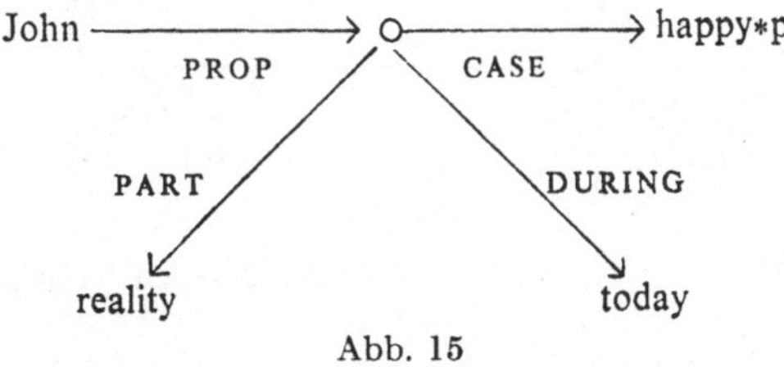

Abb. 15

Die PART(Realitäts)-Relation, die sehr geläufig ist, wird von nun an durch
ein Erdungszeichen dargestellt.

Das Beispiel zeigt auch, warum wir in unserem System zwei Knoten für die
Eigenschaft „happy" haben — einen Knoten „happy*s" für die Menge aller
glücklichen Objekte und einen Knoten „happy*p" für die Eigenschaft, glücklich
zu sein. In der „happy*s"-Darstellung könnten wir dieses Prädikat nicht auf
einen gegebenen Zeitabschnitt, wie in der Abbildung oben, beschränken, da „John
is happy today" nicht als eine Teilmenge der Menge aller glücklichen Objekte
aufgefaßt werden kann. Die Nützlichkeit des „happy*s"-Knotens wird später in
der Beschreibung der Abb. 19 gezeigt.

Ein anderer Grund für die duale Darstellung ist, daß wir auch über nicht-
existente Eigenschaften — wie die Eigenschaft, ein Einhorn oder eine Elfe zu
sein — sprechen wollen. In der Mengendarstellung würden diese Mengen leer
sein, was Schwierigkeiten während der Deduktion hervorruft. Alle leeren Mengen
sind gleich, sodaß die Deduktionsprozeduren fälschlicherweise herausfinden
würden, daß ein Einhorn dasselbe wie eine Elfe ist.

Eine einfache Phrase wird ebenso dargestellt. In der Datenbasis gibt es für
den Satz „John is coming to us today" folgendes Schema (Abb. 16).

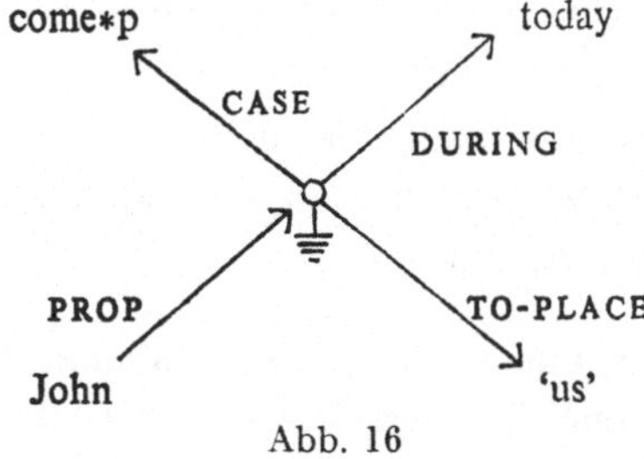

Abb. 16

Daraus ergibt sich, daß die „by"-Relation in der Abb. 13 unnötig ist; an deren Stelle kann die PROP-Relation verwendet werden.

Das System erleichtert es sehr, Relationen zwischen Aktivitäten einzuführen: beispielsweise zwischen „John believes that" und „Sweden is a part of Canada" im Statement „John believes that Sweden is a part of Canada"; dies ist in Abb. 17 illustriert:

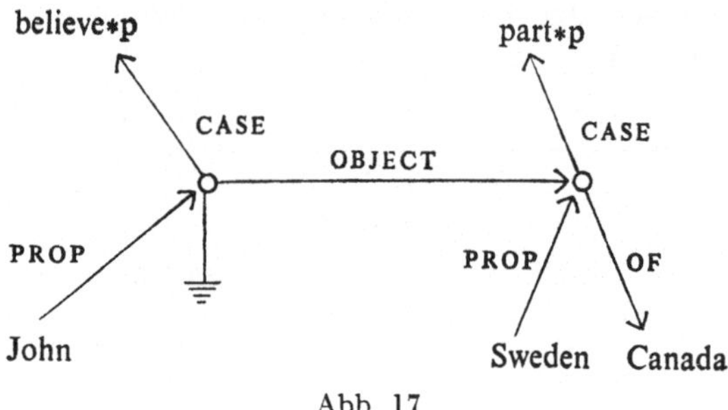

Abb. 17

Im bisherigen Text wurden Knoten in der Datenbasis als einzelne Objekte aufgefaßt. Knoten können jedoch auch Mengen darstellen, und Quantoren können den Relationen zwischen den Knoten hinzugefügt werden. Als Beispiel diene dazu die Übersetzung des Satzes „John gives a flower to Mary" (Abb. 18):

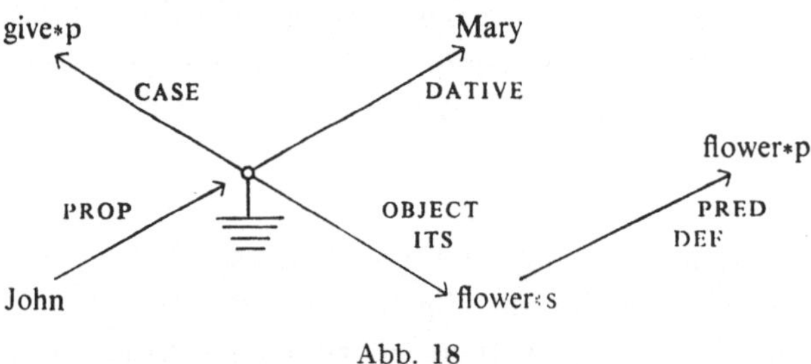

Abb. 18

ITS ist ein Quantor, der anzeigt, daß die Relation nicht zu allen Objekten in der Menge „flower*s" besteht, sondern eher nur zu einem oder zu gewissen Elementen der Menge. Wird in den Abbildungen kein Quantor angegeben, so wird der ALL-Quantor angenommen.

DEF ist ein anderer Quantor — eine Variante des ALL-Quantors —, der angibt, daß die Relation eine Definition ist.

Diese Quantoreneinführung bedeutet nicht, daß wir uns vom Prädikatenkalkül entfernen. Der Graph oben ist nur eine andere Art, das entsprechende Prädikatenkalkülstatement auszudrücken:

$$\exists x(prop(John, x) \text{ and } case(x, give*p) \text{ and } dative(x, Mary) \text{ and }$$
$$part(x, reality) \text{ and } (\exists y \text{ subset } flower*s)(object(x, y))).$$

Für die Darstellung von „echten" Aktivitäten wie „giving", „jumping", usw., als
auch für komplexe Relationen wie „father of", „colour of", usw. kann dieselbe
Struktur verwendet werden. Die interne Form von „John is the father of Peter"
ist daher wie in Abb. 19 dargestellt:

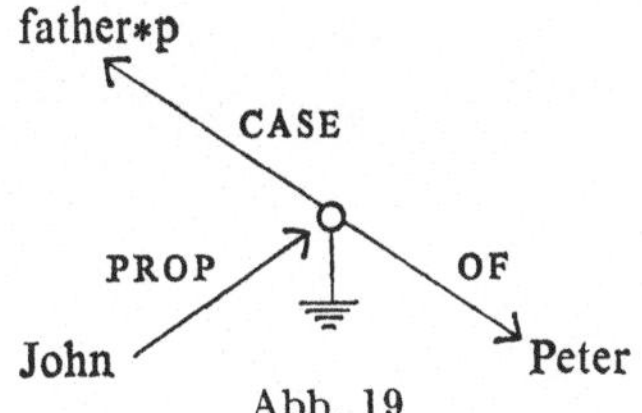

Abb. 19

Mengenrelationen wie SUBSET, SUPERSET, OVERLAP usw. sind ebenfalls
beinhaltet. Im Endeffekt sind sie spezielle Versionen der EQUAL-Relation. Beispielsweise ist SUBSET dasselbe wie EQUAL SOME, OVERLAP dasselbe wie
SOME EQUAL SOME. Das Statement „Every man is a human" wird in der
Datenbasis so dargestellt (Abb. 20):

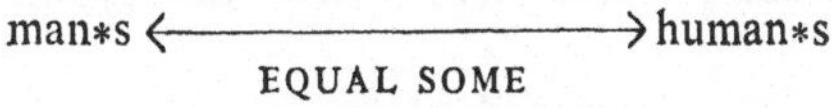

Abb. 20

Das System hat zwei Darstellungen für den Quantor $\exists$ des Prädikatenkalküls.
Dies dient zur Anzeige dafür, ob $\exists$ innerhalb oder außerhalb des Bereiches des
$\forall$-Quantors am anderen Ende der Relation auftritt. Ein Beispiel dazu ist folgendes:
das Statement der natürlichen Sprache „Every man loves a go-go dancer" kann
auf zwei Arten interpretiert werden. Die eine Art sagt aus, daß es eine gewisse
Go-Go-Tänzerin gibt, die von allen Männern geliebt wird; die andere besagt, daß
es zu jedem Mann eine Go-Go-Tänzerin gibt, die von ihm geliebt wird, aber es
braucht nicht unbedingt bei allen Männern dieselbe Tänzerin zu sein. Die Darstellungen im Prädikatenkalkül sind entsprechend:

$$\exists x(dancer(x) \textbf{ and } \forall y(man(y) \textbf{ implies } love(y, x))) \tag{1}$$

$$\forall y(man(y) \textbf{ implies } \exists x(dancer(x) \textbf{ and } love(y, x))). \tag{2}$$

Die zugehörigen SQAP-Darstellungen zeigt Abb. 21.

In der natürlichen Sprache werden häufig mehrere ähnliche oder unähnliche
Objekte zu einem System zusammengefaßt. Beispielsweise werden die Körper-
teile zum komplexen Objekt „Mensch" gruppiert, mehrere derartige Objekte
in die komplexen Objekte „Familien", „Nationen" usw. In der internen Datenbasis des SQAP-Systems werden solche Gruppierungen durch die Verwendung
der speziellen Relationen ELEMENT, COMPLEX und NUM angedeutet.
ELEMENT stellt die Beziehung zwischen einem komplexen Objekt und jedem
seiner elementaren Teile her, COMPLEX zwischen einem komplexen Objekt und
einem Prädikat, das allen seinen elementaren Teilen gemeinsam ist, und NUM

zwischen einem komplexen Objekt und einem Zahlobjekt, das die Anzahl der elementaren Teile in dem komplexen Objekt angibt.

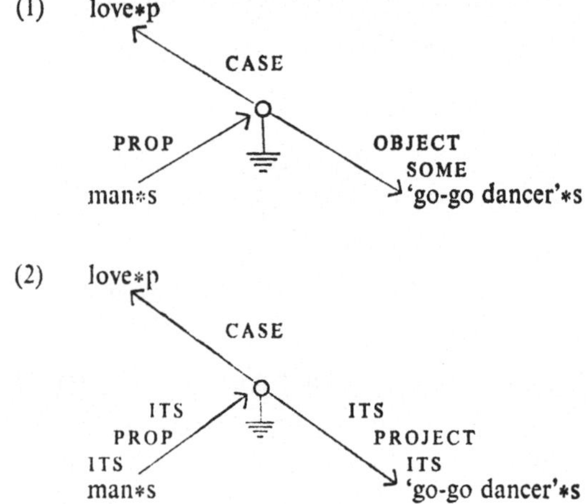

Abb. 21

Die Abb. 22 gibt dazu ein Beispiel für den Satz „John and Mary are married":

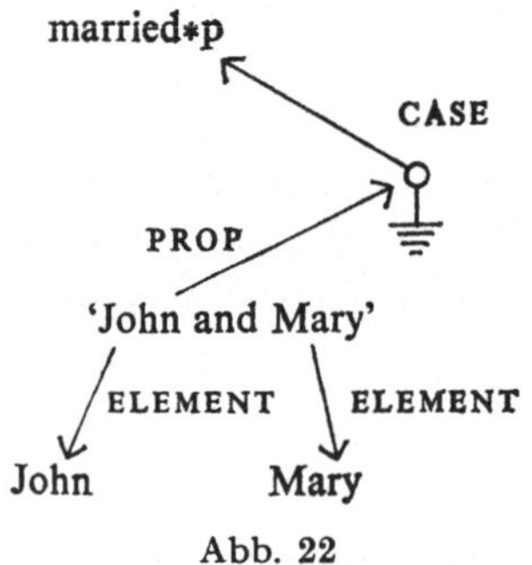

Abb. 22

Ein anderes Beispiel stellt die Abb. 23 dar, und zwar für den Satz „John eats three eggs and two of them are rotten":

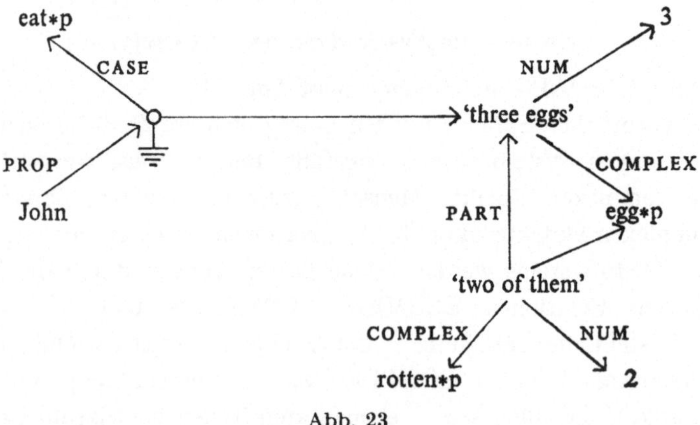

Abb. 23

Die Deduktion in der internen Datenbasis des SQAP-Systems

Das System hat zwei Hauptdeduktionsprozeduren, eine positive und eine negative Prozedur.

Die positive Deduktionsprozedur sucht nach einer Deduktionskette von der Datenbasis zum Fragestatement. Gibt es so eine Kette, dann ist die Antwort „yes". Gibt es eine derartige Kette zu der Negation der Frage, dann ist die Antwort „no".

Die negative Deduktionsprozedur sucht nach einer Deduktionskette *von* der um die Frage erweiterten Datenbasis *zu* einem Widerspruch. Gibt es so eine Kette, ist die Antwort „no". Gibt es eine Kette von der um die negierte Frage erweiterten Datenbasis zu einem Widerspruch, so ist die Antwort „yes".

Die Methode der Resolution (Robinson 1965a, b; 1971; Meltzer 1971) ist ein Beispiel für eine negative Deduktionsprozedur. Da ein Isomorphismus zwischen der internen Datenbasis des SQAP-Systems und dem Prädikatenkalkül existiert, kann die Resolution auf die in der Art des SQAP-Systems dargestellten Daten angewendet werden.

Demgegenüber arbeitete Erik Sandewall mit einer speziell für die Datenbasis des SQAP-Systems entworfenen Menge von positiven Deduktionsprozeduren (vgl. Sandewall 1969a, b). Diese Prozeduren basieren auf drei Grunddeduktionsmethoden:

(1) *Verkettung*. Verkettung liegt dann vor, wenn mehrere elementare Relationen direkt in eine weitreichendere Relation verknüpft werden können. Beispielsweise lassen sich A SUBSET B und B SUBSET C zu A SUBSET C verketten, und A PROP B und B CASE C können unter gewissen Umständen zu A PRED C verkettet werden.

An der Verkettung von Beweisen ist wichtig, eine Wiederholung eines schon gemachten Schrittes zu vermeiden. In einer Kette A SUBSET B, B SUBSET C, C SUBSET D usw. kann die Frage A SUBSET Q? — wenn sie falsch untersucht wird — bewirken, daß die Anzahl der Schritte mit der Länge der Kette exponentiell wächst, während in einer geeigneten Behandlung die Anzahl der Schritte linear proportional mit der Kettenlänge sein wird.

Nehmen wir an, daß die folgenden Personen gemäß ihrer abnehmenden Körperhöhe geordnet sind:

Father, John, Peter, Mary, Baby.

Um auf die Frage „Is John bigger than Father?" die Antwort „no" zu finden, müssen nicht alle Alternativen geprüft werden:

$$(((\text{John} > \text{Peter}) > \text{Mary}) > \text{Baby}) < \text{Father}$$
$$(\text{John} > (\text{Peter} > (\text{Mary} > \text{Baby}))) < \text{Father}$$
$$(\text{John} > ((\text{Peter} > \text{Mary}) > \text{Baby})) < \text{Father}$$
$$((\text{John} > (\text{Peter} > \text{Mary})) > \text{Baby}) < \text{Father}.$$

(2) *Identifizierung von Variablen.* Die Datenbasis kann eine Variablendefinition wie jene der Abb. 24 enthalten.

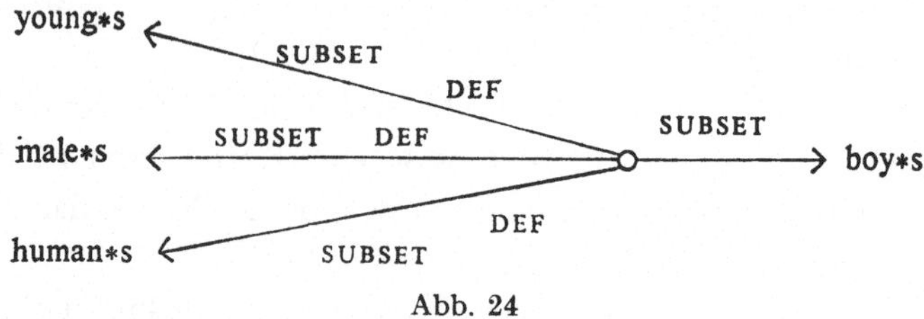

Abb. 24

Treffen wir auf ein Objekt, das bezüglich young*s, male*s und human*s ein SUBSET ist, dann kann dieses Objekt wegen der DEF-Definition von Quantoren an die Variable in der Mitte der Abbildung gebunden werden, und wir können schließen, daß das Objekt bezüglich der Menge boy*s SUBSET ist.

(3) *Identifizierung von „Schlüsseln".* Komplexere Inferenzregeln wie „If a lion meets an elephant, then the lion will fight the elephant" verlangen ein Gefüge, das an der Datenbasis identifiziert werden muß, bevor die Schlußfolgerung durchgeführt werden kann. Dieses Gefüge heißt ein „Schlüssel", und es wird ein neuer Quantor THAT eingeführt, der jenes spezielle Element einer Menge bezeichnet, auf das der Schlüssel paßte. Die Schlußregel sieht dann in der Datenbasis so aus (Abb. 25):

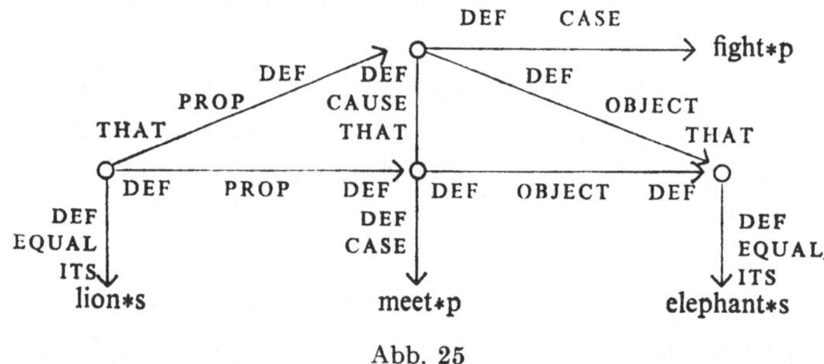

Abb. 25

Eine kurze Übersicht über die elementaren Relationen und Quantoren der internen Datenbasis des SQAP-Systems

Die geläufigsten elementaren *Relationen* sind:

PRED zwischen einem Objekt und seinem Prädikat (John PRED „male*p").

PROP zwischen einem Objekt und einer Aktivität (John PROP „John is walking").

CASE zwischen einer Aktivität und einem Prädikat („John is walking" CASE „walk*p").

OF zwischen einer Aktivität, die eine komplexe Relation anzeigt, und dem Objekt der Relation („John is the father of Peter" OF Peter).

OBJECT zwischen einer Aktivität und ihrem Objekt („John is giving the book to Mary" OBJECT „the book").

DATIVE für das Objekt im 3. Fall („John is giving the book to Mary" DATIVE Mary).

SUBPRED zwischen Singularprädikaten („woman$*p$" SUBPRED „female$*p$").

PART zwischen zwei komplexen Objekten („the parents" PART „the family").

ELEMENT zwischen einem komplexen Objekt und einem seiner Elemente („the family" ELEMENT „Mary").

COMPLEX zwischen einem komplexen Objekt und einem allen seinen Elementen gemeinsamen Prädikat („the family" COMPLEX „human$*p$").

NUM zwischen einem komplexen Objekt und der Anzahl seiner Elemente („the parents" NUM 2).

Es gibt auch Relationen für Ursachen, Effekte, Zeit, Raum, Maße usw.

Die *Quantoren* sind:

ALL wie ∀ im Prädikatenkalkül.

SOME wie ∃ außerhalb von ∀ im Prädikatenkalkül.

ITS wie ∃ innerhalb von ∀ im Prädikatenkalkül.

DEF wie ALL, zeigt auch die Definition einer Variable an.

THAT wie ITS, zeigt auch das spezielle, zu einem Schlüssel passende Element an.

Semantische Interpretation

Die Syntaxanalyse hat als Eingabe eine Kette von Buchstaben oder eine Liste von Wörtern und produziert einen Baum. Dieser Baum muß dann in eine der früher diskutierten Zielsprachen übersetzt werden.

Dieser letztere Prozeß heißt semantische Interpretation. Während vergleichsweise viel über die Syntaxanalyse geschrieben wird, wird relativ wenig über die semantische Interpretation publiziert.

Eine semantische Interpretation kann entweder während oder nach der Syntaxanalyse durchgeführt werden. Eine Durchführung während der Syntaxanalyse wird durch die Hinzunahme einer Interpretationsroutine zu gewissen oder allen Produktionen in der Syntaxbeschreibung erreicht. Diese Interpretationsroutine erzeugt die semantische Interpretation für diese Produktion gleichzeitig mit deren Anwendung auf den Text.

Semantische Interpretation während der Syntaxanalyse verlangt eine schnelle Zerlegungsprozedur mit geringem Rückwärtstasten. Der Vorteil von ihr ist, daß der semantische Interpretationsprozeß Resultate liefern kann, die bei der Syntaxanalyse helfen können.

Semantische Interpretation nach der Syntaxanalyse hat den Vorteil, daß der Baum öfter als einmal und in beliebiger Ordnung untersucht werden kann. Ich beschreibe nun ein System für die semantische Interpretation und diskutiere dann später den Interpretationsprozeß allgemeiner.

Ein System für semantische Interpretation

Woods (1968) — vgl. auch den früheren Abschnitt über „Befehlssprache" — beschreibt einen Übersetzer von Syntaxbäumen in Algorithmen einer speziellen Befehlssprache; sein System ist auf Luftlinienfahrpläne spezialisiert.

Die Eingabe in den Übersetzer besteht aus einer Baumstruktur. Beispielsweise hat der Satz „AA-57 flies from Boston to Chicago" den in Abb. 26 gezeigten Baum als Eingabe:

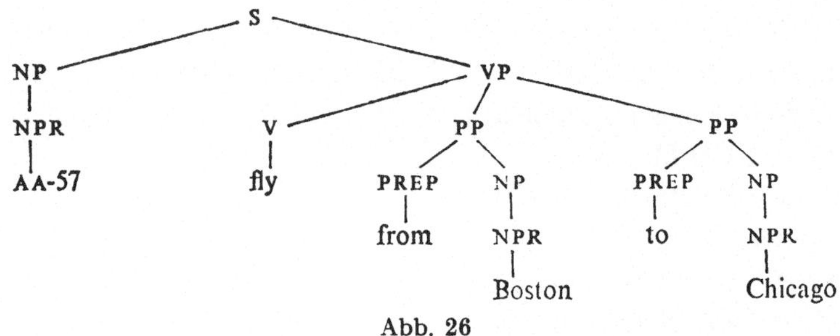

Abb. 26

Das System enthält eine Anzahl von „Teilbäumen". Diese Teilbäume sind Gefüge, die auf den Baum für einen Satz angewendet werden können. Abb. 27 zeigt drei Beispiele dazu:

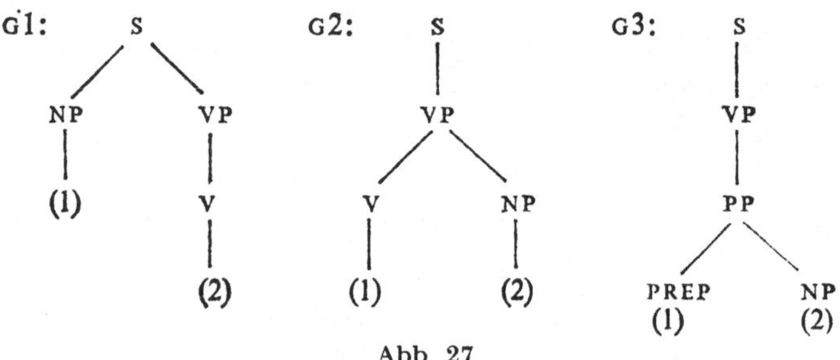

Abb. 27

Die Interpretation wird durch ein Anpassen des Satzbaumes an eine oder an mehrere Regeln aus einer Anzahl solcher erreicht. Die folgende Regel bezieht sich auf den Baum aus Abb. 26:

$$1\text{-}(G1 : \text{FLIGHT}((1)) \textbf{ and } (2) = \text{fly}) \textbf{ and}$$
$$2\text{-}(G2 : (1) = \textit{from} \textbf{ and } \text{PLACE}((2))) \textbf{ and}$$
$$3\text{-}(G3 : (1) = \textit{to} \textbf{ and } \text{PLACE}((2))) \textbf{ implies}$$
$$\text{CONNECT}(1\text{-}1, 2\text{-}2, 3\text{-}2).$$

Die Klammerzahlen in der Regel beziehen sich auf die Teile des Satzbaumes, die durch die numerierten Knoten der Teilbäume angepaßt wurden. Wird etwa das Gefüge G1 auf den Satzbaum aus Abb. 26 angewendet, dann paßt (1) in G1 auf „AA-57" und (2) auf „fly". Damit ist die Zeile 1 der Regel erfüllt. Der Leser kann selbst leicht nachweisen, daß auch die anderen Zeilen der Regel erfüllt sind.

Nach dem Wort „implies" der Regel kommt die Ausgabe dieser Regel. „1-1" bedeutet „(1)" in Zeile 1 der Regel — nämlich „AA-57". Ebenso wird „2-2" mit „BOSTON" und „3-2" mit CHICAGO identifiziert, sodaß das Übersetzungsresultat in der Phrase

„CONNECT(AA-57, BOSTON, CHICAGO)"

besteht.

Es ist zu bemerken, daß während der semantischen Interpretation auf die Datenbasis Bezug genommen wird. Das Statement „FLIGHT((1))", das prüft, ob AA-57 ein Flug ist, muß sich auf die Daten oder möglicherweise auf einen gewissen anderen Algorithmus beziehen können, um dieses Faktum zu sichern.

Das System kann mehr Sätze als nur jene, die einer beschränkten Anzahl von Regeln entsprechen, übersetzen. Der Grund dafür ist, daß verschiedene Regeln auf einen Satz hintereinander angewendet werden können. Eine Regel wird auf jeden ganzen Satz angewendet, und eine auf jede Nominalphrase. Die Regeln müssen dann auch aufzeigen, wie die Resultate der verschiedenen Regeln für die Erzeugung der vollständigen Ausgabe zu kombinieren sind.

Woods diskutiert dazu auch ein Optimierungsproblem. Sein System erzeugt als Ausgabe einen Algorithmus; eine Forderung ist nun, daß dieser Algorithmus bei der Durchführung keine Systemstellen „verschwendet". Beispielsweise kann die Frage „What is the departure time of AA-57 from Boston?" entweder den schnellen Algorithmus

(FOR THE X1/DTIME(AA-57, BOSTON); (LIST(X1))

oder den langsamen Algorithmus

(FOR THE X1/TIME: EQUAL(X1, DTIME(AA-57, BOSTON)); LIST(X1))

erzeugen. Der letztere Algorithmus wird — bevor er eine erfüllende Antwort findet — ein großes Universum von möglichen Antworten prüfen müssen.

Eine allgemeine Betrachtung der semantischen Interpretation

Dieser Abschnitt basiert hauptsächlich auf mündlich mitgeteilten Überlegungen von Martin Kay.

Die linguistische Transformation kann als eine zwei-schrittige Prozedur aufgefaßt werden:

(1) Wende einen Schlüssel auf die Struktur an, und

(2) ist dies erfolgreich, transformiere den Teil der Struktur, auf den der Schlüssel paßt.

Ein Beispiel gibt Abb. 28:

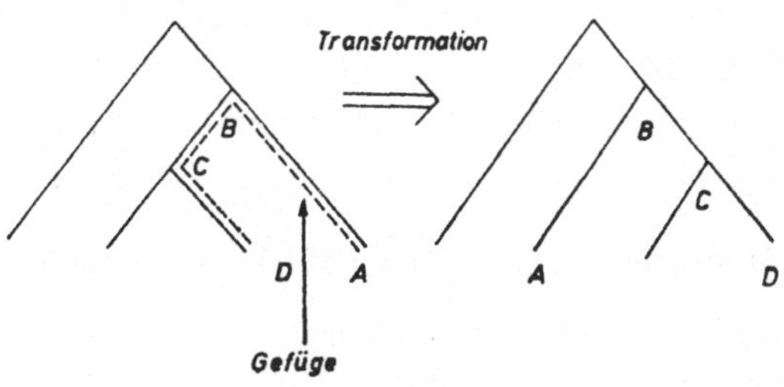

Abb. 28

Eine allgemeine Regel wird nun während der semantischen Interpretation nicht nur den Satzzerlegungsbaum transformieren, sondern auch ein semantisches Interpretationsnetz aufbauen. Diese Regel hat daher vier Stufen:

(1) Wende einen Schlüssel auf den Baum an;

(2) ist dies erfolgreich, finde den entsprechenden Teil des partiell-aufgebauten Interpretationsnetzes;

(3) erweitere das Netz; und

(4) führe gewisse Transformationen (häufig eine Streichung) am Baum durch.

Die einfache Transformation ist ein Spezialfall dieser allgemeinen Regel. Abb. 29 zeigt, was während der Anwendung einer solchen vier-stufigen Regel geschehen könnte.

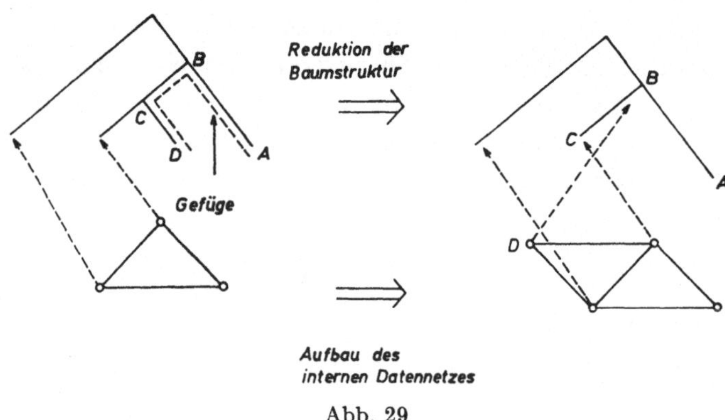

Abb. 29

Der semantische Interpretationsprozeß besteht aus einer Anzahl solcher vierstufigen Regeln. Diese Regeln werden zwar nacheinander ausgeführt, aber manchmal muß eine Anzahl der Regeln neu auf einen Satz angewendet werden. Die Reihenfolge der Regeln könnte etwa durch ein SNOBOL-ähnliches Schema bestimmt werden:

Kennung	Regel	Go-To
START	RULE1	$:F$(PASS1)
	RULE2	$:S$(PASS2)F(START)
PASS1	RULE3	$:S$(START)
PASS2	etc.	

F und S zeigen an, wohin nach der Ausführung der Regel zu springen ist. Ist eine Regel erfolgreich, so gehen wir zu der mit S markierten Kennung über, andernfalls zu der mit F markierten Kennung. Wird unter „Go-To" keine Kennung angegeben, so wird das nächstfolgende Statement verwendet.

Mehrdeutigkeiten in der natürlichen Sprache

Viele Wörter und kurze Wortfolgen der natürlichen Sprache sind mehrdeutig. Dies bedeutet, daß deren tatsächliche Bedeutung nur durch eine Überschau eines größeren Kontextes, der möglicherweise ein „Grundwissen über die Welt" beinhalten kann, verstanden wird. Ein Beispiel aus der englischen Sprache ist dazu der Satz „He went to the park with the girl"; dieser Satz läßt sich entweder als „He went to the park where the girl is" oder als „He and the girl went to the park" auffassen. Möglicherweise kann ein größerer Kontext diese Mehrdeutigkeit klären.

Der Satz „The pig was in the pen" ist im Englischen mehrdeutig, da „pen" sowohl „Verschlag" als auch „Schreibgerät" bedeuten kann. Nur die Kenntnis von der „Welt" der Schweine und der Schreibgeräte kann diese Mehrdeutigkeit lösen. Hier sind noch einige andere mehrdeutige Sätze:

„I saw the baby driving a car".

„The girl guides fish".

„They are flying planes".

„The difficulty is programming".

„He rolled up the red carpet".

Natürlich sind für eine Rechenanlage weit mehr Sätze mehrdeutig als für eine Person, da der Rechner üblicherweise nur über einen einfachen Algorithmus und über geringere Kenntnisse über den Kontext und die Umwelt verfügt als der Mensch. Daher werden Sätze, die für eine Person eindeutig sind, für einen Rechner häufig mehrdeutig sein; ein Beispiel dazu ist der Satz „The difficulty is programming".

In einem System, das nur eine Teilmenge der natürlichen Sprache erkennt, lassen sich einige dieser Mehrdeutigkeiten durch die Sprachspezifikation klären. Auf den Rest der Mehrdeutigkeiten werden zwei grundsätzliche Methoden angewendet:

(1) Semantische Kategorien, und

(2) Bezugnahme auf die interne Datenbasis.

Semantische Kategorien (vgl. Katz und Postal 1964) sind grundsätzlich eine Erweiterung der traditionellen grammatikalischen Klassifikation in Wort-Klassen. An die Stelle der Klassifikation von Wörtern als „Nomina", „Adjektiva", usw. tritt die Klassifikation als „belebtes Nomen", „abstrakte unbestimmte Nomina", usw. Das System kann dann den Unterschied zwischen „The difficulty is programming" und „The man is programming" verstehen, da „difficulty" einer Klasse angehört, die nicht für Prädikate der Klasse, der „programming" angehört, Subjekt sein kann. Ein typisches derartiges System ist das „Mehrfachspeicher-Zerlegungssystem" (Glasersfeld 1969, S. 15); es handelt sich dabei um ein Unten-Oben-Zerlegungssystem. Für den Satz „He works to live" würde das System folgende Zerlegung ergeben (Abb. 30):

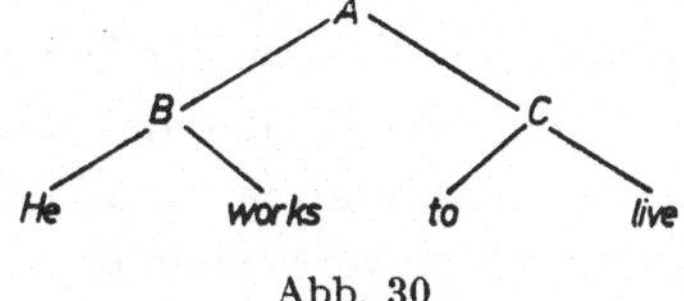

Abb. 30

Jedes Wort des Satzes erhält zunächst eine Liste von „Indexkategorien" aus dem Wörterbuch. Während der Zerlegung erhält jeder höhere Knoten ebenfalls eine „Indexkategorie" zugewiesen. Diese Zuteilung wird durch einen speziellen Algorithmus, genannt „Neuklassifikation", durchgeführt, der als Argumente die Indexkategorien der Konstituenten hat. Bevor zwei Knoten durch einen „Korrelator" (im Beispiel A, B, C) verknüpft werden, prüft das System, ob die Indexkategorie dieses Knoten jenen Korrelator akzeptiert. Die Knoten B und C könnten auf den Satz „He began to live" in derselben Weise wie oben angewendet werden; dies würde aber nicht in den A-Korrelator passen, sodaß für den zweiten Satz eine andere Interpretation notwendig wird.

Manchmal kann eine einfache Betrachtung der umgebenden syntaktischen Struktur die Mehrdeutigkeit auflösen. Beispielsweise zeigt das Vorhandensein des Objekts „the production" die Bedeutung des Wortes „increased" im Satz „The company has increased the production" (im Gegensatz zu „The production has increased rapidly"); vgl. dazu Batori (1969).

Der Nachteil der semantischen Kategorien besteht darin, daß nicht alle Mehrdeutigkeiten aufgelöst werden können. Ein derartiges System kann etwa nicht die Mehrdeutigkeit in „He went to the park with the girl" auflösen, da dies eine Bezugnahme auf kontextuelle Information, die nur in der Datenbasis bekannt ist, verlangt.

Ein anderer Nachteil ist, daß ein umfangreiches und komplexes Wörterbuch, das eine detaillierte Klassifikation jedes Wortes beinhaltet, aufgebaut werden muß. Da dieses Wörterbuch teilweise die Information in der internen Datenbasis dupliziert, ist die Idee naheliegend, beide in einer einzigen Datenbasis zu kombinieren.

Daraus ergibt sich die zweite Methode der Auflösung von Mehrdeutigkeiten, nämlich die *Bezugnahme auf die interne Datenbasis*. Beispielsweise kann der Interpretationsteil bei dem Satz „The difficulty is programming" die interne Datenbasis fragen: „Can a difficulty do the act of programming?" Die Antwort auf diese Frage teilt dem System mit, wie der Satz zu interpretieren ist.

Die gerade beschriebene Methode der Auflösung von Mehrdeutigkeiten kann allgemeiner so formuliert werden: prüfe alle Interpretationen an der Datenbasis und eliminiere jene, die einen Widerspruch bewirken. Bleiben nach diesem Prozeß mehr als eine Interpretation über, wird das Problem schwieriger. Das allgemeine Problem läßt sich nun so fassen:

Gegeben: Mehrere verschiedene mögliche Interpretationen eines Satzes.

Frage: Welche dieser Interpretationen ist die vernünftigste?

Einige Möglichkeiten für die Auffindung der Antwort auf die Frage sind:

(1) Wähle jene Interpretation, die auf einen Teil der Datenbasis mit den meisten Verknüpfungen unter ihren Knoten paßt;

(2) wähle jene Interpretation, die — wenn der Datenbasis hinzugefügt — die kleinste Anzahl von neuen Knoten oder Kanten der Datenbasis hinzufügt;

(3) wähle die vernünftigste Interpretation, wobei ein gewisses „Wahrscheinlichkeitsmaß" der „Vernünftigkeit" zu verwenden ist.

Diese Fragen an die Datenbasis können entweder während der Analyseprozedur gestellt werden, oder nach der Analyse auf die verschiedenen Interpretationen angewendet werden. Der Vorteil der ersteren Methode besteht darin, daß aus den Fragen gewonnene Information als „heuristische" Information dienen kann, um die Analyseprozedur in die richtige Richtung zu lenken.

Eine andere Möglichkeit besteht darin, nur eine Zerlegung durchzuführen (eventuell auf Grund von Heuristiken). Nach der Komplettierung wird die Zerlegung an der Datenbasis überprüft. Weitere alternative Zerlegungen werden nur dann versucht, wenn die erste Zerlegung nicht akzeptiert wird. Der menschliche Geist dürfte wahrscheinlich so arbeiten, da Personen die Tendenz haben, durch eine Interpretation „gefangen zu werden", und es schwer finden, zu einer davon verschiedenen Interpretation desselben Satzes überzuwechseln.

Ein Nachteil dieser Methode ist, daß das Risiko einer fehlerhaften Konklusion größer ist als bei dem Vergleich von allen möglichen Zerlegungen.

Die Situation ist ziemlich ähnlich einer geläufigen Methode, den Vater eines Kindes einer ledigen Mutter zu finden. Die Methode besteht darin, nur jeweils einen möglichen Vater zu untersuchen und nicht alle auf einmal zu vergleichen. Das höhere Risiko dieser Methode diskutiert Palme (1968).

Eine letzte Methode besteht in der Speicherung beider Interpretationen in der Datenbasis, mit einer *or*-Relation zwischen ihnen. Demnach wird „He went to the park with the girl" in der Datenbasis als „*Either* he and the girl went to the park, *or* he went to that park where the girl is" gespeichert. Die Auflösung der Mehrdeutigkeit erfolgt dann unter Benützung kontextueller Daten während der Frage-Antwort-Prozedur, die erst nach dem mehrdeutigen Satz auftreten können.

Der Übersetzungsprozeß als heuristische Suche

Der Übersetzungsprozeß beginnt mit dem Eingabesatz. Dieser Satz wird zuerst zerlegt und anschließend semantisch interpretiert. Jeder Schritt in diesen Prozessen läßt sich auffassen als Transformation der Arbeitsdatenmenge aus einem Zustand in einen neuen Zustand. Der Ausgangszustand ist der Eingabesatz, der Endzustand ist die Übersetzung in die Zieldarstellung. Der Syntaxbaum ist ein Zwischenzustand zwischen der Syntaxanalyse und dem semantischen Interpretationsteil. Dieser Prozeß läßt sich wie in Abb. 31 darstellen.

Die Flächen „Syntaxanalyse" und „semantische Interpretation" überlappen sich in der Abbildung, da es keine scharfe Grenze zwischen diesen beiden Prozessen gibt. Die Verzweigungspunkte sind Stellen, wo die weitere Analyse wegen Mehrdeutigkeiten in zwei möglichen Richtungen fortschreiten kann. Manchmal können die neuen Zweige gestoppt werden, da sie während der weiteren Verarbeitung nicht akzeptierbar sind (wie die Analyse „The girl is guiding fishes" des Satzes „The girl guides fish and are happy"). Manchmal werden sie auch abgebrochen, weil sie nicht für die Datenbasis akzeptierbar sind. Dieser Prozeß der Unter-

brechung von Verarbeitungszweigen läßt sich auch als „Entfernung von Zwei-
deutigkeiten" auffassen.

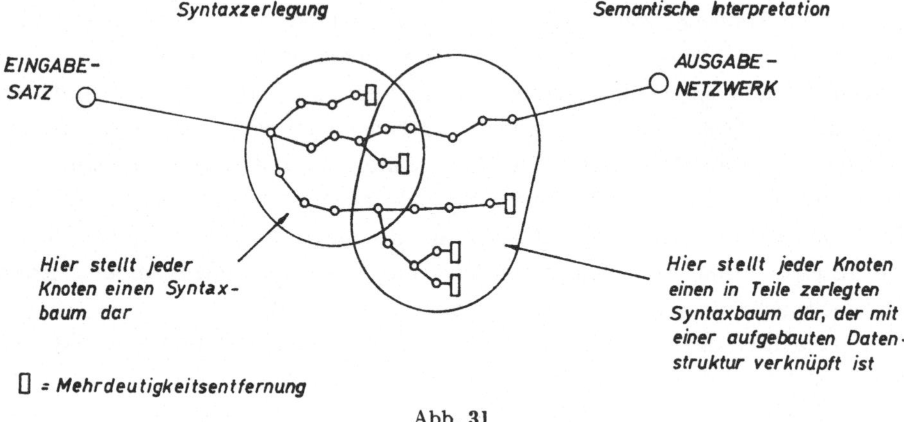

Abb. 31

Der in der Figur dargestellte Transformationsprozeß ist heuristischen Suchen
sehr ähnlich (vgl. Michie 1971; Sandewall 1971b). Heuristische Methoden können
verwendet werden

(1) um zu entscheiden, welcher Zweig vordringlich zu versuchen ist, und

(2) um schlechte Zweige so bald wie möglich zu unterbrechen.

Derartige heuristische Methoden sind sehr ähnlich den Zweideutigkeitsent-
fernungs-Aktivitäten, und auch sie benötigen häufig Bezugnahmen auf die interne
Datenbasis.

Die zahlreichen bekannten Methoden zur Beschleunigung von heuristischen
Suchprozeduren lassen sich daher auch auf den Eingabe-Übersetzungsprozeß
anwenden; man kann hier sogar mit Zufriedenheit feststellen, daß man ein neues
Problem in einen schon bekannten Rahmen der Forschung im Bereich der künst-
lichen Intelligenz eingliedern kann — nämlich in den Rahmen der heuristischen
Suchprozeduren.

„Unless"

In der natürlichen Sprache drücken wir sehr häufig Sachverhalte, die in der
Realität fast immer — aber nicht ganz — wahr sind, in einer sehr bedingungslosen Weise aus. Wir sagen beispielsweise „Every man has two hands" oder
„Every TV set can catch fire", trotz der Tatsache, daß es einarmige Personen
und Fernsehapparate aus Stahl gibt.

Dieses Problem kann auf zwei Arten bewältigt werden. Die eine Möglichkeit
ist die Interpretation aller bedingungslosen Statements in probabilistischer Weise.
Das Statement „Every man has two hands" wird in der Datenbasis daher als
„Almost every man has two hands" gespeichert. Der Nachteil dieser Methode
ist aber, daß die Datenbasis unnötig komplex wird, da eine solche „almost"-

Bedingung beinahe jedem Faktum der Datenbasis beigegeben werden muß. Eine andere Möglichkeit besteht in der Speicherung des Statements als unkonditionelles Statement (wie in der natürlichen Sprache) und der Verwendung der speziellen „UNLESS"-Relation für die Ausnahmefälle, wenn diese bekannt sind. Dies ergibt zwar eine einfachere Datenbasis, hat aber den Nachteil, daß Modifikationen der Inferenzprozeduren notwendig sind. Allerdings werden diese Modifikationen nur in den relativ seltenen Fällen, in denen es eine „unless"-Klausel gibt, aktiv. In anderen Fällen kann ein einfacher Test ausreichen, um festzustellen, daß es keine „unless"-Klausel gibt.

Das Rückbezugsproblem

Wird neue Information in einer Datenbasis gespeichert, so muß diese neue Information üblicherweise mit der dort bereits vorhandenen Information in Beziehung gebracht werden; die neue Information erhält erst danach einen Sinn. Der Prozeß der Bezugsherstellung zwischen der neuen und der alten Information ist aber recht schwierig, häufig weit schwerer als die Deduktion bei der Beantwortung von expliziten Fragen. So treffen wir etwa in der natürlichen Sprache häufig auf Wörter oder Wortgruppen, die sich auf Sachverhalte, die früher im Text erwähnt wurden, beziehen. Die geläufigsten Fälle dieser Art sind die Pronomina. Das Wort „he" deutet im Text auf ein spezielles männliches Subjekt hin, das schon früher genannt wurde.

Aus diesen Rückbezügen ergeben sich zwei Schwierigkeiten:

(1) Handelt es sich tatsächlich um einen Rückbezug oder nicht?

(2) Auf was bezieht er sich?

Sagen wir „Bill has a piano", können wir auch „It is black" oder „The piano is black" oder „Bill's piano is black" sagen. Klarerweise wurde durch „a piano" ein neues Objekt eingeführt, auf das Rückbezüge möglich waren. Sagen wir aber „Bill does not have a piano", so können wir uns nicht weiter auf dieses Piano beziehen, und das Statement „It is black" muß sich daher auf etwas anderes als Bills Piano beziehen.

Die Entscheidung basiert nicht nur einfach auf dem Vorhandensein oder Fehlen einer Negation. Beispielsweise sind die Sätze „Bill tried to find a piano" und „Bill tried to lift a piano" strukturell sehr ähnlich, ein Rückbezug auf das Piano ist aber nur im zweiten Satz zulässig. Zu diesem Problem vergleiche weiter Karttunen (1969) und Bellert (1969).

Probleme dieser Art sind häufig spezifisch für eine gewisse natürliche Sprache. Beispielsweise ergibt sich aus dem deutschen Satz „Bill hat kein Piano" diese Schwierigkeit nicht.

Der Grundprozeß der Identifizierung von Rückbezügen besteht in einem Zurückgehen im Text, bis ein passendes Objekt gefunden wird. Sollen wir aber zuerst Subjekte oder Objekte aus früheren Phrasen heranziehen? Man untersuche nur die Rückbezüge in den folgenden Phrasen:

John saw Peter and he was angry.
John saw Peter who was angry.
Mary saw Peter and she kissed him.
John saw Mary and she was angry.
John saw Mary and that female was angry.
John saw Peter whom he spoke to.
John saw Peter and Mary saw him.
John saw Peter and he saw Mary.

Manche Rückbezüge verlangen ein eindeutiges Objekt für die Bezugnahme („The one and only king of Sweden"), während andere die letzte von verschiedenen möglichen Anpassungen akzeptieren („The last-mentioned man"). Der Artikel „the" wird im Englischen manchmal auch dann verwendet, wenn es für die Bezugnahme kein explizites vorausgehendes Objekt gibt, wie etwa in „There was a picture in *The Times* of the prime minister".

Für die Interpretation von Artikeln verwenden wir im SQAP-System, das in seiner ersten Version ein simplifiziertes Englisch benützt, in den meisten Fällen die Regeln der Tab. 3.

Tabelle 3

	Englischer Artikel		
	a	the	this
kein früheres Objekt	neu	neu	Fehlermeldung
ein früheres Objekt	neu	alt	alt
mehrere frühere Objekte	neu	Fehlermeldung	das letzte alte Objekt

Wahrscheinlichkeit

In der natürlichen Sprache gibt es etliche Wörter für die verschiedenen Grade der Wahrscheinlichkeit; die Tab. 4a (entnommen aus Schwarz 1969) zeigt dies für das Englische.

Tabelle 4a

some	many	most	almost all	all
sometimes	often	generally	almost certain	always
possible	likely	probable		certain

Um mit Wahrscheinlichkeiten arbeiten zu können, benötigen wir Regeln, die mehrere Wahrscheinlichkeiten zu einer Wahrscheinlichkeit für die Kombination verbinden:

„It will probably rain. He will possibly go out. She will be angry if it rains or if he goes out. He will be wet if it rains and he goes out."

Was ist die Wahrscheinlichkeit dafür, daß sie verärgert ist und daß er naß wird? Lassen sich die gewöhnlichen Regeln der Wahrscheinlichkeitstheorie anwenden? Wie arbeitet die Inferenzprozedur in einer Datenbasis, die mehrere „Wahrscheinlichkeits-Statements" enthält?

Wie lautet nun die Multiplikationstabelle bezüglich *and* und *or* mit diesen Wahrscheinlichkeitswörtern (Tab. 4b)?

Tabelle 4b

no	few	most + not	not nearly all	not all
never	seldom	generally + not	often + not	not always
impossible	unlikely	improbable	not nearly certain	not certain

Wie sollte die Antwort auf eine Frage lauten?

Tritt eine geschlossene Frage (eine Ja-Nein-Frage) wie „Is John wearing a red cap?" auf, so sollte das System immer die Frage und deren Negation an die Datenbasis weitergeben. Auf beide Fragen gibt es drei mögliche Antworten:

(1) es wurde ein Beweis gefunden („I know that it is true");

(2) es gibt keine logische Möglichkeit, das Statement aus der Datenbasis abzuleiten („I know that I do not know");

(3) eine Ableitung wurde abgebrochen, da sie entweder zuviel Zeit oder zu viel Speicherplatz in Anspruch nimmt („I am tired of thinking about this").

Es gibt daher neun mögliche Kombinationen dieser drei Antworten auf die beiden Fragen. Erik Sandewall (1971a) schlug die folgenden Antworten in jedem einzelnen Fall vor (Tab. 5):

Tabelle 5

? ¬?	Beweis gefunden	Beweis unmöglich	nicht ausreichende Quellen
Beweis gefunden	I am confused	Yes	Yes, I think so
Beweis unmöglich	No	I do not know	I cannot say
nicht ausreichende Quellen	I do not think so	I cannot say	I cannot say

Werden dem System Fakten eingegeben, so müssen diese ebenfalls an der Datenbasis abgetestet werden. Stehen sie zu dieser in Widerspruch, so muß eine Fehlermeldung gegeben werden. Befinden sich diese Fakten andererseits schon von früher her in der Datenbasis, so brauchen sie dort nicht noch einmal gespeichert werden. Stimmen die Fakten weder mit der Datenbasis überein noch stehen sie zu ihr im Widerspruch, so sind sie annehmbare neue Fakten, die in der Datenbasis gespeichert werden können. Die korrespondierende Antworttabelle lautet dann so (Tab. 6).

Tabelle 6

⌐ ? ?	Beweis gefunden	Beweis unmöglich	nicht ausreichende Quellen
Beweis gefunden	I am confused	I know	That is what I thought
Beweis unmöglich	I do not believe it	I see(store)	Okay(store)
nicht ausreichende Quellen	I do not believe it	I see(store)	Okay(store)

(store) bedeutet ein Speichern der neuen Fakten in der internen Datenbasis.

Offene Fragen („Who is the man in the red carpet?") verlangen als Ausgabe eine Liste von Objekten, die die Beschreibung erfüllen; komplexere Befehlsformen („Describe the man in the red cap") verlangen natürlich auch eine komplexere Ausgabe.

Sprachübersetzung

Ein wichtiges Gebiet, das eng mit Frage-Antwort-Systemen verbunden ist, bilden Sprach-Übersetzungssysteme. Dies läßt sich durch Abb. 32 illustrieren (aus Vauquois 1968).

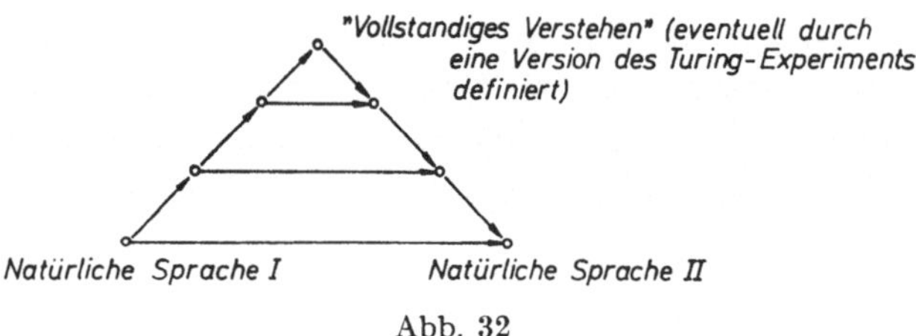

Abb. 32

Bei Frage-Antwort-Systemen müssen wir — ausgehend von einer Sprache — fast bis zum obersten „vollständigen Verstehen" aufsteigen. Dieses „vollständige Verstehen" kann für dasselbe Statement — auch wenn es in verschiedenen Sprachen gegeben ist — identisch sein. Soll sich bei der Sprachübersetzung ein Erfolg auch einstellen, ohne daß man so weit gehen muß, so ist eine horizontale Übersetzung ebenfalls notwendig. Allerdings verlangen Statements wie „The pig is in the pen" ein ziemlich genaues Verstehen, um in eine andere Sprache, die verschiedene Wörter für die verschiedenen Bedeutungen des englischen Wortes „pen" hat, übersetzt werden zu können. Der unterste horizontale Pfeil wird sicherlich erfolglos bleiben.

Erfahrungen mit der Sprachübersetzung deuten an, daß man in der Pyramide höher als in den ersten Sprachübersetzungsversuchen hinaufsteigen muß, bevor man auf der anderen Seite wieder hinuntersteigen kann.

Ein mehr-sprachiges Frage-Antwort-System stellt dann eine Art der Kombination eines Frage-Antwort-Systems mit einem Sprachübersetzungssystem dar.

Die Rückgewinnung von Dokumenten

Informationsrückgewinnung wird im IFIP-Wörterbuch definiert als „Gesamtheit der Methoden und Prozeduren für die Rückholung spezifischer Information aus gespeicherten Daten". Diese Definition umfaßt sowohl Fragen-Beantwortung (= Rückgewinnung von Fakten) als auch die Rückgewinnung von Dokumenten.

Das Ziel der traditionellen Dokumenten-Rückgewinnungssysteme besteht allerdings nicht im direkten Finden der Antwort auf eine Frage; ihr Ziel besteht eher im Auffinden eines Dokumentes oder von Dokumenten, wo dann die Antwort auf eine Frage gefunden werden kann. Üblicherweise wird dies durch die Verknüpfung einer Menge von Schlüsselwörtern mit jedem Dokument bzw. mit einer Verknüpfung einer Menge von Schlüsselwörtern mit jeder Frage bewerkstelligt. Die Schlüsselwörter der Frage werden manchmal durch Mengenoperatoren kombiniert („Find all documents about *either* measles *or* about virus *and* rashes"). Eine Menge von ungeordneten Schlüsselwörtern ist allerdings nicht immer eine gute Dokumentenidentifikation. Das Dokument „Small boat transportation in cars" hat beispielsweise dieselben Schlüsselwörter wie „Small car transportation in boats", sodaß das System nicht zwischen diesen logisch sehr verschiedenen Dokumenten unterscheiden kann.

Eine komplexere Identifikation, ähnlich etwa jener, die für die interne Datenbasis in Frage-Antwort-Systemen verwendet wird (vgl. den Abschnitt über „Die Datenbasis des SQAP-Systems"), kann zwar nützlich sein, doch ist eine Suche mit komplexeren Dokumenten-Schlüsseln langsamer. Eine Lösung könnte darin bestehen, zuerst eine schnelle Suche mit einfachen Dokumenten-Rückgewinnungsmethoden durchzuführen. Diese Suche wird so durchgeführt, daß das Resultat zwar eine hohe Rückrufrate (fast alle relevanten Dokumente wurden gefunden), aber nur geringe Relevanz (viele nicht-relevante Dokumente wurden ebenfalls akzeptiert) hat. Mit diesen Dokumenten läßt sich dann eine neue Suche, die eine fortgeschrittenere Analyse benützt, durchführen, die die Relevanz durch die Aussonderung nicht-relevanter Dokumente erhöht.

Die Eingabesprache des SQAP-Systems

Das SQAP-System (vgl. den Abschnitt „Syntaxanalyse") verwendet in seiner ersten Version ein vereinfachtes Englisch (vgl. Palme 1970). Dieses vereinfachte Englisch erlaubt es, beinahe alles fast so einfach wie im natürlichen Englisch auszudrücken. Allerdings werden jene Teile des Englischen, die am schwersten zu übersetzen sind und/oder die am häufigsten Mehrdeutigkeiten bewirken, eliminiert. In den Fällen, wo es zwei gleich nahe kommende Interpretationen gibt, wird das ganze Konstrukt ausgeschlossen. Der Satz „He went to the park with the girl" wird nicht akzeptiert; stattdessen verlangt das System entweder „He went to the park, with the girl" oder „He went to the park-with the girl", wobei , ein Trennungszeichen und - ein Verknüpfungszeichen ist.

In den Fällen, wo eine Interpretation sehr viel wahrscheinlicher als eine andere ist, führt das System manchmal diese Interpretation fälschlicherweise ein wenig zu häufig aus (beispielsweise verstehen zumindest die ersten Versionen des Systems den Satz „The difficulty is programming" schlecht). Als Beispiel folgt nun ein kurzer Text in unserem vereinfachten Englisch:

„In-place the little town, people were working in-place a factory and a hospital and were living in-place the big house area and the small house area. John was becoming sick and had to be taked to-place the hospital. Mary was visiting him, at-time every day, in-place the hospital. She was buying a bunch of fresh flowers, at-time every day, destined-for him."

Verglichen mit dem natürlichen Englisch sind die Haupteinschränkungen:

(1) Alle Verben müssen in Partizip- oder in Passivform vorliegen: „He had been arriving and was welcomed".

(2) Einige mehrdeutige Präpositionen sind ausgeschlossen: „I was coming to-place China".

(3) Relativische Pronomen müssen Subjekte sein: „The man such-that I was giving a flower to him".

(4) Klammern müssen mehrdeutige Konjunktionen auflösen: „(Gold and silver) from-place Peru is available".

Die Eingabe-Übersetzungsprozedur im SQAP-System

Die Eingabeübersetzung geht schrittweise vor sich. Der Satz wird nach und nach übersetzt (siehe Abb. 33). Die Abbildung deutet die ersten Schritte wie folgt an:

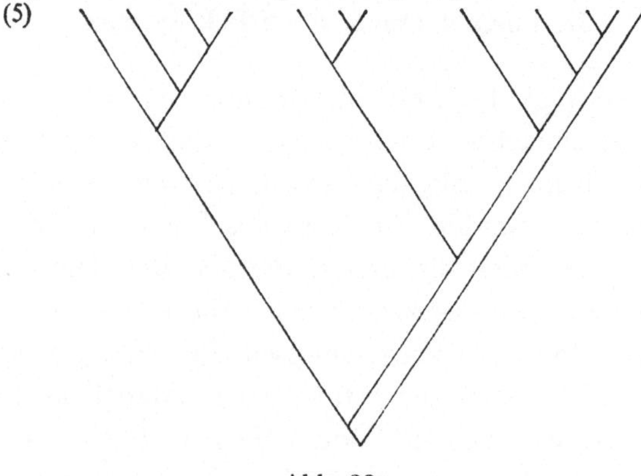

Abb. 33

(1) Der Satz bildet die Eingabe.

(2) Postfixe werden abgetrennt.

(3) Einige Phrasen werden in einem Wort kombiniert.

(4) Einige Wörter werden durch andere Wörter ersetzt.

(5) Syntaktische Analyse (vgl. den Abschnitt „Syntaxanalyse").

(6) Semantische Interpretation.

(1)—(5) wurden bereits durchgeführt, die Arbeit am Punkt (6) wurde aufgenommen. Parallel wird an Inferenzprozeduren in der Datenbasis gearbeitet.

Literatur

Bach, E.: An introduction to transformational grammars. New York: Holt 1964.

Batori, I.: Disambiguating verbs with multiple meanings in the MT-system of IBM Germany. Int. Conf. on Computational Linguistics, Stockholm (1969).

Bellert, I.: On the use of linguistic quantifying operators in the logico-semantic structure representation of utterances. Int. Conf. on Computational Linguistics, Stockholm (1969).

Berge, C.: An introduction to the theory of graphs. New York: Wiley 1962.

Bobrow, D. G.: Problems in natural language communication with computers. IEEE Trans. on Human Factors 8, 1 (1967).

Bratley, P., Dewar, H., Thorne, J. P.: Recognition of syntactic structure by computer. Nature 216 (1967).

Breslaw, P.: Experiments with a semantic network. Research Memorandum MIP-R-63, Department of Machine Intelligence and Perception, University of Edinburgh (1969).

Bross, I. D. J., et al.: Feasibility of automated information systems in the user's natural language. American Scientist 57 (1969).

Colby, K. M., Enea, H.: Heuristic methods for computer understanding of natural language in context-restricted on-line dialogues. Mathematical Biosciences 1, 1—25 (1967).

Davis, M.: Eliminating the irrelevant from mechanical proofs. Proc. Symposia in Applied Mathematics 15, 15—30 (1963).

Earley, J.: An efficient context-free parsing algorithm. Comm. Ass. Comput. Mach. 13, 94—102 (1970).

Floyd, R. W.: The syntax of programming languages — a survey. IEEE Transactions on Electronic Computers, EC-13, 346—353 (1964).

Glasersfeld, E. von: Semantics and the syntactic classification of words. Int. Conf. on Computational Linguistics, Stockholm (1969).

Glasersfeld, E. von, Pisani, P. P.: The multistore parser for hierarchical syntactic structures. Comm. Ass. Comput. Mach. 13, 74—82 (1970).

Hewitt, C.: PLANNER: a language for proving theorems in robots. Proc. Int. Joint Conf. on Artificial Intelligence, 295—301, Washington, D.C. (1969).

IBM: Interactive graphics in data processing. IBM Systems Journal 7, 147, 229 (1968).

Kaplan, R. M.: The Mind system: a grammar-rule language. RM-6265/1-PR, RAND Corporation, Santa Monica (1970).

Karttunen, L.: Discourse referents. Int. Conf. on Computational Linguistics, Stockholm (1969).

Katz, J. J., Postal, P. M.: An integrated theory of linguistic descriptions. Cambridge Mass.: MIT Press 1964.

Kay, M.: A parsing program for categorial grammars. Memo RM-4283-PR, RAND Corporation, Santa Monica (1964).

McMahon, L. E.: FASE-fundamentally analyzable simplified English. Symp. on the human use of computing machines, Bell Telephone Labs. (1966).

Meltzer, B.: Prolegomena to a theory of efficiency of proof procedures (1971). In diesem Band: Vorbemerkungen zu einer Theorie der Effizienz von Beweisverfahren.

Michie, D.: Formation and execution of plans by machine (1971). In diesem Band: Die Formulierung und Durchführung von Plänen durch Maschinen.

Mäkilä, K.: Deduction procedures in a question answering system. Report C 8310-M3(E5). Stockholm: Research Institute of National Defense (1972).

Palme, J.: Reliability of paternity investigations. Statistisk Tidskrift 1 (1968).

Palme, J.: A simplified English for question answering. Report C 8256-11(64), Stockholm: Research Institute of National Defense (1970).

Palme, J.: A natural language parsing program for question answering. Report C 8268-11(64). Stockholm: Research Institute of National Defense (1971).

Palme, J.: From parsing tree to predicate calculus — a preliminary survey. Report C 8313-M3(E5). Stockholm: Research Institute of National Defense (1972a).

Palme, J.: Syntax and dictionary for a computer English. Report C 8312-M3(E5). Stockholm: Research Institute of National Defense (1972b).

Quillian, M. R.: The teachable language comprehender: a simulation program and theory of language. Comm. Ass. Comput. Mach. 12, 459—476 (1969).

Raphael, B.: SIR — a computer program for semantic information retrieval. Dissertation, MIT (1964).

Robinson, J. A.: A machine-oriented logic based on the resolution principle. J. Ass. Comput. Mach. 12, 23—41 (1965a).

Robinson, J. A.: Automatic deduction with hyper-resolution. International Journal of Computer Mathematics 1, 227—234 (1965b).

Robinson, J. A.: Building deduction machines (1971). In diesem Band: Über den Bau von Deduktionsmaschinen.

Rosenbaum, P. S.: A grammar base question-answering procedure. Comm. Ass. Comput. Mach. 10, 630—635 (1967).

Sandewall, E. J.: Representation of facts in a computer question answering system. Report Dept. Comput. Science, University of Uppsala (1965).

Sandewall, E. J.: A formal notation that re-expresses natural language sentence structure. Report Dept. Comput. Science, University of Uppsala (1968).

Sandewall, E. J.: A property-list representation for certain formulas in predicate calculus. Report Dept. Comput. Science, University of Uppsala (1969a).

Sandewall, E. J.: A set-oriented property-structure representation for binary relations. In: Machine Intelligence 5, 237—252 (Meltzer, B., Michie, D., Hrsg.). Edinburgh: Edinburgh University Press 1969(b).

Sandewall, E. J.: Representing natural-language information in predicate calculus. In: Machine Intelligence 6, 255—277 (Meltzer, B., Michie, D., Hrsg.). Edinburgh: Edinburgh University Press 1971(a).

Sandewall, E. J.: Heuristic search: concepts and methods (1971b). In diesem Band: Heuristische Suche: Konzepte und Methoden.

Sandewall, E. J.: Formal methods in the design of question-answering systems. Artificial Intelligence 2, 129—145 (1971c).

Schwarz, R. H.: Towards a computational formalization of natural language semantics. Int. Conf. on Computational Linguistics, Stockholm (1969).

Simmons, R. F.: Natural language question-answering systems: 1969. Comm. Ass. Comput. Mach. 13, 15—30 (1970).

Vargas, D.: Problem of improving the efficiency of parsing systems. Int. Conf. on Computational Linguistics, Stockholm (1969).

Vauquois, B.: A survey of formal grammars and algorithms for recognition and transformation in mechanical translation. IFIP 68 (1968).

Winograd, T.: Understanding natural language. New York: Academic Press 1972.

Woods, W. A.: Procedural semantics for a question-answering machine. Proc. AFIPS Conf. **33**, I, 457—471 (1968).

Woods, W. A.: Transition network grammars for natural language analysis. Comm. Ass. Comput. Mach. **13**, 591—606 (1970).

Zur Beschreibung von Bildern

Von **M. Clowes**

Das Darstellungsproblem

Das Interesse an „integrierten" Robotern, also an Programmen mit simultanen Fähigkeiten in mehreren, traditionellerweise voneinander abgesetzten Forschungsgebieten der künstlichen Intelligenz — beispielsweise dem Problemlösen, dem Frage-Antwort-Bereich, der Verarbeitung von Bildern — hat eine fruchtbare Vereinheitlichungsbestrebung veranlaßt. Die Aufmerksamkeit gilt dabei besonders einer notwendigen Kommunikation zwischen den mehr oder weniger unabhängig in den obigen Bereichen arbeitenden Programmeinheiten. Eine Kommunikation erfordert eine gewisse Darstellungsweise, in der das zu Kommunizierende auszudrücken ist: der wichtige Gesichtspunkt beim integrierten Verhalten ist, daß die in verschiedenen Bereichen entwickelten Darstellungsarten kompatibel sein müssen, wenn eine effektive Kommunikation Platz greifen soll. Hat beispielsweise die Problemlösungseinheit eine von Blöcken sprechende Aufgabendarstellung, und kann die Bildinterpretationseinheit demgegenüber nur Regionen oder Regionsballungen zurückgewinnen, so dürfte ein sehr feinsinniger „Flicken" notwendig sein, um beide Einheiten auf einen Nenner zu bringen.

Dieses Kommunikationsproblem ist nur ein Aspekt der grundsätzlichen Darstellungsfrage. Auf die Wichtigkeit der Darstellung weist ganz besonders Newell hin; er diskutiert sie hauptsächlich vom Standpunkt der Problemlösungsprogramme her und meint dazu: „. . . Wir können das derzeitige Forschungsfeld des Problemlösens durch Rechenanlagen als eine Serie von Ideen über die Darstellung von Problemen auffassen. Kann ein Problem in natürlicher Weise in eine dieser Darstellungen umgeformt werden, so ist es möglich, dieses zu manipulieren, und es bestehen einige Chancen für dessen Lösung" (Newell 1964). Diese Bemerkungen lassen sich berechtigt auch auf das Gebiet der Bildverarbeitung anwenden, und es werden hier unter diesem Aspekt Bildverarbeitungen und speziell die Versuche, linguistische Analogien miteinzubeziehen, gestreift. In vielen Fällen scheint die Verwendung des Begriffs „Beschreibung" natürlicher zu sein als die Verwendung von „Darstellung". Im folgenden wird keine Unterscheidung zwischen diesen Ausdrücken vorgenommen.

Arten der Bildinterpretationsaufgabe

Eine unserer herausragendsten visuellen Fertigkeiten ist die Fähigkeit, Objekte zu erkennen. Das Erkennen kann als die Zuordnung zu einer Klasse aufgefaßt werden, sodaß sich als unmittelbare Frage die Spezifikation des Bestimmenden von Klassen und speziell jener Unterschiede zwischen Klassen, die die Zugehörigkeit zu einer Klasse definieren und eine Unterscheidung zwischen Objekten zulassen, erhebt. Ein großer Teil der frühen Arbeiten mit Bildinterpretationen hat dieses Modell als Basis für das Erkennen von Buchstaben und Ziffern verwendet. Die wichtigste Eigenschaft dieser Darstellung besteht in dem Versuch, beispielsweise einem zwei-dimensionalen Gefüge die spezielle Klassenzugehörigkeit zuzuweisen. Bezüglich des zu verarbeitenden Gegenstands, den das Modell bewältigen soll, tritt hier nur eine Beschreibung der Zugehörigkeit des Gegenstands *in toto* zu einer benannten Klasse auf.

Es gibt allerdings viele Bildinterpretationsaufgaben, wo eine derartige Beschreibung — wenn schon nicht irrelevant — mehr oder weniger nutzlos ist. Typischerweise verlangen diese Aufgaben nach dem, was Minsky (1963) als „artikulierte" Beschreibungen bezeichnet. Die Lösung von geometrischen Analogieproblemen involviert daher typischerweise eine Charakterisierung jedes Gliedes der Analogie (die Glieder sind getrennte Bilder), die die Relationen zwischen Teilen eines gegebenen Bildgliedes beschreibt. Beispielsweise kann ein Bildglied beschrieben werden als „ein Quadrat in einem Dreieck". Als Beschreibung des ganzen Bildes richtet sich dies mehr auf eine Darstellung der *Organisation* des Bildes als auf eine Beschreibung der Klassenzugehörigkeit.

Die Arbeiten des Musterzeichners bzw. des Graphikers beinhalten typischerweise gewisse Ideen bezüglich der Zusammenstellung der Bilder, die jene Arten der artikulierten Beschreibung zu ihrer Realisation erfordern. Gerade auf diese Ideen beziehen sich interaktive Rechner-Graphik-Systeme wie etwa SKETCHPAD (Sutherland 1963; Hodes 1970).

Die Zusammenstellung und das Format von Bildern ist natürlich für unsere Fähigkeit, zwei-dimensionale arithmetische Ausdrücke zu lesen und zu schreiben, ausschlaggebend, und es sind die Relationen zwischen „a" und „2" — beispielsweise oben/unten, links/rechts, kleiner/größer als —, die die verschiedenen Bedeutungen von „$x := a^2$" und „$x := a_2$" bestimmen. Eine richtige Formatierung *besteht* gerade in dieser Menge von Relationen. Natürlich können Buchstaben aufgefaßt werden als eine *Zusammensetzung* aus gewissen Unterbildern (Strichen), die in verschiedener Weise zueinander in Beziehung stehen. Es gibt keine Gründe, warum solche artikulierte Beschreibungen nicht als Basis für die Erkennung von Buchstaben herangezogen werden sollten, und tatsächlich arbeiten mehrere Rechnerprogramme damit (Grimsdale et al. 1959; Marill et al. 1962). Es tritt hier der Fall ein, daß selbst in jener Situation, wo ein klassifikatorisches Paradigma am vorteilhaftesten erscheint — der Buchstabenerkennung —, ein zusätzlicher Beschreibungsapparat zur Verfügung stehen muß, um die Tatsache zu behandeln, daß Buchstaben in signifikanter Weise nach verschiedenen Zusammensetzungsregeln anderen Buchstaben vorangehen. Praktische Anwendungen des Klassifikationsapparates auf Texte setzen immer gewisse zusätzliche Mechanismen voraus, von denen man die Herstellung einer „Segmentation" einer Textseite in diskrete Buchstaben annimmt, bevor man ein „Erkennen" versucht. Es dürfte nicht übertrieben sein, zu behaupten, daß keine Erkennungsaufgabe *reinen* klassifikatorischen Charakter hat: immer muß im Beschreibungsprozeß ein artikulierter Aspekt vorhanden sein, durch den das zu erkennende Objekt aus seinem Kontext „gelöst" wird.

Der Inhalt von Beschreibungen

Ist das Ziel strikt klassifikatorisch, so besteht der geforderte minimale Beschreibungsapparat in der Notwendigkeit, die Klassenzugehörigkeit festzustellen. Typischerweise ist dieser Apparat eine Menge von Eigenschaften oder Maßen, die kollektiv einer Klasse eindeutig zukommen derart, daß ein Auftreten dieser Menge in dem unbekannten Gefüge als hinreichende Evidenz aufgefaßt wird, um jenes Gefüge der Klasse zuzuordnen. Mehrere Wege wurden vorgeschlagen, das Auftreten von Eigenschaften in der Unbekannten der Entscheidung der Klassenzugehörigkeit zuzuordnen. Diese reichen von gewichteten arithmetischen Summen bis zur Bayesschen Regel für die Berechnung der Wahrscheinlichkeit einer Klassenzugehörigkeit, die auf vorausgehenden Maßen der Korrelation zwischen der Klassenzugehörigkeit und dem Auftreten einer Eigenschaft basiert (vergleiche Highleyman 1962 bzw. Kamentsky und Liu 1963). Wir können die Beschreibungsknappheit des Schemas durch die Bemerkung unterstreichen, daß die einzige Relation zwischen Eigenschaften oder Merkmalen des zu erkennenden Gefüges in dem gleichzeitigen Auftreten besteht. In der Praxis haben viele anscheinend klassifikatorische Ansätze diesen Grundapparat durch die Unterscheidung zwischen sonst ununterscheidbaren Eigenschaften auf der Basis erweitert, *wo* diese im Problem auftreten. Beispielsweise unterscheidet das von Greanias et al. (1963) entworfene, sehr erfolgreiche Erkennungssystem zwischen einem „östlichen" Ende (eines Striches), das den oberen Teil bildet, und derselben Eigenschaft, die auf der Grundlinie vorkommt (um etwa 5 und 2 zu unterscheiden). Hier wird im wesentlichen eine Relationsinformation, die sich auf die relative Position von Eigenschaften im Gefüge bezieht, durch Unterkategorien von Eigenschaften dargestellt.

Die Operationen, in denen artikulierte Beschreibungen benötigt werden, können jedoch nicht so knapp angegeben werden. In interaktiven Graphiksystemen werden Relationen über die Graphik dargestellt (beispielsweise gewisse *Beschränkungen* in SKETCHPAD), die der Benützer manipulieren möchte. Tatsächlich arbeitet der Benützer von SKETCHPAD nicht mit dem Bild selbst, sondern mit einer Darstellung von Objekten, Objektattributen (etwa *Länge*) und Relationen zwischen Objekten (z. B. *parallel zu*). Natürlich scheint die einzige plausible allgemeine Charakterisierung des Inhalts von artikulierten Beschreibungen in Ausdrücken dieses Tripels zu bestehen. Fassen wir daher als Ziel einer Unterscheidung zwischen „$x := a^2$" und „$x := a_2$" die Bestimmung der syntaktischen Strukturen der arithmetischen Ausdrücke „a^2" und „a_2" auf (vgl. Anderson 1968), so müssen wir zumindest Beschreibungen, in denen Objekte des Typs ⟨*primary*⟩ (der ALGOL-Syntax) — oder genauer, die Gefügeentsprechungen von ⟨*primary*⟩ — auftreten, zuordnen können, weiters Attribute dieser primitiven Objekte, wie Fläche, Position (x, y-Koordinaten beispielsweise des Schwerpunkts), und Relationen zwischen Objekten, wie etwa oben/unten, links von/rechts von, kleiner als, usw. Gerade die geeignete Kombination dieser Relationen zwischen den *primaries* arbeitet einmal als „↑" und einmal als „[ ]", d. h., als „$a \uparrow 2$" bzw. als „$a[2]$". Um die bei einem gewissen gegebenen Bild geltenden Relationen festzustellen, wird es notwendig sein, spezifizierte Attribute der Bildobjekte, wie etwa die Fläche, zu bestimmen, da ja diese Attribute als Argumente der zu bestimmenden Relation (oder des Prädikates) fungieren; beispielsweise kann „kleiner als" als Argumente Flächen haben. Wo es angemessen ist, Objekte selbst als Gefügefragmente mit spezifizierten artikulierten Beschreibungen aufzufassen — beispielsweise ein „⊤" als einen hochgestellten horizontalen Strich, der mit seiner Mitte auf einem vertikalen Strich ruht —, müssen wir auch die Darstellung von Mengen vorsehen, da ein Objekt aus einer *Menge* von Teilen besteht.

Spezifizierung und Zuweisung von Beschreibungen

Wo der deskriptive Apparat lediglich für eine Klassifikation entworfen wurde, kann die Spezifikation einer Eigenschaft als Funktion betrachtet werden, die das zu klassifizierende Gefüge als Argument hat und als Wert eine Boolesche- oder eine Integer-Variable retourniert. Die endliche Liste von Eigenschaften, die zusammen den Bereich der Klassen umfassen, stellt einen Vektor dar, dessen Wert umgekehrt das Argument einer zweiten endlichen Liste von Funktionen, deren jede eine Klassendefinition darstellt, ist. Charakteristischerweise ist die zur Unterstützung oder Implementation dieses deskriptiven Schemas notwendige *Daten*struktur sehr einfach, und zwar deswegen, weil das Gefüge, die Eigenschaftsliste bzw. deren Werte und die Liste der Klassen alle endlich sind. Wegen dieser Beschränkungen folgt daraus, daß es nur eine endliche Anzahl von Beschreibungen, die einem Gefüge zugewiesen werden können, gibt, etwa bei n Booleschen Eigenschaften 2^n.

Obwohl artikulierte Beschreibungen auf einer *endlichen* Menge von Objekten, Relationen und Attributen aufbauen können, können diese im Gegensatz zum Vorstehenden beliebig komplex sein (vgl. Minsky 1963) und konsequenterweise auch beliebige Zahl haben. Die Komplexität entsteht durch den im wesentlichen rekursiven Charakter der Beschreibungen, beispielsweise wenn Objekte aus anderen Objekten, die selbst wieder zusammengesetzt sind, aufgebaut wurden. Die Komplexitätsvielfalt verlangt nach Datenstrukturen, deren Dimensionen a priori nicht beschränkt sind und führt zu der Adoptierung von Listen- und Ringdatenstrukturen, in denen die Beschreibung ausgedrückt ist. Für derartige Situationen verlangt die Spezifikation der Beschreibungen — relativ zu den Gefügen, denen sie zugeordnet werden sollen — eine andere Behandlungsmethodik.

Mindestens in zwei Beziehungen ähnelt die Problemaufbereitung stark dem Problem, die Sätze einer Sprache zu spezifizieren: einmal in der Beobachtung, daß eine artikulierte Beschreibung die *Organisation* eines Gefüges charakterisiert, und zum anderen in dem beliebigen Komplexitätsgrad und seinen Konsequenzen für die Anzahl der Beschreibungen, die unser Apparat definiert. Eine Spezifikation der infiniten Menge von Sätzen in einer Kettensprache kann zusammen mit einer oder mehreren Organisationen jedes Satzes als endliche generative Grammatik dargestellt werden. Daher können die unendlich vielen einfachen arithmetischen Ausdrücke, die zulässige Ketten in einem ALGOL-Programm sind, durch folgende drei Regeln umrissen werden:

$$\langle simple\ arithmetic\ expression \rangle ::= \langle term \rangle | \langle adding\ operator \rangle \langle term \rangle |$$
$$\langle simple\ arithmetic\ expression \rangle$$
$$\langle adding\ operator \rangle \langle term \rangle$$
$$\langle term \rangle ::= A|B|C\ldots$$
$$\langle adding\ operator \rangle ::= +|-.$$

Daher sind Ausdrücke wie $A, B, \ldots, A + B, C - K, \ldots, A + C - B, \ldots$ zulässige Sätze, und es wird ihnen durch die generative Grammatik eine Organisation oder *Struktur*beschreibung zugewiesen. Diese Beschreibung kann auf mehrere Arten dargestellt werden, etwa durch ein Baumdiagramm oder durch indizierte Klammerung. Die Kette $A + C - B$ läßt sich dann etwa so darstellen:

$$(((A)_{term}(+)_{addop}(C)_{term})_{saexp}(-)_{addop}(B)_{term})_{saexp},$$

wobei „addop" und „saexp" geeignete Abkürzungen sind.

Die *Zuweisung* einer solchen Beschreibung zu einer Kette von $\langle term \rangle$- und $\langle adding\ operator \rangle$-Ausdrücken erfordert ein Programm, das als Argumente die Kette und die Regeln akzeptiert und als Ausgabe die Strukturbeschreibung, oder einen Hinweis darauf, daß etwa die Kette $A + + B$ kein einfacher arithmetischer Ausdruck ist, produziert.

Wahrscheinlich das charakteristischeste Merkmal dieser Art, artikulierte Beschreibungen zu behandeln, besteht in dieser Trennung des deskriptiven Schemas von einem Mechanismus (einem „Satzzerleger") für die *Zuweisung* der Beschreibungen. In den letzten zehn Jahren gab es eine ganze Reihe von Versuchen, diesen Ansatz zur Interpretation von zwei-dimensionalen Gefügen weiterzuentwickeln. In einem ersten Paper, in dem er einen „linguistischen" Ansatz zur Interpretation von Bildern vertrat, zeigte Kirsch (1964) eine gewisse Menge von Regeln auf, die eine infinite Menge von rechtwinkeligen gleichschenkeligen Dreiecken (Winkel zur Hypothenuse 45°) charakterisieren. Das ins Auge springende Merkmal dieser Regeln ist, daß die implizite Beziehung „gefolgt von" — wie etwa in $\langle adding\ operator \rangle \langle term \rangle$, das $\langle term \rangle$ folgt $\langle adding\ operator \rangle$ spezifiziert —

durch eine implizite zwei-dimensionale Beziehung ersetzt ist. Dies wird durch die Anordnung der Symbole auf jeder Seite der Regel in einem zwei-dimensionalen Gitter erreicht. Die Motivation von Kirsch für ein derartiges Vorgehen liegt in der Notwendigkeit begründet, die in der Organisation eines Dreiecks involvierte zwei-dimensionale Beziehung, im Gegensatz zu der ein-dimensionalen „gefolgt von"-Beziehung zwischen Elementen einer Kette, zu behandeln. Diese Abweichung betont die zugrundeliegende Ähnlichkeit zwischen der syntaktischen Struktur der Sprache, in der die Regeln angegeben werden (Metasprache) und der syntaktischen Struktur der Sprache, deren Sätze und Satzstruktur die Regeln charakterisieren (Objektsprache). Andere Beispiele für diese Zwei-Dimensionalisierung der Metasprache finden sich in Clowes (1967a, b; 1969) und in Narasimhan (1969).

Natürlich gibt es a priori keinen Grund, warum die Syntax der Metasprache die der Objektsprache widerspiegeln sollte. Beim Aufstellen einer Syntax für die Metasprache müssen wir uns vergegenwärtigen, daß diese durch ein Programm interpretiert wird, das sequentiell arbeitet. Die Links-Rechts-Ordnung von in einer generativen Grammatik ausgedrückten Regeln läßt sich leicht in Beziehung zu der sequentiellen Rückgewinnung der Elemente in den Regeln setzen. Wir können uns daher sofort bei der zweiten Alternative der Definition von $\langle simple$ $arithmetic\ expression \rangle$ (vgl. oben) vorstellen, daß der Satzzerleger ein $\langle adding$ $operator \rangle$ zu finden sucht, *bevor* er ein $\langle term \rangle$ sucht, und die Tatsache, daß in der zu verarbeitenden ALGOL-Kette $\langle adding\ operator \rangle$ einem $\langle term \rangle$ vorausgeht, ist etwas ganz anderes. Der Zweck einer solchen Abweichung besteht in der Enthüllung der dualen Rolle der Metasprache. Auf der einen Seite ist sie deskriptiv bezüglich einer Objektsprache, auf der anderen Seite wird sie selbst durch ein Programm (den Satzzerleger) interpretiert.

Die meisten anderen Versuche der Bereitstellung von grammatikalischen Modellen für Bilder haben Kettenmetasprachen entwickelt. So gibt Ledley (1964) eine Grammatik für Chromosomen an, die die „zulässigen" Folgen von fünf geometrisch verschiedenen Grundteilen, die die Grenzlinien eines Chromosoms synthetisieren können, beschreibt. In seiner Grammatik wurde die Relation zwischen Grenzlinien durch die primitiven „Grenzfolge"-Routinen in die Kettenrelation „gefolgt von" „übersetzt": daraus folgt das Hinreichen einer Kettenmetasprache. Shaw (1967) entwickelte eine Sprache, in der Aspekte der Struktur und der Zusammensetzung von Bildern angegeben werden können. Beschreibungen in dieser Sprache haben eine durch eine Phrasenstrukturgrammatik spezifizierbare Form:

$$\langle S \rangle ::= \langle P \rangle \langle op \rangle \langle P \rangle | \langle S \rangle \langle op \rangle \langle P \rangle | \langle P \rangle \langle op \rangle \langle S \rangle$$
$$\langle op \rangle ::= + |x| - |^*.$$

Das Primitiv $\langle P \rangle$ besteht in einer gewissen Bildform, die durch nicht in der Grammatik charakterisierte Mittel erkannt (oder erzeugt) wurde. Einem Primitiv muß eine Beschreibung (durch diesen außergrammatikalischen Apparat) zugewiesen werden, die seinen Namen — etwa *line* — und die Koordinaten seiner „Kopf"- bzw. „Endknoten" angibt. Daher kann V („vertikale Linie") etwa ein so beschriebenes Primitiv sein:

$$(V, (x, y)_{tl}, (x, y + q)_{hd}).$$

Die Bedeutung der zwei „Knoten", die jedes Primitiv hat, liegt in den vier Beziehungsmöglichkeiten zwischen mehreren S oder P, die die Sprache durch die vier Typen von $\langle op \rangle$ charakterisiert; sie werden in Tab. 1 angegeben.

Tabelle 1

Phrase	Beziehungen zwischen S_1 und S_2
$S_1 + S_2$	$head(S_1)$ verknüpft mit $tail(S_2)$
$S_1 \times S_2$	$tail(S_1)$ verknüpft mit $tail(S_2)$
$S_1 - S_2$	$head(S_1)$ verknüpft mit $head(S_2)$
$S_1 * S_2$	$(tail(S_1)$ verknüpft mit $tail(S_2))$ & $(head(S_1)$ verknüpft mit $head(S_2))$

Da $\langle op \rangle$ als Einfügung sowohl zwischen Primitiven als auch Nicht-Primitiven auftritt, ist es auch notwendig zu definieren, wie *head* und *tail* mit einem nicht-primitiven Operand verknüpft sind. Die diesbezügliche Konvention für das zusammengesetzte S, dessen konstituierende Struktur $S_1\langle op \rangle S_2$ ist, ist

$$tail(S) = tail(S_1) \text{ und } head(S) = head(S_2).$$

Unter Benützung von V und einem Primitiv h, wobei

$$h = (h, (x, y)_{tl}, (x + p, y)_{hd})$$

ist, könnte ein Rechteck mit den Seiten p und q als Beschreibung

$$((V + h)_s * (h + V)_s)_s$$

haben.

In diesen Strukturbeschreibungen zeigt sich das Gefüge der Koinzidenzbeziehungen zwischen diesen unterschiedenen Positionen (Knoten) auf Primitiven. Eine sehr ähnliche Auffassung über die Organisation von im wesentlichen aus Linien bestehenden Gefügen vertritt Narasimhan (1966) in seinen generativen Regeln für ein Alphabet.

In beiden Fällen sehen wir den Zweck der Einführung von Relationen (hier Varianten der *Koinzidenz*beziehung) in die deskriptive Sprache als Überwindung der unvermeidlichen Kluft zwischen der Syntax der Metasprache („gefolgt von") und der Objektsprachensyntax („koinzidiert mit"). Zusätzlich erfordern die in der Grammatik erfaßten Bildrelationen, daß jedes Bildfragment (sei es primitiv oder nicht-primitiv) mit einer Beschreibung jener seiner *Attribute* (d. h. „Kopf"- oder „End"-Positionen), auf denen die Relation definiert ist, verknüpft ist. Dazu gibt es kein Äquivalent in konventionellen Phrasenstrukturgrammatiken, und dies illustriert die früher getroffenen Grundunterscheidungen zwischen Objekten, Relationen und Attributen. Anderson (1968) findet es in seiner Spezifikation der zwei-dimensionalen Organisation von arithmetischen Ausdrücken notwendig, dafür bis zu sechs Positionsattribute zu verwenden. Der Versuch, im Formalismus von Phrasenstrukturgrammatiken Bildbeschreibungen auszudrücken, ist daher nur schwerlich erfolgreich. Deren Attraktivität für Kettensprachen ist allerdings solange unleugbar, solange die einzige Beziehung zwischen Objekten von einem „:" gefolgt ist; es ist bemerkenswert, daß die Behandlung von *Relationen des Zusammenauftretens* zwischen Wörtern eines englischen Satzes durch Chomsky (1965) eine radikale Revision des Phrasenstrukturapparates in ähnlicher Weise verlangt.

Evans (1969) lehnt Phrasenstrukturgrammatiken vollständig zu Gunsten eines Formalismus, in dem Relationen explizit benannt werden und jedes Statement in der Sprache (äquivalent zu einer Regel in der Phrasenstrukturgrammatik) eine Definition eines Objekts (äquivalent zu einem syntaktischen Typ) ist, ab. Die Beziehung zwischen seinem Formalismus und der kontextfreien Phrasenstrukturgrammatik gibt Evans wie folgt an. Die Regel

$$\langle S \rangle ::= \langle A \rangle \langle B \rangle$$

wird in seiner Notation so geschrieben:

$$(S(X, Y)(ADJ[X, Y], A[X], B[Y],)$$
$$(ULIM\ [GET\ [Y\ [QUOTE\ [ULIM]]]],$$
$$LLIM\ [GET\ [X\ [QUOTE\ [LLIM]]]])).$$

Grob gesprochen, übersetzt Evans die Phrasenstrukturgrammatikregel so: es gibt ein Objekt — benannt S —, das Teile X und Y derart hat, daß X benachbart zu Y ist, und X ist ein A, und Y ist ein B; S hat Attribute ULIM und LLIM (obere bzw. untere Grenzen), deren Werte ULIM von Y (d. h. GET [Y [QUOTE [ULIM]]]) bzw. LLIM von X sind.

Während diese Sprache die wichtige Rolle von Relationen und Attributen klar herausstellt, dürften Attributen von zusammengesetzten Objekten nur in jenen Statements, die dieses Objekt definieren, Werte zugewiesen werden können. Ähnlich gibt es keine offenkundige Möglichkeit für die Definition von Beziehungen. Wir können daher sagen, daß diese Sprache objekt-zentriert ist. Stanton (private Mitteilung) hat eine gefüge-beschreibende Sprache umrissen und implementiert, die unabhängige Möglichkeiten für alle drei der eben beschriebenen Kategorien hat. Das Analyseprogramm von Evans hat als Eingabe (1) eine Grammatik (d. h., eine Liste von Objektdefinitionen, die auch rekursiv sein können) und (2) ein Eingabegefüge in Form einer Liste von niedrigst-stufigen Konstituenten und deren Attributen, und gibt eine Liste aller durch die Grammatik definierten Objekte aus. Evans hat so mit Erfolg die oben zitierte Arbeit von Narasimhan „simuliert". Seine Bemühung zeigt, daß eine Verallgemeinerung der Leistungsfähigkeit von Beschreibungen auf die Einbeziehung von Attributen und Relationen erreicht werden kann, nämlich in einer Sprache, die zu einer Phrasenstruktur-grammatik analoge Regelschemata insoweit ausdrücken läßt, daß diese in einer syntax-gesteuerten Analyse von zwei-dimensionalen Gefügen arbeiten können.

Eine Anzahl von Programmen wurde auch außerhalb dieses „zerlegenden" Rahmens geschrieben, die aber dennoch artikulierte Beschreibungen des zu ver-arbeitenden Bildes entwickeln. Hierher gehören auch die Arbeiten zur Buch-stabenerkennung von Greanias et al. (1963) und die Studien von Marill et al. (1962), die sich mit mehr als einen Buchstaben enthaltenden „Szenarien" befassen. Das Interesse an der Analyse von Szenarien, und speziell das „SEE"-Programm von Guzman (1969), hat artikulierte Beschreibungen von zunehmender Feinheit produziert.

Ermittlungsverfahren

Diese verschiedenen Ansätze zum Gebrauch von artikulierten Beschreibungen für Bilder enthüllen alle einen Aspekt von fundamentaler Bedeutung, nämlich die Arten der Relationen, Attribute und Objekte, die die Fähigkeit vermitteln, verschiedene Klassen von Bildern zu bearbeiten. Ermittlungsverfahren für diese Kategorien sind von besonderer Wichtigkeit. Chomsky stellt wahrscheinlich das einzige systematische Verfahren mit seiner Verwendung von Mehrdeutigkeit, Umschreibung und Anomalie (von Sätzen), um die Organisation aufzuzeigen, die *wir* den Sätzen zuweisen, dar. Analogien dieser Methoden können auch für Bilder entworfen werden (Clowes 1970). So sind Strichdiagramme, die als mehr wie eine Konfiguration von festen Körpern interpretiert werden können, Fälle von Mehr-deutigkeiten. Diagramme, die eine Interpretation als feste Körper nahelegen, aber fundamentale Konstruktionsprinzipien für derartige Körper verletzen, können als Anomalien aufgefaßt werden.

Ob diese Analogien nun strikt gelten oder nicht, ist weniger wichtig als die Information, die sie über die Organisation des Bildes geben. So entsteht die dreifache Deutungsmöglichkeit des Bildes in Abbildung 1 aus der Unsicherheit

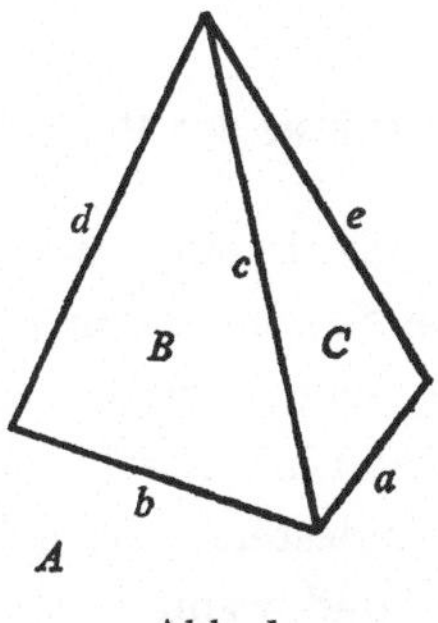

Abb. 1

darüber, ob die mit der Region *A* korrespondierende *Fläche* ein Teil desselben Körpers ist, der die mit *B* und *C* korrespondierenden Flächen hat. Ist dies nicht der Fall, korrespondieren die Linien *a*, *b*, *d* und *e* mit *konvexen* Kanten. Alternativ sind zwei dieser Linien — beispielsweise *b* und *a* — *konkave* Kanten, und die zwei anderen Linien sind wieder konvex, oder es sind umgekehrt *d* und *e* konkav und die beiden restlichen konvex. Die Anomalie, die in der Auffassung der Abb. 2 als ein Objekt steckt, kann in Termini der gleichen Prädikate konvex und konkav illustriert werden. So wird die Linie *h* der Abb. 2 *im Vordergrund* als konvex

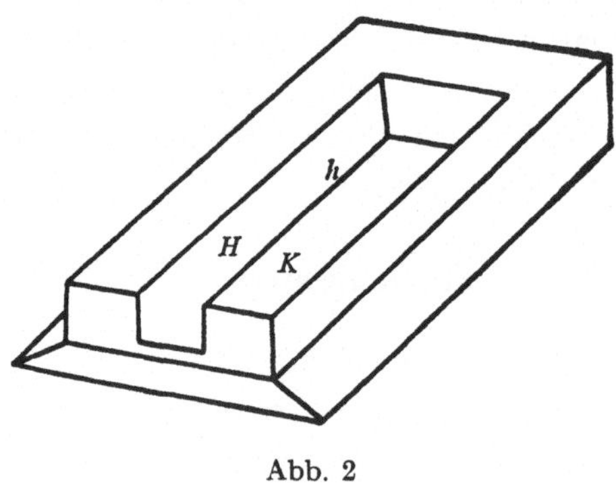

Abb. 2

interpretiert, und die mit der Region *H* korrespondierende Fläche hat keine gemeinsame Kante mit der mit der Region *K* korrespondierenden Fläche. Gegen den Hintergrund des Objektes erhält dieselbe Linie eine konkave Interpretation, und die beiden Flächen werden mit einer gemeinsamen Kante — korrespondierend mit dieser Linie — gesehen. Die Anomalie tritt durch diesen Interpretationskonflikt auf. Wir wollen nun nicht, daß ein Analyseteil für Szenarien ähnliche Interpretationen aufwirft, denn das muß nicht der Fall sein. Der entscheidende Punkt dieser Beispiele liegt aber darin, daß sie einige unveränderliche und wesentliche Aspekte jener Organisation, die wir bildlichen Ereignissen zuweisen, enthüllen. Für ein Programm mag es sicher hinreichend sein, in einer beschränkteren Weise zu sehen, als wir es tun, jedoch dürfte es schwer sein, die Übernahme von einigen wie oben umrissenen Ermittlungsverfahren zu vermeiden, wenn wir „ein Sehen in einer mehr (oder) weniger beschränkten Weise unterdrücken wollen".

Die Struktur der Darstellung

Die Diskussion der obigen Abb. 1 und 2 liefert eine weitere außerordentlich wichtige Ergänzung zu dem bereits umrissenen Rahmen der artikulierten Beschreibungen. Diese betrifft die gegenwärtige Verwendung von „korrespondiert mit" wie in Phrasen „die mit der Linie *AB* korrespondierende Kante", usw. Es wird hier nahegelegt, daß es mindestens *zwei* artikulierte Beschreibungen gibt, eine, die Linien und Regionen (und wenn nötig, auch Berührungen), und eine andere, die Kanten und Flächen (mit Ecken als Teile der Korrespondenz von Berührungen) enthält. Die Auffassung des Strichdiagramms als ein Szenarium beinhaltet die Zuweisung von zwei artikulierten Beschreibungen mit einer recht komplexen strukturellen Beziehung zwischen diesen. Das „SEE"-Programm stellt eine dieser Beschreibungen des Bildes als verschiedene Verknüpfungskategorien, wie ELL, TEE, ARROW usw., die zu den Regionen und Linien des Bildes in gewissen Relationen stehen, dar. Objekte werden nicht als Flächen und Kanten beschrieben, sondern als Regionen, die eine minimale Anzahl von „Verbindungsgliedern" aufweisen, die nach einer mit Hinblick auf ihre Kategorien und dem bildlichen „Nebeneinanderliegen" durchgeführten Prüfung der Berührungspunkte eingepaßt wurden. Es ist möglich, die Verbindungsglieder in Guzmans Programm durch eine artikulierte Beschreibung der Relationen zwischen den Flächen, die diese Regionen darstellen, zu ersetzen. So setzt der allgemeine Fall der in SEE verwendeten Regel für ARROW ein Verbindungsglied zwischen den beiden, den Pfeilschaft flankierenden Regionen ein. SEE würde das durch a, b und c in Abb. 1 geformte ARROW durch $link(B, C)$ beschreiben. In Termini der Flächen und Kanten würde eine minimale Interpretation der Berührungen so lauten:

$$VX(XYz), \; VX(YWy), \; VX(ZWx), \; hind(YXy), \; hind(ZXx),$$
$$corr(AX), \; corr(BY), \; corr(CZ), \; corr(ax), \; corr(by), \; corr(cz).$$

W, X, Y, Z bezeichnen Flächen, w, x, y und z Kanten. Das Prädikat VX hat drei Argumente, nämlich die beiden in Konvexbeziehung stehenden Flächen und die gemeinsame Kante, entlang derer die Relation besteht. Das Prädikat $hind$ beschreibt die Beziehung zwischen zwei Flächen, die — obwohl sichtbar entlang einer Kante aneinandergrenzend — diese Kante nicht als Teile ihrer respektiven Grenzen aufweisen. $hind(YXy)$ kann dann als „Fläche X ist hinter der Fläche Y jenseits der Kante y der Fläche Y" gelesen werden. Das Prädikat $corr$ hat die naheliegende Interpretation „korrespondiert mit". Wo eine Fläche wie W keine korrespondierende Region hat, muß diese Fläche unsichtbar sein. Dies kann zwar durch ein weiteres Prädikat ($invis$) ausgedrückt werden, jedoch ist dieses redundant. Diese Beschreibung ist ein Fragment der ersten „Ansicht" der Abb. 1, wie oben gegeben. Die korrespondierende Beschreibung der zweiten Möglichkeit der Abb. 1 würde zwei der VX-Statements oben durch CV-Statements (d. h. „konkave") ersetzen; hier gibt es keine $hind$-Statements und keine versteckten Flächen.

Diese „minimale" Interpretation reflektiert die Tatsache, daß — wenn eine Berührung die Ecke eines undurchsichtigen festen Körpers bezeichnet — mindestens drei Flächen vorhanden sein müssen. Wir können natürlich noch weitere versteckte Flächen für Interpretationen heranziehen, die jenseits von diesen Auffassungen liegen (tatsächlich gibt es mindestens eine weitere Eckenbeschreibung, wo c mit einer konkaven $Kante$ bzw. a und b mit konvexen Kanten korrespondieren). Nehmen wir beispielsweise für die beiden ‚ELL'-Verknüpfungen in Abb. 1 drei Interpretationen an, so können wir uns vorstellen, daß es hier genauso viele Szenarienanalysen des Diagramms gibt, wie Kombinationen der Interpretationen mit den Verknüpfungen auftreten — also $3^4 = 81$. Berufen wir uns auf die Idee der Kompatibilität von Interpretationen, die die Unmöglichkeit der Auffassung der Abb. 2 als Objekt darlegt, so sind klarerweise $alle$ Kombinationen nicht zulässig. Es läßt sich zeigen, daß eine Reduktion auf nur drei minimale Interpretationen mit den geeigneten Kompatibilitätsregeln durchführbar ist.

Dieses Beispiel zeigt die Komplexität der Beziehung zwischen der Bildstruktur und der Szenarienstruktur und gleichzeitig die Vorteile einer unabhängigen Axiomatisierung dieser beiden Strukturtypen. An anderer Stelle (Clowes 1969) wurde vermutet, daß diese Dualität, als eine Unterscheidung zwischen der Syntax (dem Bild) und der Semantik (dem Szenarium) ausgedrückt, auf alle Bildbeschreibungsaufgaben anwendbar ist. Dies scheint entscheidend für jene Situationen, die wir in natürlicher Weise durch den Term „stellt dar" oder die Phrase „wird gesehen als" charakterisieren, zu sein. Es kann also vermutet werden, daß man ohne gewisse Unterscheidungen dieser allgemeinen Art nicht von einem „linguistischen Ansatz auf Bildinterpretationen" sprechen kann.

Schlußfolgerungen

Kehren wir nun zu dem breiteren Kontext, mit dem dieser Aufsatz begann — nämlich der „Darstellung" — zurück, so kann die dort wiedergegebene Bemerkung von Newell als vollständig auf Bildinterpretationen anwendbar gesehen werden. Anstelle von „Ideen, wie ein Problem darzustellen ist", haben wir nun „Ideen über die Struktur dessen, was dargestellt ist, und über die (bildlichen) Mittel, *durch die* es dargestellt ist". Die Relation zwischen verschiedenen Darstellungen (vgl. Küng 1967 zur Relation der Darstellung), auf die Newell anspielt, wenn er von mehr oder weniger „natürlichen" Arten, in denen ein Problem in eine Darstellung gebracht werden kann, spricht, ist im Endeffekt ein Übersetzungsschema von einer Darstellung in eine andere. Das Verständnis von den Formen, die ein solches Schema haben kann, ist ebenso bei Studien von natürlichen Sprachen wichtig. Die Relation zwischen einem Bild und dem, was es darstellt, ist ganz parallel der Relation zwischen einem Satz und dem, was er bezeichnet, zu sehen (vgl. Wittgenstein 1922). Die Fragen sind hier von grundsätzlichem philosophischen Charakter, obwohl deren Behandlungsmittel eine neue Abweichung von der Philosophie darstellen. Die Fähigkeit, ein Szenarium verbal zu beschreiben oder es in einem Diagramm darzustellen, legt die parallele Bedeutung klar dar. Das Forschungsziel bezüglich integrierter Roboter muß es daher sein, Mechanismen zu realisieren, die einen derartigen Parallelismus sofort entdecken.

Literatur

Anderson, R. H.: Syntax-directed recognition of hand-printed two-dimensional mathematics. Dissertation, Harvard University 1968.

Chomsky, A. N.: Aspects of the theory of syntax. Cambridge, Mass.: MIT Press 1965.

Clowes, M. B.: Perception, picture processing and computers. In: Machine Intelligence 1, 181—197 (Collins, N. L., Michie, D., Hrsg.). Edinburgh: Edinburgh University Press 1967(a).

Clowes, M. B.: A generative picture grammar. Seminar Paper 6, Div. of Computing Research, Commonwealth Scientific and Industrial Research Organization, Canberra (1967b).

Clowes, M. B.: Transformational grammars and the organization of pictures. In: Automatic Interpretation and Classification of Images, 43—78 (Grasselli, A., Hrsg.). New York: Academic Press 1969.

Clowes, M. B.: On the interpretation of line diagrams as simple three-dimensional scenes. Lab. of Experimental Psychology, University of Sussex (1970).

Evans, T. G.: Descriptive pattern analysis techniques. In: Automatic Interpretation and Classification of Images, 79—96 (Grasselli, A., Hrsg.). New York: Academic Press 1969.

Greanias, E. C., Meagher, P. F., Norman, R. J., Essinger, P.: The recognition of handwritten numerals by contour analysis. IBM J. Res. and Dev. 7, 14—21 (1963).

Grimsdale, R. L., Sunner, F. H., Tunis, C. J., Kilburn, T.: A system for the automatic recognition of patterns. Proc. IEEE 106B, 210—221 (1959).

Guzman, A.: Decomposition of a visual scene into three-dimensional bodies. In: Automatic Interpretation and Classification of Images, 243—276 (Grasselli, A., Hrsg.). New York: Academic Press 1969.

Highleyman, W. H.: Linear decision functions with application to pattern recognition. In: Optical Character Recognition, 249—286 (Fischer, Pollack, Radack, Stevens, Hrsg.). Washington: Spartan Books 1962.

Hodes, L.: A programming system for the on-line analysis of biomedical images. Comm. Ass. Comput. Mach. 13, 279—283 (1970).

Kamentsky, L. A., Liu, C. N.: Computer-automated design of multi-font print recognition logic. IBM J. Res. and Dev. 7, 2—13 (1963).

Kirsch, R. A.: Computer interpretation of English text and picture patterns. IEE Trans. on Electronic Computers 13, 363—376 (1964).

Küng, G.: Ontology and the Logistic Analysis of Language. Dordrecht: Reidel 1967.

Ledley, R. S.: High speed automatic analysis of biomedical pictures. Science 146, 216—223 (1964).

Marill, T., Hartley, A. K., Darley, D. L., Evans, T. G., Bloom, B. H., Park, D. M. R., Hart, T.: Cyclops-1: a second generation recognition system. AFIPS Conference Proceedings 24, 27—34 (1962).

Minsky, M.: Steps towards artificial intelligence. In: Computers and Thought (Feigenbaum, E. A., Feldman, J., Hrsg.). New York: McGraw-Hill 1963.

Narasimhan, R.: Syntax-directed interpretation of classes of pictures. Comm. Ass. Comput. Mach. 9, 166—173 (1966).

Narasimhan, R.: On the description, generation and recognition of classes of pictures. In: Automatic Interpretation and Classification of Images (Grasselli, A., Hrsg.). New York: Academic Press 1969.

Newell, A.: Limitations of the current stock of ideas about problem solving. In: Electronic Information Handling, 195—208 (Kent, A., Taulbee, O., Hrsg.). London: Macmillan 1964.

Shaw, A. C.: A proposed language for the formal description of pictures. GSG Memo No. 28, Stanford Linear Accelerator Centre (1967).

Sutherland, I. E.: SKETCHPAD—a man-machine graphical communication system. AFIPS Conference Proceedings 23, 329—346 (1963).

Wittgenstein, L.: Tractatus Logico Philosophicus. London: Routledge and Kegan Paul 1922.

Kognitive Studien

Kognitive Lernprozesse: Ein Erklärungsversuch

Von **M. Kochen**

I. Die Konzeptualisierung des Lernens als ein beständiges Anwachsen von Weisheit

Einführung

Nachdem Turing (1956) auf die Demonstrationsmöglichkeit, daß eine Maschine denken könnte, hinwies, hat dieses altehrwürdige Problem die besten der kreativen Wissenschaftler herauszufordern begonnen (von Neumann 1958; Shklovskii und Sagan 1966; Brillouin 1956). Die Begriffe Denken, Erkennen und Wiedererkennen, Konzeptformation, Problemlösen, induktives und deduktives Schließen, Intelligenz, Planen sowie Einsicht wurden auf zunehmend höherem theoretischen Niveau von zahlreichen Forschern in diesem logisch-mathematischen Kontext untersucht, jedoch nicht so sehr mit der Sprache der Humanpsychologie, wo diese Begriffe doch ihren Ursprung haben. Eine Forschungshauptströmung betonte den dynamischen Erwerbsprozeß von intellektuellen Fähigkeiten und Erkenntniszuständen mittels Ein-Ausgabe. Dies war jener Ansatz, der zu der Entwicklung der Theorie der adaptiven Kontrollsysteme mit Rückkoppelung und Selbstregulierung parallel lief (Wiener 1948; Ashby 1953; Solomonoff 1956), nämlich des Lernens durch induktive Inferenz. Der Ansatz hat aber den Höhepunkt seiner Popularität überschritten und ist nun außer Mode. Trotz eindrucksvoller Belege für ein Lernen durch Rechenanlagen (Uhr 1964; Samuel 1959) dürfte der weitverbreitete und populäre Glaube bestehen, daß nicht genug Ideen darüber vorliegen, wie *allgemeine* Lernprogramme, die einer Rechnerrealisierung dessen, was wir bei Personen ein Lernen der sophistiziertesten Art nennen, nahe kommen, zu entwerfen sind (wir teilen diesen Glauben nicht und hoffen, den Leser von unserem Standpunkt überzeugen zu können).

Eine zweite, heute vorherrschende Forschungsrichtung betont die Suche nach effizienten logischen Darstellungen, nach geistvollen Heuristiken, nach mächtigen deduktiven Inferenzschemata und nach linguistischen Verarbeitungsprozeduren, um spezifische Probleme durch Rechenanlagen zu lösen (Amarel 1966; Minsky 1970; Newell und Ernst 1965). Dies führte zu den bedeutendsten Beiträgen in der Kunst des Programmierens. Da dies aber eben sehr viel einer Kunst an sich hat, wurde dadurch ebenso wenig der Weg zu einem Entwurf eines *allgemeinen* Problemlösers, der rationellerweise auf brauchbaren theoretischen Fundamenten beruht, erleuchtet wie durch den oben genannten Lernansatz.

Eine dem „Lernen" und dem „Denken" gemeinsame wesentliche Eigenschaft ist die Unabhängigkeit vom jeweiligen Gegenstandsbereich. Die Aussage, daß ein Objekt (eine Maschine oder ein lebender Organismus) lernen oder denken kann, bindet uns nicht an die Aussage, daß es in einem von mehreren speziellen Bereichen (Schachspiel, Algebra, usw.) lernen oder denken kann. Die Betonung dieses Standpunktes unterscheidet die hier dargelegten Ideen von den Ideen anderer Forscher. Ich glaube nicht, daß wir uns auf dem Weg zu einem Verständnis des Lernens, Denkens oder auch Problemlösens befinden, wenn wir nicht Prinzipien für einen Entwurf eines Automaten, der etwa Dame und Schach spielen lernen kann — ohne die Regeln für beide eingebaut zu haben —, angeben können.

In den hier vorliegenden vier Abschnitten fassen wir das kognitive Lernen als einen mathematischen Prozeß auf. In funktioneller Hinsicht werden wir vielleicht eines Tages, wenn wir genug darüber wissen, die Ähnlichkeiten zwischen solchen Prozessen in Menschen — in diesem Kontext hat die Terminologie ja ihren Ursprung — und in programmierten Rechenanlagen sehen; in struktureller Hinsicht gibt es allerdings keinen Grund zu erwarten, daß diese Prozesse in Gehirnen in einer Weise, die der Implementation in Rechnern gleicht, auftreten: die beiden „Technologien" unterliegen unterschiedlichen Beschränkungen. Es ist natürlich möglich, wenn auch unwahrscheinlich, daß die zukünftige Rechnerarchitektur der Organisation des Nervensystems anpaßbar ist (die Architektur von Flugzeugen konnte allerdings nicht sehr eng an jene der Vögel angepaßt werden).

Das Haupthindernis für Fortschritte in diesem Bereich stellt die Schwierigkeit dar, essentielle, aber erreichbare Forschungsziele zu formulieren, wobei „essentiell" „Allgemeinheit" beinhalten soll. Um die Existenz eines Automaten, der seine Umwelt darstellen und seine Problemlösungsmächtigkeit kontinuierlich erhöhen kann, zu zeigen, ist es wichtig, ein spezifisches Prototypmedium — wie das Dame-Spiel — auszuwählen, dieses aber so zu verwenden, daß die Beweisführung und die Behauptung unabhängig von diesem Medium ist.

Die Verwendung der mathematischen Logik und von hoch-niveauigen Programmiersprachen — überprüft mit einem konkreten und bedeutsamen Interpretationssystem — dürfte die gewünschte Beweisführung von Existenztheoremen durch Konstruktion ermöglichen.

Wir wollen hier Lernen in doppeltem Sinn konzeptualisieren: (1) verhaltensmäßig als eine Erhöhung der Anzahl von Wahlen für steigend effektivere Aktionen; und (2) als Erhöhung der „Kultivierung" eines Systems bei der internen Darstellung der externen Welt. Ein Schlüsselproblem besteht im Beweis von Theoremen, die die Existenz von Automaten, die unter Berücksichtigung von Speicher-, Komplexitäts- und Verarbeitungsgeschwindigkeitsbeschränkungen in beidem Sinn lernen können, behaupten. Ein anderes Problem ist, zu zeigen, daß Lernen in einem Sinn logisch notwendig für ein Lernen im anderen Sinn ist.

Im verhaltensmäßig-operationalen Sinn fassen wir den Lernenden als einen deterministischen, synchronen Automaten mit endlicher Zustandsmenge sowie kodierten Eingaben aus der Umwelt und kodierten Ausgaben an die Umwelt auf. Eine derartige Ausgabe bestimmt gemeinsam mit dem laufenden Zustand den nächsten Zustand. Von jedem Zustand wird angenommen, daß er für den Lernenden einen relativen Nutzen besitzt. Eine Ausgabe ist effektiv, wenn sie Umgebungsübergänge in Zustände mit höherem Nutzen bewirkt. Aktionen sind *steigend* effektiv, wenn in der Zeit effektivere Ausgaben häufiger gewählt werden, oder die Effektivität größer wird.

Der Lernende kann ankommende Daten auf vier Arten verarbeiten:

(1) er registriert die Eingabesignale und speichert sie in einer einfachen erreichbaren Form, bis die Gedächtnisschranken überschritten werden;

(2) er erzeugt Hypothesen (erster Ordnung) aus der Eingabeinformation, die von den Daten abstrahieren, die die Daten generalisieren sowie zusammenfassen und Vorhersagen erlauben;

(3) er bildet aus den Hypothesen erster Ordnung und aus den Daten Hypothesen zweiter Ordnung, setzt sie durch die Benennung neu erzeugter Konzepte zusammen, formuliert Fragen von variierender Tiefe und behauptet bedeutungsvolle Verknüpfungen zwischen diesen;

(4) er verwendet alle gespeicherten Hypothesen für die Auswahl von Ausgaben derart, daß der Nutzen optimiert wird. Den letzten Typ der Informationsverarbeitung interpretieren wir als die Anwendung der „Weisheit".

Alle vier Typen der Informationsverarbeitung involvieren Systeme der Darstellung von verschiedenem Feinheitsgrad. Nur der vierte Typ entspricht dem kognitiven Lernen in dem hier aufgefaßten *vollen* Umfang.

Eine Bestandsaufnahme: Ausgewähltes Vor-Wissen

Wir diskutieren hier neben anderen Fragen auch folgende Probleme:

(a) Wie können externe Ereignisse in einem physikalischen System dargestellt werden, das diese Darstellungen verarbeiten und zur Selbststeuerung verwenden kann?

(b) Wie läßt sich eine Maschine entwerfen, die wir nur so weit spezifizieren, wie es unsere Unsicherheit über ihr geplantes Verhalten erlaubt? Welche Art von Algorithmen soll bestimmen, wie eine derartige Maschine ihre eigenen Programmerzeugungsalgorithmen bilden soll, damit sie in der Zeit und mit genügend Eingaben aus der Umwelt, in der die Maschine arbeiten muß, so arbeitet, wie *wir* wollen, daß sie arbeitet, wenn dieselben Eingaben aus der Umwelt unsere Unsicherheit über ihr geplantes Verhalten reduziert?

(c) Wie kann eine derartige Maschine die eigene Organisation der dargestellten Kenntnisse, ihre eigene Darstellung und ihr Darstellungssystem modifizieren, damit ihre Leistung nicht abnimmt?

(d) Wie lassen sich gespeicherte Darstellungen für die Steuerung von Aktionen zur effektiven Leistung verwenden?

18*

Frühe Arbeiten, die sich mit künstlicher Intelligenz befaßten, haben diese Fragen nicht als primär betrachtet. Das „Darstellungsproblem" wurde als ein zentrales Problem zuerst in Kochen (1960b) betont. Die meisten Fortschritte seit damals umfassen Speicher- und Suchmechanismen; die meisten Einsichten in Darstellungsprobleme lieferten Arbeiten von Mathematikern, Logikern und Philosophen (Menzel 1970; Tsetlin 1963; von Cube 1965).

Ein Speicherprozeß involviert die Einführung, Aufrechterhaltung und Organisation einer Relation zwischen einer Menge von physikalischen Zuständen und einer Menge von Symbolen, auf die zurückgegriffen werden kann. Ein physikalisches System ist ein Speicher, wenn es durch eine Menge von Zuständen und eine Übergangsfunktion, die — bei gegebenem laufenden Zustand und einer Eingabeinformation — den nächsten Zustand spezifiziert, charakterisiert ist. Vermutlich sollte es auch möglich sein, zu jedem Zeitpunkt mit Informationseingaben teilweise oder vollständig den Zustand zu bestimmen; es scheint notwendig zu sein, daß die Zustände eines physikalischen Systems, wenn es ein Speicher sein soll, stabil sein müssen, d. h., die potentielle Energie p des physikalischen Systems als Funktion einer Kontrollvariablen x, die die Informationseingabe darstellen soll — etwa elektrischen Strom oder Distanz —, muß mindestens zwei Minima haben (Abb. 1).

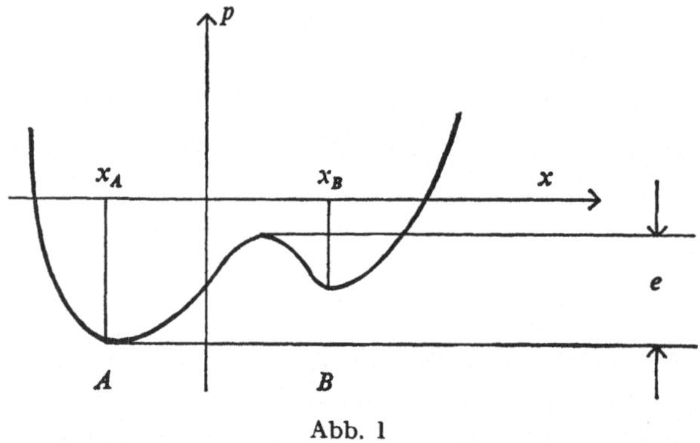

Abb. 1

Um in Abb. 1 aus dem Zustand A in den Zustand B überwechseln zu können, verlangt, x von x_A auf x_B zu erhöhen und dadurch die Energie e für die Überwindung der Schranke heranzuziehen. Einmal in B, werden vermutlich genügend kleine Rauschschwankungen zwar eine geringe Abweichung von B bewirken, aber nicht ausreichen, das System nach A zurückzuführen.

Biologen haben dieses Stabilitätskriterium nicht als notwendig für die von ihnen betrachteten biochemisch-physikalischen Speichersysteme übernommen. Es ist natürlich möglich, daß Speichermechanismen vom „Analog"-Typ — wie elektrische Kondensatoren — wirksam sind; möglicherweise existieren beide Typen in lebenden Systemen. Wenn die Ranvierschen Einschnürungen, die entlang einer langen Nervenfaser etwa millimeterweise verteilt sind, als Verstärker und Überträger des Signals dienen, dann würde eine nicht-digitale Kodierung des

Signals die zuverlässige Übermittlung zum Gehirn wegen der Kumulierung von kleinen Fehlern an jeder Übertragungsstation völlig unmöglich machen. Dies ist ein starkes Argument dafür, daß mindestens ein gewisser Aspekt der neuralen Kodierung digital ist. Dieses Problem ist von gewisser Bedeutung, da die Möglichkeiten für eine Benennung (Bezugnahme) bei digital gekodeten Signalen größer sind.

Die klassische (von Neumann-) Organisation eines Speichers mit 2^n Zuständen besteht in dessen Charakterisierung durch m Partionen der 2^n Zustände in $2^{n/m}$ Mengen von je $2^{n-n/m}$ Zuständen (m ist Teiler von n). Demnach können der Zustandsmenge einer Maschine mit 64 Zuständen drei Partionen zugeordnet werden, deren jede die 64 Zustände in vier Mengen mit je 16 Zuständen aufteilt. Dies korrespondiert mit drei Adressen von je zwei Silben:

0	1	1	0	0	1

Adr. 1　　　　Adr. 2　　　　Adr. 3

Die Adresse 1 könnte etwa 01 enthalten, dem die Menge von 16 verschiedenen Zuständen der Maschine entspricht, korrespondierend mit allen möglichen 6-Silben-Wörtern, wo die ersten beiden Silben 01 sind. Dies entspricht auch einer „kartesischen" Zerlegung der Maschine in Teile (Kochen 1958; Roosen-Runge 1967).

Bei einer einfachen Programmierung in Maschinensprache können die Adressen — im obigen Beispiel die drei Namen der drei Partionen — als Namen von Variablen verwendet werden, wobei jede über die Elemente der Partition läuft. Jedes Element der Partition — im Beispiel der Menge von 16 Zuständen — ist ein Wert der Variablen und selbst wieder benennbar. Um für die Zuweisung von Namen zu Variablen genügend *Wahlfreiheiten* zu haben — und dies ist eine der wichtigsten Quellen für Untersuchungen des kognitiven Lernens, die bis etwa 1960 noch nicht erschlossen war — greifen wir auf den Begriff der höher-niveauigen Programmiersprachen, beginnend mit Assemblern, zurück. Die Idee der Verkettung führt einen Schritt weiter über den Gebrauch von beliebigen Namen für Variablen, denen durch das Programm Adressennamen zugewiesen werden, hinaus. Ihre Anwendung wurde durch Minsky und McCarthy im „Advice Taker" vorgeschlagen (McCarthy 1959), sowie von Newell und Simon für ihr Schachprogramm (Newell 1955; Newell, Shaw und Simon 1958), den Programmen für Aussagenlogik (Newell und Shaw 1957; Amarel 1964) und für Beweise von Theoremen in der Geometrie mit dem Diagramm als Heuristik (Gelernter 1959) aufgegriffen, um nur einige der frühen Untersuchungen zu erwähnen. Die Anwendung der Verkettung oder „Listen" ist immer noch modern, obwohl eine Reihe von Variationen der Basisidee sehr erfolgreich eingesetzt wurden, besonders bei der Verarbeitung von graphischen Daten.

Es ist heute allerdings ziemlich viel über die verschiedenen Arten der Organisation von Datenelementen, die gespeichert und durch Programme erreichbar sein sollen, bekannt (Knuth 1968). Die einfachste Organisationsart ist die lineare Liste —

die auf der oben erwähnten Verkettungsidee beruht — und enthält als Spezialfälle Stapelspeicher (wo alle Einfügungen, Löschungen und die meisten Zugriffe nur an einem Ende durchgeführt werden), Schlangen (alle Einfügungen werden an einem Ende, alle Löschungen am anderen Ende vorgenommen), „Deques" (ein allgemeiner Name für Stapelspeicher und Schlangen), Kreislisten, doppelt verknüpfte Listen und Felder. Die komplexeste Organisationsweise ist eine mehrfach verknüpfte Struktur mit vielen Verknüpfungsarten (Kochen 1967); gerade dies ist für die Beweisführung der Existenz von kognitiven Lernalgorithmen äußerst relevant.

Simultan mit der Entwicklung von hoch-niveauigen Sprachen und den Freiheiten, die sie den Programmierern für die Erzeugung von verschiedenen Datenstrukturen gaben, lief die Entwicklung der Schwellennetzwerktheorie. Beginnend mit der Idee der Zellverbände (Hebb 1949) und dem weiteren Fortschritt von den McCulloch-Pitts-Netzen zu Perzeptronen, hat nun der Entwurf von Schaltkreisen und adaptiven logischen Netzen einen bemerkenswerten ausgefeilten Stand erreicht.

Es sind nun gerade die Möglichkeiten von hoch-niveauigen Sprachen der 70er Jahre, wie etwa SNOBOL4 (Griswold, Poage und Polonsky 1968) und die Idee der virtuellen Speicher, die für unsere zentralen Fragen fruchtbare Zugänge gestatten dürften.

1960 wurde der Stand der Entwicklung dessen, was wir (Kochen 1960b) als Suchprozesse bezeichneten, durch das Programm von Samuel für das Lernen des Damespiels (Samuel 1959), durch die Arbeiten von Newell und Simon über die Verwendung von Heuristiken (Newell und Simon 1959), durch die Programme von Barricelli (1957) bzw. Bremermann (1958) für die Evolution durch natürliche Auslese, durch die Theorie adaptiver Servomechanismen (Wiener 1948) und durch unsere eigenen Arbeiten über Konzeptbildungsprozesse (Bruner, Goodnow und Austin 1956; Kochen 1960a; Kochen 1962a, b) repräsentiert. Im großen und ganzen hatten diese Ansätze die Beschränkung gemeinsam, daß das Ziel des Suchprozesses — das, was zu lernen war — ein Element einer *a priori* spezifizierten Menge — üblicherweise eine endliche Menge mit explizit aufzählbaren Elementen — war. Ein erster Schritt darüber hinaus war das AMNIP-System (Kochen 1967), in dem gespeicherte Informationen als Aussagen in einem speziell angewendeten Prädikatenkalkül, der in Listenstrukturen organisiert war, dargestellt wurden, und die Suche wurde durch eine Verfolgung von „Assoziationsspuren" — wie sie Bush (1945) in der „Memex"-Idee vorschlug — durchgeführt. Der Hauptfortschritt bei Suchprozessen bestand allerdings in der Entwicklung von Algorithmen (Ende der 60er Jahre), die auf dem Resolutionsprinzip zur Suche nach Beweisen von gegebenen Aussagen beruhten. Die Menge der möglichen Beweise ist dabei *a priori* nur durch die Wohlformungsregeln, die Axiome und die Inferenzregeln spezifiziert. Dies ist zwar für unsere zentralen Probleme, die die Suche nach nützlichen Aussagen vor oder unabhängig von einer Suche nach Beweisen erfordern, immer noch peripher, nichtsdestoweniger stellen die Fortschritte in diesem Bereich wertvolle Konzepte und Techniken — speziell die Verwendung der modernen Logik und Modelltheorie — zur Verfügung, die Zugänge zu unseren Fragen erlauben.

Trotz den Beiträgen von Logikern wie Gödel (1931) und Church (1934), Philosophen wie Myhill (1952), Mathematikern wie Pólya (1954), Hadamard (1945) und Poincaré (1914), sowie einigen eindrucksvollen Experimenten von Gestaltpsychologen wie Köhler (1926) und Piaget (1952), war der Fortschritt in Richtung auf ein Verständnis der „Darstellungs"-Idee nur langsam. In gewissem Sinn begannen diese Beiträge übrigens schon mit den Regeln des rationellen Denkens von Descartes, die er auf sich selbst anwendete und die ihn zur Entdeckung der analytischen Geometrie führten. Poincaré fügte zu diesen Regeln fast 400 Jahre später ein einfaches, aber profundes Thema: Entdeckung ist Auswahl. Poincaré glaubte, daß die Angabe von Regeln zur Wahl zwischen zahlreichen, durch Regeln formbaren Kombinationen praktisch unmöglich ist; sie „müßten eher *erfühlt* als formuliert werden". Diese Ansicht — die implizieren würde, daß eine Maschine, die Entdeckungen machen kann, unmöglich ist — dürfte auch Pólya teilen und durch Experimentalpsychologen wie Mowrer (1961) unterstützt werden. Myhill (1952) vermutete, daß die grundlegenden Resultate von Gödel und Church als psychologische Gesetze (Gesetze der Informatik?) über Beschränkungen des möglichen Wissens interpretiert werden können. Er formulierte dies so: „Unsere Kreativität übertrifft unsere Kapazität der Antizipation des Ergebnisses dieser Kreativität", und er klassifizierte als wohl-geformte Formeln ausdrückbare Ideen in drei Typen:

(1) effektive, wenn Organismen so trainiert werden können, daß sie bei deren Vorhandensein und bei deren Fehlen jeweils anders antworten (entspricht der Rekursivität);

(2) konstruktive, wenn Organismen so trainiert werden können, daß sie einem Programm derart folgen können, daß die Form, in der die Idee ausgedrückt ist, früher oder später konstruiert wird (entspricht der rekursiven Aufzählbarkeit);

(3) prospektive, wenn ein gewisser Organismus „sich mit dem Gedanken trägt", der der Formel entspricht, und die Formel weder effektiv noch konstruktiv ist.

Diese tiefen Einsichten könnten als Zweifel an der Meinung von Turing, daß eine Maschine denken kann, aufgefaßt werden. (Würde Turing meinen, daß eine Maschine kreativ denken und Erfindungen oder Entdeckungen machen könnte?) Der Schlüssel zur weiteren Erhellung dieser Fragen dürfte in einer besseren Erklärung der Idee der „Darstellung" liegen. Kleine Schritte in diese Richtung wurden schon getan (Amarel 1968; Newell 1966); die hier dargestellten Ausführungen sind ein weiterer Beitrag dazu.

Einige Forscher im Bereich der künstlichen Intelligenz glauben, daß der Fortschritt in Richtung auf die Formation von Programmen — viele stimmen darin überein, daß dies ein Schlüsselproblem von zeitgenössischem Interesse ist — mit der These, daß „Prozeduren" oder Programme gute Darstellungen für Daten in einem Programm, das auf Instruktionen, die ähnlich des Englischen sind, antwortet bzw. über diese spricht, sind, den Plafond erreicht hat (Winograd 1972). Nach meinem Wissen betont lediglich der Ansatz zur Theorie der Darstellung, wie er hier beschrieben wird, die Formation von Programmen zur Bewältigung von *realen* Problemen als Eingabe im Gegensatz zu der Beantwortung von wohl-definierten Problemstatements. Das Problemlösen im Kontext wohl-definierter Problemstatements (Newell und Simon 1972; Simon und Siklossy 1972) wird immer noch weitgehend als Pfadreduktion und effiziente Suche aufgefaßt.

Das Gesamtmodell: Informationsverarbeitung

In diesem Abschnitt wollen wir die Hauptideen unseres Erklärungsversuches mit einem Spezialfall skizzieren, um die weitere Schilderung zu vereinfachen. Das allgemeine formale Modell wird dann im II. Teil vorgestellt. Als Bezug stelle man sich nun zwei Lernende L_1 und L_2 vor, die mit einer gemeinsamen externen Umwelt E in Kontakt stehen. Wir (die Untersuchenden, die in der Sprache dieses Aufsatzes kommunizieren) fassen E als durch das Folgende darstellbar auf:

(1) eine Menge von $n^2(n^2 - 1)$ Zuständen, interpretiert als alle möglichen Positionskonfigurationen von zwei mit A und B bezeichneten Punkten in einem $n \times n$-Gitter; ein beliebiger Zustand s wird durch den vierkomponentigen Vektor (x_A, y_A, x_B, y_B) bezeichnet, wobei jedes Glied Werte von 0 bis $n - 1$ annehmen kann;

(2) eine Übergangsfunktion f, die jedem Zustand s einen „nächsten" Zustand s' zuordnet, der aber nur durch die Spezifikation von Werten für a_1 und a_2 aus beliebigen Mengen A_1 und A_2 eindeutig bestimmt ist. a_i interpretieren wir als Ausgabe oder Aktion von L_i, $i = 1, 2$, und als Eingabe in E (Kochen 1958). Beispielsweise sei a_i der zweigliedrige Vektor (a_{xi}, a_{yi}), wobei a_{xi} und a_{yi} beliebige natürliche Zahlen sind, und f sei $(x_A + a_{x1}, y_A + a_{y1}, x_B + a_{x2}, y_B + a_{y2})$ mod n; f bildet s in $s' = (x_A', y_A', x_B', y_B')$ ab.

(3) eine Nützlichkeits- oder Wertfunktion v, die jedem Zustand s einen zweigliedrigen Vektor $u = (u_1, u_2)$ zuweist. u_i interpretieren wir als Nützlichkeit des Zustandes s für L_i, $i = 1, 2$, und wir nehmen an, daß u_i eine reelle Zahl ist.

Beispiel für eine reine Konfliktsituation:

$$(u_1, u_2) = \begin{cases} (-1, 1), \text{ wenn } x_A = x_B \\ (1, -1), \text{ sonst.} \end{cases}$$

Beispiel einer Situation, die Kooperation erfordert:

$$(u_1, u_2) = \begin{cases} (1, 1), \text{ wenn } x_A = x_B \\ (0, 0), \text{ sonst.} \end{cases}$$

Der Lernende L_i möge folgende Eingabe, die einem beliebigen Zustand von E entspricht, als ein 9-Tupel von Zahlen empfangen:

$$(x_A, y_A, x_B, y_B, a_{x1}, a_{y1}, a_{x2}, a_{y2}, u_i), \qquad i = 1, 2.$$

Wird dies als Eingabe gegeben, so führt L_i den ersten und gelegentlich auch die anderen der folgenden vier Algorithmen aus:

(1) Berechnung von $a_i' = (a_{xi}', a_{yi}')$ aufgrund von gespeicherten Hypothesen über die Funktionen f und v.

(2) Speicherung und Anwendung der Eingabe als Prüfung einiger „wertvollerer" gespeicherter Hypothesen und Neuorganisation des Speichers.

(3) Formation von Hypothesen, einschließlich von Hypothesen über früher gespeicherte Hypothesen.

(4) Modifizierung des Darstellungssystems, das spezifiziert, welche neuen Hypothesen geformt werden können; dies schließt die Formation neuer Prädikate ein.

Diese vier Algorithmen werden selbst durch einen *Hauptalgorithmus* modifiziert (oder sind dessen Produkte), der fixiert und durch uns (die Untersuchenden/die Entwerfer) spezifiziert ist, und *der das ist, was L_i kennzeichnet*. Dieser Hauptalgorithmus bildet dann Algorithmen, die Hypothesen von neuen Prädikaten formen und testen sowie Aktionen erzeugen. Er modifiziert (oder erzeugt) einen fünften Algorithmus (einen Kontrollalgorithmus), der die Durchführung der anderen vier Algorithmen steuert und koordiniert — d. h., bestimmt, wann welcher Algorithmus in Aktion treten soll.

Den Hauptalgorithmus L_i können wir noch nicht vollständig detailliert und allgemein spezifizieren; wir können aber die ersten vier der fünf Algorithmen, die er modifiziert, spezifizieren. Wir illustrieren jetzt, wie die ersten Algorithmen arbeiten würden, durch ein einfaches Beispiel mit nur einem Lernenden L_1; s sei hier ein eingliedriger Vektor — Wertebereich $0, 1, 2, \ldots$ — und $a_1 = a$ oder $a_1 = b$. Sei

$$f(s, a_1) = s' = \begin{cases} s + 1, & \text{wenn } a_1 = a, \text{ für alle } s \\ s - 1, & \text{wenn } a_1 = b, \text{ für alle } s \geqslant 1 \\ 0, & \text{wenn } a_1 = b, s = 0 \end{cases} \tag{1}$$

und

$$v(s) = u_1 = 2^{s(6-s)}. \tag{2}$$

Eingaben in L_1 sind Tripel (s, a_1, u_1), etwa

$(0, a, 1)$, $(1, a, 32)$, $(2, a, 256)$, $(3, a, 512)$, $(4, a, 256)$, $(5, a, 32)$, $(6, a, 1)$, $\ldots$.

Das Obige ist die Eingabefolge, die L_1 tatsächlich empfangen würde, wenn *er immer $a_1 = a$ auswählt*. Selbst bei so einer stereotypen Antwort könnte L_1 eine Hypothese über die Funktion $v(s)$ bilden, wenn er $(6, a, 1)$ empfängt. Der nächste Zustand wird 7 und das entsprechende u_1 wird 2^{-7} sein, aber L_1 könnte „gut damit fahren", $a_1 = b$ zu versuchen und dies weiterzuführen. Dann könnte das Folgende eine einleuchtende Fortsetzung der obigen Eingabefolge sein:

$(7, b, 2^{-7})$, $(6, b, 1)$, $(5, b, 32)$, $(4, b, 256)$, $(3, b, 512)$, $(2, b, 256)$, $\ldots$.

Bis jetzt könnte L_1 eine Hypothese über $f(s, a_1)$ gebildet haben. Sind diese Hypothese und die Hypothese über v plausibel und zu diesem Zeitpunkt in Verwendung, dann könnte eine vernünftige Fortsetzung der Eingabefolge etwa sein:

$$(1, a, 32), (2, a, 256), (3, b, 512), (2, a, 256), (3, b, 512), (2, a, 256), \ldots$$

Es ist zu bemerken, wie leicht *wir* die eher umständlichen Notationen der Gleichungen (1) und (2) durch Verbalisierung umgehen können, beispielsweise zum Zeitpunkt (oder Versuch) $t = 6$: ist der Zustand von E größer als 3, sinkt mein Nutzen, aber ich kann den Zustand durch die Wiederholung der Ausgabe b auf 3 zurückführen.

Wir sagen, daß dieser Lernende zum Zeitpunkt (Versuch) $t = 6$ eine Möglichkeit dafür erkannt hat, wie sein Nutzen maximiert werden könnte (d. h., er erkannte eine Aufgabe), und er fand einen Weg, dies zu bewerkstelligen. Angenommen, er beharrt auf der durch die letzte Eingabefolge gezeigten Strategie, sodaß sein Nutzen alternativ 512 und 256 ist. Nehmen wir noch an, daß f nicht durch die Gleichung (1) gegeben war, sondern nur durch Gleichung (1) für $t < 20$ sowie durch

$$f(s_1, a_1) = \begin{cases} s + 3, & \text{wenn } a_1 = a \\ s - 1, & \text{wenn } a_1 = b \end{cases} \quad \text{für alle } t \geqslant 20. \tag{3}$$

Zu den Zeitpunkten $t = 20, 21, 22, 23, \ldots$ wird L_1 daher die Änderungen

$$(2, a, 256), (5, b, 32), (4, a, 256), (7, b, 2^{-7}), \ldots$$

feststellen. Wahrscheinlich die beste Art, von hier aus fortzusetzen, ist $(6, b, 1)$, $(5, b, 32)$, $(4, b, 256)$, $(3, b, 512)$, $(2, b, 256)$, $(1, b, 32)$, $(0, a, 1)$, $(3, b, 512)$, $(2, b, 256)$, $(1, b, 32)$, $(0, a, 1)$, $(3, b, 512)$. L_1 beginnt zu *lernen*, wenn er seinen Hypothesenspeicher kurz nach $t = 20$ mit relativ geringem Verarbeitungsaufwand modifizieren kann derart, daß er eher frühzeitig als Antwort auf den geringen Wechsel in $f(s, a_1)$, wenn t bis 20 ansteigt, die Maximierung des Nutzens wieder aufnimmt.

Der Aktions-Auswahlalgorithmus ist also ein Algorithmus, der jeder Eingabe (s, a_1, u_1) ein Element aus A_1 zuordnet. Dies kann er durch Aufruf einer von verschiedenen Routinen machen, deren einfachste — wie früher gesehen — der vollständigen Stereotypie entspricht: wähle a unabhängig von der Eingabe aus. Eine andere, etwas weniger stereotype Routine ist, die letzte Wahl zu wiederholen, wenn u_1 hoch war, und irgendetwas anderes zu wählen, wenn u_1 niedrig war. „Keine Antwort" wird als ein spezielles Element von A_1 aufgefaßt. Keine speziellen Elemente von A sind für eine Interpretation als „Vermeidungs"- oder „instrumentelle" Antworten vorgesehen.

Die Eingabe (s, a_1, u), die wir hier als ein Zahlentripel auffassen, verweist auf physikalische Signale: bezieht sich E auf ein physikalisches System im Zustand s, das einem Zustandsübergang, der einen Anstieg oder Abfall von Energie involviert, unterliegt, und bezieht sich L_1 ebenfalls auf ein physikalisches System (d. h., der Hauptalgorithmus L_1 ist „eingebettet" oder gespeichert), das mit E verknüpft ist, dann kann L_1 auf diesen Energiewechsel „antworten" — d. h., ihn fühlen, durch ihn beunruhigt sein, ihn messen: L_1 muß den Energiewechsel ausgleichen oder annehmen — dies resultiert in einem Signal. Insoweit L_1 als Signaldetektor/Entkoder im Sinn der Informationstheorie organisiert ist, empfängt L_1 Informationen als Eingabe. Die Ausführung des Algorithmus, der dieser Eingabe ein Element von A — das sich ebenfalls auf ein physikalisches Signal bezieht — zuweist, ist *Informationsverarbeitung* im Sinn von Turing (1936), Shannon und Weaver (1949), Brillouin (1956): Information ist von Bedeutung zu trennen und bezieht sich nur auf Kodesignale und die Auswahl eines aus der Gesamtheit aller möglichen Kodesignale.

Ein solches adaptives Informationsverarbeitungssystem, in dem der Ausgabeauswahlalgorithmus kontinuierlich modifizierbar ist, hat sich stabilisiert, wenn kleine „Änderungen" in der Umwelt im schlechtesten Fall nur kurzzeitige Abweichungen von einem Aktionsauswahlalgorithmus, gegen den das System konvergiert, bewirken. Bringt dieser Algorithmus auch einen hohen Nutzen bei „Gleichgewicht", dann nennen wir das System einen „normalen" Informationsverarbeiter.

Verarbeitung des Wissens

Um kognitive Prozesse zu behandeln, müssen wir über Systeme, die *Information* ohne Bedeutung verarbeiten, hinausgehen zu Systemen, die Information mit *Bedeutung* verarbeiten. Nach Churchman (Kochen 1969d) ist Wissen Information, die mit einer Orientierung, einem Standpunkt versehen ist. Um dies zu erklären, ziehen wir die Konzepte der modernen Logik und speziell den Begriff einer *Interpretation*[1], die einem logischen System G entspricht, heran. Unter G verstehen wir hier ein formales 5-Tupel, wie dies etwa zur Spezifikation einer formalen Grammatik verwendet wird: $\{V_T, V_N, V_D, R, T\}$. Dabei ist R eine Menge von Formationsregeln, T ist eine Menge von Transformationsregeln, V_D ist eine Menge von ausgezeichneten Symbolen, aus denen Behauptungen, Fragen usw. sowie andere wohl-geformte Formeln erzeugt werden, V_N ist eine Menge von „Nicht-End"-Symbolen, die nur für die Formulierung der Regeln von R und T verwendet werden, und V_T schließlich ist eine Menge von formalen „End"-Symbolen, die in Aussagen auftreten („Oberflächenketten"). V_T ist besonders wichtig; wir bilden dazu folgende Partition: eine Menge C von Namen (= Symbolen) für Individuenkonstanten und Klassennamen; eine Menge V von Namen, die über C variierende Variablen bezeichnen; eine Menge P von Prädikatennamen; eine Menge F von Funktionsnamen, und die Menge der logischen Quantoren und Konstanten $\{(A), (\exists), \neg, \Rightarrow, \&, V\}$. $\neg$ steht hier für die Negation. Ein Interpretationssystem ist spezifiziert durch einen Gegenstandsbereich D, eine Abbildung von C in D, eine Abbildung von P in $\{D \cup D \times D \cup D \times D \times D \cup \ldots\}$. Unter einem *Darstellungssystem* verstehen wir G zusammen mit seinem Interpretationssystem.

---

[1] Anmerkung des Autors: Die formale Definition der *Darstellung* wurde ziemlich revidiert; die letzte Version ist vollständiger in Kochen (1973) entwickelt.

Wir betrachten besonders C, P und F und die diesen im Interpretationssystem entsprechenden Mengen; diese drei Mengen unterliegen der Modifikation — besonders der Erweiterung — durch den Hauptalgorithmus L_1.

Sei SR_i das Darstellungssystem von L_i; dies ist selbst ein Variablenname. Sein Wert — ein Darstellungssystem — variiert von einem Lernenden zum anderen (mit $i = 1, 2$), einschließlich einem SR_0, dem von uns (den Untersuchenden/Entwerfern) verwendeten Darstellungssystem für die Angabe von f und v, und er variiert auch für ein gegebenes i mit der Zeit. Die von L_i empfangene Eingabeinformation ist ein Element des Gegenstandsbereiches in SR_i. Werden solche Eingaben kumulativ gespeichert, wird daher ein endlicher Datenkörper gebildet.

Der formal-logische Systemteil von SR_i, G_i, spezifiziert eine (unendliche) Menge von wohl-geformten Formeln (oder Aussagen); entsprechend dem Interpretationssystem kann jede wahr, falsch oder ungeprüft sein. Sei diese Aussagenmenge $\mathscr{L}(G_i)$. An diesem Punkt weichen wir vom Verfahren des Aufbaus formaler Theorien ab: ein Darstellungssystem braucht nicht (obwohl es so sein kann) durch eine feste Axiomenmenge und Inferenzregeln spezifiziert zu sein. Mit Hilfe der Algorithmen 2 und 3, in denen wir fordern, daß L_i Erzeugungs- oder Modifikationsmöglichkeiten hat, werden Hypothesen gebildet. Zu einem beliebigen Zeitpunkt gibt es einen endlichen Hypothesenkörper, den wir (Körper der) Darstellung(en), CR_i, für L_i nennen.

Eine Hypothese h ist eine Aussage aus $\mathscr{L}(G_i)$, die zusammen mit einer Evidenzgewichtsfunktion $w(h)$ — Grad der Glaubwürdigkeit — und einer Funktion $w'(h)$ — Grad der Bedeutung — für die Speicherung in CR_i ausgewählt wurde. Nehmen wir beispielsweise an, G_i enthalte alle für die Arithmetik der ersten Stufe nötigen Symbole (Mendelson 1964) und drei spezielle Prädikatensymbole IDO, ISE und ILK. Beispiele von wohl-geformten Formeln sind dann:

(a) $(\exists s)\mathrm{ISE}(s)$ & $(s = 5) \Rightarrow \mathrm{ILK}(s)$. Dies wird von uns so interpretiert: „Es gibt einen Zustand von E, nämlich 5, den L_i möchte: $u_1 = 512$".

(b) $(\mathsf{A}s)\mathrm{ISE}(s)$ & $\mathrm{IDO}(a) \Rightarrow \mathrm{ISE}(s + 1)$; interpretiert als „Wenn ich die Aktion a wähle, sofern der Zustand von E gleich s ist, ist für alle s der nächste Zustand $s + 1$".

Die erste Aussage ist wahr, wenn eine Eingabe wie $(3, a, 512)$ im Datenkörper von SR_i gespeichert ist. Wir könnten sagen, daß die Aussage $(\exists x)(s = 7)\,\neg\mathrm{ILK}(s)$ wahr ist, wenn $(7, a, 2^{-7})$ im Datenkörper gespeichert ist. Eine Hypothese h, die eine solche wohl-geformte Aussage ist, wird *bekräftigt*, wenn entweder h als wahr oder $\neg h$ als falsch im Interpretationssystem gefunden wird. Eine Zurückweisung von h veranlaßt nicht notwendig den Algorithmus 2, h aus CR_i zu entfernen. Es können sogar Hypothesen mit dem Gewicht 0 vorübergehend in CR_i sein. Die Zurückweisung von h verringert $w(h)$, und h kann im Speicher mit reduziertem Gewicht verbleiben oder modifiziert werden. Die elementarste Modifikationsart ist eine Einschränkung durch Ausnahme. Ist beispielsweise $f(s, a_i) = s + 1$, für $a_i = 1$ und alle s mit Ausnahme von $s = 11$, dann würde die obige Hypothese modifiziert so lauten:

$$(As)(s \neq 11) \;\&\; \text{ISE}(s) \;\&\; \text{IDO}(a) \;\Rightarrow\; \text{ISE}(s + 1).$$

Unter dem Nutzen einer Hypothese h — wie etwa $(\exists s)(s = 7)\text{ILK}(s)$ — verstehen wir die Zahl u_i, die sie verifiziert, wie etwa 512. Dies kann auch explizit in der Hypothese angegeben sein. Ist der Grad der Glaubwürdigkeit $w(h) \in [0, 1]$ in der Nähe von 1, dann hat h einen erwarteten Nutzen in der Nähe von 512. Bei der Durchsuche von CR_i nach Hypothesen, auf die eine Wahl der Aktion a_i stützbar ist, untersucht Algorithmus 1 Hypothesen, die sowohl relevant sind (auf die laufende Eingabe in L_i hinweisen) als auch einen hohen erwarteten Nutzen haben. Entsprechend reorganisiert Algorithmus 2 den Speicher derart, daß die Hypothesen mit dem höchsten erwarteten Nutzen am leichtesten erreichbar sind.

Die Bedeutung einer Hypothese h ist eine andere Zahl $w'(h) \in [0, 1]$, die in der Zeit rasch variiert. Die Menge der Hypothesen mit hoher Bedeutung zur selben Zeit enthält nie mehr als nur eine geringe Anzahl (vielleicht 7) und stellt das „Kurzzeitgedächtnis" (STM) dar. Innerhalb von STM sind die Hypothesen gewichtsmäßig geordnet.

Wir werden einen Informationsverarbeiter einen *kognitiven Informationsverarbeiter* oder einen *Wissensverarbeiter* nennen, wenn er Hypothesen für die Aktionsauswahl prüfen, revidieren und anwenden kann. Die (semantische) Prozedur, die die Wahrheitswerte überprüft, ist ein erster Schritt in Richtung einer Ausstattung der Prädikatensymbole mit Bedeutung. Die Bedeutung eines Individuennamens k ist die Menge jener Hypothesen $H(k)$, in denen dieser Name auftritt, und ändert sich natürlich, wenn sich CR_i ändert.

Ein *Konzept* wird durch einen Klassennamen c bestimmt, der sich (wie etwa „Ball") sowohl auf die Kernextension $E(c)$ als auch auf die Kernintension $I(c)$ bezieht. Bunge (1967) definiert $I(c)$ als Menge aller Eigenschaften, die notwendig und hinreichend sind, um das mit c benannte Konzept von allen anderen zu unterscheiden; $E(c)$ ist die Menge aller bekannten Instanzen des mit c benannten Konzepts. Die Bedeutung von c (für L_i zu einem bestimmten Zeitpunkt) ist durch $E(c)$ und $I(c)$ spezifiziert; dies entspricht wieder der Menge der Hypothesen $H(c)$ in CR_i, in denen c auftritt. Zwei Konzepte c und c' sind ähnlich (die Namen von c und c' sind fast synonym), wenn $H(c) \cap H(c')$ ein großes Ausmaß hat.

Hypothesen stellen sowohl Meinungen (Abelson und Caroll 1965; Colby 1967) als auch die Ausgaben solch erfolgreicher Inferenzmittel der wissenschaftlichen Forschung wie DENDRAL (Lederberg und Feigenbaum 1968) dar. Bei einem kognitiven Lernenden — mit einem fixierten Darstellungssystem SR_i, in dem aber der Hypothesenkörper CR_i gegen eine Menge, die nur wenig wechselt, „konvergiert" hat — bewirken kleine Änderungen in E höchstens kurzzeitige Abweichungen von diesem, sich in stabilem Zustand befindlichen CR_i. Dies heißt, daß gewisse Hypothesen h ein hohes $w(h)$ und eine hohe Verläßlichkeit erreicht haben. Wegen des beschränkten Gedächtnisses und der beschränkten Verarbeitungsgeschwindigkeit ist es unwahrscheinlich, daß neue Hypothesen die alten verdrängen.

Der Aktions-Auswahlalgorithmus kann sich auf einem Niveau eingependelt haben, das einen niedrigen Nutzen für L_i bringt. Eine genügend reichhaltige Darstellung CR_i kann den Aktions-Auswahlalgorithmus veranlassen, sich auf ein anderes Stabilitätsniveau mit höherem Nutzen für L_i umzustellen. Das höchste so erreichbare Niveau ist durch CR_i begrenzt. Ein noch höheres Niveau könnte durch Modifikation von CR_i erreichbar werden. Dies kann einfach dadurch geschehen, daß CR_i durch neue zu speichernde Hypothesen h auf den letzten Stand gebracht wird, und zwar dann, wenn L_i durch mit h entsprechenden Behauptungen belehrt wird. Solche Behauptungen werden L_i als Sätze einer allgemein bekannten Sprache, die L_i als Eingaben (Reize) für die Bildung von h verwendet, geboten.

Sind in SR_i alle Symbole und Formationsregeln für die Arithmetik der ersten Stufe vorhanden, dann ist es leicht, eine andere Teilmenge von $\mathscr{L}(G_i)$ als eine Menge von Axiomen (beispielsweise die fünf Axiome eines Prädikatenkalküls plus den Eigenaxiomen für Arithmetik und Gleichheit) zu bestimmen und Beweise und Theoreme mit Hilfe der „logischen Folgerung" im üblichen Sinn zu definieren. Spezielle Transformationen von T werden angewendet, um eine wahre Aussage in eine andere, logisch äquivalente, zu transformieren (Kochen 1969a). Einige, aber nicht alle, Theoreme können mehr oder weniger bekräftigte Hypothesen aus dem Interpretationssystem von L_i sein. Natürlich braucht nicht jede Hypothese ein Theorem zu sein. Es gibt keine Beziehung zwischen dem logischen „wahr" (der Validität) eines Theorems und dem „wahr" (der Verifikation) einer Hypothese, obwohl der Begriff des „Modells" dazu verwandt ist (Mendelson 1964).

Es ist zu bemerken, daß wir Änderungen der Darstellungssysteme und der Darstellungen in der Zeit ohne Schranke zuließen. Wir können eine obere Schranke der Zeit festlegen, die wir dann als Lebenszeit des Lernenden interpretieren. Wir können auch wünschen, daß es L_i ermöglicht wird, einiges Wissen an „Schüler" weiterzugeben. Natürlich kann es Weitergaben von mehreren L_i's an denselben Schüler geben, und jedes L_i hat viele Schüler; daraus ergeben sich viele Kombinationen und mehr Wahlfreiheiten für die Auswahl von zukünftigen Generationen der Lernenden.

Einsicht: Vom Wissen zum Verstehen

Eine *verbale Sprache* $VL(G')$ ist eine Menge von wohlgeformten Ketten, die von einer Grammatik $G' = \{V_T', V_N', V_D', R', T'\}$ erzeugt werden können, wobei viele der Elemente des Endvokabulars V_T' als Namen für die mit c in einem Darstellungssystem benannten Konzepte dienen; V_D' ist eine Menge von ausgezeichneten Nicht-Endsymbolen — eine Teilmenge von V_N' —, die als Ausgangspunkt für die Erzeugung von linguistischen Behauptungen, Fragen, Aufforderungen, Ratschlägen, Ermahnungen usw. verwendet werden, während R' und T' Mengen von Formations- bzw. Transformationsregeln bezeichnen. Mit gewissen Namen in V_T' und mit durch V_D' erzeugten Phrasen sind die Symbole von G_i, bzw. mit den durch V_{Di} erzeugten Ausdrücken die Symbole von SR_i, die in allen SR_i ähnlich sind, verknüpft.

Es ist wichtig zu bemerken, daß SR_1 und SR_2 differieren können. Ein englisches Wort — wie „ball" — aus V_T' kann daher einem Symbol c_1 in V_{T1} von SR_1 und einem Symbol c_2 in V_{T2} von SR_2 entsprechen. Ist $H(c_1)$ die Menge der Hypothesen in CR_i, in denen das Symbol c_1 auftritt, so gibt es eine Relation r zwischen $H(c_1)$ und $H(c_2)$, und das Ausmaß von $H(c_1) \cap [\bigcup_{h' \in H(c_1)} r(h')]$ ist groß. D. h., daß — obwohl die Bedeutung, die mit dem Wort „ball", das das Konzept „ball$_1$" für L_1 und „ball$_2$" für L_2 bezeichnet, verknüpft ist, für beide verschieden ist — die beiden Bedeutungen genügend gemeinsam haben, um eine Kommunikation zu erlauben. Die Aufforderung „throw the ball" von L_1 an L_2 würde als Resultat dieselbe Aktion ergeben, wie wenn die Aufforderung von L_2 an L_1 gewesen wäre.

Gleich wichtig ist, daß ein Term wie „ball" in V_T' auch für ein einzelnes i mehreren Konzepten in SR_i entsprechen darf; für L_1 beispielsweise „ball" → „ball$_1$", „dance$_1$", „bad baseball pitch$_1$", usw. Es können auch verschiedene Terme in V_T' demselben Konzept entsprechen, etwa „sphere" → „ball", „Kugel" → „ball$_1$", usw. Die Wichtigkeit dieser Doppelsinnigkeiten liegt darin, daß eine große Anzahl von kombinatorischen Wahlfreiheiten für die Bildung neuer Prädikate und Konzepte bereitgestellt wird, während gleichzeitig für Hinweise zur Auswahl aus diesen Kombinationen vorgesorgt wird. Ich verweise auf die Art der „Umgruppierung", die den Kern der Kognition darstellt. Der Lernende „denkt nach", indem er in einer solchen verbalen Sprache, die die Formation von einigen wenigen, überraschend nützlichen, Kombinationen von bekannten Konzepten aus einer sehr großen Anzahl von Möglichkeiten zuläßt, zu sich selbst spricht, ohne jemals alle diese Möglichkeiten untersucht zu haben.

Wir betrachten nun detaillierter, wie der Algorithmus 3 einige wenige bedeutende dieser neuen Prädikate und Konzepte bilden kann. Wir beginnen mit dem „Kontroll-Konzept; zuvor müssen wir noch erklären, wie Hypothesen — speziell Hypothesen über andere Hypothesen — gebildet werden bzw. welche wann erzeugt werden. Kurz gesagt, wenn drei Eingaben wie $(5, a, u_1)$, $(6, a, u_1')$, $(7, b, u_1'')$ empfangen werden, wird eine Hypothese wie $h, h = (As)ISE(s) \& IDO(a) \Rightarrow ISE(s + 1)$, mit kleinem $w(h)$ gebildet; dies ist natürlich eine Übergeneralisierung und wird wahrscheinlich bald verworfen werden. Eine allgemeine (großzügige) Strategie ist, solche Übergeneralisierungen sobald wie möglich zu bilden und sie, so wenig wie möglich, zu modifizieren, wenn sie neue Eingaben aufrufen. Unter Berücksichtigung des 4-gliedrigen Zustandsvektors aus dem Abschnitt 3 nehmen wir nun an, daß zwei Hypothesen in CR_1 sind:

$$h_1 = (As)(Aa_1)(Aa_2)(s = (x_A, y_A, x_B, y_B)) \& (a_1 = (a_{x1}, a_{y1}))$$
$$\& (a_2 = (a_{x2}, a_{y2})) \& ISE(s) \& IDO(a) \Rightarrow ISE(s + (a_1, a_2) \bmod n)$$
$$h_2 = (As)(s = (x_A, y_A, x_B, y_B) \& ISE(s) \& (x_A = x_B) \Rightarrow ILK(s).$$

Um h_1 zu speichern, muß F_i die Funktionen $+$, $\bmod n$, usw. enthalten. Es sei angenommen, daß F_i zusätzlich die Funktion „$-$" enthält und daß A_i nur

u, d, r, l, θ — entsprechend $a_i = \{(0, 1), (0, -1), (1, 0), (-1, 0), (0, 0)\}$ — mit

$$\text{ISE}(x_A, y_A, x_B, y_B) \ \& \ \text{IDO}(l) \Rightarrow \text{ISE}(x_A - 1, y_A, x_B, y_B),$$
$$\text{ISE}(x_A, y_A, x_B, y_B) \ \& \ \text{IDO}(r) \Rightarrow \text{ISE}(x_A + 1, y_A, x_B, y_B)$$

usw., umfaßt.

Die obigen beiden Hypothesen können in eine kombiniert werden:

$$\text{ISE}(x_A, y_A, x_B, y_B) \ \& \ \text{IDO}(a_1) \Rightarrow \text{ISE}(x_A \, \sigma \, (a_1)1, y_A, x_B, y_B)$$
$$\& \ (\sigma \, (r) = +) \ \& \ (\sigma \, (l) = -).$$

Das neue Funktionssymbol σ steht allgemein für $+$ und $-$. Dies ist ein Beispiel für die Bildung einer neuen Hypothese, die zwei andere Hypothesen zusammenfaßt oder synthetisiert und gleichzeitig eine neue Funktion bildet. Gerade so wie eine Hypothese h der ersten Ordnung *Daten* zusammenfassen kann — d. h., die Daten, die h verifizieren, können aus dem Speicher, solange als h nicht zurückgewiesen wird, mit Sicherheit entfernt werden —, kann eine Hypothese zweiter Ordnung mehrere Hypothesen erster Ordnung zusammenfassen.

Der Algorithmus 4 ermöglicht die Bildung eines Prädikatensymbols, das „Aktionsvariable a_1 kontrolliert Zustandsvariable x" entspricht; dies ist wahr, wenn x' — der nächste Zustand als eine Funktion von $x, a_1, a_2, \ldots$ — nur von x und a_1, wie in $x' = x + a_1$, abhängt. Ist $x' = x + a_1 + a_2$, dann kontrolliert a_1 nicht x.

L_1 ist ein Automat, der Ausgaben und Hypothesen in Einklang mit einem Algorithmus erzeugt. Damit L_i „Einsicht zeigt", hat sein Algorithmus verschiedene zusätzliche Eigenschaften. Er klassifiziert oder faktorisiert die Umgebung E über das Gegebene hinaus. Im allgemeinen kann die Eingabe in L_1 etwa so segmentiert (interpunktiert) werden:

$$(t; x_{11}, x_{12}, \ldots, x_{1m}; x_{21}, \ldots, x_{2m}; \ldots, x_{n1}, \ldots, x_{nm}; u).$$

Dabei wird t (durch uns) als Zeit interpretiert, x_{ij} als das $j$te von m Attributen, die in der $i$ten von n Gruppen auftreten, und u als der Nutzen des Zustands, der dieser Eingabe entspricht, für L_1. Beispielsweise können die Werte von x_{i1} die Ergebnisse einer Positionsmessung sein, x_{i2} die der Festigkeit, x_{i3} die der Lichtintensität. Eine zeitliche Folge für $m = 3$ und $n = 4$, wie

$$(0; 1, h, d; 2, h, d; 3, x, x; 4, x, x), (1; 1, x, x; 2, h, d; 3, h, d; 4, x, x),$$
$$(2; 1, x, x; 2, x, x; 3, h, d; 4, h, d),$$

faßt L_1 hypothetisch als ein für gewisses i durch $x_{i2} = x_{i+1.2} = h, x_{i3} = x_{i+1.3} = d$ charakterisiertes Objekt auf (von uns als ein zwei-zelliges festes und dunkles Objekt interpretiert), das sich vor einem Hintergrund, der durch x charakterisiert ist, nach rechts bewegt, wobei x_{i1} die Position korrelierend mit den anderen Maßen in dieser Gruppe angibt. Künftighin wird L_1 diesem Objekt einen Namen, etwa c, zuweisen, der in die Liste der Individuenkonstanten aufgenommen wird.

Genauso werden auch die Variablen x_{11}, x_{21}, x_{31}, x_{41} alle in ein Prädikat $p(c, t)$ kombiniert, (von uns) interpretiert als die Position eines beliebigen Objektes c zum Zeitpunkt t; ähnlich werden x_{21}, x_{22}, x_{23}, x_{24} zur Bildung eines Festigkeitsprädikates kombiniert, usw. Diese Prädikate werden der Liste der Prädikatensymbole angegliedert.

Wir werden zukünftig die Ausgaben aller Lernenden, die Teil der Gesamtumwelt sind, als Teil der Eingabe in L_1 auffassen. Angenommen, L_1 hat eine Hypothese über die Existenz eines Objekts, das er 1 nennt, gebildet; dessen Position zum Zeitpunkt t ist durch x_1 gegeben. Sei weiters angenommen, L_1 bildet eine sehr plausible Hypothese, daß das Objekt x_1 kontrolliert. L_1 bildet nun ein neues einstelliges Prädikat „is mine" und wendet es auf 1 an. Hat L_1 hypothetisch die Existenz eines Objektes, das er 2 nennt und dessen Position zum Zeitpunkt t durch x_2 gegeben ist, angenommen, und auch daß die Variable α_2 sehr stark x_2 kontrolliert, so formt L_1 ähnlich zu oben das neue zweistellige Prädikat „belongs to" und bildet „2 belongs to α_2". Wegen der Symmetrie zwischen α_1, x_1 und α_2, x_2 wendet dann L_1 „belongs to" auf $(1, \alpha_1)$ an und identifiziert „1 belongs to α_1" mit „1 is mine". Im obigen Kontext wird α_1 durch eine Transformation und einen Thesaurus der verbalen Sprache durch „me" ersetzt.

Mit Hilfe von Regeln und Transformationen, wie etwa jenen, die Kochen (1969a) eingeführt hat, können Verben wie „move" der verbalen Sprache verwendet werden. L_1 bildet so Hypothesen wie „1 moves from 3 at time 0 to 4 at time 1". Mit der Hypothese „α_1 controls 1" kann L_1 „1 is moved from 3 at time 0 to 4 at time 1 by α_1" bilden. Jetzt kann L_1 für α_1 „me" einsetzen. Ist in der Zeit der Wert von x, der hauptsächlich in „1 is moved from A to B by x" auftritt, α_1 oder „me", und gibt es kein y, für das die beiden Hypothesen „y belongs to me" und „1 belongs to y" bestehen, dann wird 1 in „I" umbenannt. Eine einfache Transformation wandelt „1 is moved from A to B by x" in „x moves I from A to B" — das nun „me moves I from A to B" ist — um. Eine weitere Transformation ergibt „I move myself from A to B".

Aus genügend Instanzen, wie den obigen für verschiedene A und B, wird die Hypothese $(\exists u)(\exists v)$ „I move myself from u to v" gebildet, und dies wird in „I can move" transformiert. Wählt L_1 eine Aktion, so basiert diese auf einem — aus einer gespeicherten Hypothese wie $(At)(As^*)(Ax_2)\text{ISE}(t, s^*, 3, x_2, 512)$ und einer laufenden Eingabe von $(4, 15, 2, 8, 0)$ — abgeleiteten Plan. L_1 kann daher einen Pfad von $(4, (15, 2, 8))$ nach $(5, s)$ „sehen", wobei s in einer durch $x_1 = 3$ charakterisierten Menge von „Ziel"-Zuständen liegt. Nun bildet L_1 die mit „I *intend* to move myself from $x_1 = 2$ at time 4 to $x_1 = 3$ at time 5" korrespondierende Hypothese.

Zusätzlich zu ISE und IDO ist ein „Einsichtiger" durch ein drittes Grundprädikat — $\text{ITH}(h, t)$ — charakterisiert. Dieses ist zum Zeitpunkt t' wahr, wenn $t \leqslant t'$ und $h \in CR_1(L, t')$ gilt, und falsch, wenn $t \leqslant t'$ und $h \notin CR_1(L, t)$ oder $t > t'$ gilt; sonst ist es weder wahr noch falsch. Dazu gibt es zwei getrennte Algorithmen: der eine erzeugt und markiert Hypothesen zu Zeitpunkten, die durch die laufende Eingabe und den vorangehenden Zustand von L_1 bestimmt werden; der andere Algorithmus bildet die ITH(h, t)-Hypothesen ebenfalls zu Zeitpunkten, die durch die laufende Eingabe und den vorangegangenen Zustand von L_1 bestimmt werden, und dessen Ausgabevariable — die ITH(h, t) als Werte annimmt — kontrolliert teilweise die Variable, die als Werte h annimmt und die umgekehrt α_1 kontrolliert.

Mit der Zeit kann L_1 Hypothesen bilden, die ITH(h weil h', t) entsprechen, etwa $h =$ „$x_2 = 5$ at $t = 4$", $h' =$ „$\alpha_2 = 3$ at $t = 3$". Nun kann h selbst Sätze enthalten, in denen das Prädikat ITH auftritt. Hat L_1 viele Hypothesen über das Objekt 2, die formale Ähnlichkeit mit den Hypothesen aufweisen, die L_1 über sich selbst hat — etwa „α_2 controls x_2" —, dann bildet L_1 Hypothesen, die „if I were 2, then h" (wobei h eine Hypothese ist) entsprechen. L_1 kann ITH(h, t) bilden, wo $h =$ „2 forms ITH(h', t')" ist. Speziell können wir erhalten:

(1) „I think that I think...".

(2) „I think that 2 thinks that I think...".

(3) „I think that 2 thinks I will answer his question".

(4) „I think that 2 thinks he intends to answer my question".

Eine „Ob"-Frage stellen (vgl. Harrah 1963) heißt für L_1, daß L_1 denkt (weiß), daß L_1 nicht die Wahrheit oder Falschheit einer Hypothese kennt, und daher teilt L_1 durch die verbale Sprache L_2 sowohl seine Bereitschaft, von L_2 eine Antwort zu erhalten, als auch die Bereitschaft, den Nutzen von L_2 steigern zu helfen, mit. Dies ist eine präzise, logisch wohlstrukturierte Frage. Weniger gut strukturierte Fragen sind Wünsche von L_1 nach Hypothesen über 2, die spezifizierte Symbole enthalten. Fragen involvieren das ITH-Prädikat: sie reflektieren die Kenntnis und das Fehlen von Wissen; darin liegt das Verstehen.

Einsicht in eine Äußerung in der verbalen Sprache — sei es eine Frage, eine Antwort, eine Behauptung, usw. — zu haben, heißt, hypothetisch einen gewissen Sinn ihrer Herkunft anzunehmen. „Eine linguistische Äußerung deutet normalerweise einen Zweck an", sagte MacKay (1956), vgl. auch Kochen (1967). Eine von L_1 empfangene Äußerung wird dekodiert und veranlaßt L_1 zur Bildung von Hypothesen über den Urheber und den Inhalt der Äußerung. Der Urheber kann L_1 selbst sein, indem er einen Kommunikationskanal ähnlich dem „scratch-pad"-Gedächtnis benutzt. Der Vorteil dieser Art der „Verbalisierung" des Denkens liegt in der möglichen Hilfe bei der Bildung neuer Kombinationen von Prädikaten, um daraus neue zu bilden. Dieser „Umgruppierungs"-Prozeß ist der Kern der Kognition und ist wesentlich für eine Einsicht.

Operational ist Einsicht durch die Qualität der Fragen, die ein Lernender stellt, manifestiert. Eine gute Frage ist Evidenz dafür, daß der Fragende ein gewisses Wissen (oder Verstehen) benötigt und er sich darüber im klaren ist, (er weiß und versteht), daß er dieses Wissen nicht hat. Verstehen ist Wissen davon, was er nicht weiß. Es ist auch die Kenntnis, das Bewußtsein, die wir als die Fähigkeit der Bildung von Hypothesen über unsere Fähigkeit, Hypothesen zu bilden, erklären wollen.

Eine gute Frage ist eine Frage, die viele Beziehungen zu anderen (guten) Fragen hat. Die Antworten auf sie werfen auch Licht auf die anderen Fragen. Das Stellen einer guten Frage verlangt, daß die Relationen unter Fragen bekannt sind.

Weisheit

Weisheit geht über Einsicht genauso weit hinaus wie Einsicht über Wissen. Sie beginnt mit der Informationsverarbeitung, von der sie drei Niveaustufen entfernt ist. Eine Stufe darüber ist der Erwerb und die Verwendung von Wissen, das in der Formation und Anwendung von Hypothesen — d. h., Wachsen der Darstellung, innerhalb eines unveränderten Darstellungssystems —, die von der Eingabeinformation abstrahieren, besteht. Dieser Wachstumsprozeß erreicht Stabilität, wenn die Hypothesen glaubwürdiger werden, das verfügbare Gedächtnis auffüllen und alle Freiheiten für effektive Aktionen, die sie implizieren, ausgeschöpft werden. Der Lernende wird durch einen Wissensreichtum — interpretierte Daten — gesättigt, obwohl diese isoliert und unzusammenhängend sein können.

Einsicht ist eine Stufe über dem Erwerb und der Nutzung des Wissens. Sie besteht aus der Bildung neuer Prädikate, Konzepte und der Modifikation des Darstellungssystems — speziell in Richtung auf die Verwendung des ITH-Prädikates —, aus der Verwendung der „Intension", Hypothesen zweiter Ordnung über Fähigkeiten, Selbstreferenz, der Fähigkeit zur Synthese bzw. zur Stellung von Fragen. Hört der Erwerb von Wissen auf, Stabilität wegen Kontradiktionen in der Darstellung aufrechtzuerhalten, so wechselt er auf ein anderes Stabilitätsniveau, das durch das stabile zugrundeliegende Darstellungssystem gelenkt wird, über. Der Wachstumsprozeß, der der Einsicht zugrunde liegt, erreicht Stabilität, wenn die Menge von neu hinzugefügten Prädikaten und Konzepten konvergiert. Es ist diese Stabilität, die den Lernenden irgendwie unempfindlich gegenüber nichtstabilisierenden Klüften und Krisen auf dem Wissensniveau macht.

Aber es kann auch Klüfte und Krisen geben, die auf dem Einsichtsniveau zu einer Instabilität führen. Auch hier kann eine Anpassung erfolgen; sie wird durch Stabilität auf der Weisheitsstufe gesteuert. Dies ist das Niveau der Aktionen, wie es mit Nutzen oder Überlebenswert in Zusammenhang steht. Permanente Instabilität auf diesem Niveau ist unveränderlich: sie beendet die Existenz des Lernenden.

Ein Einsichtiger zeigt Weisheit, wenn er seine Fähigkeiten für intelligente Aktionen voll erkennt. Er wählt — wann immer es möglich ist — einen optimalen, fast-optimalen oder limit-optimalen Pfad; dies ist keine Definition, sondern eine zu beweisende Eigenschaft. Die bloße Fähigkeit zur Bildung und Wahl von Hypothesen zu beliebiger Zeit und der Auswahl von Aktionen ist keine Garantie dafür, daß dies auch gemacht *wird*, und zwar gemacht zur günstigsten Zeit, auch wenn dies Beschränkungen des Gedächtnisses und der Verarbeitungszeit nicht verletzt. Welche zusätzlichen Eigenschaften muß ein Einsichtiger haben, sodaß er dieses Potential geeignet verwertet?

An dieser Stelle beginnen wir, solche psychologischen Begriffe wie Aufmerksamkeit, Motivation, Gefühl und Anspruchsniveau auszuborgen. Was ist zu bestimmen, wenn das Hypothesenformationsprogramm aktiv werden soll? Kann oder soll es immer aktiv sein? Soll es simultan mit der Eingabeinformationsverarbeitung Aktionsselektion durchführen oder alternativ? Oder nur dann, wenn es von einem überwachenden „Dirigent" gesteuert wird? Wenn ein Dirigent bestimmt, welcher Algorithmus wann zu arbeiten hat, so macht er dies nicht entsprechend einer Partitur: hier versagt die suggestive Parallele mit einem Orchester; statt dessen muß er die Partitur erst als seine Interpretation der sich eröffnenden Umweltanforderungen komponieren. Dies involviert eine Hypothesenformationsfähigkeit von sehr hohem Niveau, verwandt mit der Planung oder Bildung von „Breitspurintensionen". Ist diese Planungsaktivität zu spezifisch oder kurzsichtig, so ist dies genauso wertlos wie eine zu ungenaue oder weit vorausschauende Aktivität. Darin liegt das Wesen der Weisheit: die Interpretation der Umgebung von einem Standpunkt, der eine optimale Einschätzung der wichtigsten Gesetze und Regelmäßigkeiten mit geeigneten Kontrollen und Balancen unter allen Freiheiten zur Aktion, Kommunikation und zum Denken reflektiert. Dies ist der Hauptüberwachungsalgorithmus, der eingebaut und invariant ist.

Sei beispielsweise angenommen, daß sich die Menge der Primitivs und Konzepte — d. h., das Darstellungssystem — eines Einsichtigen stabilisiert hat, daß aber die Nützlichkeiten, die dem Lernenden zukommen, unter Überlebenswerte sinken. Dies kann sogar dann eintreten, wenn das Darstellungssystem adäquat ist; nehmen wir aber an, daß dies für die Umgebung nicht der Fall ist und daß es dies selbst erkennt. Der Lernende ist weise, wenn es in einem solchen Umstand einen Notüberlebensalgorithmus gibt, den er einschalten kann und der ihm die Zeit offen läßt, das gegenwärtige Darstellungssystem durch ein anderes, das hoffentlich mehr auf die Umgebung eingeht, zu ersetzen. Natürlich schreitet die Zeit für Lernende von endlicher Lebensdauer zur Adaption stark voran, und die Wahrscheinlichkeit, daß mindestens ein Lernender überlebt, wird bedeutend erhöht.

Der Wechsel von einem schlecht angepaßten Darstellungs*system* zu einem besseren ist weit revolutionierender — und braucht auch länger — als der Wechsel von einer schlecht angepaßten *Darstellung* zu einer besseren. Dies ist umgekehrt revolutionierender — und braucht auch länger — als die Formation von Hypothesen; sogar dies braucht im Vergleich mit der Geschwindigkeit, mit der Information erworben wird, lang.

Der Basisüberwachungsalgorithmus, der den weisen Lernenden spezifiziert, wird natürlich nur in einer gewissen Klasse von Umgebungen effektiv sein. Wir hoffen, daß dies eine große Klasse ist. Wie wissen wir, wann wir einen geeigneten Basisalgorithmus entworfen haben? Wir suchen eine Abbildung, die uns die Art des für eine Klasse von Umgebungen geeigneten Basisalgorithmus angibt. Können wir unsere irdische Umgebung charakterisieren, könnten wir auch die Art der hier geeigneten lernenden Automaten spezifizieren.

Die Art der Lernenden, die wir hier betrachten, kommt sehr stark der Art von lernenden Robotern, die nun in verschiedenen Laboratorien entworfen werden, — wie dem SRI — nahe (Nilsson 1965). Unser Ansatz differiert von der Roboterforschung insoweit, als wir eine künstliche Umgebung durch den Rechner erzeugen derart, daß sie spezifizierte Eigenschaften, die für gewisse Experimente notwendig sind, hat. Eines unserer Ziele besteht im Auffinden von Eigenschaften einer „optimalen Lernumgebung", die nicht so turbulent ist, daß der Lernende keine Chance zur Bildung, Prüfung und Anwendung einer Darstellung hat, und auch nicht so günstig, daß — wenn er eine Darstellung formt — diese niemals seriös herausgefordert wird.

II. Mathematische Analyse des kognitiven Lernens

Unser Ziel ist nun die Angabe von Existenz- und anderen Theoremen über kognitive Lernende bzw. die Auffindung von entsprechenden Beweisen. Wir wollen beweisen, daß Automaten existieren, die ihre Umgebung in etwa der Art darstellen, in der eine — auf einem Prädikatenkalkül basierende — formale mathematische Theorie ihre Modelle darstellt. Wir wollen zeigen, daß — wenn der Automat so darstellen kann — der Automat zunehmend effektivere Aktionen unternimmt.

Zunächst müssen wir die Grundbegriffe mathematisch präzisieren. Wir ziehen dazu die mathematische Logik und einige Ideen aus der Theorie der Funktionen einer reellen Variablen heran; auch aus den modernen hoch-niveauigen Programmiersprachen (SNOBOL4) — vgl. Griswold, Poage und Polonsky (1968) — leiten wir wichtige Ideenquellen ab und werden finden, daß dies zu einer gewissen „neuen" Mathematik führt, die umgekehrt wieder nahezulegen scheint, die der Programmiersprache innewohnende logische Mächtigkeit noch sophistizierter anzuwenden. Einige wenige Begriffe der Automaten- und der Nutzentheorie haben ebenfalls unseren Formalismus beeinflußt.

Soweit wir wissen, gibt es keine *direkt* relevanten Vorarbeiten zu unserer Frage. Einige der indirekt zutreffenden Untersuchungen wurden schon früher diskutiert. Bevor wir die Verknüpfungen zur Literatur herausarbeiten können, müssen wir natürlich unsere Schlüsselprobleme mathematisch so formulieren, daß sie weder trivial noch unmöglich erscheinen. Dies durchzuführen, ist in diesem Bereich ein bemerkenswerter Fortschritt und genau deshalb schwer, weil es schwer ist, zentrale signifikante — doch lösbare — Probleme anzugeben.

In diesem Aufsatz werden wir uns auf mindestens vier verschiedene Sprachen beziehen:

Die erste Sprache ist das mit mathematischen Symbolen angereicherte Deutsch — darin ist der ganze Aufsatz geschrieben; dies ist die Sprache, in der wir — die Untersuchenden und Entwerfer der uns interessierenden lernenden Automaten — mit dem Leser kommunizieren, und sie sei mit $\mathscr{L}_e$ bezeichnet. Unsere Lernenden, mit $L_1, L_2, \ldots$ markiert, sind Teil einer Gesamtumwelt, die wir in unserer Sprache $\mathscr{L}_e$ beschreiben werden. Alle unsere Behauptungen und Beweise sind in $\mathscr{L}_e$ angegeben. Die drei anderen Sprachen, auf die wir uns als nächstes beziehen, werden alle in $\mathscr{L}_e$ beschrieben.

Die erste dieser drei Sprachen ist eine hoch-niveauige Programmiersprache, SNOBOL4, die wir allgemeiner mit $\mathscr{L}_p$ bezeichnen. Der Basisalgorithmus, der $L_1, L_2, \ldots$ spezifiziert, die Aktionsauswahlalgorithmen modifiziert, Hypothesen bildet, usw. wird in $\mathscr{L}_p$ angegeben. *Unsere Interpretation* davon steht in $\mathscr{L}_e$; $L_1, L_2, \ldots$ aber *sind* Programme in $\mathscr{L}_p$.

Die zweite Sprache ist die Menge aller möglichen Hypothesen, die $L_1, L_2, \ldots$ formen und speichern können. Dies sind ebenfalls SNOBOL-Statements, aber sie bilden eine Teilsprache von $\mathscr{L}_p$, mit $\mathscr{L}_h$ bezeichnet. Sie ist ein modifizierter Prädikatenkalkül.

Die dritte Sprache ist $\mathscr{L}_v$, die eine Teilmenge von $\mathscr{L}_p$ oder $\mathscr{L}_e$ sein kann. Ihre Sätze werden zur Kommunikation zwischen L_i und L_j — für alle i und j — benützt. Diese Sätze stellen Sätze einer konventionalisierten, „allgemein bekannten", „verbalen" Sprache dar, in die L_i seine Hypothesen, Pläne, Wünsche, Fragen, usw. überführt, und aus der er Sätze in Hypothesen der internen konzeptuellen (logischen) Darstellung übersetzt.

Die Theoreme, die wir zu beweisen suchen, beziehen sich dann auf die Algorithmen $L_1, L_2, \ldots$, die wir konstruieren und beschreiben müssen. Bei einem Theoremtyp korrespondieren die Voraussetzungen des Theorems mit Eigenschaften, die — durch uns — den Algorithmen zugewiesen wurden; die Konklusionen des Theorems korrespondieren mit implizierten Algorithmeneigenschaften, von denen wir nicht wissen, ob er sie hat, und die „auftauchenden" Lernfähigkeiten entsprechen. Durch eine Ausführung der SNOBOL4-Programme, die die Algorithmen implementieren, soll uns die Rechenanlage helfen, diese Implikationen abzuleiten.

„Aufgabenerzeugende" Umgebungen

Definition 1. Eine *autonome Umgebung* $E = \{S, f, s_0\}$ ist eine Menge S von Zuständen und eine Übergangsfunktion f von S nach S; s_0 ist ein ausgezeichneter Zustand von S, interpretiert als Ausgangszustand. Wir interpretieren $f(s)$ als den „nächsten" Zustand nach s und nennen $s \rightarrow f(s)$ einen Zustandsübergang. *Zeit* sei durch Zustandsübergänge in einem gewissen Teil der Umwelt definiert — in der realen Welt etwa Bewegungen der Sterne, Pendel, biologische Uhren, usw. Wir wissen in keinem absoluten Sinn, ob die „Dauer" zwischen dem Beginn von s und dem Beginn von $f(s)$ genau dieselbe ist wie die „Dauer" zwischen dem Beginn von $f(s)$ und $f(f(s))$, aber wir wollen annehmen, daß dies eine Eigenschaft von S und f ist. Was hier zählt ist, daß wir auf S die Idee des Dedekindschen Schnitts anwenden und eine Partition von S in S_b und S_a derart bilden können, daß es zu jedem $s \in S_b$ und $s' \in S_a$ eine gewisse Zahl n, $n = 1, 2, 3, \ldots$, so gibt, daß $s' = f^{(n)}(s)$ gilt. Dabei ist $f^{(1)}(s) = f(s)$, $f^{(2)}(s) = f(f(s))$ und $f^{(n+1)} = f(f^{(n)}(s))$. Jeder Zustand von S_a wird als *nach* einem Zustand von S_b (vorher) auftretend interpretiert, und jede Partition korrespondiert mit einem Zeitabschnitt, einem Zeitpunkt.

Im folgenden sei die Zeit charakterisiert durch eine natürliche Zahl t, $t = 0, 1, 2, \ldots$; $t = 0$ deute den Beginn an. Sei $s(t)$ der Zustand zur Zeit t, $s(0)$ sei der Anfangszustand. Dann gilt $s(t + 1) = f(s(t))$.

Definition 2. Eine autonome Umwelt ist *einfach zerlegbar*, wenn S als kartesisches Produkt, $S = S_1 \times S_2 \times \cdots \times S_n$, von n Mengen $S_1, S_2, \ldots, S_n$, $n \geqslant 2$, derart darstellbar ist, daß

$$(s_1', \ldots, s_n') = (f_1(s_1, \ldots, s_n), f_2(s_1, \ldots, s_n), \ldots, f_n(s_1, \ldots, s_n))$$

gilt, und daß jedes S_i algebraisch strukturiert ist (etwa Körper, geordnete Mengen, Gruppen).

Beispielsweise können wir S_1 als Wertebereich von t, $0, 1, 2, \ldots$, interpretieren, was wir künftig mit N bezeichnen; S_2 und S_3 als orthogonale räumliche Koordinaten (x- und y-Achse) einer Ebene mit S, $S_2 = S_3 = N$; den Körper der reellen Zahlen, S_4, können wir als eine Menge von Lichtintensitäten deuten; S_5, eine vollständig geordnete Menge, sei eine Menge von Festigkeitswerten; und S_6 — eine Gruppe — sei eine Menge von chemischen Verbindungen, usw. Der Zustand von E ist dann etwa ein Vektor $s = (s_1, s_2, s_3, s_4, s_5, s_6)$. Ein Wert eines Zustandsvektors, wie (5, 2, 3, tr, dh, C) könnte dann so interpretiert werden: „Zum Zeitpunkt 5 wird über die Position (2, 3) eines Gitters durch einen Lichtintensitätsmesser Transparenz vermerkt; ein Festigkeitsprüfer meldet Diamantenhärte; ein chemischer Analyseapparat stellt Kohlenstoff fest". Dies ist aber nur eine partielle Zustandsbeschreibung. Unter den obigen Interpretationen ist eine vollständigere Beschreibung ein Zustandsvektor mit unendlich vielen Komponenten:

$$s = (5; (0, 0), \text{light, gas, air}: (0, 1), \text{light, gas, air}: (1, 0), \ldots).$$

Mit anderen Worten spezifizieren wir die Ablesungen von unseren drei Meßinstrumenten an jedem Punkt der Ebene *zur Zeit* 5, die Ablesungen an jedem Punkt sind durch Doppelpunkte getrennt.

Im allgemeinen ist es nicht möglich, Umgebungen so *einfach* in kartesische Produkte unabhängiger Mengen zu zerlegen; es wird Überschneidungen geben, die wir aber nicht weiter betrachten wollen.

Definition 3. Eine *kontrollierbare Umgebung* (im Gegensatz zur autonomen Umgebung) $E = \{S, f, A, s_0\}$ ist eine Menge von Zuständen mit einer Übergangsfunktion f von $S \times A$ in S.

In der derzeitigen (und noch zu verbessernden) Neuformulierung (Kochen 1973) ist dies ein 6-Tupel mit $\{S, R, A, f, s_0, 0\}$ anstelle des 4-Tupels, wobei R eine Menge von Relationen auf S ist — (S, R) ist daher ein Relativ (Bell und Slomson 1969) — und 0 ist eine Teilordnung (oder Nützlichkeitsfunktion v) auf S oder $S \times A$.

Werde in Definition 3 A als ein N-dimensionaler Vektorraum interpretiert, und sei a ein beliebiger N-gliedriger Vektor aus A. Die Komponente a_i repräsentiert die Ausgaben des Automaten (oder Programms) L_i, $i = 1, \ldots, N$; N ist hier die

Anzahl der Lernenden. Daher stellt

$$s' = f(s, a_1, \ldots, a_N) \tag{4}$$

einen Zustandsübergang dar. Die Ausgaben von $L_1, \ldots, L_N$ sind Eingaben an E. Wir nennen s' auf s folgend, wenn es $a_1, \ldots, a_N$ derart gibt, daß die Gleichung (4) gilt.

Definition 4. Ein *Pfad* ist jede Sequenz von aufeinanderfolgenden Zuständen. Zwei Pfade sind *im Limit identisch*, wenn es eine Zeit t gibt, nach der die beiden Sequenzen von aufeinanderfolgenden Zuständen gleich sind. Zwei Pfade sind *essentiell verschieden*, wenn sie nicht im Limit identisch sind. Ein Pfad ist *originär*, wenn der erste Zustand der Ausgangszustand ist; sonst heißt er *rezenter* Pfad.

Theorem 1. Die Menge aller Pfade kann in eine nicht-abzählbare Menge von Äquivalenzklassen partitioniert werden.

Theorem 2. Jede Äquivalenzklasse enthält eine nicht-abzählbare Menge von Pfaden, die gegenseitig im Limit identisch sind.

Beweis der Theoreme 1 und 2. Sei S die Menge der Ziffern $\{0, \ldots, 9\}$; jeder Pfad werde interpretiert als die unendliche Dezimaldarstellung einer Zahl in $[0, 1]$. Die Relation „im Limit identisch" ist reflexiv, symmetrisch und transitiv, also eine Äquivalenzrelation. Sei ein beliebiger Pfad gegeben; dann gibt es zu jedem t, $t = 0, 1, 2, \ldots$, $2t$ andere Pfade, die mit diesem im Limit identisch sind. Alle Rationalzahlen, deren Dezimalentwicklung abbricht, sind äquivalent, jedoch keine zwei transzendenten Zahlen. Die Menge der transzendenten Zahlen ist nicht abzählbar.

Definition 5. Ein Pfad mit den Zuständen $s, s', s'', \ldots$ heißt *vollständig kontrolliert* durch L_1, wenn es eine Folge von Ausgaben $a_1, a_1', \ldots$ von L_1 derart gibt, daß $s' = f(s, a_1, \ldots, a_N)$ eindeutig durch a_1, $s'' = f(f(s, a_1, \ldots, a_N))$ eindeutig durch a_1, usw. spezifiziert ist. Ein unvollständig kontrollierter Pfad heißt *unsicher* für L_1.

Definition 6. Eine *aufgabenerzeugende Umgebung* $- \{S, f, A, V, s_0\} -$ ist eine kontrollierbare Umgebung mit einer Teilordnung auf $S \times A$ derart, daß je zwei Elemente eine kleinste obere Schranke haben ($\{S \times A, V\}$ ist ein oberer Halbverband). Wir nennen eine aufgabenerzeugende Umgebung (*tge*) *pfad-unabhängig* (*pitge*), wenn die Teilordnung nur eine Teilmenge von $S \times S$ ist; eine *tge* sei eine *tge* mit einer *Wertfunktion* (*tgev*), wenn V die Menge der reellen Zahlen ist und es eine Funktion v von $S \times A$ in V gibt (im folgenden wird V anstelle von v und u verwendet).

Die Teilordnung für eine *pitge*, etwa für $(s, s') \in V$ oder sVs', soll bedeuten, daß der Zustand s' nicht dem Zustand s vorgezogen wird. Im allgemeinen ist V ein N-Tupel, $V_1, \ldots, V_N$, und wir haben N verschiedene Teilordnungen oder Wertfunktionen vorliegen. Für eine *pitge* $\{S, f, A, V_i, s_0\}$ möge sV_is' heißen, daß L_i

s' nicht s vorzieht; ist sie eine *pitgev*, dann ist $v_i(s)$ der Nutzen des Zustands s für L_i (eine reelle Zahl). Ein Zustand s ist ein *Aufgabenzustand* für L_i (synonym: stellt eine Möglichkeit, ein Problem dar), wenn es einen Pfad vom Zustand s nach s' gibt, der vollständig durch L_i kontrolliert wird, und es gilt $v_i(s') \gg v_i(s)$. Es handelt sich um eine ein-schrittige Aufgabe, wenn es gewisse a_i gibt, sodaß $s' = f(s, a_1, \ldots, a_N)$ gilt. Obwohl $V_1, V_2, \ldots, V_N$ Teilordnungen sind, braucht keine Teilordnung V existieren derart, daß sVs' genau dann gilt, wenn sV_is' für alle s, s' und alle $i = 1, \ldots, N$ gilt. Wir nehmen aber an, daß diese Bedingung erfüllt ist.

Definition 7. Ein *bewerteter Pfad* für L_i ist eine Folge von Quadrupeln (t, s, a_i, v_i), $(t + 1, s', a_i', v_i')$, $(t + 2, s'', a_i'', v_i''), \ldots$, wobei $s' = f(s, a)$ und $v_i' = v_i(s', a_i)$, $s'' = f(s', a_i')$, usw. gilt. Der *Wert des Pfades* für L_i ist ein Maß der Menge aller Zustände entlang des Pfades, beispielsweise $v(s) + v(s'a_i) + v(s'', a_i') + \ldots$ Einen bewerteten Pfad von (t_1, s_1) nach (t_2, s_2) bezeichnen wir mit $\Pi(t_1, t_2)$ und seinen Wert mit $v(t, \Pi(t_1, t_2))$.

Definition 8. Ein bewerteter Pfad $\Pi(t_1, t_2)$ ist *optimal* in t_2, wenn sein Wert gleich $u^*(t_2)$ — der kleinsten oberen Schranke aller möglichen Pfade von $t = 0$ nach t_2 — ist.

Definition 9. Ein Pfad $\Pi(t_0, t)$ ist ε-optimal in t, wenn $u^*(t) - v(t, \Pi(t_0, t)) < \varepsilon$.

Definition 10. Eine aufgabenerzeugende Umgebung $\{S, f, A_i, v_i, s_0\}$ — s_0 ist der Ausgangszustand — ist *vollständig lösbar durch L_i*, wenn es für jeden Pfad $\Pi_i(t_0, t)$, den L_i wählen kann, und jedes reelle $\varepsilon > 0$ unendlich viele $t', t' > t$, derart gibt, daß für jedes t' ein Pfad $\Pi_i'(t, t')$ existiert, den L_i wählen kann, und der ε-optimal in t' ist.

Definition 11. Ein Pfad $\Pi_i(t_0, t)$ ist *limit-optimal* für L_i, wenn es für jedes $\varepsilon > 0$ gewisse t_0 und $t, t > t_0$, derart gibt, daß $\Pi_i(t_0, t)$ in t ε-optimal ist, und es existiert ein originärer Pfad $\Pi_i(0, t_0)$.

Theorem 3. Eine Umgebung ist vollständig lösbar für L_i genau dann, wenn jeder Pfad eine limit-optimale Erweiterung besitzt.

Theorem 4. Ist

$$\sup_{\Pi \text{ Pfad in } E} \{V_i(\Pi)\} < \infty,$$

dann ist E vollständig lösbar für L_i.

Definition 12. Das *Limit-Wertverhältnis eines Pfades Π* in E von (t_0, s_0) nach (t_1, s_1) zum Zeitpunkt t_0 ist

$$\text{LVR}(\Pi, t_0) = \lim_{t \to \infty} \sup (V_{t_0}{}^t(\Pi)/\text{Max } V_{t_0}{}^t(R)),$$

wobei R über alle Pfade in einer Umgebung läuft, die den Pfad von $(0, s)$ nach

(t_0, s_0) in t_0 in den Pfad Π erweitert derart, daß $s_0 = \Pi(t_0)$ ist, und die Übergangs-funktion f' der erweiterten Umgebung ist $f'(t, s, a) = f(t_0 + t, s, a)$.

Beispiel 1. Das Aktionsrepertoire sei $A = \{0, 1\}$, $a \in A$, und die Umgebung sei $S = \{0, 1\}$, mit dem Ausgangszustand 0. Es sei angenommen, daß $f(t, s, a) = a$ für alle s, t und a gilt; $v(s) = s$. Eine mögliche Sequenz (oder ein Pfad) ist:

$$0, 1, 0, 1, 1, 0, 1, 1, 1, 0, 1, 1, 1, 1, \ldots .$$

Dies ist nicht limit-optimal, hat aber LVR $= 1$.

Beispiel 2. S sei die Menge der Rationalzahlen, mit 0 als Ausgangszustand; es gelte

$$f(t, s, a) = \begin{cases} 2^{-t}, \text{ wenn } a = 1 \\ 4^{-t}, \text{ wenn } a = 0, \end{cases} \qquad A = \{0, 1\}, \qquad v(s) = s.$$

Die Folge $1/4, 1/16, 1/64, \ldots$ ist limit-optimal, aber LVR $\neq 1$.

Beispiel 3. Sei $A = \{0, 1\}$, S sei die Menge aller Folgen, die aus 0 und 1 bestehen; $s_0 = 1$. Verknüpft mit a gelte $f(t, s, a) = s$. $v(s)$ sei die Summe der Einer in s. Der Pfad $s = 1\,0\,1\,1\,0\,1\,1\,1\,0\,1\,1\,1\,1 \ldots$ ist nicht limit-optimal, aber in jedem t_0 gilt LVR $= 1$.

Beispiel 4. Wie vorhin, mit $v(s) = v(a_1, a_2, a_3, \ldots) = \sum_{a_i=1} 2^{-i}$, $s_0 = 0$. Der Pfad $0\,1\,0\,1\,0\,1\,0\,1 \ldots$ ist limit-optimal, mit LVR $= 1/3$ (vgl. Abb. 2).

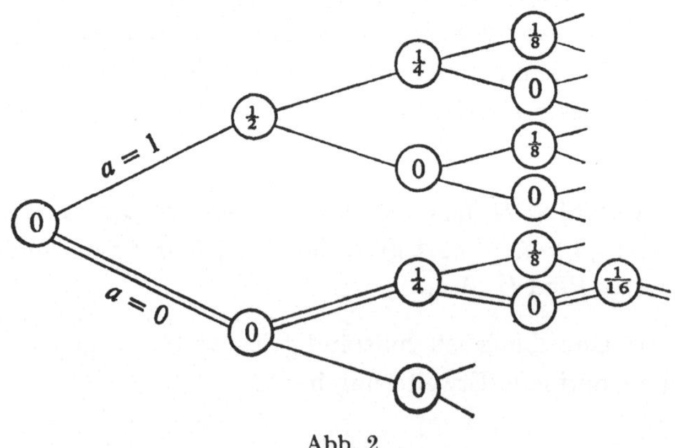

Abb. 2

Theorem 5. Ist $\mathrm{Sup}_{\text{alle}\,\Pi}\, v(\Pi) < \infty$, dann impliziert LVR$(\Pi) = 1$, daß Π limit-optimal ist.

Theorem 6. Ist für gewisse $\alpha > 0$ und alle $k > 0$ $V_t^{t+k}(\Pi) > \alpha$, dann ist LVR$(\Pi) = 1$, wenn Π limit-optimal ist.

Darstellungen

Definition 1. Ein *Informationsverarbeiter* (*ip*) L_1 sei ein Algorithmus (Automat, Programm), der die Werte einer berechenbaren Funktion $g: \mathcal{N} \times S \times A \to A_1$

berechnet, wobei A_1 eine Menge ist, die als Aktionsrepertoire von L_1 interpretiert wird, und $A = A_1 \times A_2 \times \ldots$ und Zeit $t = t \in N$. Daher ist die von L_1 zum Zeitpunkt $t + 1$ gewählte Aktion $a_1(t + 1) = g_1(t, s, a)$, $a = (a_1, a_2, \ldots)$.

Definition 2. Ein *Darstellungssystem* ist ein Tripel $\{G, h, D\}$, wobei G die Syntax eines formal-logischen Systems bezeichnet; D ist ein Gegenstandsbereich, und h ist eine Zuordnung von Symbolen in der durch G erzeugten formalen Sprache $\mathscr{L}(G)$ zu Elementen oder Teilmengen von D.

G wird daher durch die Spezifikation von Namen für Individuenkonstanten, Variablen-Namen, Funktionssymbolen, Prädikatennamen, logischen Symbolen wie $\neg$ (Negation), $\Rightarrow$ (Implikation), A (Allquantor), $\exists$ (Existenzquantor) und Formationsregeln für die Erzeugung von wohlgeformten Formeln oder Aussagen (zumindest im Prädikatenkalkül der 1. Stufe) festgelegt. D sei $S \times A \times V$, wobei $S = S_1 \times S_2 \times S_3 \times \cdots \times S_n, A = A_1 \times A_2 \times \cdots \times A_N, V = V_1 \times V_2 \times \cdots \times V_N$ sind. $S_1 = \mathscr{N}$ bezeichnet die Zeit; S_2 bezeichnet eine Menge von Objektmarkierungen, etwa $1, 2, 3, \ldots, N, N + 1, N + 2, \ldots, N + M$; $S_3 = \mathscr{N}$ bezeichnet die x-Koordinaten von Objekt $1, S_4 = \mathscr{N}$ dessen y-Koordinaten, usw., $n = 2 + 2(N + M)$. Die Individuenkonstanten von G sind $L_1, L_2, \ldots, L_{N+M}$ und entsprechen $1, 2, \ldots, N + M$. Die Variable x_1 von G läuft über S_3 bzw. y_1 über S_4. In S_i werden die üblichen Funktionen und Prädikate der Arithmetik der ersten Stufe interpretiert; zum Beispiel „$x_1 > x_2$" genau dann, wenn

$$(x_1, x_2) \in \{(1, 0), (2, 0), \ldots, (2, 1), (3, 2), \ldots\} \subset S_3 \times S_3.$$

Dies beschreibt eine Umgebung von $N + M$ Objekten in der Ebene, von denen N Lernende sind. Wir haben zusätzlich zu den Prädikaten der Arithmetik der ersten Stufe noch folgende Prädikate:

$\mathrm{IDO}(t, a_i)$: wahr in t_0, wenn $t \leqslant t_0$, und L_i wählt die Aktion a_i zur Zeit t; falsch in t_0, wenn $t \leqslant t_0$, und L_i wählt nicht Aktion a_i zur Zeit t, oder $a_i \notin A_i$; andererseits weder wahr noch falsch.

$\mathrm{ISE}(t, s, a)$: wahr in t_0, wenn $t \leqslant t_0$, und $(t, s, a) \in CS$ für gewisses a; falsch in t_0, wenn entweder $t \leqslant t_0$ und $(t, s, a) \notin CS$ für gewisses a, oder $s \notin S$ für jedes a; andererseits weder wahr noch falsch.

$\mathrm{ILK}(t, s, a, v_i)$: wahr in t_0, wenn v_i der Wert von (s, a) für L_i bei $t \leqslant t_0$ ist; falsch in t_0, wenn $t \leqslant t_0$, und $v_i(s, a) \neq v_i$ oder $v_i(s, a) \notin V_i$; andererseits weder wahr noch falsch.

CS ist hier die Menge aller (t, s), $0 \leqslant t \leqslant t_0$, wobei s ein beliebiger Zustand in einem von L_i gewählten Pfad von $t = 0$ nach $t = t_0$ ist.

Definition 3. Sei h eine Aussage in $\mathscr{L}(G)$. Die *Glaubwürdigkeit* (*Gewicht der Evidenz, Grad des Dafürhaltens, Plausibilität*) von h zur Zeit t ist eine reelle Zahl in $[0, 1] - w(t, h) -$ derart, daß

(1) $w(t_1, h) > w(t_0, h)$, wenn für gewisses t, $t_0 < t < t_1$, h in t wahr ist bzw. falsch bei keinem t zwischen t_0 und t_1,

(2) $w(t, h) > w(t, h')$, wenn $c(h, t) > c(h', t)$ und wenn h bzw. h' sich 1-1-entsprechende Mengen bezeichnen, wobei $c(h, t)$ die Anzahl dessen ist, wie oft h vor t als wahr oder $\neg h$ vor t als falsch gefunden wurde, gilt.

Definition 4. Unter einer *Hypothese* verstehen wir $(h, w(t, h))$, wobei $h \in \mathscr{L}(G)$ und $w(t, h)$ deren Glaubwürdigkeit ist.

Definition 5. Ein Hypothesenvorrat, CR_i, heißt *Darstellung* von L_i.

Definition 6. L_i *lernt*, wenn das Limit-Wertverhältnis seines Aktionsauswahlschemas mit der Zeit ansteigt.

Aktionsauswahl

Definition 1. Ein Informationsverarbeiter L_i ist ein *Wissensverarbeiter* $(kp)_i$, wenn er eine Darstellung CR_i hat und $g_i(t, s, a)$ von CR_i abhängt.

Definition 2. L_i kontrolliert vollständig L_j, wenn $x_j' = f_{xj}(s, a)$ und $y_j' = f_{vj}(s, a)$ nur von a_i abhängen.

Definition 3. Unter einer *totalen Umgebung* verstehen wir

$$\left\{ S \times \prod_{i=1}^{N} CR_i \times A, f \times \prod_{i=1}^{N} L_i, s_0 \right\}.$$

Die Menge der internen Darstellungen, die mit den Darstellungen des Lernenden korrespondiert, ist mit S genauso wie A verknüpft, und die Programme $L_1, \ldots, L_N$ werden zum Teil der Übergangsfunktion. Die totale Umgebung ist autonom; die Lernenden sind davon Teile.

Theorem 7. Für eine totale Umgebung mit $N + 1$ Lernenden existieren Pfade Π' über S, die nicht für eine totale Umgebung mit N Lernenden existieren (für alle N), und es existieren „Team"-Wertfunktionen $v_1, \ldots, v_{N+1}$ derart, daß LVR(Π') größer als das Limit-Wertverhältnis eines beliebigen Pfades in einer totalen Umgebung mit N Lernenden ist.

Pläne und Probleme

Das oben Gesagte stellt den Stand der Entwicklung zum Zeitpunkt der Abfassung des Aufsatzes dar. Ein kognitiver Lernender, etwa L_i, ist ein Programm; dieses fungiert im Grunde als Kontrolle von mindestens fünf anderen Programmen oder Subroutinen:

(1) Eingabe der Information aus der Umgebung.

(2) Auswahl der Aktionen, unter Benützung von CR_i.

(3) Revidierung der den Hypothesen in CR_i zugewiesenen Gewichte und deren Modifikation.

(4) Formierung neuer Hypothesen.

(5) Formierung neuer Prädikate durch Zusammensetzung aus existierenden Prädikaten.

Einige der zentralen theoretischen Konzepte wie „Zugriff" und „Kontrolle" wurden detaillierter in einer Dissertation erläutert, die sich aus diesem Projekt ergab (Roosen-Runge 1967). Eine andere Dissertation erklärte näher den Begriff der Komplexität in Graphen, der in Beziehung zu einer Umgebung— aufgefaßt als ein Zustandsübergangssystem — steht (Mowshowitz 1967). In einer weiteren Dissertation (Hamburger 1971) wurde gezeigt, wie ein Lernender — von geeigneten Folgen von Satzinstanzen der „allgemein bekannten" Sprache zusammen mit richtigen P-Markern — die Komponenten ihrer Transformationsgrammatik lernen kann.

Vor kurzem zeigte Kochen (1973) mit Hilfe von Gödels Theorem, daß der „Hauptalgorithmus" notwendigerweise unvollständig ist. Die einfachste nichttriviale „komplexe Umgebung" eines Lernenden ist eine, die eine Kopie des Lernenden — d. h., des Hauptalgorithmus, der Hypothesen und Darstellungen bildet und verwendet — selbst ist. Soll sie sich selbst vollständig darstellen, so muß sie zu einem Zeitpunkt Hypothesen bilden, die zum Algorithmus selbst äquivalent sind, und diese Hypothesen müssen auch logische Konsequenzen, die innerhalb der logischen Theorie — spezifiziert durch den Hauptalgorithmus und die verknüpfte Darstellung — beweisbar sind, sein.

Gewisse Statements im Grundkontrollprogramm L_i können ebenfalls modifiziert werden. Dies verändert L_i weit stärker als eine Änderung der Programmstatements, die die in CR_i gespeicherten Hypothesen darstellen. Darüber hinaus können Änderungen durch einen Teil von L_i selbst bewirkt werden; und L_i bildet Hypothesen, die auf L_i selbst verweisen und die solche an sich selbst gemachte Änderungen beschreiben. Auf diese Weise erhalten die Terme „self" oder „me" der „allgemein verständlichen" Sprache eine Bedeutung.

Unsere allgemeine Strategie stammt von der Wißbegierde über die Möglichkeit einer Spracheinsicht durch die Rechenanlage. Warum haben wir Sprache? Vernünftigerweise können Lernende durch linguistische Kommunikation Probleme, die kooperative und koordinierte Aktivitäten verlangen, die aber ohne Kommunikation unbewältigbar sind, lösen. Es gibt Aufgaben dieser Art, die so die Lernenden dazu führen, höhere Niveaus der Nützlichkeit zu erreichen. Aber eine linguistische Kommunikation verlangt Denken oder kognitives Lernen. Kognitives Lernen verlangt die Verwendung und die Umorganisation von Information zur Bildung, Revidierung und Anwendung von Hypothesen.

In Weiterführung dieser Strategie planen wir langfristig folgendes:

(1) Wir wollen zeigen, wie auf der Basis der Glaubwürdigkeits- und der Nutzenmaße, die gespeicherten Hypothesen zugeordnet sind, Aktionen gewählt werden.

(2) Wir wollen k-schrittige „Vorausblicke" in die Aktionsauswahl inkorporieren, die Möglichkeiten von „Opfern" zulassen. Dies kann am Schachspiel versucht werden, wenn genügend Hypothesen „gelehrt" — d. h., eingespeist — werden können, um einen guten Schachspieler herzustellen.

(3) Wir wollen gespeicherte Hypothesen auf der Basis der Umgebungsevidenz testen und modifizieren. In der publizierten Literatur beschriebene reale Umgebungen können dazu verwendet werden.

(4) Wir wollen zusammengesetzte Hypothesen und Hypothesen zweiter Ordnung bilden.

(5) Zwei Lernende sollen in einer gemeinsamen verbalen, allgemein verständlichen Sprache kommunizieren.

(6) Wir wollen die verbale, allgemein verständliche Sprache dazu verwenden, daß der Lernende mit sich selbst zur Verstärkung der Bildung von neuen Hypothesen und Prädikaten „kommuniziert".

(7) Wir wollen die Relationen unter Hypothesen, Gewichtsfunktionen, Aktionsauswahlprozeduren, Hypothesenwahlprozeduren, Aktionen und Werte in Termini der Beschränkungen von Gedächtnis und Verarbeitungsgeschwindigkeit untersuchen.

(8) Wir wollen eine Relation zwischen der Zahl der Hypothesen, die vor der Wahl einer Aktion untersucht werden, und der Anzahl der vorausschauenden Schritte ableiten.

(9) Wir wollen Bedingungen für die Konvergenz von Hypothesenmengen CR_i angeben.

(10) Wir wollen kognitive Abweichungen wie Täuschungen, die durch Änderungen bei der Hypothesenbildung, bei Tests oder Gewichtsfunktionsberechnungen auftreten, untersuchen.

(11) Wir wollen die relativen Vorteile von engen Spezialisierungen versus „guter Abgerundetheit" in einem Lernenden näher betrachten.

Dies sind nur einige Fragen, die jetzt relativ leicht behandelt werden können, die aber vor dieser Studie nicht sinnvoll angegeben werden konnten.

III. Die Konstruktion und Anwendung von Programmen

Einführung

Kognitives Lernen wird allgemein von Verhaltensforschern und Biologen als eine komplexe oder höher-stufige Funktion des menschlichen Nervensystems aufgefaßt. Als Informationswissenschaftler betrachten wir kognitives Lernen als einen mathematischen Prozeß, dessen Beschreibung viel zu viel Variablen und Relationen zwischen diesen verlangt, um mit der klassischen Mathematik analysiert werden zu können. Wo es immer möglich ist, suchen wir die Probleme in Ausdrücken geeigneter mathematischer Konzepte zu formulieren, und wir versuchen, die uns bekannten mächtigsten und relevantesten mathematischen Techniken zur Ableitung signifikanter logischer Konsequenzen (Theoreme) heranzuziehen. Wir glauben aber sehr, daß die Studien der kognitiven Lernprozesse — sowohl theoretisch als auch experimental — zu einer wirklich *neuen* Mathematik führen und der Mathematik in diesem Jahrzehnt einen Anstoß geben können, wie er sie so oft in deren Geschichte durch große Sprünge vorwärts trieb. Spezieller glauben wir, daß der Keim dieser neuen mathematischen Konzepte und Techniken in der Anwendung von höher-niveauigen Programmiersprachen wie SNOBOL (Griswold, Poage und Polonsky 1968) liegt.

Die Verwendung solcher Sprachen hat unsere Konzeption des Problemlösens entscheidend verändert (O'Connell et al. 1969). Wir brauchen nur die Probleme in einer hinreichend präzisen Weise, die die allgemeine Strategie zur Ableitung des gewünschten Resultates als Ausgabe von einer gegebenen Eingabe oder früher gespeicherten Daten betrifft, der Rechenanlage darbieten und dem Rechner die Kleinarbeit überlassen. Tatsächlich beginnen zwei der hervorstechendsten kreativen zeitgenössischen Mathematiker (Kac und Ulam 1969) zu fragen, ob Rechner nicht mehr als nur Hilfsmittel für mathematische Untersuchungen sind. Es ist gut möglich, daß die moderne Mathematik daran gehen wird, die Konzepte von Rechnern — speziell hoch-niveauige Sprachen — als einen wesentlichen Teil in ihr eigenes Repertoire aufzunehmen. Tatsächlich werden programmierte Algorithmen zunehmend ebenso wie ein Beweis in der Analysis als Errungenschaft betrachtet.

Im Zusammenhang mit kognitiven Lernprozessen werden in SNOBOL geschriebene Programme als konstruktive Beweise für die Haupttheoreme, die wir beweisen wollen, verwendet: nämlich, daß es Automaten gibt, die ihre eigenen Darstellungssysteme und Darstellungen modifizieren können und zunehmend effektivere Aktionen wählen. Die Beschreibung der Basisalgorithmen durch SNOBOL erlaubt uns einen weit größeren Spielraum und viel größere Freiheiten bei der Ausdrückung aller Ideen, die wir uns vorstellen und nach logischen Implikationen untersuchen können, als die gewöhnliche Mathematik. Dies wurde in einer steigenden Anzahl von Publikationen demonstriert und in einer noch größeren und schneller wachsenden Anzahl von unpublizierten operationellen SNOBOL-Programmen (vgl. Shapiro 1969) und anderen ähnlichen Sprachen (Ash und Sibley 1968).

Der Zweck solcher Demonstrationen ist, den Theoretikern in den Verhaltenswissenschaften ein mächtiges neues Werkzeug für tiefere Konzeptualisierungen und Deduktionen zur Verfügung zu stellen. Dies weicht von dem weitgehend akzeptierten Ziel der künstlichen Intelligenz, Rechner zu mächtigeren Hilfsmitteln für menschliches Problemlösen zu machen, ab. Trotzdem könnte dies zu Forschungen in der künstlichen Intelligenz durch seinen neuen Ansatz auf schlecht-strukturierte oder reale Probleme — zum Unterschied von gut-strukturierten Problemstatements — beitragen.

Es gibt immer noch einige echte logische Probleme damit, welche Behauptungen auf der Basis eines Programms valide gemacht werden können, in welcher Sprache diese Behauptungen als Beweise präsentiert werden sollten (Michie 1966). Ein Programm an sich kann schwer als Theorie aufgefaßt werden. Wir versuchen auch nicht, irgendwelche unserer Programme als kognitives Lernen *simulierend* zu interpretieren, da dies nahelegen würde, daß sie einen analogen Prozeß bei

Menschen simulieren. Dies werden sie fast sicher nicht tun, auch wenn wir genug über menschliches kognitives Lernen wissen würden, auf das wir eine solche Analogie stützen könnten.

Der Entwurf und die Implementierung eines vollständigen Algorithmus für einen übergreifenden und allgemeinen kognitiven Lernprozeß — d. h., eines Einsichtigen, der Weisheit zeigt — ist bei aller Sophistizierung eine schwere Aufgabe, mit der wir wenig Erfahrung haben. Wir zergliedern die Aufgabe daher in Teilaufgaben, die einfacher als totale Einheiten zu bewältigen sind. Solche Fragmente präsentieren wir hier. Es verbleiben aber noch viel mehr Teile zu konstruieren. Jeder hier vorgestellte Teil ist das Endresultat zahlreicher Revisionen. Alle Teile müssen noch in ein Gesamtoperationspaket zusammengefügt werden, aber es ist nun klar, wie dies zu machen ist.

Dekomposition in separierbare Probleme

Wir haben bis jetzt noch nicht in einer für die Spezifizierung der Programmierung geeigneten Detailliertheit den Algorithmus für einen Einsichtigen entworfen; wir haben aber den Algorithmus für einen Wissen-Verarbeiter — einen kognitiven Lernenden oder „Wissenden" (Stufe 2) — entworfen und in operationellen SNOBOL-Programmen einige leicht trennbare Komponentenalgorithmen implementiert. Ein umgebungserzeugendes Programm wurde von Uhr und Kochen (1969) beschrieben. Jeder Umgebungserzeuger produziert zur Zeit t, $t = 0, 1, 2, \ldots$ eine Ausgabe der Form $(t, s, v_1, \ldots, v_N)$, wobei s ein Zustandsvektor ist, und v_i ist der Nutzen dieses Zustands für den Lernenden L_i, $i = 1, \ldots, N$. Die Eingabe an den Lernenden L_i zum Zeitpunkt t ist $(t, s, v_i, a_1, \ldots, a_N)$, wobei a_j die zur Zeit t von L_j, $j = 1, \ldots, N$, gewählte Aktion ist (wir nehmen an, daß L_i immer seine eigene Aktion empfängt — tatsächlich rückruft — und auch die Aktionen, die keiner, einige oder alle der anderen Lernenden, die diese verbreiten oder direkt an L_i berichten, auswählt). Die Ausgabe des Lernenden L_i zur Zeit t ist eine Aktion a_i. Diese basiert auf gespeicherten Hypothesen; aber diese Hypothesen sind niemals Teil der Ausgabe des totalen kognitiven Lernenden. Sie sind Ausgaben der Hypothesenbildungsunterprogramme und Eingaben in die Aktionsauswahlunterprogramme.

Bildung von Ausdrücken (SEQANAL). Dieses Programm erhält als Eingabe eine numerische Folge wie 1, 3, 5, 7, 9. Als Ausgabe erzeugt es eine oder mehrere Hypothesen, von denen einige im „Kurzzeitgedächtnis" und einige im „Langzeitgedächtnis" gespeichert werden. Das Langzeitgedächtnis speichert sowohl die Extension (die Instanzen einer Sequenz) als auch die Intension (eine Hypothese) von Folgen oder Teilfolgen, die früher versuchsweise identifiziert wurden. Mit diesen gespeicherten Items werden die neuen Eingabefolgen verglichen. Die im nächsten Abschnitt aufgeführten Programmannahmen sollen spezifizierte Eigenschaften der gesetzmäßigen numerischen Eingabefolgen beschreiben, aber — obwohl dies einem uninteressanten spezialisierten Programm gleicht — die Programmierungstechnik kann ziemlich verallgemeinert werden. Im besonderen werden die folgenden Routinen iterativ auf die Eingabefolgen, auf Abschnitte der Eingabesequenzen, die Teilsequenzen entsprechen, und auf die Teilsequenzen angewendet. Das Kurzzeitgedächtnis hält die Hypothesen, wie sie gebildet werden, fest.

Aufdeckung einer Periodizität. Hat eine Eingabefolge oder eine Teilfolge ein sich wiederholendes Gefüge — wie 1, 2, 3, 1, 2, 3 —, so gibt diese Routine das Gefüge — 1, 2, 3 — gemeinsam mit der Anzahl, wie oft dieses Gefüge als sich wiederholend beobachtet wurde, zurück. Extrahiert ein anderes Programm eine Teilfolge — wie die Elemente an den Positionen 1, 3, 5, 7, ... aus der Folge 1, 1, 2, 2, 3, 3, 1, 4, 2, 5, 3, ... —, dann wird dieses Gefüge ebenfalls entdeckt.

Anwendung des Differenzoperators. Erhält diese Routine eine Eingabesequenz $a_1, a_2, a_3, a_4, \ldots$, so wird die Ausgabefolge $b_1, b_2, b_3, b_4, \ldots$ mit $b_i = a_{i+1} - a_i$ produziert. 1, 4, 9, 16, 25, 36, ... ergibt demnach 3, 5, 7, 9, ... Diese Ausgabe kann wieder der Routine als Eingabe zugeführt werden und gibt dann 2, 2, 2, ... aus. Dies kann nun als Eingabe in die Routine zur Aufdeckung einer Periodizität dienen. Das Ergebnis wird als verkodete Beschreibung, die dem entspricht, was getan und gefunden wurde, ausgedrückt: der Differenzoperator wurde *zweimal* angewendet, und die Periodizitätsfindung gab als Resultat das Gefüge „*2*" zurück, wobei auf „*1, 4*" als die ersten beiden Elemente der gegebenen Folge hingewiesen wird. Die drei kursiven Items werden wie in HYP(„*2*", „*1*", „*4*") verbunden. Wahlweise kann noch eine vierte Eintragung, die die Länge der Eingabesequenz angibt, inkludiert werden. Ist diese nicht spezifiziert, wird die Folge als unendlich lang aufgefaßt; sie kann aus der verkodeten Beschreibung erzeugt werden.

Prüfroutine. Diese Routine wird vor den beiden eben erwähnten Routinen angewendet, um abzuklären, ob eine gegebene Eingabesequenz schon früher gesehen und analysiert wurde.

Suche nach Teilsequenzen. Diese Routine sucht die Eingabesequenz nach Teilsequenzen ab, die zu einem der in einem Langzeitgedächtnis gespeicherten Gefüge (Spuren einer Folge, wie eine Schablone gebraucht) passen. Gibt es ein Gegenstück, so gibt diese Routine die passenden Elemente der Teilsequenzen und die der Eingabe entsprechenden Positionen zurück. Ist etwa 1, 4, 9, 16, 25 gespeichert, und ist die Eingabe 1, 4, 9, 1, 16, 1, 25, dann ist die retournierte Positionsfolge 1, 2, 3, 5, 7 (ersten fünf Quadratzahlen).

Berechnung der Gewichtsfunktion. Diese Routine weist ein Element einem Gefüge, das im Langzeitgedächtnis gespeichert ist und zu einer Eingabefolge paßt, zu. Diese Zahl gibt im Grunde die Größe des Gegenstücks an; die Anzahl der Elemente, die erwartet werden würden, wenn die Eingabesequenz keine Information trüge, wird nicht berücksichtigt. Dies ist nützlich, wenn wir Hypothesen nicht über Folgen, sondern über Mengen angeben wollen — beispielsweise, daß ein spezieller Teil von Eingabezahlen wie 4, 1, 9, 25, ... zu der *Menge* der Quadrate

gehört. Dann beinhaltet die Folge 3, 4, 2, 1, 5, 7 keine Information: die Hypothese
würde der Menge aller Zahlen entsprechen.

Extraktion von Teilsequenzen. Diese Routine gibt die Werte einer Teilfolge
einer gegebenen Eingabesequenz, spezifiziert durch die Positionsfolge, zurück.
Ist etwa 1, 4, 9, 16, 25,... die Eingabefolge, und ist 1, 3, 5,... spezifiziert, dann
wird 1, 9, 25,... zurückgegeben.

Werden alle diese Routinen kombiniert, so wird als Eingabe etwa 1, 1, 1, 2, 4, 8,
3, 9, 27,... akzeptiert; enthält das Langzeitgedächtnis Hypothesen für 1, 4, 9, 16,...
und 1, 8, 27,... sowie 1, 2, 3, 4,..., so wird eine Hypothese darüber gebildet, wie
diese ineinandergreifen. Es können auch die drei Hypothesen für eine Speicherung
im Langzeitgedächtnis gebildet werden, um sie für die eigene Anwendung auf die
Dechiffrierung der verwickelten Folge zu verwenden.

Hypothesenbildung (FORM). Dieses Programm bringt sein eigenes Langzeitgedächtnis auf den neuesten Stand. Als Eingabe akzeptiert es ein Tripel (s, a, u),
wobei s den laufenden Zustand von E, a die laufende Aktion des Lernenden
und u den Nutzen des laufenden Zustands bezeichnet. Eine typische Eingabe ist
$s = (5, 5)$, $a = 0$, $u = 1$. Die Ausgabe ist eine Hypothese, die die Prädikate
ISE, IDO, ILK verwendet. Eine typische Ausgabe ist

$$AT(10)(AT)(AX)(AY)\mathrm{ISE}(T, X, Y)\ \&\ \mathrm{IDO}(T, 0) = \mathrm{ISE}(T + 1, X + 1, Y - 1).$$

Wir interpretieren dies so: „Nach 10 Eingaben, wie $(5, 5)$, $(0, 1)$, $(6, 4)$, $(0, 0)$, $(7, 3)$,
$(0, 0)$,..., stelle ich die Hypothese auf, daß für alle Zeitpunkte und für jedes X, Y
gilt: immer wenn ich den Zustand (X, Y) bemerke und die Aktion 0 wähle, wird
der nächste Zustand $((X + 1), (Y - 1))$ sein". Eine andere typische Ausgabe ist
$AT(10)(AT)(AX)\mathrm{ISE}(T, X, X) = \mathrm{ILK}(T, 1)$ mit der Interpretation: „Wann
immer ich einen Zustand mit zwei Komponenten bemerke, in dem beide Komponenten gleich sind, ist dessen Nutzen für mich 1 — ich ‚will' ihn".

Es ist zu bemerken, daß „FORM" tatsächlich viele, aber nicht alle Eigenschaften von „SEQANAL" inkorporiert. Speziell gestattet es nicht die iterative
Verwendung der verschiedenen Suchroutinen. Dieser Mangel läßt sich leicht beseitigen.

Aktionsauswahl (ASP). Dies ist ein Programm, in dem eine Menge von Hypothesen gespeichert wird. Es kann auch widersprechende Hypothesen enthalten.
Der Einfachheit wegen ist H in Form von zwei Mengen von SNOBOL-Statements
gespeichert; die eine Menge drückt mögliche Änderungen der Umgebungszustände
aus, die andere mögliche Änderungen der Nutzen für den Lernenden.

Die Eingabe in das Programm ist die Änderung im Umgebungszustand. Die
Ausgabe ist eine gewählte Aktion, die den erwarteten Wert zum nächsten Zeitpunkt maximiert und auf der Annahme beruht, daß jede gespeicherte Hypothese
tatsächlich die Zustandsübergangsfunktion repräsentiert.

Bestehe H beispielsweise aus den folgenden Hypothesen, die den Übergangs-
funktionen

$$(1) \qquad f(s, a) = s + a,$$

$$(2) \qquad f(s, a) = s \cdot a,$$

und den Hypothesen, die den folgenden Nutzenfunktionen

$$(3) \qquad s = 3 \Rightarrow u = 1,$$

$$(4) \qquad \text{ist } s = t^2, \text{ dann ist } u = v(t) = 20 \text{ für alle } t$$

entsprechen.

Ist die Menge der für den Lernenden verfügbaren Aktionen $\{1, 2, 3\}$, und ist zum Zeitpunkt 1 $s = 2$, dann würde der Lernende unter der Annahme, daß die Hypothesen (2) und (4) gelten, die Aktion 2 auswählen. Dann ist $u = 20$. Sind die für den Lernenden verfügbaren Aktionen nur $\{1, 3\}$, dann würde er unter der Annahme, daß (1) und (3) gelten, 1 wählen.

Das ASP-Programm wird ständig revidiert. Zum Zeitpunkt, wo dies geschrieben wurde, wählte es Aktionen auf zwei Arten aus. Der eine Modus, ACSEL, ist eine Funktion, die beim Aufruf als Resultat die Selektion einer Aktion vornimmt. Die Eingaben sind „Zeit", die Anzahl der zu konsultierenden Werthypothesen (NVH), die Anzahl der zu konsultierenden Aktionshypothesen (NAH) und die Anzahl der zu wählenden Aktionen (NA). Jeder gespeicherten Hypothese ist ein laufendes „Glaubwürdigkeitsmaß" zugewiesen. Unter deren Verwendung wird — möglicherweise wiederholt — eine Aktions- und eine Werthypothese ausgewählt. Damit wird versuchsweise eine Aktion gewählt, von der angenommen wird, daß sie den — dem nächsten Zustand entsprechenden — Wert maximiert. Die relevanten Aktions- und Werthypothesen werden in CAH und CVH ge-

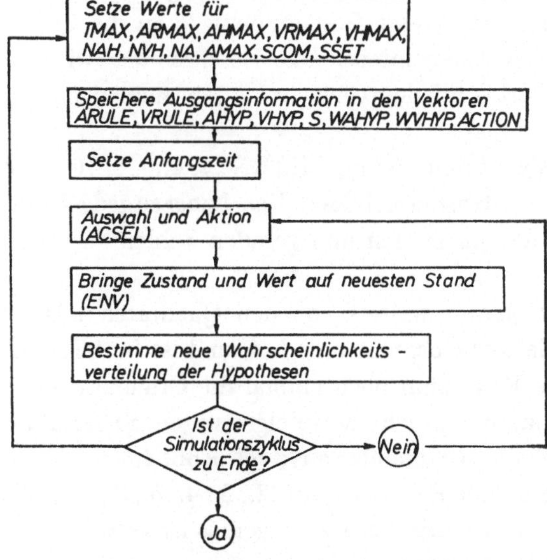

Abb. 3. Flußdiagramm für „ASP"

speichert, und die Werte werden den Vektoren EXS und EXV (die erwartete Zustände und Werte speichern) zugewiesen. Kann das Programm auf Grund dieser Hypothesen v nicht maximieren, so trifft es eine Zufallsauswahl und kehrt dann zurück.

Die andere Art, auf die die Kontrolle zurückgreift, wenn eine bestimmte Kette leer ist, verzichtet auf eine probabilistische Auswahl und durchsucht die ganze Menge der Hypothesen.

In der probabilistischen Auswahlart werden die Wahrscheinlichkeiten revidiert. In gegenwärtigen Versionen des Programms werden auch erwartete Nützlichkeiten miteinbezogen.

Ein Flußdiagramm von ASP gibt Abb. 3 wieder.

Beispielausgaben ausgewählter Programme

SEQANAL. „SEQANAL" ist ein SNOBOL-Programm mit 194 Befehlen und 10 Unterroutinen. Das Programm, das den Ausdruck der Abb. 4 produziert, erhält 15 Terme einer Sequenz, über die es eine Beschreibung bilden soll. *Wir* wissen von der Sequenz folgendes:

Jeder 3. Term ist eine gerade Zahl, der erste Term ist 2; beginnend mit dem zweiten Term ist jeder dritte Term ein Quadrat; $a_{3i} = 2i - 1$, $i = 1, 2, 3, \ldots$.

Zunächst kann das Programm nichts tun, was durch Leerstellen im Kurz- und Langzeitgedächtnis angezeigt wird. So „belehren" wir es durch die einfachere Folge 1, 3, 5, 7, 9, ... Es speichert im Kurzzeitgedächtnis korrekt HYP(1, „2", „1", 5); dies interpretieren wir als: die erste Differenz — oder der einmal angewendete Differenzenoperator $a_{i+1} - a_i$, der durch die erste Eintragung in HYP angezeigt wird — ist „2". Das erste Element der Folge, „1", wird durch die dritte Eintragung in HYP ausgewiesen. Die vierte Eintragung deutet auf die Länge der Eingabesequenz hin. Aus dieser Beschreibung kann die Eingabefolge eindeutig rekonstruiert werden. Diese intensionale Beschreibung wird auch im Langzeitgedächtnis gespeichert — mit dem Gewicht 1 —, zusammen mit der korrespondierenden Extension.

Das Programm wird nun durch „LEARN: 2, 4, 6, 8, 10" belehrt. Auch davon wird eine geeignete Intension gebildet. Das Langzeitgedächtnis enthält nun Beschreibungen von den ungeraden und geraden Zahlen — bis zu den ersten fünf Termen.

Das Programm „lernt" weiters von den Quadraten folgendes: „Die zweite Differenz ist ‚2', die Reihe beginnt mit ‚1, 4' und ist fünf Terme lang".

Nun erhält das Programm noch einmal die Originalsequenz. Es wendet nun an, was es gelernt hat, und druckt zwei Folgen unter „SHORT TERM MEMORY" (Kurzzeitgedächtnis) nebeneinander aus; vgl. Abb. 4.

Die erste Folge deutet Positionen an (2., 3., 4., 5., 8., . . .), die zweite Sequenz gibt die entsprechenden Werte an. Das Ergebnis ist zwar richtig, aber rein extensional und von geringem Interesse.

LEARN: 2,1,1,4,4,3,6,9,5,8,16,7,10,25,9,

SHORT TERM MEMORY

LONG TERM MEMORY

LEARN: 1,3,5,7,9,

SHORT TERM MEMORY
  HYP(1 , "2," , "1," , 5)

LONG TERM MEMORY
1,3,5,7,9,   HYP(1 , "2," , "1," , 5)   1

LEARN: 2,4,6,8,10,

SHORT TERM MEMORY
  HYP(1 , "2," , "2," , 5)

LONG TERM MEMORY
1,3,5,7,9,   HYP(1 , "2," , "1," , 5)   1
2,4,6,8,10,   HYP(1 , "2," , "2," , 5)   1

LEARN: 1,4,9,16,25,

SHORT TERM MEMORY
  HYP(2 , "2," , "1,4," , 5)

LONG TERM MEMORY
1,3,5,7,9,   HYP(1 , "2," , "1," , 5)   1
2,4,6,8,10,   HYP(1 , "2," , "2," , 5)   1
1,4,9,16,25,   HYP(2 , "2," , "1,4," , 5)   1

LEARN: 2,1,1,4,4,3,6,9,5,8,16,7,10,25,9,

SHORT TERM MEMORY
2,3,4,5,8,11,14,15,   1,1,4,4,9,16,25,9,

LONG TERM MEMORY
1,3,5,7,9,   HYP(1 , "2," , "1," , 5)   1
2,4,6,8,10,   HYP(1 , "2," , "2," , 5)   1
1,4,9,16,25,   HYP(2 , "2," , "1,4," , 5)   1

LEARN: 3,6,9,12,15,

SHORT TERM MEMORY
  HYP(1 , "3," , "3," , 5)

LONG TERM MEMORY
1,3,5,7,9,   HYP(1 , "2," , "1," , 5)   1
2,4,6,8,10,   HYP(1 , "2," , "2," , 5)   1
1,4,9,16,25,   HYP(2 , "2," , "1,4," , 5)   1
3,6,9,12,15,   HYP(1 , "3," , "3," , 5)   1

LEARN: 1,4,7,10,13,

SHORT TERM MEMORY
  HYP(1 , "3," , "1," , 5)

```
LONG TERM MEMORY
1,3,5,7,9,          HYP( 1 , "2," , "1," , 5 )    1
2,4,6,8,10,         HYP( 1 , "2," , "2," , 5 )    1
1,4,9,16,25,        HYP( 2 , "2," , "1,4," , 5 )    1
3,6,9,12,15,        HYP( 1 , "3," , "3," , 5 )    1
1,4,7,10,13,        HYP( 1 , "3," , "1," , 5 )    1

LEARN: 2,5,8,11,14,

SHORT TERM MEMORY
   HYP( 1 , "3," , "2," , 5 )

LONG TERM MEMORY
1,3,5,7,9,          HYP( 1 , "2," , "1," , 5 )    1
2,4,6,8,10,         HYP( 1 , "2," , "2," , 5 )    1
1,4,9,16,25,        HYP( 2 , "2," , "1,4," , 5 )    1
3,6,9,12,15,        HYP( 1 , "3," , "3," , 5 )    1
1,4,7,10,13,        HYP( 1 , "3," , "1," , 5 )    1
2,5,8,11,14,        HYP( 1 , "3," , "2," , 5 )    1

LEARN: 2,1,1,4,4,3,6,9,5,8,16,7,10,25,9,

SHORT TERM MEMORY
HYP( 1 , "3," , "3," , 5 )        HYP( 1 , "2," , "1," , 5 )
HYP( 1 , "3," , "1," , 5 )        HYP( 1 , "2," , "2," , 5 )
HYP( 1 , "3," , "2," , 5 )        HYP( 2 , "2," , "1,4," , 5 )

LONG TERM MEMORY
1,3,5,7,9,          HYP( 1 , "2," , "1," , 5 )    3
2,4,6,8,10,         HYP( 1 , "2," , "2," , 5 )    3
1,4,9,16,25,        HYP( 2 , "2," , "1,4," , 5 )    3
3,6,9,12,15,        HYP( 1 , "3," , "3," , 5 )    1
1,4,7,10,13,        HYP( 1 , "3," , "1," , 5 )    1
2,5,8,11,14,        HYP( 1 , "3," , "2," , 5 )    1
```

Abb. 4

Wir „belehren" dann das Programm mit den Vielfachen von 3, gefolgt von den um 1 vermehrten und den um 2 vermehrten Vielfachen von 3. Wenn wir schließlich das Programm mit der ursprünglichen Sequenz überprüfen, ergeben sich drei „Hypothesen"-Paare. Wir können das erste so deuten (10 Zeilen vor dem Ende der Abb. 4): „In den Positionen, die Vielfache von 3 sind, sind die ungeraden Zahlen zu finden". Das letzte Paar (8 Zeilen vor dem Ende) besagt: „In den Positionen, deren erste Differenz 3 ist, ist — beginnend mit 2, d. h., 2, 5, 8, 11,... — die Teilfolge von Zahlen, deren zweite Differenz 2 ist — beginnend mit 1, 4, d. h., 1, 4, 9, 16,... — zu finden". Es ist zu bemerken, daß wir in unserer Beschreibung dieser Hypothesen nicht die Länge der Sequenz erwähnten, obwohl diese im Ausdruck aufscheint. Das Programm kann eine Erwähnung der Länge unterdrücken; in diesem Fall wird eine unendlich lange Folge angenommen.

Es könnte vielleicht scheinen, daß wir das Programm mit zuviel von dem, von dem wir wissen, daß es für eine Analyse hilfreich ist, „belehrt" haben. Wir könnten es etwa auf Grund von besser gewählten Beispielen belehrt haben, $a + bk$ (beispielsweise $k = 3$, $a = 0, 1, 2$, $b = 1, 2, 3, \ldots$) zu bilden — dadurch würde das Lernen beeindruckender erscheinen; ähnlich auch für gerade und ungerade Zahlen. Wir wollten dagegen aber zeigen, wie das Programm unter Verwendung von früher gebildeten Ausdrücken über Folgen Ausdrücke über Teilfolgen formen kann.

Die Leistung dieses speziellen Programms ist beschränkt auf die Analyse von numerischen Folgen, die mit dem Differenz- und dem Periodizitätsfindungsoperator verarbeitet werden können. Darunter fallen polynomische Funktionen, Funktionen modulo k und exponentielle Funktionen. Eine Anzahl von anderen Operatoren wurde ebenfalls untersucht, aber noch nicht im Programm implementiert; mit deren Hilfe können viele der in der numerischen Analysis interessanten Folgen behandelt werden. Eine andere Menge von Operatoren zur Behandlung nicht-numerischer Folgen wurde ebenfalls untersucht; das Programm benötigt zu deren Inkorporation keine größeren Modifikationen.

FORM. Es werden nun die Ergebnisse eines Versuchsdurchlaufs von „FORM" gezeigt. Tab. 1 gibt die Eingabe in Gestalt einer 10×4-Matrix an.

Tabelle 1

	s_1	s_2	a	u
$t = 1$	02	00	01	00
$t = 2$	04	04	00	01
$t = 3$	06	04	01	00
$t = 4$	08	08	01	01
$t = 5$	10	12	00	-1
$t = 6$	12	12	01	01
$t = 7$	14	14	01	01
$t = 8$	16	16	00	01
$t = 9$	18	17	00	00
$t = 10$	20	18	00	-1

Jede Zeile bezeichnet einen Zeitpunkt. Die beiden ersten Spalten sind zwei Komponenten des Zustandsvektors $s = (s_1, s_2)$; dies können beliebige Zahlen sein. Die dritte Spalte gibt die Aktion des Lernenden an, 0 oder 1. In der vierten Spalte steht der Nutzen für den Lernenden — 0, 1 oder — 1. Demnach ist zur Zeit $t = 1$ der Zustand $(2, 0)$, der vom Lernenden mit 0 (neutral) bewertet wird, und die Antwort ist 1. Daraus resultiert der nächste Zustand $(4, 4)$, der mit dem Wert 1 vom Lernenden vorgezogen wird. Die Antwort ist nun 0, und dies führt zum Zustand $(6, 4)$, usw. Diese Eingabe wurde gemäß eines Zufallsaktionsauswahlschemas gebildet, die Zustandsübergangsfunktion und die Wertzuweisungsfunktion sind aber fest.

Zu verschiedenen Zeiten $t, t = 4, 5, 8, 9, 10$ — angezeigt im Ausdruck der Tab. 2 durch die erste Zahl innerhalb der Klammern nach ITH — bildet der Lernende Hypothesen.

Tabelle 2

SHORT TERM MEMORY

```
ITH( 10 , (T)(X)    ISE(T,X, ) & IDO(T,0) ⇒ ISE(T+1,X+2, ))  1   2
ITH( 10 , (T)(X)    ISE(T,X, ) & IDO(T,1) ⇒ ISE(T+1,X+2, ))  1   2
ITH( 8 , (T)(X)    IN(T,SET4) & ISE(T, ,X) & IDO(T,0) ⇒ ISE(T+1, ,X))  2  −1
ITH( 5 , (T)(X)    IN(T,SET5) & ISE(T, ,X) & IDO(T,1) ⇒ ISE(T+1, ,X+4))  2  −1
ITH( 9 , (T)(X)    IN(T,SET6) & ISE(T,X,X+2) ⇒ ILK(T,−1))  3  −1
ITH( 8 , (T)(X)    IN(T,SET7) & ISE(T,X,X−2) ⇒ ILK(T,0))  3  −1
ITH( 10 , (T)(X)    ISE(T,X,X) ⇒ ILK(T,1))  3  2
ITH( 4 , (T)(X)    IN(T,SET8) & ISE(T,X, ) & IDO(T,0) ⇒ ISE(T+1, ,X))  4  −1
ITH( 10 , (T)(X)    IN(X,SET1) & ISE(T, , ) & IDO(T,1) ⇒ ISE(T+1, ,X))  4  2
ITH( 4 , (T)(X)    IN(T,SET9) & ISE(T, ,X) & IDO(T,0) ⇒ ISE(T+1,X+2, ))  5  −1
ITH( 10 , (T)(X)    IN(X,SET2) & ISE(T, , ) & IDO(T,1) ⇒ ISE(T+1,X, ))  5  2
ITH( 10 , (T)(X)    IN(X,SET3) & ISE(T,X, ))  6  2
```

Um die Hypothesen leichter lesen zu können, kann etwa die erste durch mnemonische Hilfen für ITH, ISE, IDO und ILK so interpretiert werden: „Zum Zeitpunkt $t = 10$ denke ich, daß für alle t und alle x gilt: sehe ich, daß der Zustand zur Zeit t als erste Komponente x hat, und wähle ich zur Zeit t die Aktion 0, dann sehe ich zur Zeit $t + 1$ einen Zustand, der $x + 2$ als erste Komponente aufweist". Das IN-Prädikat bedeutet, daß — wenn IN(X, SET2) — X ein Element der Menge 2 ist, die anderswo definiert ist; SET2 könnte der Name einer durch SEQANAL erzeugten intensionalen und extensionalen Beschreibung sein und im Langzeitgedächtnis gespeichert vorliegen.

In diesem Beispiel bildet das Programm Hypothesen, die folgendem entsprechen:

(1) Ein vorzuziehender Zustand ist einer, in dem beide Komponenten gleich sind (Zeile 7).

(2) Ein gering zu wertender Zustand ist einer, in dem die zweite Komponente um 2 größer als die erste Komponente ist (Zeile 5).

(3) Die Aktion 0 erhöht die erste Komponente um 2 und läßt die zweite Komponente unverändert (Zeilen 1 und 3 des Kurzzeitgedächtnisses, beruht auf $t = 2$ und $t = 5$).

(4) Die Aktion 1 erhöht die erste Komponente um 2, die zweite um 4 (Zeilen 2, 4).

Es ist zu bemerken, daß zur Zeit $t = 4$ (Zeile 8) die falsche Hypothese gebildet wurde, daß — wenn die Aktion 0 ist — das neue s_2 gleich dem alten s_1 ist.

ASP. Das hier gewählte illustrative Beispiel beinhaltet einen viergliedrigen Zustandsvektor $s = (s_1, s_2, s_3, s_4)$. Es liegen zwei Objekte vor, deren jedes durch zwei Koordinaten in einem 11×11-Gitter charakterisiert ist. Das erste Objekt, A, hat als Koordinaten s_1, s_2; ist es zu irgendeiner Zeit in Position (s_1, s_2), so wird es unabhängig von irgendwelchen Aktionen zum nächsten Zeitpunkt in der Position $(2s_1 \bmod 11, s_2 + 1 \bmod 11)$ sein. Ist etwa die gegenwärtige Position von A (4, 2), ist die nächste Position (8, 3), gefolgt von (5, 4), usw. Ist das zweite Objekt, B, im Zustand (s_3, s_4), ist der nächste Zustand $(s_3 + a \bmod 11, s_4)$, wobei a die

Aktion des Lernenden L ist. Wir nehmen an, daß a die Werte 1, 2, 3, 4, 5 oder 6 annehmen kann. Ist daher $a = 3$, und ist B in der Position (4, 1), dann bewegt sich B nach (6, 1); ist dann $a = 5$, dann bewegt sich B nach (0, 1). Wir können dies so interpretieren, daß sich A und B auf der Oberfläche eines mit einem 11×11-Gitter oder Koordinatensystem versehenen Torus bewegt. Das Objekt B bewegt sich wie in Abb. 5 gezeigt, und A bewegt sich spiralenförmig um den Tubus.

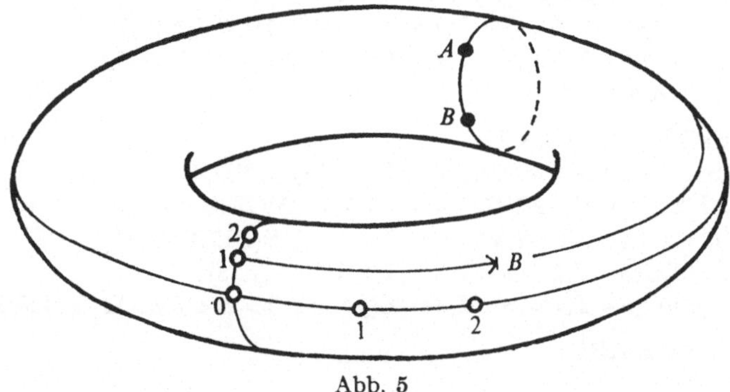

Abb. 5

Der Lernende wird belohnt, $v = 1$, wenn die erste und die dritte Komponente gleich sind, d. h., wenn sich A und B auf demselben kleinen Kreis um den Tubus befinden, wie dies im Hintergrund des Diagramms gezeigt wird.

Der Ausdruck (Abb. 6) zeigt in Zeile 1 an, daß nur eine Aktionshypothese (NAH = 1) vorliegt, in Zeile 2, daß zwei Werthypothesen existieren (NVH = 2), und in Zeile 3, daß sechs Aktionen (NA = 6) vorhanden sind. Als nächstes wird angedeutet, daß 13 „Simulations"-Zyklen durchlaufen wurden. Dann werden der Zustandsübergang und die Wertfunktion als SNOBOL-Statements angeführt, die genau dem oben Gesagten entsprechen. Diese sind SNOBOL-Zuweisungsstatements; beispielsweise weist $V\langle T \rangle = \mathrm{EQ}(S\langle T, 1\rangle, S\langle T, 3\rangle)1$ der Tten Komponente des Vektors V den Wert 1 zu, wenn die Bedingung EQ( ) erfüllt ist; andernfalls wird die Nullkette zurückgegeben. Die Bedingung ist erfüllt, wenn die erste Komponente des Zustandsvektors $S\langle T, 1\rangle$ zur Zeit t gleich der dritten Komponente $S\langle T, 3\rangle$ ist. Alle Regeln und Hypothesen haben diese Form. Die Verwendung der SNOBOL-Statements mit Bedingungen gestatten es uns, Implikationen in brauchbarer Form auszudrücken.

Das Programm erhält auch eine Anzahl von gewichteten Hypothesen zur Speicherung im Gedächtnis. In diesem Fall korrespondieren die Hypothesen genau mit den Regeln, die die Umgebung erzeugen. Dem Programm wird dann ein Anfangszustand eingegeben; es schreitet in der Auswahl der Aktionen auf der Basis seiner Hypothesen bzw. in der Modifikation der Gewichte auf der Basis von Konsequenzen fort. Diese geänderten Gewichte werden nur ausgedruckt, wenn die Aktionshypothese verstärkt und die Werthypothese verworfen wurden. In der vorliegenden Ausgabe wurde das Gewicht der 2. Werthypothese vermindert, weil die Eingabe aus der Umwelt einen Wert von 1 statt 2 angegeben hatte.

NAH = 1
NVH = 2
NA = 6

THE SIMULATION TIME IS 13

THE ENVIRONMENT RULES ARE:
  AND('S<T+1,1>=MOD(2*S<T,1>,11)',AND('S<T+1,2>=
MOD(S<T,2>+1,11)',AND('S<T+1,3>=MOD(S<T,3>+
    A<T>,11)','S<T+1,4>=S<T,4>'))):(A5);
  V<T>=EQ(S<T,1>,S<T,3>)1:S(RETURN)F(A10);
  V<T>=EQ(S<T,1>,S<T,3>)EQ(S<T,2>,S<T,4>)2;
    S(RETURN)F(A10):

THE HYPOTHESES ARE:
  AND('S<T+1,1>=MOD(2*S<T,1>,11)',AND('S<T+1,2>=
MOD(S<T,2>+1,11)',AND('S<T+1,3>=MOD(S<T,3>+
    A<T>,11)','S<T+1,4>=S<T,4>'))):S(B17)F(B21);
  V<T>=EQ(S<T,1>,S<T,3>)1:S(B20)F(B18);
  V<T>=EQ(S<T,1>,S<T,3>)EQ(S<T,2>,S<T,4>)2:S(B20)F(B18);

THE ACTIONS ARE:
1
2
3
4
5
6

THE INITIAL STATES ARE:

S(1)=2,1,2,1

THE ACTION SELECTED IS 2
THE NEXT STATE IS 4,2,4,1
THE NEW VALUE IS 1

UPDATE WEIGHTS OF AHYP(1) AND VHYP(1)

THE ACTION SELECTED IS 4
THE NEXT STATE IS 8,3,8,1
THE NEW VALUE IS 1

UPDATE WEIGHTS OF AHYP(1) AND VHYP(1)

THE ACTION SELECTED IS 1
THE NEXT STATE IS 5,4,9,1
THE NEW VALUE IS 0

THE ACTION SELECTED IS 1
THE NEXT STATE IS 10,5,10,1
THE NEW VALUE IS 1

UPDATE WEIGHTS OF AHYP(1) AND VHYP(1)

THE ACTION SELECTED IS 1
THE NEXT STATE IS 9,6,0,1
THE NEW VALUE IS 0

THE ACTION SELECTED IS 1
THE NEXT STATE IS 7,7,1,1
THE NEW VALUE IS 0

THE ACTION SELECTED IS 2
THE NEXT STATE IS 3,8,3,1
THE NEW VALUE IS 1

UPDATE WEIGHTS OF AHYP(1) AND VHYP(1)

THE ACTION SELECTED IS 3
THE NEXT STATE IS 6,9,6,1
THE NEW VALUE IS 1

UPDATE WEIGHTS OF AHYP(1) AND VHYP(1)

THE ACTION SELECTED IS 6
THE NEXT STATE IS 1,10,1,1
THE NEW VALUE IS 1

UPDATE WEIGHTS OF AHYP(1) AND VHYP(1)

THE ACTION SELECTED IS 1
THE NEXT STATE IS 2,0,2,1
THE NEW VALUE IS 1

UPDATE WEIGHTS OF AHYP(1) AND VHYP(1)

THE ACTION SELECTED IS 2
THE NEXT STATE IS 4,1,4,1
THE NEW VALUE IS 1

UPDATE WEIGHTS OF AHYP(1) AND VHYP(2)
AHYP(1) = AND('S < T+1,1 > = MOD(2*S < T,1 >,11)',
    AND('S < T+1,2 > = MOD(S < T,2 >
+1,11)',AND('S < T+1,3 > = MOD(S < T,3 > + A < T >,11)','S <
T+1,4 > = S < T,4 >'))):S(B17)F(B21);
WT. OF AHYP(1) = 13
VHYP(1) = V < T > = EQ(S < T,1 >,S < T,3 >)1:S(B20)F(B18);
WT. OF VHYP(1) = 12
VHYP(2) = V < T > = EQ(S < T,1 >,S < T,3 >)EQ(S < T,2 >,
    S < T,4 >)2:S(B20)F(B18);
WT. OF VHYP(2) = 4

THE ACTION SELECTED IS 4
THE NEXT STATE IS 8,2,8,1
THE NEW VALUE IS 1

UPDATE WEIGHTS OF AHYP(1) AND VHYP(1)

THE ACTION SELECTED IS 1
THE NEXT STATE IS 5,3,9,1
THE NEW VALUE IS 0

THE DATA HAS BEEN PROCESSED

Abb. 6

In diesem Durchlauf wurden die Aktionen auf der Basis aller, in einer festen
Reihenfolge abgesuchten, gespeicherten Hypothesen und möglichen Aktionen aus-

gewählt. Wäre das Programm im probabilistischen Modus gelaufen, so wären die Hypothesen und Aktionen entsprechend der den Hypothesen und Aktionen zugewiesenen geänderten Gewichte ausgewählt worden. Würden wir dieses Programm im probabilistischen Modus beendet haben, so würde das Gewicht der 2. Werthypothese schließlich 0 werden und sie würde niemals angewendet werden.

Das vorliegende Problem lief bis $t = 50$. Zu diesem Zeitpunkt waren die Gewichte der richtigen Aktionshypothesen und der richtigen Werthypothesen 47 bzw. 76; die Gewichte der fünf verbleibenden Hypothesen waren 0. Der kumulative Wert war 27 und kommt dem Optimum sehr nahe. Dies stellt nun eine nicht-triviale Demonstration eines kognitiven Lernens auf niedrigster Stufe dar (Neuadjustierung von Gewichten). Ihr Beitrag liegt in der Allgemeinheit von Umgebungen und Darstellungen, die behandelt werden können. Unter der Voraussetzung, daß „pathologische" Kombinationen von Übergangs- und Wertfunktionen vermieden werden können, wird das Programm in vielen Umgebungen, die sich durch die von uns beschriebene Hypothesenart ausdrücken lassen, so arbeiten. Natürlich ist das Verhalten des Programms nicht besonders beeindruckend, wenn nur zwei Aktionen vorliegen.

Ein Programm, das ASP ähnlich ist, aber Hypothesen in Speichern erzeugt, wurde 1971 implementiert (Kochen 1973). Hypothesen werden entsprechend von Formationsregeln, die Sätze wie „If EVEN($S\langle 1\rangle$), then VAL = PLUS(ACT, PLUS($S\langle 1\rangle$, 2))" produzieren können, erzeugt. Der Satz bedeutet: „Ist die erste Komponente s_1 des Zustandsvektors gerade, dann ist der Nutzen des nächsten Zustands $s_1 + s_2$ plus der durch L als seine Aktion gewählten Zahl". Eine zur Erzeugung einer Hypothese angewendete Ersetzungsregel wird nach Zufall aus einer erlaubten Teilmenge ausgewählt. Dieses Programm nützt die bemerkenswerte Fähigkeit von SNOBOL4 aus, sich auf eine Funktion innerhalb dieser Funktion berufen zu können. Diese Eigenschaft ist für die rekursive Erzeugung von Ketten nützlich. Nach der Erzeugung einer Hypothese wird diese in einen ausführbaren Kode umgewandelt und dem Speicher von ASP hinzugefügt. Diese revidierte ASP-Version lief 50 Zyklen in zufällig erzeugten Umgebungen und in einer Umgebung analog jener, in der ein Tier lernen muß, einem sich bewegenden Futterbehälter zu folgen. Es wurde allerdings kein Lernen gefunden, das mit jenem in der unrevidierten ASP-Version vergleichbar wäre. Es dürfte der Schluß sicher sein, daß dieser „British Museum"-Algorithmus zu ineffizient für ein großes Interesse an ihm ist, obwohl wir vorher dachten, es würden sowohl die Bildung als auch die Prüfung durch den Rechner derart schnell und kostensparend sein, daß dies ein vernünftigerer erster Ansatz von großer Allgemeinheit zur Bildung von Hypothesen als SEQANAL sein könnte.

Beziehung zu Experimenten

Das folgende Experiment illustriert die Natur unseres ganzen Ansatzes auf das kognitive Lernen, würden wir ihn auf Personen anwenden. Zwei Versuchspersonen L_1 und L_2 — korrespondierend zu zwei Lernenden — sitzen vor zwei an einen Kleinrechner (einen PDP-8) angeschlossenen Fernschreibern. Sie erhalten Instruktionen, die besagen, daß die Aufgabe in der Aufdeckung der Struktur der Folge, die ihnen skizziert dargeboten wird, besteht und daß eine gewisse Anzahl von richtigen Voraussagen für die nachfolgenden Terme zu machen ist. Die Personen werden auch unterwiesen, wie ihre Vermutungen aufzuzeichnen sind und wie sie via Fernschreiber mit dem Partner kommunizieren können.

Zu Beginn des Experiments bereitet der Rechner zwei verschiedene Zahlen (oder Worte oder Bilder) vor, die simultan angezeigt werden. L_1 könnte etwa 1, und L_2 könnte 64 sehen. Nach jeder Eingabe kann L_i, $i = 1, 2$, voraussagen, was seiner Meinung nach dann kommt, und/oder er kann seine Vermutungen, Ideen und Fragen über das Gefüge in der ihm dargebotenen Folge an seinen Partner ausdrücken. Beides wird von ihm in seinen Fernschreiber eingegeben, und die Mitteilungen werden von einer Person zur anderen übertragen. Da jede Person nur bestärkt wird, wenn sie *beide* so handeln, als ob sie die Folge kennen würden, werden sie motiviert, ihre Hypothesen dem jeweils anderen darzulegen. Auf diese Weise können wir durch eine Untersuchung der ausgedruckten Mitteilungen in ihr Denken „hineinhorchen".

Eine Anzahl solcher Experimente wurde durchgeführt; die Ergebnisse werden an anderer Stelle berichtet. Der Grund für deren Erwähnung hier ist, die Parallele zwischen unseren „Simulationen" und diesem Experiment aufzuzeigen: beides fällt unter dasselbe Paradigma. Tatsächlich könnten wir eine der Personen durch unsere 360 SNOBOL-Programme ersetzen. Übersetzen wir die durch unser Programm gebildeten Hypothesen ins Englische, so darf der menschliche Lernende am Terminal nicht wissen, daß sein Partner nicht-menschlich ist. In der Praxis bringt die Verwendung eines Kleinrechners keinen Gewinn, und das Experiment kann mit einer Person, die an einem Fernschreiber sitzt, direkt mit dem Michigan Time Sharing System durchgeführt werden.

Eine Anwendung dieses Paradigmas in unsere Zielrichtung ist eine Auffassung von L_1 als Schüler bzw. von L_2 als Lehrer. Beide sind Lernende; L_1 soll einen Gegenstandsbereich lernen. L_2 soll über L_1 lernen: er muß ein Modell seines Schülers bilden und dies zur Verwendung der Auswahl von Aktionen, die am besten dazu helfen, daß der Schüler sein Ziel erreicht, heranziehen. Einige praktische Schritte in der Implementierung dieser Anwendung werden später beschrieben. Eine ähnliche Anwendung ist die Auffassung von L_1 als eine Person, die ein emotionales Problem hat — beispielsweise eine Schlangenphobie, Kindererziehungsprobleme, usw. — und die Auffassung von L_2 als Therapeuten mit demselben Ziel wie L_1. Auch hier sind beide Lernende; in diesem Fall lernen beide über die Natur des Problems von L_1. Sowohl L_1 als auch L_2 müssen Aktionen so wählen, daß L_1 auf sein Ziel lossteuern kann. Auch in diese Richtung wurden erklärende Schritte unternommen (Stodolsky 1970).

In einem realen Sinn stellt unsere ganze Schilderung sehr stark einen Interimsbericht, eine Momentaufnahme, dar, weil unsere ganze Konzeption und auch die mathematische Formulierung sowie sicherlich auch die Programme ständig modifiziert werden.

Die jüngste Entwicklung auf der experimentellen Seite stellt eine Dissertation (Badre 1973) dar, die zeigt, daß Personen, die gut in der „Verschiebung" von Darstellungen sind, sehr wahrscheinlich besser schlecht-strukturierte Probleme bewältigen können.

IV. Die „Welthirn"-Analogie:
Die Anwendung auf den Entwurf eines wachsenden enzyklopädischen Systems (GES)

Einführung

In den vorausgegangenen drei Teilen haben wir kognitives Lernen als einen mathematischen Prozeß aufgefaßt. Wir behaupteten dabei nicht, daß unser Erklärungsversuch in irgendeiner Weise das Lernen in existierenden lebenden Systemen „modelliert" oder „simuliert". Unser ausschließliches Ziel bestand in der Abklärung des Konzeptes, unter Benützung des Ansatzes der Spezifikation von Algorithmen, die — falls von einem gewissen Organ ausgeführt — es uns ermöglichen könnten, andere davon zu überzeugen, daß dieses Organ lernt. Dieses letzte Ziel würden wir erreicht haben, wenn beispielsweise ein Experimentalpsychologe ein Experiment plant — d. h., eine Frage über das Lernen in tatsächlichen Organismen stellt —, auf das er nicht vor der Darlegung unserer Denkweise gekommen wäre. Eine derartige Fragestellung würde über die reine Prüfung einer spezifischen Implikation oder Annahme eines Modells hinausgehen, die wir aber nicht anbieten. Allerdings glauben wir, daß wir eine allgemeine Organklasse, die wir „Lernende" nennen, spezifiziert haben, und daß diese sowohl entwerfbare künstliche Organe als auch lebende Gehirne einschließt.

In dieser allgemeinen Klasse von Lernenden ist auch das, was H. G. Wells als „das Welthirn" bezeichnet, enthalten. Er meint damit unsere kollektive Weisheit in der menschlichen Rasse. Insoweit wir für die von uns untersuchten hypothetischen Lernenden unbeschränkte Lebenszeit angenommen haben, gibt es denn keinen wesentlichen Grund, warum ein einzelner Lernender ohne Speicher-, Verarbeitungsgeschwindigkeitsbeschränkungen usw. nicht schließlich das tun könnte, was die von uns behandelten verschiedenen kommunizierenden Lernenden tun? Wahrscheinlich braucht ein einzelner Lernender länger. Wir würden weiterhin einen solchen monolithischen Lernenden als in Kommunikationsteile organisiert auffassen, wenn auch nur zur Vereinfachung der Konstruktion und Analyse (Kochen 1954; 1958). Jede realistische Erklärung sollte die Wahrscheinlichkeit von Störungen, Fehlern und der Abweichung von der gewünschten Funktionsweise mit einschließen. Bei geeignetem Entwurf kann eine große Anzahl von kommunizierenden Lernenden — mit beschränkten Gedächtnis- und Verarbeitungsfähigkeiten und jetzt auch mit endlicher Lebensdauer — Aufgaben erkennen und bewältigen, die ein einzelner Lernender mit selbem Gedächtnis und selber Verarbeitungskapazität wie die Gemeinschaft nicht erkennen und lösen kann. Die Gemeinschaft kann einige Aufgaben auch schneller lernen. Dies beruht auf dem Entstehen neuer „herausragender Eigenschaften" — analog den makroskopischen Eigenschaften, wie Druck, eines großen statistischen Aggregates. Bei ungeeignetem Entwurf bricht die Gemeinschaft zusammen und ist weniger reliabel als ihre Teile (Kochen 1960b; von Neumann 1956; Winograd und Cowan 1963).

Wie wissen wir bei unserer konstruktiven Erklärung des Lernens, wann eine Änderung im Darstellungssystem in Richtung auf einen Fortschritt vorliegt? Wir untersuchen die Änderung des Nutzens für den Lernenden und halten nach einer Erhöhung Ausschau. Unsere Umgebung ist aber vollständig künstlich und uns bekannt, und unsere Kenntnis der Nutzenfunktion sollte es *uns* im Prinzip ermöglichen, alles abzuleiten, was der Lernende jemals lernen kann. Nur deswegen, weil wir die Umgebung hinreichend komplex machen, können wir dies nicht ohne Rechner ausführen. Hat jemand mit der Hilfe eines Rechners Erfolg in der Ableitung, wie alle Aufgaben einer ihm dargebotenen Umgebung zu erkennen und zu lösen sind, so gehen wir zu einer komplexeren Umgebung über. Unser Lernender muß in *jeder* Umgebung einer (infiniten) Klasse arbeiten können. Im speziellen sollte er arbeiten, wenn wir ein Eingabesignal aus unserer realen physikalischen Welt oder eines Teiles dieser verkoden. Dies ist aber ein zu umfangreiches technisches Unterfangen und auch nicht nützlich. Viel wichtiger ist die Anwendung und Prüfung dieser Ideen in jenen Bereichen unserer sozialen Umwelt, die zur Erziehung (Kochen 1969c) und Verhaltensmodifikation (Stodolsky 1970) in Beziehung stehen.

Wie Platt (1969) bemerkte, haben wir — die menschliche Rasse — nicht viel Zeit zur Lösung unserer Krisenprobleme. Ein „frontaler Großangriff" auf volles kognitives Lernen läßt unser Überleben der wenigen nächsten Jahrzehnte erwarten. In der Zwischenzeit kann eine Bemühung zur Erklärung der Anwendungen dieses Ansatzes, etwa auf das Lehren von regel-gesteuertem Verhalten, zu unseren Überlebenschancen beitragen, während dadurch gleichzeitig das Verständnis von Grundprinzipien vorangetrieben wird, vielleicht sogar besser, als wenn wir einen frontalen Versuch zu deren Entdeckung unternehmen würden.

Das Wachsen des Wissens in einer Gemeinschaft

Kuhn (1962) führte den Begriff des Paradigma in einem Wissenschaftsbereich als die Menge der Schlüsselkonzepte, Anschauungen, Fragestellungen, speziellen Weisen des Denkens, Experimentierens und Kommunizierens, die eine Zeitlang von einer Gemeinschaft von Praktikern adoptiert und an ihre Schüler weitergegeben werden, ein. Ein derartiges Paradigma leitet die Forschungsaktivitäten seiner Anhänger, die — während der ersten Stufe des Wachsens der „normalen Wissenschaft" — alle theoretischen und experimentellen Hinweise, die es verursacht, untersuchen. Mit der Zeit kann das zwangsläufige Auftauchen von Unregelmäßigkeiten ein Krisenstadium hervorrufen. Eine genügende Menge von Unregelmäßigkeiten — einschließlich einiger weniger, die hinreichend paradox sind — bedroht nun die stetige Herrschaft eines Paradigmas. Wenn ein anderes Paradigma parallel zu dem in Betracht gezogenen entsteht und gerade zur Krisenzeit ausreift derart, daß es die wesentlichsten Punkte des alten Paradigmas umfaßt und doch frei von Unregelmäßigkeiten ist, wird es nun erfolgreich den „Thron" einnehmen. Kuhn nennt diese Nachfolge eine wissenschaftliche Revolution.

Wie sollen wir den kognitiven Zustand einer Gemeinschaft erklären? Um die Beziehung zu unserer früheren Diskussion herzustellen, fassen wir die Gemeinschaft sowohl als einen einzelnen Lernenden L als auch als eine Menge von kommunizierenden Lernenden $L_1, L_2, \ldots, L_N$ auf. In diesem Fall besteht die Ausgabe von L_i aus:

(1) Aktionen oder Elementen von A_i, die wir als Operationen über E interpretieren und die für die Gewinnung von Information (Experimente) und Problemlösungsschritten entworfen wurden;

(2) linguistischer Kommunikation von Kurzzeitdauer (Goodman und Heilprin 1965) mit spezifischen anderen Lernenden und der Absicht, Verhalten zu modifizieren, etwa Fragen zu stellen, belehren, usw.;

(3) linguistischer Kommunikation von Langzeitdauer, übertragen an alle darauf eingestellten Lernenden und mit der Absicht, durch den Wissenszustand der Gemeinschaft die Darstellung von L auf den neuesten Stand zu bringen; dieses Belehren ist in der publizierten Literatur eingebettet.

Die Spezifikation des kognitiven Zustands der Gemeinschaft ist gleichbedeutend mit der Spezifikation

(1) der Lernenden $L_1, \ldots, L_N$, die sie umfaßt, und der Art, in der diese untereinander verbunden sind;

(2) der Themenkreise, mit denen sich die Lernenden befassen, bzw. der Art, wie diese untereinander verbunden sind;

(3) der Dokumente, die $L_1, \ldots, L_N$ produzieren und benutzen, bzw. der Art, wie diese untereinander verbunden sind;

(4) der Weisen, in denen die Lernenden, Themenkreise und Dokumente jeweils mit den beiden anderen gekoppelt sind;

(5) der Dynamik, die ein Wachsen des Wissens, des Verstehens und der Weisheit in der Gemeinschaft bewirkt.

Betrachten wir zuerst den Begriff eines Themenkreises (Wissensbereichs, Gegenstands). Ein spezieller Themenkreis k werde mit FK bezeichnet, formaler mit $FK = \{KR, AX, TS, FS, QS, CS\}$. Es bedeuten dabei:

(1) KR ist eine Teilmenge von $\mathscr{L}(G)$, wobei G die Syntax des Darstellungssystems SR von L ist; L ist der der Gemeinschaft in ihrer Gesamtheit entsprechende einzelne Lernende. Es sei daran erinnert, daß $\mathscr{L}(G)$ eine Menge von allen, mit G formbaren, wohlgeformten Propositionen ist. Jede Proposition in KR soll bezüglich jeder anderen einen gewissen Mindestgrad der gegenseitigen Relevanz haben. Zwei identische oder logisch äquivalente Propositionen sind gegenseitig relevant; zu einem etwas geringeren Grad sind dies auch p und $\neg p$. Haben p und q ein Prädikat gemeinsam, so sind sie gegenseitig in gewissem Umfang relevant.

(2) AX ist eine andere Teilmenge von $\mathscr{L}(G)$ und stellt Axiome dar.

(3) FS ist eine Teilmenge von CR; es sei daran erinnert, daß CR die durch L gespeicherte Darstellung (Körper der Hypothesen) ist. FS stellt Tatsachen dar. Ist FK ein Themenkreis mit theoretischem und empirischem Inhalt, dann ist erwartungsgemäß $TS \cap FS$ groß.

(4) TS ist eine endliche Teilmenge von $\mathscr{L}(G)$, die bewiesenen Theoremen entspricht, wobei Inferenzregeln, die Teil von SR sind, verwendet werden.

(5) QS ist eine andere endliche Teilmenge von $\mathscr{L}(G)$, die Fragen darstellt. Gewisse Fragen haben die Form „Ist es wahr, daß h?", wobei $h \in CR$ ist; eine Antwort eines Lernenden besteht in $w(h)$, dem Grad seines Glaubens an h, wenn er h enthält.

(6) CS ist eine Relation zwischen Fragen — eine Teilmenge von $QS \times QS$ —, die logische und konzeptuelle Verknüpfungen zwischen Fragen anzeigt (Kochen 1970). Eine derartige Verknüpfungsmatrix kann L helfen, die Fragen nach der Priorität zu reihen und Schlüssel- oder Zentralfragen auszuwählen. Besonders dies ist wichtig.

Jedes der sechs Elemente des 6-Tupels, das einen Themenkreis spezifiziert, kann das Subskript i tragen, um die individuellen Lernenden i, $i = 1, \ldots, N$, zu kennzeichnen. Es dürfte die Annahme vernünftig sein, daß jedes der sechs Elemente für L die Vereinigung der entsprechenden Elemente für $L_1, \ldots, L_N$ ist. FS kann daher beispielsweise zwei kontradiktorische Hypothesen enthalten.

Wir erinnern nun daran, daß L_1 als Algorithmus aufgefaßt wurde, der vier andere Algorithmen für die Bestimmung der Antworten, Hypothesenmodifikation usw. modifiziert. Der Aktionsvorrat oder die Ausgabe von L_i beinhaltet nun auch Fragen, die L_i stellt, möglicherweise über sich selbst oder über L_j, $j \neq i$ (in diesem Fall erhält L_j eine Frage als Eingabe), und Antworten auf diese Fragen. Wählt L_i eine Frage, die ein Element von QS_i — und QS — ist, und erzeugt es eine Antwort, die ein Element von $TS_i \cup FS_i$ ist, dann nimmt die Anzahl der Elemente in der letzteren Menge zu; L_i weiß mehr als vorher. Wir könnten vermuten, daß die Anzahl der Elemente von QS_i abnimmt, aber es dürfte die Annahme realistischer sein, daß L_i für jede Frage von QS_i, die L_i auswählt und beantwortet, mindestens eine neue Frage zu AS_i hinzufügen kann, die L_i unbekannt ist. Die Anzahl der Elemente von QS_i bleibt mindestens gleich, möglicherweise steigt sie an. Die neuen Fragen werden mit Hilfe der Verknüpfungsmatrix CS_i hinzugefügt, und diese wächst ebenfalls mit der Stellung und Beantwortung von Fragen. Die Menge $TS_i \cup FS_i$ repräsentiert das, von dem L_i weiß, daß er es zu jeder Zeit weiß. Die Menge QS_i repräsentiert das, von dem L_i weiß, daß er es zu keiner Zeit weiß, und CS_i bestimmt, was L_i wissen soll.

Antwortet L_i auf eine Frage (gestellt von L_j, $j = i$ oder $j \neq i$), kann diese Antwort L_j (für gewisses j) bekannt sein, oder sie kann L_j (ebenfalls für gewisses j) nicht bekannt sein, aber L_j teilt nicht das Interesse von L_i an der Frage, oder sie kann sowohl von Interesse als auch neu für L_j sein. Gilt das letzte für eine große Anzahl von „kenntnisreichen" L_j, dann sollte die Antwort — eingebettet in ein Dokument — im Archiv „publiziert" werden. Ein Dokument ist formal:

(1) eine Menge von Sätzen der allgemein bekannten verbalen Sprache, die $L_1, \ldots, L_N$ gemeinsam ist;

(2) eine Menge von Propositionen — einschließlich von Elementen von QS und $TS \cup FS$ —, die die Sätze bezeichnen, und zwar derart, daß es mindestens einen Mindestgrad des Zusammenhangs oder der gegenseitigen Relevanz gibt — wie im Themenkreis vorhin (Segur 1971);

(3) derart, daß eine Menge neuer Elemente zu QS, TS, FS und CS hinzugefügt wird; speziell der letzte Fall ist wichtig: das Dokument soll die Verknüpfungen zwischen der gestellten Frage und Antworten sowie anderen Fragen in QS aufzeigen, und andere dazu überreden, diese Verknüpfungen und die implizierten Prioritäten für ein Interesse an der Frage sich zu „verinnerlichen";

(4) derart, daß die zu TS und FS hinzugefügten Elemente dokumentiert sein müssen — d. h., Beweise müssen gültige logische Ableitungen sein; die Gewichte, die den die Tatsachen repräsentierenden Hypothesen zugewiesen werden, müssen gültig sein (ohne Fehler, um mit konventionalisierten Normen der Evidenzgewichte konform zu sein);

(5) derart, daß es ein beigeordnetes L_i mit Autorität und Verantwortung für die Einhaltung der obigen Kriterien geben muß, wenn auch andere L_j als Schiedsrichter und Rezensenten L_i prüfen werden;

(6) derart, daß es zitierbar ist und andere Dokumente, mit denen es logisch verknüpft ist, zitiert.

Die dem Wachstum von FK zugrundeliegende Dynamik wird durch die Dynamik bestimmt, die die Fragestellung von L_i, Fragenbeantwortung durch L_i, die Einsicht von L_i in Belehrungen und die Verarbeitung des Wissens durch L_i — $i = 1, \ldots, N$ — steuert. In der Zeit wachsen FS, QS und CS über den Punkt hinaus, bei dem kein L_i durch seine beschränkte Informationsverarbeitungskapazität, sein begrenztes Gedächtnis und seine beschränkte Lebensdauer mehr den ganzen Themenkreis verarbeiten kann. Bei diesem Punkt sind die L_i zusammen nicht mehr imstande, CS hinreichend zu bereichern, damit der KR-Teil des Themenkreises zusammenhängend verbleibt: d. h., die Propositionen in KR sind nicht mehr gegenseitig relevant. Der Steueralgorithmus, der bestimmt, was L_i wann tut, und der Algorithmus 2, der die Darstellung von L_i umorganisiert, veranlaßt L_i für ein i, die „Aufmerksamkeit" auf eine Teilmenge KR' von KR unter Ausschluß von $KR - KR'$ zu lenken bzw. zu konzentrieren. Für ein anderes i konzentriert sich L_i auf eine andere Teilmenge. Die Teilmenge KR' ist zusammenhängender als KR und klein genug, um zu den Kapazitäten von L_i zu passen. Mehrere L_i können dasselbe KR' verarbeiten, und in der Zeit kann sich ein Unterthemenkreis bilden. Auf diese Weise spaltet sich ein Themenkreis in Unterthemenkreise auf. Wächst ein neuer Themenkreis, so befruchtet das diesen verarbeitende L_i durch die Herstellung von Verbindungen zu anderen Themenkreisen auch diese. Dies beschleunigt die Prozesse, durch die neue Prädikate gebildet werden können, und die allgemein verständliche, verbale Sprache — mit ihren Möglichkeiten der Flexibilität und Vieldeutigkeit, durch die sie neue Kombinationen, ohne Verlust von Assoziationen, die bei der Auswahl von nützlichen Kombinationen helfen, erzeugt — spielt dabei eine wichtige Rolle.

Die vier Stufen — Informationsverarbeitung, Wissen (Bedeutung, Kognition), Verstehen (Einsicht) und Weisheit — kommen wie auf die L_i auch auf L zur Anwendung. Einschließlich der vierten Stufe kann Stabilität auf jeder Stufe erreicht werden, oder L — in diesem Fall die Gemeinschaft — überlebt nicht.

Das „Welthirn" und die GES-Idee

Die Entwicklung dieser Idee — von einer flammenden Anklage durch H. G. Wells (1936) über die begeisternde Vision von V. Bush (1947) zu den maßgebenden Empfehlungen von Weinbergs Präsidentenausschuß (1963) — wurde von Kochen (1967) aufgezeigt. Diese Idee beinhaltet mehr als nur einen Versuch, Grundlagen für die Vereinheitlichung der Wissenschaft zu schaffen, und sicherlich viel mehr als ein Rückgewinnungssystem, das Information leichter zugänglich macht oder das Wissenschaftler davor bewahrt, durch das Ansteigen der Literatur in ein Dilemma zu kommen. Uns schwebt ein Nachrichtendienst vor, der mit einer flexibleren und verantwortlicheren Entscheidungsfällungsorganisation gekoppelt ist. Uns schwebt eine radikale Änderung unserer Auffassung von Erziehung vor. Uns schweben Methoden für die Neuorganisation und die Umpackung des Wissens vor, die genauso weit über die Vertrauenswürdigkeit von Bibliothekskatalogen hinausgehen, wie jene eine ungeordnete Sammlung von Dokumenten übertreffen.

Die Erfahrung mit „On-line intellektuellen Gemeinschaften", der jüngste Fortschritt und die Gärung, die durch Versuche, Rechenanlagen bei der Erziehung und Rückgewinnung von Information einzusetzen, hervorgerufen wurde, die Fortschritte bei der Beantwortung von Fragen durch Rechner und die Erfahrung mit praktischen Anwendungen der in den letzten drei Teilen diskutierten Konzepte unterstützen alle den Glauben, daß die siebziger Jahre einen neuen Meilenstein in der Evolution der „Welthirn"-Idee darstellen. Wir diskutieren eine derartige praktische Anwendung im nächsten Abschnitt; wir glauben, daß der Meilenstein von dieser Natur sein wird.

Die gegenwärtige Version der „Welthirn"-Idee, die wir die GES-Idee nennen, ist folgende. Ihr Ziel ist die Organisation der ungeheuren Masse von relevanter Information in einer Form, in der sie für die Lösung von Schlüssel-Überlebensproblemen, denen die Weltgemeinschaft gegenübersteht, herangezogen werden kann. Die Systeme müssen auf die Bedürfnisse ihrer Benützer eingehen, und wenn diese Bedürfnisse besser artikuliert werden, diese adaptieren. Die „Welthirn"-Idee beinhaltet die Umorganisation und Umpackung der Inhalte unserer Bibliotheken und Informationszentren. Aber sie ist irgendwie weit inhaltsschwerer: Eine Neuorganisation unserer Methoden der Erziehung und des politischen Problemlösens basiert auf der weisen Verwendung von akkumuliertem Wissen; eine derartige Neuorganisation ist ein kontinuierlicher Prozeß. Sie soll sogar noch mehr auf die Bedürfnisse — latent oder ausdrücklich — jener eingehen, die durch die

Lösungen betroffen werden, als auf die Bedürfnisse der Problemlöser an Schlüssel-stellen. Insoweit, als vom System angenommen wird, daß es unter Benützung von Wissen in fast allen Bereichen Probleme lösen hilft, ist es enzyklopädisch. Da derartiges Wissen ständig wächst, da die Bedürfnisse der Benützer ständig besser artikuliert werden, und da es mit wachsender Sensitivität sich den Bedürfnissen der Benützer anpaßt, nennen wir es ein „wachsendes enzyklopädisches System (GES)"; vgl. Kochen (1972).

Ein Leit-GES für Mathematik

Dies war ein experimenteller „Kursus" an der Universität von Michigan (Kochen und Dreyfuss 1972). Die L_i ($i = 1,\ldots,$ 30 im typischen Fall) schlossen Studenten und Lehrer ein. Jedes L_i kann beide Rollen in einer Art von gegen-seitiger Austauschrelation übernehmen. Der Themenkreis umfaßte die moderne Mathematik und war in eine große Anzahl von Unterthemenkreisen (ca. 80) wie „Verbände", „Lineare Programmierung", „Variationsrechnung", „Kombina-torische Topologie", Berechenbarkeit", usw. gegliedert. Die Dokumentensammlung besteht aus allen potentiell relevanten Büchern in Bibliotheken, zu denen die L_i Zutritt haben. Unter den Studenten waren Anfänger und Dissertanten, wobei für viele von ihnen Mathematik ungewohnt, fernliegend, gräßlich, zu schwer und unheildrohend war.

Der Hauptzweck für deren Konfrontation mit dieser Erziehungserfahrung ist die Verbesserung ihrer analytischen Fähigkeiten im Problemlösen. Dies bedeutet vordringlich die Herausbildung von Haltungen: Mathematik wird aufgefaßt als eine Haltung zur Zerlegung eines Problems in Unterprobleme, die weiter in Teile zerlegt werden können derart, daß diese letzteren schließlich gelöst werden können, und durch eine Synthese der Resultate wird die Lösung des Originalproblems er-halten; dies impliziert auch die Fähigkeit und das Selbstvertrauen, Probleme (Fragen), die L_i so zerlegen kann, zu erkennen und auszuwählen. Dieser Kursus zielt nur sekundär darauf ab, Studenten mit bestimmten Konzepten, Tatsachen und Methoden der Mathematik vertraut zu machen.

Als wichtigstes Hilfsmittel zur Erreichung dieses Ziels dient ein „Leitfaden", der ständig modifiziert wird. Gegenwärtig hat dieser Leitfaden oberflächlich die Form eines in achtzig Unterthemenkreise gegliederten programmierten Textes mit 600 Seiten. Mit Hilfe einer Sequenz von ausgearbeiteten „Problemen", die von sehr einfachen zu schweren reichen, bei jedem Unterthemenkreis führt der Leitfaden den Lernenden an die 80 Themenkreise heran. Jedes Rahmenproblem — zusammen mit den Antworten des Tutors und den Richtlinien für die Möglich-keiten weiterer Aktionen — belehrt den Lernenden *gerade so viel* wie es nötig ist, damit er seine nächste Aktion entscheiden kann. Die nächste Aktion kann sein: ein anderes Rahmenproblem wählen; einem Hinweis auf Dokumente in der Bibliothek, auf spezielle „Schliche", Rechnerprogramme oder andere Behelfe, oder auch auf besondere andere L_i, die der Leitfaden vorsieht, folgen. Vom Leitfaden wird angenommen, daß er genug Freiheiten in seinen Hinweisen vorsieht, um die Bedürfnisse, das Niveau und die Fähigkeiten eines bestimmten Lernenden an das beste und geeignetste von dem, was in den verfügbaren Quellen bis zum neuesten Stand mit steigender Sensitivität kumuliert wurde, anzupassen. Durch diese Sequenz von Entscheidungen verfolgt der Lernende einen maßgeschneiderten Weg durch das Labyrinth, das seinen Bedürfnissen — seien sie weit oder eng — auf einem so hohen oder so niedrigen Niveau, wie es für ihn am besten ist, gegenübertritt.

Der Leitfaden und seine Verwendung gibt dem Lernenden mehr als nur eine „Froschperspektive" von dem Themenkreis — eine solche würde er durch einen einzelnen „linearen" Pfad ohne Abstecher erhalten. Der Lernende hat die Möglichkeit einer „Heranholung" und erwirbt dadurch einen allgemeinen Überblick. Tatsächlich kann der Lernende den Themenkreis simultan makroskopisch und mikroskopisch auf verschiedenen Stufen der Zusammenfassung/Vergrößerung sehen. Der Lernende muß auf diese Weise eine geistige Karte des Themenkreises kreieren, die mehr oder weniger der der im Leitfaden beinhalteten Karte entspricht. Gerade diese Karte ermöglicht es dem Lernenden, Fragen zu stellen.

In Termini der früher eingeführten Konzepte bringt der Lernende L_i sein System der Darstellung, SR_i, und besonders sein konzeptuelles Vokabular der Prädikatennamen P_i, der Axiome AX_i, der Hypothesen FS_i, der Theoreme TS_i, der Fragen QS_i und speziell seine Fragenverknüpfungsmatrix CS_i auf den neuesten Stand.

So wie er lernt, Fragen in QS_i auszuwählen und sie zu beantworten (indem er sie aus QS_i entfernt und sie zu FS_i oder TS_i hinzufügt), lernt er auch Fragen zu stellen, die vorher nicht für ihn auftraten (er fügt sie zu QS_i hinzu). Es ist zu hoffen, daß *L_i diesen Prozeß* der Auswahl, Analyse und Beantwortung von Fragen in jedem Themenkreis, für den er eine kognitive Karte hat, *generalisieren* kann — d. h. er modifiziert seinen Algorithmus. In der Praxis werden Studenten instrumentell für ein Verhalten am Terminal konditioniert, das (1) ihre Fähigkeit, die interne Karte des Themenbereiches, die sie erworben haben, „herauszukehren", (2) ihre Fähigkeit, Originalfragen auszuwählen und zu analysieren, und (3) ihre Fähigkeit, die Literatur kritisch unter einem Zurschaustellen von Einsicht zu sichten, ausweist (in diesem Leit-GES wird ein Erwerb von Information, Wissen oder Weisheit nicht angestrebt und auch nicht überprüft, obwohl ein verfeinertes GES dieses anstreben sollte). Konkreter werden die Lernenden systematisch in Richtung auf ein Kriteriumsverhalten — das die Form eines dreiteiligen Abschlußberichts hat (ein durch den Studenten erzeugter Leitfaden; eine Menge von drei Fragen, von denen zwei zu analysieren sind bzw. eine gelöst werden soll; eine Besprechung der Literatur) — durch eine Verbalisierung ihrer detaillierten Reaktionen (Fragen, Kommentare, Verknüpfungen) auf jedes Problem, das sie bei einem Durcharbeiten des Leitfadens behandeln, in Rückkoppelungsblättern, durch einen intensiven Gesicht-zu-Gesicht-Kontakt mit zahlreichen Tutoren, durch eine Palette von positiven Erziehungserfahrungen wie die On-line-Verwendung von Rechenanlagen, „Schliche", usw. und durch die Abfassung von kritischen Rezensionen der Literatur geübt. Terminals (des Michigan IBM 360/67 Time Sharing Systems) standen den Lernenden an 40 verschiedenen Plätzen zu beliebigen Zeiten zur Verfügung, um durch die Praxis mit einer Sequenz von abgestuften Aufgaben hoch-niveauige Programmiersprachen (PIL und SNOBOL 4) zu lernen, wobei der Lernende sein eigenes, auf praktischen Erfahrungen beruhendes Handbuch zu schreiben hatte.

Um dieses Leit-GES auf dem laufenden zu halten, werden neue (und, retrospektiv, alte) Bücher, Artikel, Filme und Tests ständig gesiebt, sortiert und in das System durch die Herstellung von Verknüpfungen mit dem Leitfaden einbezogen. Es werden auch ständig neue Studenten und Tutoren herangezogen, und ausgewählte Alumni verbleiben mit dem System in Verbindung. Es werden ständig neue Unterthemenkreise hinzugefügt und stärker miteinander verbunden; bestehende werden im Lichte der Rückkoppelungsdaten von Lernenden revidiert, und Daten über verschiedene Typen von Lernenden werden analysiert, korreliert und zu einer Modifikation des Leitfadens herangezogen. Ein ähnlicher Leitfaden ist für einen Themenkreis, der genauso schwer in eine Karte zu strukturieren ist, wie dies für Mathematik leicht ist — nämlich für Gedächtnisstörungen in der Psychiatrie — im Aufbau. Hier hat der Leitfaden die Form von logischen Propositionen von FS, die in erster Linie Fakten repräsentieren; die Lernenden sind eher Forscher als Studenten, und sie müssen lernen, Fragen zu stellen, von denen sie die meisten selber beantworten werden, wogegen Studenten nur einige von diesen selber beantworten.

Durch die Spezifikation des Wesentlichen der Datenbasis — d. h., allgemeine Propositionen und Beispiele aus der Mathematik als in der allgemein verständlichen verbalen Sprache ausgedrückte Belehrungen — können wir hoffen, daß wir Lernende L_i erhalten, für die diese Belehrungen die Eingabe darstellen, die ihre Darstellungssysteme SR_i und ihre Darstellungen CR_i modifizieren und die „gute" (analysierbare) Fragen als Ausgabe erzeugen (auswählen). Liegt eine Gemeinschaft von Lernenden vor, die bei der Lösung von Problemen kommuniziert, so dürfen wir hoffen, daß wir die Anzahl und das Niveau der Probleme, die sie lösen können, anheben können, und daß wir auch ihre Kenntnis von den Freiheiten des Problemlösens, das für sie verfügbar ist, vertiefen werden.

Zusammenfassung und Empfehlungen

Die mit dem Aufbau eines Leit-GES in Beziehung stehende Forschung erwies sich in Termini von existierenden Quellen als durchführbar, in Termini des Fortschritts auf Basisprinzipien als fruchtbar und in Termini von Beiträgen zur Lösung von Überlebensproblemen als kostbar. Die Konstruktion von GESs für verschiedene Themenbereiche und die Schaffung einer Institution, die diese in ein zusammenhängendes enzyklopädisches System koordiniert, wird als eine Aufgabe von hoher Priorität für die Menschheit wärmstens empfohlen. Das Schlüsselproblem stellt dabei die Organisation dar: wie eine derartige neue Institutionsform, die dies ja verlangen würde, in die bestehenden öffentlichen oder privaten Institutionen verschiedener Nationen oder in multinationale Institutionen „einzupfropfen" ist, sodaß sie lebensfähig, doch objektiv und analytisch in ihrer Orientierung bleibt. Diese Institution muß vor allem ein Instrument zur Änderung der Welt zum „Besseren hin" sein, nachdem sie dazu beigetragen hat, kumulierte Weisheit auf die dringendsten Überlebensprobleme hinzulenken.

Literatur

Abelson, R. P., Carroll, J. D.: Computer simulation of individual belief systems. Amer. Behav. Scientist **9**, 24—30 (1965).

Amarel, S.: On the automatic formation of a computer program which represents a theory. In: Self-organizing systems (Yovits, M., Jacobi, G. T., Goldstein, G. D., Hrsg.). Washington, D.C.: Spartan Books 1964.

Amarel, S.: On the mechanization of creative processes. IEEE Spectrum (1966).

Amarel, S.: On machine representations of problems of resoning about actions. In: Machine Intelligence **3**, 131—170 (Michie, D., Hrsg.). Edinburgh: Edinburgh University Press 1968.

Ash, W. L., Sibley, E. H.: TRAMP: an interpretive associative processor with deductive capabilities. Proc. ACM National Conference (1968).

Ashby, R.: Design for a brain. New York: Wiley 1953.

Badre, A. N.: On acquiring a representation of ill-defined problems. Dissertation. University of Michigan, Ann Arbor (1973).

Barricelli, N. A.: Symbiotic evolution processes realized by artificial methods. Revista Methodos **2**, 35—36 (1957).

Bell, J. L., Slomson, A. B.: Models and Ultraproducts. Amsterdam: North Holland 1969.

Boulding, K.: The Image. Ann Arbor: University of Michigan Press 1956.

Bremermann, H.: The evaluation of intelligence. In: The nervous system as a model of its environment. TR No. 1, USNRO 43200 (1968).

Brillouin, L.: Science and information theory. New York: Academic Press 1956.

Bruner, J. S., Goodnow, J. G., Austin, G. A.: A study of thinking. New York: Wiley 1956.

Bunge, M.: Scientific Research I: The search for system. Berlin-Heidelberg-New York: Springer 1967.

Bush, V.: As we may think. At. Monthly **176**, 101—108 (1945).

Carnap, R.: Testability and meaning. Phil. Sci. **III**(1936).

Church, A.: A note on the Entscheidungsproblem. J. of Symbol. Logic **1**, 40—41 (1934).

Claparede, E.: La genese de l'hypothese. Archives de Psychologie **24**, 1—154 (1934).

Colby, K. M.: Simulation of change in personal belief systems. Beh. Sci. **12**, 248—253 (1967).

Culbertson, J. T.: Consciousness and behaviour. Dubuque, Iowa: W. C. Brown 1950.

Floyd, R. W.: Assigning meanings to programs. Proc. Symp. Appl. Math., Am. Math. Soc. **19**, 19—32 (1967).

Gelernter, H.: Realization of a geometry theorem-proving machine. Proc. Intern. Conf. Inform. Proc. 273—282 (1959).

Gelernter, H., Rochester, N.: Intelligent behavior in problem-solving machines. IBM J. Res. and Dev. **2**, 336—345 (1968).

Gödel, K.: Über formal unentscheidbare Sätze der Principia Mathematica und verwandter Systeme I. Monatshefte für Mathematik und Physik **38**, 173—198 (1931).

Goodman, F., Heilprin, L.: Analogy between information retrieval and education. In: Education for information science (Heilprin, L., et al., Hrsg.). Washington, D.C.: Spartan Books 1965.

Green, C. C., Raphael, B.: Research on an intelligent question-answering system. Stanford Res. Inst. Report No. 1, Menlo Park (1967).

Greene, P.: An approach to computers that perceive, learn and reason. Proc. West. J. Comput. Conf. 181—186 (1959).

Griswold, R. E., Poage, J. G., Polonsky, I. P.: The SNOBOL4 programming language. Englewood Cliffs: Prentice Hall 1968.

Hadamard, J.: The psychology of invention in the mathematical field. Princeton: Princeton University Press 1945.

Hamburger, H. J.: On the learning of three classes of transformational components. Dissertation. University of Michigan, Ann Arbor (1971).

Harrah, D.: Communication: a logical model. Cambridge, Mass.: MIT Press 1963.

Hebb, D. O.: The organization of behavior. New York: Wiley 1949.

Hull, C. L.: Quantitative aspects of the evolution of concepts. Psychol. Monograph **28**, 1, No. 123.

Illich, I.: The futility of schooling in latin america. Saturday Review, April 1968.

Kac, M., Ulam, S.: Mathematics and logic. New York: Praeger 1969.

Knuth, D. E.: The art of computer programming, Bd. 1. Reading, Mass.: Addison Wesley 1968.

Kochen, M.: An information-theoretic model of organization. Trans. IRE. PGIT-4, 67 (1954).

Kochen, M.: Organized systems with discrete information transfer. General Systems Yearbook (1958).

Kochen, M.: Extension of Moore-Shannon model for relay circuits. IBM J. Res. and Dev. **3**, 169 (1959).

Kochen, M.: An experimental study of strategies in hypothesis-formation by computers. Trans. 4th Sympos. on Inf. Th. (1960a).

Kochen, M.: Cognitive mechanisms. IBM Report RAP-16 (1960b).

Kochen, M., MacKay, D. M., Maron, M. E., Scriven, M., Uhr, L.: Computers and comprehension. In: The Growth of Knowledge (Kochen, M., Hrsg.). New York: Wiley 1967.

Kochen, M.: Adaptive mechanisms in digital concept processing. Proc. Joint Conf. on Autom. Control 49—59 (1962a).

Kochen, M.: Some mechanisms in hypothesis-selection. Proc. Sympos. Math. Theory of Automata 593—613 (1962b).

Kochen, M. (Hrsg.): The growth of knowledge. New York: Wiley 1967.

Kochen, M.: Automatic question-answering of english-like questions about arithmetic. Proc. Purdue Centennial Year Symp. on Inf. Processing (1969a).

Kochen, M.: Automatic question-answering of english-like questions about simple diagrams. J. Ass. Comput. Mach. **16**, 26—48 (1969b).

Kochen, M.: Experiments with programmed learning as a new literary form. J. of Chem. Documentation **9**, 10 (1969c).

Kochen, M.: Stability in the growth of knowledge. Amer. Document **20**, 187 (1969d).

Kochen, M.: Fast accumulation and intellectual bridge-building as complementary processes. Report NSF-GN716, University of Michigan, Ann Arbor (1970).

Kochen, M.: WISE: a world information synthesis and encyclopaedia. Journal of Documentation **28**, 322—343 (1972).

Kochen, M.: Representations and algorithms for cognitive learning. Unveröffentlichtes Manuskript. University of Michigan, Ann Arbor (1973).

Kochen, M., Dreyfuss-Raimi, G.: An experiment in teaching college mathematics. International Journal of Mathematical Education in Science and Technology **3**, 315—328 (1972).

Köhler, W.: The mentality of apes. New York: Harcourt, Brace 1926.

Kuhn, T.: The structure of scientific revolutions. Chicago: University of Chicago Press 1962.

Lederberg, J., Feigenbaum, E. A.: Mechanization of inductive inference in organic chemistry. In: Formal representations for human judgement (Kleinmuntz, B., Hrsg.). New York: Wiley 1968.

MacKay, D. M.: The epistemological problem for automata. In: Automata Studies. Princeton: Princeton University Press 1956.

McCarthy, J.: Programs with common sense. In: Mechanization of Thought Processes, 75—84. London: Her Majesty's Stationary Office 1959.

McCulloch, W. S.: Embodiments of mind. Cambridge, Mass.: MIT Press 1970.

Mendelson, E.: Introduction to mathematical logic. Princeton: Van Nostrand 1964.

Menzel, W.: Theorie der Lernsysteme. Berlin-Heidelberg-New York: Springer 1970.

Michie, D., Dale, E. (Hrsg.): Machine Intelligence 2, IX. Edinburgh: Edinburgh University Press 1966.

Miller, G. A., Galanter, E. H., Pribram, K.: Plans and the structure of behavior. New York: Henry Holt 1960.

Minsky, M.: Steps toward artificial intelligence. In: Computers and Thought (Feigenbaum, E. A., Feldman, J., Hrsg.). New York: McGraw-Hill 1963.

Minsky, M.: Form and content in computer science. J. Ass. Comput. Mach. **17**, 197—215 (1970).

Moore, E. F., Shannon, C. E.: Reliable circuits using less reliable relays. J. Franklin Inst. **262**, 191—208, 281—297 (1956).

Mowrer, O. H.: Learning theory and behavior. New York: Wiley 1961.

Mowshowitz, A.: Entropy and the complexity of graphs. Dissertation. University of Michigan, Ann Arbor (1967).

Myhill, J.: Some philosophical implications of mathematical logic. Rev. Metaphysics **6**, 105—198 (1952).

Newell, A.: The chess machine: an example of dealing with a complex task by adaptation. Proc. WJCC (1955).

Newell, A.: On the representation of problems. Report Carnegie Institute of Technology, Pittsburgh (1966).

Newell, A., Ernst, G.: The search for generality. Proc. IFIP Congress **65**, I, 17—24 (1965).

Newell, A., Shaw, J. C.: Programming the logic theory machine. Proc. Western Joint Comput. Conf. 230—240 (1957).

Newell, A., Shaw, J. C., Simon, H. A.: Chess playing programs and the problem of complexity. IBM J. Res. and Dev. **2**, 320—335 (1958).

Newell, A., Simon, H. A.: The simulation of human thought. RAND Report P-1734, Santa Monica: RAND Corporation 1959.

Newell, A., Simon, H.: Human problem solving. Englewood Cliffs: Prentice Hall 1972.

Newman, C., Uhr, L.: Discovery procedures for game playing models. 20th ACM Nat. Conf. (1967).

Nilsson, N. J.: Learning machines. New York: McGraw-Hill 1965.

O'Connell, J. P., Fubini, E. A., McKay, K. A., Hillier, J., Hollomon, J. H.: Electronically expanding the citizen's worlds. IEEE Spectrum 30—39 (1969).

Piaget, J.: Logic and psychology. Manchester: Manchester University Press 1953.

Piaget, J.: The origins of intelligence in children. International University Press 1952.

Platt, J.: What we must do. Science **166**, 1115—1121 (1969).

Poincaré, H.: Science and method. New York: Dover 1914.

Pólya, G.: Patterns of plausible inference. Princeton: Princeton University Press 1954.

Raphael, B.: SIR: a computer program for semantic information retrieval. Proc. AFIPS Fall Joint Computer Conference, 577—589 (1964).

Reichenbach, H.: Experience and prediction. Chicago: Chicago University Press 1938.

Rosenblatt, F.: Principles of neurodynamics. Washington, D.C.: Spartan Books 1962.

Roosen-Runge, P.: An algebraic description of access and control in information processing systems. Dissertation. University of Michigan, Ann Arbor 1967.

Russell, B.: Human knowledge: its scope and limits. London: Allen and Unwin 1948.

Samuel, A.: Some studies in machine learning using the game of checkers. IBM J. Res. and Dev. **3**, 211—229 (1959).

Segur, B.: Clustering as a tool for reviewers. Dissertation. University of Michigan, Ann Arbor (1971).

Shannon, C. E., Weaver, W.: The mathematical theory of communication. University of Illinois Press 1949.

Shannon, C. E.: Programming a computer for playing chess. Phil. Mag. **41**, 256—275 (1950).

Shapiro, M. D.: Bibliography Report S4D12. Bell Laboratories, Holmdel, N. J. (1969).

Shklovskii, I. S., Sagan, C.: Intelligent life in the universe. San Francisco: Holden-Day 1966.

Simmons, R. F., Burger, J. F., Schwarcz, R. H.: A computational model of verbal understanding. SDC Reports RC-1316, SP-3132. Santa Monica: Systems Development Corporation (1968).

Simon, H., Siklossy, L. (Hrsg.): Representation and meaning. Englewood Cliffs: Prentice Hall 1972.

Skinner, B. F.: The technology of teaching. New York: Appleton-Century Crofts 1968.

Solomonoff, R.: An inductive inference machine. IRE Conventional Record (1956).

Stodolsky, D.: The computer as a psychotherapist amplifier, analogy and adjunct. Report Dept. of Comput. Sci., University of Wisconsin (1970).

Tarski, A.: Grundlegung der wissenschaftlichen Semantik. Actes du Congres International de Philos. Sci. **3** (1936).

Tsetlin, M. L.: Finite automata and models of simple forms of behavior. Russian Math. Surveys **18**, 1—27 (1963).

Turing, A. M.: On computable numbers, with application to the Entscheidungsproblem. Proc. London Math. Soc. **42**, 230—265 (1936).

Turing, A. M.: Can a machine think? In: The world of mathematics (Newman, J. J., Hrsg.). New York: Simon and Schuster 1956.

Uhr, L.: Pattern-string learning programs. Behav. Sci. **9**, 3 (1964).

Uhr, L., Kochen, M.: MIKROKOSMS and robots. Proc. Spring Joint Computer Conf. (1969).

Uhr, L., Vossler, C.: A pattern-recognition program that generates, evaluates and adjusts its own operators. In: Computers and Thought (Feigenbaum, E. A., Feldman, J., Hrsg.). New York: McGraw-Hill 1963.

von Cube, F.: Kybernetische Grundlagen des Lernens und Lehrens. Stuttgart: Klett 1965.

von Neumann, J.: Probabilistic logic and the synthesis of reliable organisms from unreliable components. In: Automata Studies. Princeton: Princeton University Press 1956.

von Neumann, J.: The computer and the brain. New Haven: Yale University Press 1958.
Wiener, N.: Cybernetics. Cambridge, Mass.: MIT Press 1948.
Winograd, S., Cowan, J. D.: Reliable computation in the presence of noise. Cambridge, Mass.: MIT Press 1963.
Winograd, T.: Understanding natural language. New York: Academic Press 1972.

Glossarium

Das folgende Glossarium umfaßt hauptsächlich Definitionen aus dem Bereich der automatischen Beweisführung von Theoremen, soweit sie für das Verständnis des Textes notwendig sind. Detaillierte Informationen sind der Fachliteratur zu entnehmen; die derzeit beste verfügbare Quelle für den Gesamtbereich der automatischen Beweisführung von Theoremen (und deren Anwendung) ist das Buch von Chang und Lee (1973) — siehe das ergänzende Literaturverzeichnis.

AM-Clash

Sei S eine Menge von Clauses, sei M eine Interpretation über dem Herbrandschen Universum. M möge folgende Eigenschaften haben:

(1) alle Konstanten in S werden auf sich selbst abgebildet;

(2) f sei ein n-stelliges Funktionssymbol in S, $h_1, \ldots, h_n$ seien Elemente des Herbrandschen Universums. In M ist mit f eine Funktion verknüpft, die $(h_1, \ldots, h_n) \in H^n$ auf $f(h_1, \ldots, h_n) \in H$ abbildet.

Sei nun A eine Ordnung (genauer: eine strenge Ordnung) der Prädikatensymbole, die in S auftreten. Eine endliche Menge von Clauses $\{E_1, \ldots, E_q, N\}$, $q \geqslant 1$, heißt AM-Clash genau dann, wenn:

(1) $E_1, \ldots, E_q$ sind falsch unter M.

(2) Sei $R_1 = N$. Für jedes i, $i = 1, \ldots, q$, gibt es einen Resolvent R_{i+1} von R_i und E_i.

(3) Das Literal, das zur Bildung des Resolventen herangezogen wird, enthält das (bezüglich der gegebenen Ordnung) größte Prädikatensymbol in E_i, $i = 1, \ldots, q$.

(4) R_{q+1} ist falsch unter M. R_{q+1} heißt AM-Resolvent.

Beispiel:

$$
\begin{aligned}
E_1 &= \; \sim Q(z) \lor \sim Q(a) \\
E_2 &= R(b) \lor S(c) \\
N &= Q(x) \lor Q(a) \lor \sim R(y) \lor \sim R(b) \lor S(c).
\end{aligned}
$$

Sei

$$
M = \{Q(a), Q(b), Q(c), \sim R(a), \sim R(b), \sim R(c), \sim S(a), \sim S(b), \sim S(c)\}.
$$

Sei A eine Ordnung der Prädikatensymbole, in der $Q > R > S$ gilt. Sei $R_1 = N$. Nun gibt es einen Resolvent von R_1 und E_1, $R_2 = \; \sim R(y) \lor \sim R(b) \lor S(c)$. R_2 und E_2 haben einen Resolvent, $R_3 = S(c)$. R_3 ist falsch in M; da nun $\{E_1, E_2, N\}$ die obigen vier Bedingungen erfüllt, ist dies ein AM-Clash.

Eine Deduktion von S heißt AM-Deduktion genau dann, wenn jedes Clause in der Deduktion entweder ein Clause aus S oder ein AM-Resolvent ist.

Verschiedene Spezialisierungen führen zu Clash- und M-Clash-Resolution; dazu sei auf die Fachliteratur verwiesen.

Clause

Gegeben sei eine geschlossene Formel der Prädikatenlogik der ersten Stufe. Die Formel werde derart transformiert, daß sie in pränexer Normalform ist und die Matrix der Formel in konjunktiver Normalform vorliegt. Enthält das Präfix Existenzquantoren, so mögen diese mit Hilfe von Skolem-Funktionen (neuen Konstanten und/oder neuen Funktionen) eliminiert werden. Die so resultierende Formel heißt Standardform der Ausgangsformel. In dieser liegen alle Variablen im Bereich eines gewissen Allquantors. Die Matrix besteht aus (endlich) vielen konjugierten Disjunktionen. Jede solche Disjunktion heißt ein Clause. Es gilt die Vereinbarung, daß Allquantoren und Konjunktionszeichen eliminiert werden. Eine Standardform ist daher als eine Menge von Clauses darstellbar.

Beispiel. Es liege folgende Formel in pränexer Normalform vor:

$$(\forall x)(\exists y)(\exists z)((\sim P(x, y) \wedge Q(x, z)) \vee R(x, y, z)).$$

Wird die Matrix in konjunktive Normalform gebracht, so ergibt sich

$$(\forall x)(\exists y)(\exists z)((\sim P(x, y) \vee R(x, y, z)) \wedge (Q(x, z) \vee R(x, y, z))).$$

Mit neuen einstelligen Skolemfunktionen $f(x)$ und $g(x)$ erhält man:

$$(\forall x)((\sim P(x, f(x)) \vee R(x, f(x), g(x))) \wedge (Q(x, g(x)) \vee R(x, f(x), g(x)))).$$

Diese Standardform läßt sich unter Berücksichtigung der erwähnten Vereinbarung als Menge von zwei Clauses darstellen:

$$\{\sim P(x, f(x) \vee R(x, f(x), g(x)), Q(x, g(x)) \vee R(x, f(x), g(x))\}.$$

Die Eingabe in ein Programm zur automatischen Beweisführung von Theoremen besteht üblicherweise aus solchen Mengen von Clauses.

Depth-First- und Breadth-First-Suchmethoden

Zur Lösung von vielen Problemen ist es notwendig, in einem gewissen Suchraum nach einem Element (oder möglicherweise nach mehreren Elementen) zu suchen, das (die) vorgegebene Kriterien erfüllt (erfüllen). Dieser Suchprozeß kann auch betrachtet werden als die Suche in einem Zustandsraum, wobei jedes Element einem Zustand entspricht. Um einen Zustand in einen anderen abzuändern, sind gewisse Operatoren notwendig. Die Aufgabe einer Suche in einem Zustandsraum ist es nun, ausgehend von einem gegebenen Anfangszustand (oder einer Menge von Anfangszuständen) unter Anwendung der Operatoren, einen Pfad zu einem

Zielzustand (eventuell einer Menge von Zielzuständen) zu finden. Für die Darstellung eines derartigen Suchprozesses eignet sich besonders das graphentheoretische Baumkonzept. Den Knoten des Baumes werden Beschreibungen der entsprechenden Zustände zugewiesen; speziell wird die (eindeutige) Wurzel des Baumes mit der Beschreibung des Anfangszustandes verknüpft. Die Anwendung von Operatoren auf einen gewissen Knoten erzeugt alle (zulässigen) unmittelbaren Nachfolgeknoten (der Knoten wird entwickelt). Von jedem unmittelbaren Nachfolgeknoten eines gewissen Knotens weist ein Zeiger auf diesen Vorgängerknoten zurück. Werden unmittelbare Nachfolgerknoten eines Knotens erzeugt, so werden diese daraufhin überprüft, ob sie Zielzustände definieren. Wenn „nein", wird der Entwicklungsprozeß fortgesetzt, wenn „ja", ergeben die Beschreibungen, die mit jenen Knoten verknüpft sind, die im Pfad zur Wurzel zurück liegen, die Lösungsfolge. Die Suchmethoden unterscheiden sich nun in der Art und Weise, in der Knoten entwickelt werden.

(a) Depth-First-Suchmethode

Bei dieser Methode wird zunächst die Wurzel entwickelt. Der nächste zu entwickelnde Knoten ist der erste der (unmittelbaren) Nachfolgeknoten der Wurzel. Alle weiterhin entwickelten Knoten sind jeweils die ersten unmittelbaren Nachfolger des Vorgängers. Im allgemeinen ist es allerdings notwendig, eine obere Schranke für die „Tiefe" der so erzeugten Äste des Baumes anzugeben, da es sonst sein kann, daß ein gewisser Ast entwickelt wird, ohne jemals einen Zielzustand zu erreichen. Überschreitet dabei ein gewisser Knoten diese Schranke, so wird jener Knoten mit der größten Tiefe entwickelt, die diese Schranke nicht überschreitet, usw. Die Tiefe der Wurzel ist Null; die Tiefe eines beliebigen Nachfolgerknotens der Wurzel ist um 1 größer als die Tiefe seines Vorgängers.

Der Prozeß kann schematisch etwa so dargestellt werden (Ziffern geben die Reihenfolge, in der Knoten entwickelt werden, an; die Schranke sei 3):

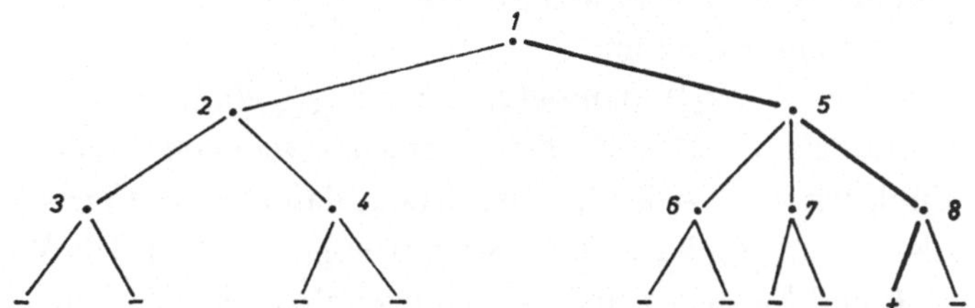

— ... kein Zielknoten. + ... Zielknoten. Der Pfad zur Wurzel zurück ist fett gedruckt.

(b) Breadth-First-Suchmethode

Es wird auch hier zuerst die Wurzel entwickelt. Anschließend werden alle unmittelbaren Nachfolgerknoten der Wurzel entwickelt; jede weitere Stufe des Suchprozesses enthält alle unmittelbaren Nachfolgerknoten aller Knoten der vorhergehenden Entwicklungsstufe.

Der Prozeß kann schematisch so dargestellt werden (Ziffern geben die Reihenfolge der entwickelten Knoten an):

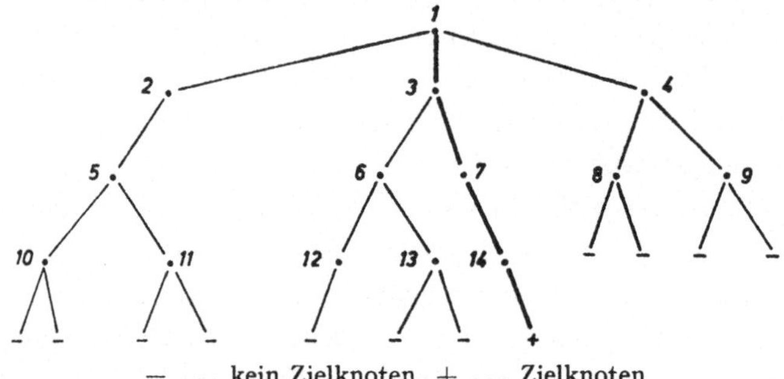

$-$ ... kein Zielknoten. $+$ ... Zielknoten

Es läßt sich zeigen, daß diese Breadth-First-Suchmethode immer einen kürzesten Pfad zwischen dem Ausgangsknoten und dem Zielknoten findet, vorausgesetzt, es existiert überhaupt ein Pfad.

Beide Methoden können auf Suchprozesse in Graphen, die keine Bäume sind, verallgemeinert werden. Eine ausgezeichnete Einführung in Suchmethoden bietet Nilsson (1971).

Diagonalsuche

Ein abstrakter Graph zur Beweisführung von Theoremen ist ein Paar (G, s), wobei G eine Menge von Knoten und $s : 2^G \rightarrow 2^G$ eine Nachfolgerfunktion ist (ein derartiger Graph kann als Resolutionsgraph interpretiert werden; vgl. Nilsson 1971). Ein abstraktes Beweisführungsproblem $P = (G, s, F, g)$ erfüllt folgende Bedingungen:

(1) (G, s) ist ein abstrakter Graph zur Beweisführung von Theoremen;

(2) $F \subseteq G$ ist die Menge der Lösungsknoten für P;

(3) $g : G \rightarrow \mathbb{R}$ ist die Kostenfunktion von P;

(4) $n \in F$ impliziert $s(G') = \emptyset$, wenn $n \in G' \subseteq G$;

(5) $g(n) \geqslant 0$, für alle $n \in G$; und

(6) wenn $n \in s(\{n_1, \ldots, n_k\})$, dann $g(n) \geqslant \max_{1 \leqslant i \leqslant k} g(n_i)$.

Eine Suchstrategie $\Sigma : 2^G \rightarrow 2^G$ für P erzeugt schließlich ein $n \in F$. Eine heuristische Funktion $h : G \rightarrow \mathbb{R}$ für P ist derart, daß $h(n) \geqslant 0$ für alle $n \in G$ gilt (vgl. Hart, Nilsson und Raphael 1968). Sei $f(n) = g(n) + h(n)$. Die Wertordnung $\leqq_d$ für G, wenn P und h gegeben sind, ist definiert als $n_1 \leqq_d n_2$ genau dann, wenn $f(n_1) \leqslant f(n_2)$.

Eine Suchstrategie Σ für P ist eine Diagonalsuchstrategie für P und h genau dann, wenn Σ mit der Wertordnung $\leqq_d$ verträglich ist.

Garbage Collector

Während der Durchführung eines Programms, das eine Listensprache verwendet, werden häufig viele Zellen, Listen und Listenstrukturen nicht länger benötigt. Der Garbage Collector ist ein Listenverarbeitungssystem, das Speicherplätze, die unnötige Informationen enthalten, an den Freispeicher zurückgibt.

Herbrandsches Universum

Eine Menge S von Clauses ist nach Definition genau dann unerfüllbar, wenn S unter allen Interpretationen über jedem Bereich falsch ist (es ist natürlich unmöglich, alle derartigen Interpretationen zu betrachten). Das Herbrandsche Universum ist nun ein Bereich mit der Eigenschaft, daß S genau dann unerfüllbar ist, wenn S in allen Interpretationen über diesem Bereich falsch ist. Dieser Bereich H wird so definiert:

(1) Sei H_0 die Menge der Konstanten, die in S vorkommen. Enthält S keine Konstanten, so sei eine einzelne Konstante, etwa a, in H_0 ($H_0 = \{a\}$).

(2) H_{i+1} ($i = 0, 1, 2, \ldots$) sei die Vereinigung von H_i und der Menge aller Terme der Form $f^n(t_1, \ldots, t_n)$, für alle n-stelligen Funktionen f^n in S, wobei $t_j, j = 1, \ldots, n$, Elemente von H_i sind.

(3) $H_0 \cup H_1 \cup \cdots \cup H_i \cup \cdots$ heißt Herbrandsches Universum von S.

Hyperresolution

Hyperresolution ist ein Spezialfall der AM-Resolution, wobei entweder jedes Literal in M ein Negationszeichen enthält („positive" Hyperresolution), oder kein Literal in M umfaßt ein Negationszeichen („negative" Hyperresolution). Ein weiterer Spezialfall ist die zerlegte Hyperresolution.

Lifting Lemma

Sind die Clauses C_1' und C_2' Instanzen der Clauses C_1 bzw. C_2, und ist C' ein Resolvent von C_1' und C_2', dann gibt es einen Resolvent C von C_1 und C_2 derart, daß C' eine Instanz von C ist (zum Beweis und zu wichtigen Anwendungen des Lemmas siehe etwa Chang und Lee 1973).

Lineare Resolution

Ist S eine Menge von Clauses, und ist $C_0 \in S$ ein ausgezeichnetes Clause, dann ist eine lineare Deduktion von C_n aus S definiert durch:

(1) C_{i+1} ($i = 0, 1, \ldots, n - 1$) ist Resolvent von C_i und B_i, und

(2) jedes B_i ist entweder Element von S oder ein C_j (für gewisses $j, j < i$). Ist C_n gleich $\square$ (dem leeren Clause), liegt lineare Resolution vor.

Logische Notation

Die Symbolik, die in der angelsächsischen und in der deutschsprachigen Literatur zur mathematischen Logik zu finden ist, differiert gelegentlich. Die folgende Tabelle gibt Entsprechungen an.

Bedeutung	angelsächsische L.	deutschsprachige L.
„nicht x"	$\bar{x}$, $\sim x$	$\neg x$
„x oder y"	$x \vee y$	$x \vee y$
„x und y"	$x \,\&\, y$	$x \wedge y$
„wenn x, dann y"	$x \supset y$	$x \rightarrow y$
„x genau dann, wenn y"	$x \equiv y$	$x \leftrightarrow y$
„für alle $x, \ldots$"	(x), $(\forall x)$	$(\wedge x)$
„es gibt ein $x, \ldots$"	$(\exists x)$	$(\vee x)$

Paramodulation

Paramodulation ist eine Methode zur Beweisführung von Theoremen, in denen die Gleichheitsrelation verwendet wird; sie wird so definiert: Seien C_1 und C_2 Clauses, die keine Variablen gemeinsam haben. Sei $L[t]$ ein Literal, das den Term t enthält. Ist nun C_1 gleich $L[t] \vee C_1'$, und ist C_2 gleich $r = s \vee C_2'$ (C_1' und C_2' sind Clauses), und haben t und r eine allgemeinste vereinheitlichende Substitution σ, dann darf man zu

$$L\sigma[s\sigma] \cup C_1'\sigma \cup C_2'\sigma$$

übergehen, wobei $L\sigma[s\sigma]$ das Resultat, das man nach Ersetzung eines einzelnen Vorkommens von $t\sigma$ in $L\sigma$ durch $s\sigma$ erhält, andeutet.

Beispiel:

$$C_1 : P(g(f(x))) \vee Q(x)$$
$$C_2 : f(g(b)) = a \vee R(g(c)).$$

Hier ist L gleich $P(g(f(x)))$, C_1' ist $Q(x)$, r ist $f(g(b))$, s ist a, C_2' ist $R(g(c))$. Sei t gleich $f(x)$. Eine allgemeinste vereinheitlichende Substitution für t und r ist $\sigma = \{g(b)/x\}$. Daher ist $L\sigma[t\sigma]$ gleich $P(g(f(g(b))))$, und $L\sigma[s\sigma]$ ist $P(g(a))$. $C_1'\sigma$ ist $Q(g(b))$, $C_2'\sigma$ ist $R(g(c))$. Daher darf man zu

$$P(g(a)) \vee Q(g(b)) \vee R(g(c))$$

übergehen.

Paramodulation kann mit der üblichen Resolution kombiniert werden. Eine andere Inferenzregel für die Gleichheitstheorie ist die „f-matching"-Methode von Darlington (1968).

Subsummiertes Clause

Ein Clause C subsummiert ein Clause D genau dann, wenn es eine Substitution σ derart gibt, daß $C\sigma \subseteq D$ gilt; D heißt subsummiertes Clause.

Vereinheitlichung

Gegeben sei eine Menge $\{E_1, \ldots, E_m\}$, wobei jedes E_i, $i = 1, \ldots, m$, entweder ein Term, eine Menge von Termen, ein Atom, eine Menge von Atomen, ein Literal, ein Clause oder eine Menge von Clauses sein kann. Eine Substitution θ heißt eine vereinheitlichende Substitution für $\{E_1, \ldots, E_m\}$ genau dann, wenn $E_1\theta = E_2\theta = \cdots = E_m\theta$ gilt. Eine vereinheitlichende Substitution σ für eine Menge $\{E_1, \ldots, E_m\}$ heißt allgemeinste vereinheitlichende Substitution genau dann, wenn es zu jeder vereinheitlichenden Substitution θ für diese Menge eine Substitution λ gibt, sodaß $\theta = \sigma \circ \lambda$ gilt. Der Vereinheitlichungsalgorithmus findet nun eine allgemeinste vereinheitlichende Substitution für eine endliche (nicht-leere) Menge $E = \{E_1, \ldots, E_m\}$, sofern diese überhaupt vereinheitlichbar ist; ist E nicht vereinheitlichbar, so stellt dies der Algorithmus ebenfalls fest.

Für den Algorithmus ist der Begriff der „Abweichungsmenge" von E wichtig. Diese Menge wird dadurch gebildet, daß man zunächst die erste (von links nach rechts gezählte) Position feststellt, in der nicht jedes $E_i \in E$ dasselbe Symbol aufweist. Die Teilsymbolketten, die mit dem in dieser Position zu findenden Symbol beginnen, werden in die Abweichungsmenge von E zusammengefaßt. Ist etwa

$$E = \{P(x, f(y, z)), P(x, g(h(k(x)))), P(x, a)\},$$

so ist die erste Symbolposition, in der nicht alle E_i übereinstimmen, die fünfte, da alle $P(x,$ gemeinsam haben. Die Abweichungsmenge von E ist daher

$$\{f(y, z), g(h(k(x))), a\}.$$

Der Algorithmus lautet nun so:

Schritt 1: $k = 0$, $E_k = E$, $\sigma_k = \varepsilon$ („Leersubstitution"). Gehe zu Schritt 2.

Schritt 2: Besteht E_k aus einem einzelnen E_i, dann Halt; σ_k ist eine allgemeinste vereinheitlichende Substitution für E. Andererseits finde die Abweichungsmenge D_k von E_k, und gehe zu Schritt 3 über.

Schritt 3: Existieren in D_k Elemente v_k und t_k derart, daß v_k eine Variable ist, die nicht in t_k vorkommt, gehe zu Schritt 4 über. Andererseits Halt; E ist nicht vereinheitlichbar.

Schritt 4: Sei $\sigma_{k+1} = \sigma_k\{t_k/v_k\}$, sei $E_{k+1} = E_k\{t_k/v_k\}$. Gehe zu Schritt 5.

Schritt 5: Setze $k = k + 1$, und gehe zu Schritt 2 zurück.

Ist E vereinheitlichbar, dann läßt sich zeigen, daß der Algorithmus immer im Schritt 2 anhält und daß das letzte σ_k eine allgemeinste vereinheitlichende Substitution für E ist (zum Beweis siehe etwa Chang und Lee 1973).

Weiterführende Literatur

Die folgende ergänzende Referenzliste enthält neben einigen neueren bibliographischen Angaben auch Hinweise auf allgemein interessante Literaturstellen.

Aitken, A. J., Hamilton-Smith, N., Bailey, R. W. (Hrsg.): The computer and literary studies. Edinburgh: Edinburgh University Press 1973.

Amarel, S.: Problem solving and decision making by computer: an overview. In: Cognition: A multiple view (Garvin, P. L., Hrsg.), pp. 279—329. Washington, D.C.: Spartan Books 1970.

Banerji, R. B.: Theory of problem solving. Amsterdam: North-Holland 1969.

Bobrow, D. G., Raphael, B.: New programming languages for AI research. Technischer Bericht Nr. 82, Artificial Intelligence Center, Stanford Research Institute, Stanford, Calif. (1973).

Borodin, A.: Computational complexity: theory and practice. In: Currents in the theory of computing (Aho, A. V., Hrsg.), pp. 35—89. Englewood Cliffs: Prentice Hall 1973.

Brainerd, W. S., Landweber, L. H.: Theory of computation. New York: Wiley 1974.

Buchanan, B. G., Feigenbaum, E. A., Sridharan, N. S.: Heuristic theory formation: Data interpretation and rule formation. In: Machine Intelligence 7 (Meltzer, B., Michie, D., Hrsg.), pp. 267—290. Edinburgh: Edinburgh University Press 1972.

Chang, C. C., Keisler, H. J.: Model theory. Studies in Logic and the Foundations of Mathematics, Bd. 73. Amsterdam: North-Holland 1973.

Chang, C. L., Lee, R. C. T.: Symbolic logic and mechanical theorem proving. New York: Academic Press 1973.

Chen, C. H.: Statistical pattern recognition. Washington, D.C.: Spartan Books 1973.

Davies, D. J. M., Isard, S. D.: Utterances as programs. In: Machine Intelligence 7 (Meltzer, B., Michie, D., Hrsg.), pp. 325—339. Edinburgh: Edinburgh University Press 1972.

Darlington, J. L.: Deductive plan formation in higher-order logic. In: Machine Intelligence 7 (Meltzer, B., Michie, D., Hrsg.), pp. 129—137. Edinburgh: Edinburgh University Press 1972.

Duda, R. O., Hart, P. E.: Pattern classification and scene analysis. New York: Wiley 1973.

Epstein, R. A.: The theory of gambling and statistical logic. New York: Academic Press 1967.

Firschein, O., Fischler, M. A., Coles, L. S., Tenenbaum, J. M.: Forecasting and assessing the impact of artificial intelligence on society. Proc. Third Intern. Joint Conf. on Art. Intel., pp. 105—120, Stanford, Calif. (1973).

Freeman, H., Garder, L.: Apictorial jigsaw puzzles: the computer solution of a problem in pattern recognition. IEEE Trans. EC-13, 118—127 (1964).

Friedman, J.: Mathematical and computational models of transformational grammar. In: Machine Intelligence 7 (Meltzer, B., Michie, D., Hrsg.), pp. 293—306. Edinburgh: Edinburgh University Press 1972.

Gillogly, J. J.: The Technology Chess Program. Artificial Intelligence 3, 145—163 (1972).

Gregory, R. L.: A look at biological and machine perception. In: Machine Intelligence 7 (Meltzer, B., Michie, D., Hrsg.), pp. 377—385. Edinburgh: Edinburgh University Press 1972.

Harbordt, S.: Computersimulation in den Sozialwissenschaften, Bd. 1/2. (ro-ro-ro-studium 49/50.) Reinbek: Rowohlt Taschenbuch Verlag 1974.

Hunt, E. B.: Artificial intelligence. New York: Academic Press 1975.

Jackson, P. C.: Introduction to artificial intelligence. London: Mason and Lipscombe 1974.

Knuth, D. E.: The dangers of computer science theory. In: Logic, methodology and philosophy of science IV, pp. 189—195. Studies in Logic and the Foundations of Mathematics, Bd. 74. Amsterdam: North-Holland 1973.

Levin, M.: Mathematical logic for computer scientists. MAC TR-131, MIT (1974).

Lighthill, M. J.: Artificial intelligence: a general survey. London: Science Research Council 1973.

Michie, D.: On machine intelligence. Edinburgh: Edinburgh University Press 1974.

Moles, A. A.: Kunst und Computer. dumont kunst taschenbücher Nr. 1. Köln: DuMont Schauberg 1973.

Newell, A. (Hrsg.): Speech understanding systems. Amsterdam: North-Holland 1973.

Nilsson, N. J.: Artificial intelligence. Technischer Bericht Nr. 89, Artificial Intelligence Center, Stanford Research Institute, Stanford, Calif. (1974).

Oerter, R.: Psychologie des Denkens. Donauwörth: Ludwig Auer 1971.

Raphael, B., Robinson, A. E.: Bibliography on computer semantics. Technischer Bericht Nr. 72, Artificial Intelligence Center, Stanford Research Institute, Stanford, Calif. (1972).

Reboh, R., Raphael, B., Yates, R. A., Kling, R. E., Velarde, C.: Study of automatic theorem-proving programs. Technischer Bericht Nr. 75, Artificial Intelligence Center, Stanford Research Institute, Stanford, Calif. (1972).

Sackman, H.: Man-computer problem solving. Princeton: Auerbach Publishing Co. 1970.

Schank, R. C., Colby, K. M. (Hrsg.): Computer models of thought and language. San Francisco: W. H. Freeman 1973.

Simon, H. A.: The structure of ill structured problems. Artificial Intelligence 4, 181 bis 201 (1973).

Simon, H. A., Siklossy, L. (Hrsg.): Representation and meaning. Englewood Cliffs: Prentice Hall 1972.

Slagle, J. R.: Artificial intelligence: the heuristic programming approach. New York: McGraw-Hill 1971.

Spencer, D. D.: Game playing with computers. New York: Spartan Books 1968.

Tseytin, G. S.: Features of natural languages in programming languages. In: Logic, methodology and philosophy of science IV, pp. 215—222. Studies in Logic and the Foundations of Mathematics, Bd. 74. Amsterdam: North-Holland 1973.

von Wright, G. H.: An essay in deontic logic and the general theory of action. Amsterdam: North-Holland 1972.

Walker, D. E.: Automated language processing. Technischer Bericht Nr. 77, Artificial Intelligence Center, Stanford Research Institute, Stanford, Calif. (1973).

Wos, L., Robinson, G.: Maximal models and refutation completeness: semi-decision procedures in automatic theorem proving. In: Word Problems (Boone, W. W., Cannonito, F. B., Lyndon, R. C., Hrsg.). Studies in Logic and the Foundations of Mathematics, Bd. 71. Amsterdam: North-Holland 1973.

Namenverzeichnis

Hebb, D. 278
Heilprin, L. 320
Herbrand, J. 337
Hewitt, C. 93, 101, 230
Highleyman, W. 259
Hodes, L. 258
Hooke, R. 115

Jeeves, T. 115
Johnson, R. 79

Kac, M. 303
Kamentsky, L. 259
Kaplan, R. 220f.
Karttunen, L. 247
Kasher, A. 68
Katz, J. 185, 243
Kay, M. 220, 241
Kessler, M. 76
Kibens, M. 198
King, P. 121
Kirsch, R. 261
Klein, H. 71, 79
Knowlton, K. 197f.
Knuth, D. 277
Kochen, M. 68, 273—331
Köhler, W. 279
König, D. 5ff.
Kowal, A. 71, 79
Kowalski, R. 12, 15, 19ff., 31
Kuehner, D. 15
Kuhn, T. 319
Küng, G. 268

Lasker, E. 157
Lederberg, J. 285
Ledley, R. 262
Lee, R. 333, 337, 339
LeLionnais, F. 145, 147, 153
Levine, Z. 79
Lin, S. 113
Lindsay, R. 183—199
Liu, C. 259
Low, J. 178

McCarthy, J. 167, 169, 176f., 277
McConlogue, K. 198
McDermott, D. 178
MacKay, D. 290
McKinzie, W. 53f., 61, 64
Maget, E. 147, 153

Marill, T. 258, 265
Marsh, D. 113, 118, 120
Meltzer, B. 15—35, 237
Mendelson, E. 286
Menig, J. 71, 79
Menzel, W. 276
Meyer, R. 68
Michie, D. 83, 101, 105—128, 223, 246, 303
Miller, G. 122
Millstein, R. 101
Minsky, M. 124, 258, 260, 273, 277
Moore, E. 109ff.
Morgenstern, O. 110
Moses, J. 83f., 101
Mowrer, O. 279
Mowshowitz, A. 301
Myhill, J. 279

Narasimhan, R. 262f.
Nevins, A. 47f
Newell, A. 71, 83f., 91f., 101, 109f., 169,
    257, 268, 273, 277ff.
Nilsson, N. 28, 101, 105, 109, 112ff., 178,
    293, 336
Norton, M. 30
Notley, M. 122

O'Connell, J. 303

Palme, J. 209—255
Park, D. 31
Pfaltz, J. 53
Piaget, J. 279
Pisani, P. 219
Pitrat, J. 129—163
Platt, J. 319
Plotkin, G. 121
Poage, J. 278, 293, 303
Pohl, I. 28, 101, 109, 113, 115
Poincaré, H. 279
Polonsky, I. 278, 293, 303
Polya, G. 279
Popplestone, R. 118
Postal, P. 243
Prawitz, D. 25
Putnam, H. 8

Quillian, M. 186f., 197, 229

Raphael, B. 28, 101, 105, 112ff., 126,
    167—179, 336

Sachverzeichnis